多民族混住地域における民族意識の再創造

——モンゴル族と漢族の族際婚姻に関する社会学的研究——

温 都 日 娜
UNDURUNA

渓水社

刊行に寄せて

島根県立大学長　宇野　重昭

　本論文は、島根県立大学の北東アジア研究科の第1号博士論文である。北東アジア研究において博士の称号授与が認められている大学院は、日本ではいまのところ島根県立大学のみである。それだけに最初の学位論文がどのような内容とレベルのものであるかは大学内外において注目されていた。今回のオンドロナ（温都日娜）氏の『多民族混在地域における民族意識の再創造』と題する著書が島根県立大学北東アジア研究科の目的に相応しいことは、本職をはじめ教職員一同が喜びとするところである。
　ところで「モンゴル族と漢族の族際婚姻に関する社会学的研究」という副題にその対象と方法論を明示した本論文は、指導した井上治教授の簡潔な要約によると、「1995年から2004年までの中国内モンゴル自治区赤峰市におけるモンゴル族と漢族の族際婚姻関係の複雑な実態と、その文化的・政策的・意識的背景、家族内文化と親族関係の変化、中国における民族構成の多様化とそれにともなう民族意識の変化を明らかにした」ものである。とくに結論として、この族際婚姻家庭の次世代が複合的かつ可変的で曖昧化している新たな民族意識を再創造していること、それが多民族・多元価値の共生社会づくりを促す可能性を示唆していることは、民族の流動性で知られる北東アジアに関する研究として注目に値する。
　本来北東アジアというのは、北アジアの草原・遊牧の民と東アジアの農耕・海洋の民が歴史的に接触しつづけてきた地域で、文化的・社会的・政治的にその拮抗・融合過程が注目されてきた。とくに近代にあっては、モンゴル人と中国人の接触が深まり、場所によってはモンゴル族住居地域の"中国化現象"が憂慮されていた。しかし本論文は、中国における民族というものの可変性を明らかにし、欧米において発展したエスニシティ理論

を内モンゴルの実情に合わせて援用することにより、人為的・社会的作用による民族意識の再創造の可能性を浮きぼりにし、ひいては"共生社会づくり"への道を拓いたともいえる。

　対象は赤峰という限界された地域であるが、著者のバックグラウンドをよく生かし、社会学の基本であるフィールドワークの成果と分析結果を学問的方法にしたがって提示している。この方法により従来の研究によっては不明であった実態を科学的に明らかにした。学界および本学の北東アジア学の構築に果たした貢献は高く評価できよう。

　博士論文審査は学外からの専門家も加えた審査委員会によって、公開的に行なわれた。またこのような特定分野に関する博士論文はなかなか出版できないものであるが、本研究はトヨタ財団から成果公開助成の交付を受け、広島の渓水社の協力と努力により公刊する道が開かれた。島根県立大学は、これを契機に、博士論文出版助成の体制をととのえて後援した。関係者の方々に御礼申し上げるとともに、この著作が広く内外に活用されることを念願している。

はしがき

島根県立大学大学院北東アジア研究科教授　井上　　治

　本書は、著者オンドロナ氏が2006年3月に島根県立大学大学院北東アジア研究科に提出した博士学位論文「多民族混住地域における民族意識の再創造――モンゴル族と漢族の族際婚姻に関する社会学的研究――」に、東京外国語大学アジア・アフリカ言語文化研究所短期共同研究員在任中に得た知見によって必要と判断された補足と若干の修正を加えて出版されたものである。

　著者は、中国内モンゴル自治区赤峰市アルホルチン旗生まれのモンゴル族女性である。2003年4月、島根県立大学に大学院が開設されたと同時に入学し、見事に3年で北東アジア研究科第一号の博士（社会学）の学位取得者となった。わたしの記憶が正しければ、本書のもとになった博士学位論文は、著者の生まれ故郷である赤峰市において確実に進行している異民族間の婚姻（本書ではこれを「族際婚姻」と称している）、とりわけモンゴル族と漢族の婚姻がモンゴル族のアイデンティティにどのように影響しているかを原初的な問題意識としていた。留学生にありがちなアイデンティティ志向に食傷気味であった当時のわたしは、著者が、ワーナー・ソラーズの「エスニシティの再創造」論に着目し、モンゴル族と漢族の婚姻の影響をその次世代というマージナルな存在に見出し、そこで複合的かつ可変的で曖昧化している新たな民族意識が再創造されるという仮説を立てるまでは、研究が成功を収めるとは正直思わなかった。

　思いがけず著者から序を寄せるよう求められたが、わたしにその任は重すぎるようである。そこで、その研究を改めて全体的に見直してみて、以下にいくつかの点を取り上げてこの研究の特徴を紹介することでその責めを塞ぎたい。

まず第一に、モンゴル族に拘泥することなく、漢族をも平等に研究の俎上に載せていることである。これは、モンゴル族と漢族の間の婚姻を取り上げている以上、徹底しなければならない姿勢である。内モンゴルの複雑な民族相に触れておきながら、結局はいずれかの個別の民族に考察が収斂してしまうような方向が見られない点でバランスのとれた研究となっている。

　第二に、赤峰市という限定された空間を、民族人口比率と生業形態の点で内モンゴルを代表しうるとみなす研究の枠組みを大胆にも設定したことである。むろんこのような試みにたいしては、内モンゴルの各地が経験してきた今日に至るまでの複雑な歴史的過程の違いや地理的条件の差異など、少なくない点から疑問が呈されることであろうし、またそのような批判をすでに受けているとも聞く。わたしは、そうした意見が無効であると主張するつもりはないが、この大胆な試みが無意味だとも思えない。それは、ある特定の地点をピンポイントで取り上げて違いを際だたせることに血道を上げ、結局はピンポイント的な指摘に終始することを個別多様の内モンゴルの実相を捉えた議論であるとする方法論的錯覚に陥っていないからである。これを強力に助けているのは、著者が四つの調査地点を比較対照する方法を徹底していることなのだが、これを可能にしたのが上に述べた枠組みなのである。

　第三に、現代中国における民族のダイナミズムに働きかける四つの要素、すなわち、血統・法（＝民族政策）・文化・社会を指摘したことである。この四要素が、族際婚姻者の子供の民族意識が曖昧でゆらぐことを説明するだけにとどまらない有効性をもつことは明らかである。今後、この四要素の作用のベクトルを当人がおかれた文化的・社会的環境と組み合わせることで、その有効性は一層高まることであろうと期待する。

　欠点のない完璧な研究などこの世の中には存在しないし、変化のただ中にある社会を扱う研究に手を染めている以上、欠点や不足の点はすぐに見つかるだろう。しかしそのたびに著者の研究は一層充実してゆくという希望を最後に記して序に代えさせていただく。

目　次

刊行に寄せて …………………………………… 宇野　重昭 … i
はしがき ………………………………………… 井上　　治 … iii

序　章 ………………………………………………………… 3
　第1節　問題提起と研究目的 ……………………………… 4
　第2節　先行研究の検討 …………………………………… 6
　第3節　族際婚姻にかかわるエスニシティ理論 ………… 12
　第4節　本書の手法と構成 ………………………………… 16

第1章　調査地と調査の概況 ……………………………… 23
　第1節　調査地域の設定 …………………………………… 23
　第2節　赤峰地域の行政区分の変化 ……………………… 27
　第3節　多民族混住形態 …………………………………… 29
　第4節　多様な生業形態 …………………………………… 35
　第5節　フィールドワークの概観 ………………………… 41

第2章　族際婚姻の実態（1995−2004年） ……………… 51
　第1節　族際婚姻率の民族差 ……………………………… 52
　第2節　族際婚姻の地域差 ………………………………… 70
　第3節　族際婚姻の実態 …………………………………… 89
　第4節　小結 ………………………………………………… 93

第3章　族際婚姻の文化的背景 …………………………… 95
　第1節　家庭言語 …………………………………………… 97

第 2 節　飲食生活 ……………………………………………… 102
　　　第 3 節　婚礼衣装と慣習 ………………………………………… 115
　　　第 4 節　小結 …………………………………………………… 127

第 4 章　族際婚姻の政策的背景………………………………………… 131
　　　第 1 節　国家政策 ………………………………………………… 132
　　　第 2 節　地方政策、方針 ………………………………………… 143
　　　第 3 節　族際婚姻と政策的背景 ………………………………… 160
　　　第 4 節　小結 …………………………………………………… 169

第 5 章　族際婚姻の意識的背景………………………………………… 171
　　　第 1 節　婚姻条件に関する意識 ………………………………… 171
　　　第 2 節　婚姻と民族の接点 ……………………………………… 181
　　　第 3 節　族際婚姻に関する意識 ………………………………… 190
　　　第 4 節　小結 …………………………………………………… 195

第 6 章　族際婚姻の結果と影響 (1)
　　　　　家族文化と親族関係の変化 ……………………………… 197
　　　第 1 節　家族祭祀 ………………………………………………… 197
　　　第 2 節　室内装飾 ………………………………………………… 213
　　　第 3 節　親族関係の伸縮 ………………………………………… 233
　　　第 4 節　小結 …………………………………………………… 256

第 7 章　族際婚姻の結果と影響 (2)
　　　　　民族構成の多様化と民族意識の変化……………………… 259
　　　第 1 節　民族構成の多様化 ……………………………………… 260
　　　第 2 節　異文化にいきる人々 …………………………………… 266
　　　第 3 節　族際婚姻家族の各世代 ………………………………… 270

第 4 節　小結 …………………………………………………… 279

終　章　民族意識の再創造 ………………………………………… 283

附 1　一部のアンケート調査項目と回答の単純集計 …………… 303
附 2　参考文献・資料一覧 ………………………………………… 319

あとがき ……………………………………………………………… 331
索　　引 ……………………………………………………………… 335

図・表目次

地図1	赤峰市における各調査地点位置図	24
図1	内モンゴル自治区及び各調査地における民族の人口割合	26
図2	ジョーオド盟（1949－1979年）における民族の人口割合	32
図3	赤峰地域（1980－2003年）における民族の人口割合	35
図4	モンゴル族の各地域別の族際婚姻率	53
図5	漢族の各地域別の族際婚姻率	55
図6	H都市部におけるモンゴル族の族内・族際婚姻率	57
図7	D鎮におけるモンゴル族の族内・族際婚姻率	59
図8	S郷におけるモンゴル族の族内・族際婚姻率	60
図9	Bソムにおけるモンゴル族の族内・族際婚姻率	62
図10	H都市部における漢族の族内・族際婚姻率	64
図11	D鎮における漢族の族内・族際婚姻率	65
図12	S郷における漢族の族内・族際婚姻率	67
図13	Bソムにおける漢族の族内・族際婚姻率	69
図14	調査地の族際婚姻の実数	71
図15	調査地の族際婚姻率	73
図16	H都市部の婚姻実数	75
図17	H都市部の族内・族際婚姻率	77
図18	D鎮における族内・族際婚姻の実数	79
図19	D鎮における族内・族際婚姻率	80
図20	S郷の族内・族際婚姻の実数	83
図21	S郷の族内・族際婚姻率	85
図22	Bソムの族内・族際婚姻の実数	87
図23	Bソムの族内・族際婚姻率	88
図24	調査地の出生率	136
図25	婚姻合計数の推移	161
図26	親族往来による族際婚姻者の直系親族圏の伸縮	257
図27	新たな民族意識の構成に作用する諸要素の主要・従属関係	299
図28	新たな民族意識の構成に作用する諸要素間の複合・非複合関係	300
図29	新たな民族意識の構成に作用する諸要素間の一致・不一致関係	301

表1	ジョーオド盟（1949－1979年）における民族の人口	31
表2	赤峰地域（1980－2003年）における民族の人口	34
表3	各調査地における生業形態	36
表4	アンケート調査票の配布・回収・回答状況	43
表5	アンケート調査回答者の民族と性別	43
表6	アンケート調査回答者の居住地域、族内・族際婚姻状況	44
表7	アンケート調査回答者の年齢構成	44
表8	H都市部におけるモンゴル族の族内・族際婚姻の数値	57
表9	D鎮におけるモンゴル族の族内・族際婚姻の数値	58
表10	S郷におけるモンゴル族の族内・族際婚姻の数値	60
表11	Bソムにおけるモンゴル族の族内・族際婚姻の数値	62
表12	H都市部における漢族の族内・族際婚姻の数値	63
表13	D鎮における漢族の族内・族際婚姻の数値	65
表14	S郷における漢族の族内・族際婚姻の数値	66
表15	Bソムにおける漢族の族内・族際婚姻の数値	68
表16	調査地の族際婚姻の実数	70
表17	調査地の族際婚姻率	72
表18	H都市部の婚姻実数	74
表19	H都市部の族内・族際婚姻率	76
表20	D鎮における族内・族際婚姻の実数	78
表21	D鎮における族内・族際婚姻率	80
表22	S郷における族内・族際婚姻の実数	83
表23	S郷の族内・族際婚姻率	84
表24	Bソムの族内・族際婚姻の実数	86
表25	Bソムの族内・族際婚姻率	88
表26	モンゴル族の族際婚姻率の順位	90
表27	漢族の族際婚姻率の順位	90
表28	民族別・地域別の族内・族際婚姻率の実態	90
表29	族際婚姻数値の地域差の実態	91
表30	族内・族際婚姻数値の地域差の実態	92
表31	アンケート回答者の家庭言語	98
表32	年齢別にみるモンゴル族の言語使用状況	99
表33	年齢別にみる漢族の言語使用状況	100
表34	各調査地における回答者の好む飲食	103
表35	調査地における出生率	136
表36	H都市部とD鎮における人口の社会増加	151

表37	調査地の人口密度	153
表38	S郷とBソムにおける人口の社会増加	155
表39	H都市部（1995～2004年）における民族人口の変化	157
表40	D鎮（1995～2004年）における民族人口の変化	157
表41	S郷（1995～2004年）における民族人口の変化	158
表42	Bソム（1995～2004年）における民族人口の変化	158
表43	婚姻合計数の推移	161
表44	婚姻相手を考える際に重視する条件の選択	172
表45	相関係数の実用上の目安	173
表46	回答者の基本状況と婚姻諸条件の相関係数	174
表47	婚姻条件としてもっとも重視する諸項目ごとにみた「民族」の重視程度	179
表48	H都市部の「結婚民族」	182
表49	D鎮の「結婚民族」	184
表50	S郷の「結婚民族」	186
表51	Bソムの「結婚民族」	188
表52	「肯定」と「否定」の地域・性別の比較	191
表53	「肯定」と「否定」の民族・年齢層の比較	192
表54	族内・族際婚姻家族の祭火の執行状況	198
表55	族内・族際婚姻者の室内装飾の選好	215
表56	民族・年齢層にみる族際婚姻者の室内装飾の選好	216
表57	地域・民族にみる族際婚姻者の室内装飾の選好	217
表58	族際婚姻者の民族・地域・年齢層にみる室内装飾の選好	219
表59	年齢層にみるモンゴル族内婚姻者の室内装飾の選好	220
表60	年齢層にみる漢族内婚姻者の室内装飾の選好	222
表61	年齢層にみる族内婚姻者の室内装飾の選好	225
表62	性別にみる族際婚姻者の室内装飾の選好	227
表63	性別にみる族内婚姻者の室内装飾の選好	229
表64	性別にみる族内・族際婚姻者の室内装飾の選好	230
表65	性別にみる直系血族の往来頻度	235
表66	年齢層にみる直系血族の往来頻度	238
表67	地域にみる直系血族の往来頻度	241
表68	性別にみる直系姻族の往来頻度	243
表69	年齢層にみる直系姻族の往来頻度	245
表70	地域にみる直系姻族の往来頻度	247

多民族混住地域における民族意識の再創造

序　　章

　中華人民共和国（以下、中国と表記する）における改革開放以降、内モンゴルでは観光の振興やそのための民族文化の復活が推進されるとともに、モンゴル族の言語、習慣、文化も変化してきたように感じられる。例えば、筆者が2004年8月の現地調査中、フフホト市から通遼市までの列車内で聴いたモンゴル語の車内放送である。モンゴル語を知らない人がこれを聞けばモンゴル語と思うかもしれないが、およそモンゴル語とは思えないほどお粗末なものであった。

　こうしたエピソードを伝えるマスコミ記事は枚挙にいとまがない。例えば、草原の観光地では、モンゴル語を解さないか、わずかに解しても民族習慣を理解しない人たちが勤めており、モンゴル文化のシンボルといえるハダックやオボー[1]が勝手に扱われ、民族習慣は改造されている[2]。また、都市のモンゴル族の子弟は漢語で教育を受けることにより、民族学校は荒れ果てている（Qa. Batujirγal 2003：39）。一方、田舎でも、モンゴル語やモンゴルの習慣をよく理解する若者が減少し、世代間の文化的な差が拡大している（Čečeg 2003：16）。他方、結婚披露宴をみてみると、都市や鎮のモンゴル族同士の婚姻でも漢語により式が進められるのがしばしば見られ（Naranbilig 1996：20）、披露宴のメニュー、音楽、しきたりなどはモンゴ

---

[1]　ハダック (hadag)：モンゴル族が敬意、慶賀、祝福を表すために贈る白い色か藍色の薄い絹。婚姻慣習には特に重視される。オボー (oboo)：自然崇拝を表す石、枝などを積み重ねて作ったものであり、その地域の神霊の住まいとして祭られる。また、作られたオボーが道標や境界の印として使われる。ハダックやオボーはチベット族にもある。

[2]　Altančimeg (2003：12-16)、O. Erdemtü (2004：34-36)、A. Muuqai (2004：31-32) 参照。

ル風と漢風をミックスする傾向へと変化している (L. Qasbayar 2003：52-53)。

いうまでもなくこれらの指摘は、自らを真正のモンゴル文化保有者であると意識し、自らの文化的バイアスを認識できないモンゴル人が語る"変わりつつあるモンゴル文化"である可能性は捨てきれない。筆者は、このようなモンゴル文化に対する見方を含め、これらの問題が起こる背景には、経済発展を基調とする社会の流れ、モンゴル族と漢族の混住形態、及び混住により激増している異民族間婚姻(以下、族際婚姻と表記する)に関係があるのではないかと考えている。それゆえ、本書で族際婚姻を通じて、内モンゴルにおける民族混住社会の実情の検討を試みることにしたのである。

第1節　問題提起と研究目的

内モンゴル地域は、清朝時代から、漢人移民の流入によって民族が混住する地となりはじめ、モンゴル文化と漢文化が相互に浸透することでその社会が形成され、民族混住の過程において互いの宗教・言語・民族習慣がいっそう浸透し合い、その結果として族際婚姻も行なわれてきた (閆天霊 2004：333-352)。現在、内モンゴル地域の民族混住はさらに進み、都市部のみならず、旗・県及びその下位の行政単位であるソム・郷・鎮[3]にお

3　旗 (hushuu)・鎮・ソム (sumu) は内モンゴル自治区内の行政単位である。旗は県レベル単位であり、旗の下に郷レベルの鎮・ソムがある。鎮を設置する条件は、1963年以前は、常駐人口（その地域の戸籍をもっている人）が2000人以上、非農業人口が50％以上であった。1964年からは、常駐人口が3000人以上、非農業人口が70％以上、或いは常駐人口が2500－3000人、非農業人口が85％以上となった。1984年以後、県（旗）の地方政府機関の所在地、或いは総人口が2万人以下の郷において、郷政府所在地の非農業人口が2000人を超えた地域、総人口が2万人以上の郷において、郷政府所在地の非農業人口が郷総人口の10％以上を占めている地域、或いは少数民族地域、人口が少ない辺境地域、山地、或いは小型工業と鉱区、小港、観光地、国境地域では、非農業人口が2000人以下でも鎮を設置することができるとした。

いても、その傾向は著しい。こうした実態のもとで、モンゴル族と漢族の族際婚姻は増加する一方、モンゴル族の民族内婚姻者の民族意識[4]は一層強固になっていると指摘されている[5]。

筆者は、民族混住地域における文化の相互浸透や地域社会の変化がそれぞれの民族意識に及ぼす影響に深い関心を寄せている。本書ではそれを考察する軸として、モンゴル族と漢族の族際婚姻を取り上げる。すなわち、民族の混住、文化の相互浸透、そして族際婚姻の現出という単線的に語られがちな現象を、内モンゴル地域のモンゴル族と漢族の族際婚姻が増加する傾向にある状況の下で、地域や民族の生業形態と人口割合に関連づけるとどのような変化を析出することができるか。また、モンゴル族の族内婚姻者と族際婚姻者の民族意識には強弱差が存在すると言われるが、一歩踏み込んで、なぜ差異が存在するのか、その要因は何か。さらに、民族意識の強弱の存在や差異を生じさせている要因と親族関係や民族構成の変化はどのような関連をもっているか。族際婚姻はモンゴル族と漢族の民族意識にどのような影響を与えたか。本書では、以上のような論点を立てる。

これらを解明するために、まず筆者がおこなったフィールドワークに即して族際婚姻数の推移を示した上で、族際婚姻の成立やその変化に影響を及ぼしている文化的、社会的背景を考察する。また、婚姻の諸条件におけ

---

[4] いくつかのエスニシティ論をみると、M. ゴードンはエスニック・グループの人たちの同胞意識を指し（Gordon 1964＝2000：21）、W. ソラーズのエスニシティの中核はエスニック・アイデンティティである（Sollors 1986：22）。馬戎（2004：69）は「人々が自身の属する民族に対する同胞意識と他民族に対する弁別」を民族意識の中核であるとした。本書で用いる「民族意識」とは、自身の民族所属、および民族の文化的特徴への意識、区別、強調に基づく、モンゴル族と漢族の構成員の自他認識を指している。

[5] 馬戎・潘乃谷（1988：85）、馬戎（2004：453）、王俊敏（2001：172）等では、赤峰市の牧畜地域、農耕地域及びフフホト市に居住するモンゴル族と漢族の族際婚姻率の増加、及びモンゴル族の族内婚姻者の民族意識が族際婚姻者のそれよりも強いことなどが指摘されている。

る個々人のもつ民族所属[6]の位置づけ、人々の族際婚姻に対する見方の状態や特徴などを族際婚姻の意識的背景として分析する。さらに、族際婚姻が社会にもたらした影響を、家族文化、親族関係、民族構成の側面から検討し、より立体的な要因や結果の把握につとめる。その上で、民族意識の変化を促すいくつかの重要な要素を提示し、族際婚姻を通じて民族意識が変化する独自のプロセスを究明する。

第2節　先行研究の検討

上述の問題意識と研究目的に則して検討を進めるにあたり、前提として、現地調査に基づいたモンゴル族と漢族の族際婚姻、及びそれらの民族意識に関する幾つかの先行研究を取り上げて、研究動向を提示する。

第1項　族際婚姻に関する先行研究

まず、モンゴル族と漢族の族際婚姻に関する代表的な先行研究を取り上げる。

(1) フフホト市（都市）

納日碧力戈（1991）は、現地調査に基づいて、都市に居住するモンゴル族と漢族の族際婚姻を取り上げた初めての研究者である。彼は、当該地域の族際婚姻の成立を、モンゴル族と漢族の間の経済・生活・言語・教育などの差異が小さくなった結果であると述べている。さらに、族際婚姻が増加する要因として、民族の人口割合、国家の政策、個人の婚姻相手を考える際の基準の変化という三点を挙げている。また、フフホト市におけるモ

---

[6] 本書で言う「民族所属」とは、中国政府が認定した56民族の「民族所属」をさし、個人の選択と政府の政策で公式に決定され、かつ場合により変更もできるものである。

ンゴル族と漢族の族際婚姻は、両親と子供の間、友人仲間の間、族際婚姻者双方の家庭の間に、矛盾と衝突などの複雑な問題を引き起こしているにも拘らず、既に両文化の融合の象徴になっていると結論づけている。この研究は、民族全体ではなく、民族を構成する個人の単位で分析することで、族際婚姻を民族融合の指標のみからとらえる研究上の偏りから脱し、族際婚姻を客観的にとらえることに成功した。

納日碧力戈・王俊敏（2000）は、フフホト市におけるモンゴル族と漢族の族際婚姻の歴史について概説し、モンゴル族の族際婚姻者を各世代別に比較検討した上で、モンゴル族は都市に居住して漢族の影響を受け、その文化的特徴が変化することにより族際婚姻が増加していることを明らかにした。また、族際婚姻者のモンゴル族の事例分析を通じて、国家の政策が族際婚姻に影響を及ぼしていることに言及した。また、納日碧力戈と王俊敏は、M.ゴードン、C.ギアツ、S.ハレルらの理論を用い[7]、モンゴル族が漢族との文化的な差異を減少させたことによって、両民族の伝統的な特徴の境界が希薄化し、さらに心理的な境界線も流動化していき、相対的にはモンゴル族の側が境界を喪失しつつあると述べている。この研究は、都市に居住するモンゴル族の言語、生活習慣、行為などに見られる文化的特徴が漢族の影響を受けて希薄化していることから族際婚姻が増加する要因を解明した。

王俊敏（2001）は、フフホト市に居住する漢、満、回、モンゴルの四つの民族の関係史を検討し、漢族と少数民族の関係の構造的特徴は、政治面あるいは文化面では主導－所属構造であり、経済面では依存・補充的構造であることを明らかにした。その中でモンゴル族と漢族の族際婚姻が増加

---

[7] ギアツの指摘によると、人種（民族）間の境界には「物質的境界」と「符号的境界」が存在するという。「物質的境界」とは、主に「原生性紐帯」により生じる境界であり、それの核心は先天性、遺伝性、典型性であるが、「符号的境界」とは、心理的要因により生じる境界であり、その核心は後天性、可変性、新概念の生産性であると定義した。また、ハレルの「協議の境界」（negotiated boundaries）に従えば、モンゴル族と漢族の間の境界が流動しているという（納日碧力戈・王俊敏 2000：123）。

する要因を、都市におけるモンゴル族の文化的特徴の希薄化から問い、国家の民族政策が族際婚姻を促進したり阻害したりすることを明らかにした。また、都市におけるモンゴル族高学歴者の民族意識の強固さを指摘し、そのため族内婚姻の割合が高いことも示した。

以上の、都市を対象地域とした族際婚姻についての研究はいずれも、民族混住に加え、国家の政策が族際婚姻に影響を与えていると指摘している点で一致している。だが、増加した族際婚姻が民族意識の変化にどのような影響を及ぼしているのかについての議論までには踏み込んでいない点で、実態を究明すべき課題が残っているといえよう。

(2) 赤峰市地域（旗、郷）

馬戎・潘乃谷（1988）及び馬戎（2004）は、1985年に行なった赤峰市内の農耕、牧畜、半農半牧の四つの旗に対する調査に基づき、族際婚姻を、民族間の差異が縮まって民族の関係が改善された結果である、と結論づけた。また、族際婚姻の成立要因は、主に年齢、職業、人口割合、収入などであるとし、さらに牧畜地域と農耕地域におけるモンゴル族の政府幹部は漢族よりも民族意識が強固である点を指摘し、それゆえ族際婚姻率が低いと論じている。馬戎（2001a）は、赤峰市における族際婚姻成立の要因について、馬戎・潘乃谷（1988）の提示した要因に加え、生業形態、移住状況、言語、交友関係、居住形態などを挙げているが、その増加の要因は明らかにしていない。さらに、馬戎（2001b）は、半農半牧地域での調査の分析に基づき、1985年と1989年のデータを結合させ、民族所属の変更[8]が族際婚姻の増加に関係することについて初めて言及した。

---

[8] 中国政府は56の民族を公式に認定した一方、民族所属の変更も認めた。改革開放後の民族所属の変更は1982年から1990年の間に行なわれた。中国国務院人口普査領導小組、公安部、国家民族事務委員会の連名で、1981年に「民族所属の回復及び改正を処理する原則に関する通知」（「関与処理民族成分回復／変更原則的通知」）を発表した。その内容に関しては第4章第1節第3項で詳細に述べる。

以上の馬戎と潘乃谷の研究は、族際婚姻の増加の要因にまで踏み込んで考察し、また、国家政策として遂行された民族所属の変更が族際婚姻に関連していることに言及するなどの点で研究の進展に寄与している。しかし、族際婚姻は「民族の関係が改善された結果」(馬戎・潘乃谷 1988：79)、「族際婚姻率が10％以上であるならその両集団の関係がよい」(馬戎 2004：437)とみなし、エスニック・グループ間の婚姻をエスニック・グループ間の融合或いは社会的距離の指標とみなすゴードンの理論の一部を善悪の評価に転化し、飛躍した解釈を行なったところは問題である。また、約20年前の資料を用いていることを考えれば、より新しい資料と調査による再検討が求められていると言えよう。

　鄭国全（2004）は、赤峰市の農耕地域における調査に基づき、地理学の視点から民族の共存形態を分析した。族際婚姻に関しては、少数民族優遇政策がモンゴル族と漢族の族際婚姻を促進した一つの要因であると述べた。民族意識に関しては、モンゴル族は漢族と混住することで漢族と融合しつつあるために民族意識も弱くなっていると論じたが（鄭国全 2004：21）、なぜ混住が一方の民族意識のみの弱化を招いているかに関しては触れていない。さらに、この研究では、生業地域を農耕地域に特定しているがゆえに、族際婚姻と民族意識との関連の問題や、族際婚姻増加の問題を広くとらえてその要因を解明するには至っていない。

(3) 農耕地域のガチャ

　Bou zhi ming（1999）は、生活文化に焦点を当てて内モンゴルのホルチン地域の農耕化したモンゴル社会を分析し、モンゴル人の言語能力と教育水準の低下、世代間の使用言語が異なるなどの趨勢は、漢人の移民が増えたことが原因とする。族際婚姻については、民族間の偏見の減少、言語・文化の融合、結婚意識の変化、現実条件などと密接な関係にあると指摘し、民族混住の程度と生業形態により族際婚姻の数が異なることにも言及した。

　ボルジギン・ブレンサイン（2003）は、ホルチン地域の一つのガチャ（村）

を事例として取り上げている。開墾、移民の流入、民主運動の歴史に注目して、漢人の影響を受けたガチャの、牧畜地域から農地化への歴史的な過程を検討した。族際婚姻について、その地域社会における作用に注目しつつ、漢人とモンゴル人による地域共同体が成長するためには族際婚姻が不可欠な条件であり、現在も農村社会の人間関係の骨格になっていることを指摘した。

　この両者の研究は、鄭国全（2004）と同様に農耕地域を対象として族際婚姻に言及しているが、族際婚姻数の推移に関する詳細な分析、族際婚姻と民族意識の関連などまでは追及していない。

　以上の先行研究は、対象地域、現地調査、理論的分析などで、現代のモンゴル族と漢族の族際婚姻研究を代表する成果を収めたものであるが、いくつかの課題をも残している。すなわち、上述の諸研究は、研究対象の設定にあたって、都市部、農耕地域、牧畜地域それぞれを個別に対象とするが、旗・県における地方小都市としての鎮を対象とした研究はなく、地域間を比較するまでに至っていない。また、族際婚姻の増加傾向を指摘するものの、実際の数値により族際婚姻の変化の実態を明らかにしていない。族際婚姻と民族意識の関係については、モンゴル族の族内婚姻者の民族意識が強固であることを指摘するが、何故モンゴル族なのか、何故強固なのかについては明らかにしていない。さらに、族際婚姻を研究対象として取り上げてはいるものの、その分析はモンゴル側に偏っており、族際婚姻による漢族の民族意識に変化があるかどうかが分析されていない。そして、筆者は族際婚姻を通じて内モンゴル社会を総体的に捉える視点をとり、生業形態の比較による考察を行なうことにした。

第2項　少数民族のアイデンティティに関する先行研究

(1) **多民族国家の変化を対象とした研究**

　横山廣子（1989）は、雲南大理盆地を事例に、中国の少数民族政策が少

数民族地域にもたらした変動を、宗教、文化、民族帰属（本書で筆者が用いる「民族所属」と同義）などの混合から分析し、多様化した少数民族と多数の漢族から構成される中国における多元的国家統合を実現するための課題を提示した。特に、中国における民族帰属の変更に注目し、民族意識は民族帰属に変化が生ずるか否かを大きく左右する要素であり、また、民族帰属の変更による個人のアイデンティティの変化、及び民族の境界の流動が指摘されている。さらに、少数民族の人々の少数民族であるとともに中国人であるというダブルアイデンティティを新しいエスニック・アイデンティティと指摘したことは本書の問題意識との関連で示唆に富む。しかし、指摘した社会現象について十分な実証分析を行なっていないため、民族所属の変更、少数民族の多様化、新しいエスニック・アイデンティティなどはあくまで論述にとどまり、その実情が十分に検証されていない。

(2) 民族教育と言語政策を対象とした研究

　岡本雅享（1999）は、少数民族教育の実情をミクロとマクロの双方の視座から、政府の公的立場とその実施状況や具体的な反響、成果、当事者たちの意識などを結合して検討している。そのうえで、中国の半世紀における少数民族政策の原動力の不安定性を指摘し、中国では個人の民族的アイデンティティの尊重といった観念が形成されているとは言い難く、民族語の尊重を支える普遍的な理念が根底にないことが、政策に一貫性をもてない主な原因だと結論づけている。各地の少数民族地域の社会事実に基づいて政策を検討したこの研究は、現代中国における国家政策が個人の民族意識に与える影響を検討する上で一つの示唆となる。岡本は、少数民族政策や言語教育の実情に焦点を当てて、集団や個人の民族的出自の曖昧さを指摘するが、民族構成や民族意識の動態にまでは言及しなかった。

(3) 民族の語りを対象とした研究

　シンジルト（2003）は、中国青海省河南モンゴル族自治県のモンゴル族の人々を対象にして、民衆の個々人による民族に関する語り（「民族の語り」）

を通じて民族意識の変化を検証した。彼は、異なる民族同士の相互作用、同一の少数民族内部での相互作用に注目しながら、具体的には少数民族とされる個々人の日常経験、紛争、教育という内容に分析を加え、異なるコンテクストにおいて、モンゴル族（ゾッゴ）の自他認識が自己の自己化・自己の他者化・他者の他者化・他者の自己化などに変化するダイナミックな動態を示し、現代モンゴル族の民族意識の研究に進展を与えた。シンジルトは、民族所属の変更という社会現象に言及しているが、それによる民族構成の変化と民族意識の変化を関連づけずに検討を進め、民族意識の動態を検証した点に問題があるといえる。

　ここに挙げた三つの研究は、本書が扱うモンゴル族と漢族の族際婚姻を扱ったものではないが、本書の問題意識に関係のある中国における民族所属の変更や少数民族のアイデンティティの変化に言及しており、有益な示唆に富んでいる。

第3節　族際婚姻にかかわるエスニシティ理論

　前節では、族際婚姻や少数民族のアイデンティティに関するいくつかの先行研究を取り上げた。本節では、筆者が着目している族際婚姻と民族意識の関連にかかわるゴードンとソラーズのエスニシティ理論を取り上げて検討する。

第1項　ゴードンの融合論

　上に挙げた族際婚姻に関する先行研究のほとんどがゴードンの「エスニック間婚姻は、エスニック・グループの同化（融合）度の指数」という理論を援用しつつ、モンゴル族と漢族の族際婚姻を検討した。以下、ゴードンの理論を取り上げて若干の検討を加えたい。

序　章

　ゴードンは現代アメリカにおける初めてのエスニシティ研究者であり、その理論の大きな特徴は「エスニック集団間の関係」或いは「社会構造」に焦点を当て、それがどの要因（人種[9]・宗教・出身国）で形成され、どのような過程を経て、いかなる関係にあるのかを研究したところにある。ゴードンの研究の一つの成果は、エスニック集団の同化における重要な七つの指標（変数・次元）を指摘したことであり、それらは、①文化的・行動的同化（文化的パターンがホスト社会のものに変わる）、②集団や制度のネットワークにおける構造的同化、③婚姻的同化（大規模なエスニック間婚姻）、④アイデンティティの同化（ホスト社会に基づく同胞意識の発展）、⑤態度受容的同化（偏見の消失）、⑥行動受容的同化（差別の消失）、⑦市民的同化（価値観と権力の闘争の消失）であると定義した。このように、ゴードンは、エスニック・グループ間の婚姻がその同化の重要な指標であることを指摘し、エスニック・グループ間の往来が頻繁になり、社会組織ネットワークが相互に形成され、民族間の偏見や蔑視が基本的に消失した後、大規模なエスニック間の婚姻が現れると述べた（Gordon 1964＝2000：57-76）。

　さらに、エスニック間の婚姻と民族意識の関係性について、「婚姻融合が十分に実現されるなら、マイノリティ集団は、より大きなホスト社会もしくはコア社会の中で自らのエスニック・アイデンティティを失うことにより、アイデンティティの同化が起こることになる」と述べた（Gordon 1964＝2000：74）。ゴードンの研究は「エスニック集団間の関係」或いは「社

---

[9] 氏族が原義。生物学的概念で、特色のある身体的な遺伝形質を共有する人間集団をいう。一般に、ヨーロッパ、アジア、アフリカ、オーストラリア人種に四区分される。だが、各人種の混血が進み、生物学的純粋度は低くなってきている。したがって、現在の人種は歴史的・環境的・社会的な条件によって規定されるアイデンティティに基づいて形成される集団とも言うべきであろう。いわば、人種は自己を規律する人間的原理を模索する場合の集団原理として、人種的偏見や他のあらゆる差別に対抗する機能を果たすべきキーワードになりつつある。したがって、それはエスニシティの性格に転じつつある（『社会学辞典』2002:488）。本書では、ゴードンやソラーズなどの先行研究の論述を引用する場合のみに人種という概念を用いる。

13

会構造」に焦点を当ててエスニック間婚姻を捉えたため、エスニック・アイデンティティの同化や喪失の論述に止まっている。このようなゴードンの主張は、エスニック関係の組織の25人（幹部）に対するインタビュー資料に基づいて検証されたものであり、エスニシティの動態に関する理論化に対してかなり説得力をもつが、理念的かつ直線的なところもあるため、対象地域個別の実態研究により論証、修正していく必要がある。しかし、先行研究の検討で言及したように、概ね中国の研究者、とりわけ上に挙げたモンゴル族と漢族の族際婚姻を対象に分析を進める多くの研究者は、ゴードンの主張を新しい視点または実態分析により展開させず、無批判的に応用してきた傾向がみられる。

第2項　ソラーズの「エスニシティの再創造」論

次に、ゴードンのエスニシティ論の分析を進展させたソラーズの研究を取り上げる。

ソラーズの理論は、E．ホブズボウムの「創られた伝統」論から発想されており、アメリカ文化における継承と承諾の関係、或いは血縁的関係と契約的（法律的）関係で移民の世代的特徴を提示し、移民の第三世代の文化的複合性は現代アメリカのエスニシティを代表すると論じた。そのうえで、エスニック間婚姻は「エスニシティの再創造」が行なわれる重要なルートであることを示した。すなわち、混住するエスニック・グループそれぞれの構成員は、相互に影響し浸透し合い、かつそれらの婚姻、宗教、文化などが融合する過程で、エスニシティは常に複合し、再生産されるものであるとした（Sollors 1986：65, 100）。このようにソラーズは、ホブズボウムの文化論を用いて、ゴードンのエスニシティ論を展開させることに成功した。

ソラーズのこの研究により、エスニシティは時宜に応じて、文化的のみならず政治的にも極めて有効な概念になりうることが示された。かつそれは常に再生産されるものとして位置づけられた。つまり、エスニシティの

主張は既成の集団に限定されるのではなく、移住、エスニック間婚姻、人種混合などを通して、新しいエスニック・グループが絶えず再生されるとした（Sollors 1986：65, 100）。

なお、エスニシティの「創造」(invention) における論点は概ね六つの内容でまとめられる。すなわち、①受動的で無意識な同化モデルに対立する概念であること、②エスニシティは普遍のもの、原初的なものではなく、歴史的時間の中で完成されること、③ホスト社会とエスニック集団の関係のみならず、エスニック集団間の関係によって変化する、④戦争などの社会的な危機で強まり、世代交代などで変化する、⑤農村と比べて大都市の方が誇示される頻度も多い、⑥エスニック集団相互の共通点より差異を強調する立場を反映したものである、としている（明石紀雄・飯野正子 2002：44）。

ゴードンもソラーズもともにエスニック間の婚姻がエスニック融合の結果とする考えにおいて一致する。しかし、ゴードンは、婚姻同化が十分に実現されるなら、マイノリティ集団は自らのエスニック・アイデンティティを失うことになり、アイデンティティの同化が起こることを示したに止まるのに対し、ソラーズは、エスニック間の婚姻によりエスニシティが再創造されることを究明したところに大きな展開を認めることができる。すなわち、エスニシティ研究におけるソラーズの理論が、マイノリティ集団は自らのエスニック・アイデンティティを失うことによりエスニシティは完全に無くなるのではなく、マジョリティ集団と異なるアイデンティティ、或いはマイノリティ集団とマジョリティ集団の間の複合的かつ新しいアイデンティティを形成する可能性を示したのである。このことは、筆者が構想する族際婚姻と民族意識の関連の検討を進展させるために大いに有効であると考える。

しかし、ソラーズは広範囲な文学作品を分析した上で「エスニシティの再創造」論を提起したに止まっている。再創造されたエスニシティの内実がどうであるか、それがどのような要素に左右され、どのようなプロセスで再創造されたかに言及していないため、その論点が社会実情の分析に有

効かどうかを検証する必要がある。さらに、内モンゴル自治区を包括している中国社会の制度・歴史・文化などは、ソラーズが対象としたアメリカ社会のそれらとは異なる。また、アメリカにおける人種・宗教・出身国などによるエスニック・グループと異なり、中国における民族集団（所属）そのものは国家によって認められるものであり、国家政策により可変性をもつところもある。そのため、内モンゴルでも同様にエスニシティが再創造されるとしても、そのパターンとプロセスは異なると考えられる。よって、本書では、ソラーズの理論を社会調査の実証分析を通じて検討し、中国における多民族社会研究の中で展開させる。

第4節　本書の手法と構成

第1項　研究手法

　筆者は、上の第3節で取り上げた族際婚姻、少数民族のアイデンティティ、及び族際婚姻とエスニシティの関連に関する先行研究の蓄積と課題を踏まえながら、中国における「民族」をその可変性から動態的な「エスニック・グループ」として捉えた上で、族際婚姻にかかわる背景と要因、成立された族際婚姻がもたらした影響と結果から内モンゴル地域社会の実情を再考する。
　本書は以下のような仮説のもとで検証を進める。
　内モンゴルの多民族地域社会における族際婚姻は、当該地に居住するモンゴル族と漢族などの民族が混住する過程において、中国の少数民族政策のもとで、文化の相互作用により構成されてきた社会的産物である。すなわち、諸民族それぞれの伝統文化、民族と文化間の相互作用、国家と地方の政策と方針、生業形態の違い、民族の人口割合の差、人々の婚姻意識などが総合的に作用した結果、モンゴル族と漢族の族際婚姻の実態が形成され、変化するのみならず、モンゴル族と漢族という「民族」そのものも再

編され、民族意識も再創造されている。このように、内モンゴルという多民族社会では、族際婚姻を通じて独特なプロセスとパターンで民族意識が再創造され、地域社会も変遷している。

　こうした論点や冒頭に提起した問題を解明するために、本書では以下のような方法で検討を進める。まず、内モンゴルを代表する生業形態をもつ地域である都市部、鎮、農耕地域、牧畜地域でそれぞれアンケート、インタビュー、文書資料調査を実施し、筆者が独自におこなったフィールドワークの結果やその際に収集した資料に基づいて、族際婚姻の実数と割合の地域差、民族差、時代的推移の実態を明らかにし、族際婚姻の数値上の推移を示す。その上で、族際婚姻の成立やその推移に影響を及ぼしている文化的、政策的、意識的背景を分析する。これを通じて、これら三つの背景が、状況次第で族際婚姻を促進したり阻害したりするため、族際婚姻の数値が直線的に増加せず、場合により減少あるいは横ばいの状態となることが明らかになる。このことから、ゴードンのエスニシティ理論を用いて族際婚姻を分析した諸研究の限界が指摘される。政策的背景には、国家の民族政策、地方の方針などを取り上げ、先行研究が触れてきた民族所属の変更の事実や政策が民族意識に与えた影響を明らかにする。意識的背景は、族際婚姻や婚姻における民族意識を反映するものであり、族際婚姻の実態により形成され、翻って族際婚姻にも影響を及ぼすものである。このような背景と要因の分析を通じ、族際婚姻が社会的諸要素と人々の意識の総合的な作用で結ばれる社会関係であることを検討し、族際婚姻の見方を新たにしようと試みる。最後に、族際婚姻の実態や背景に関連して地域社会にどのような変化が生じたかを考察する。具体的には、まず、族際婚姻による家族内における文化の変容、親族により構成される人的ネットワークの伸縮、民族の血統混合による民族構成の多様化を検証する。次いで、族際婚姻家族の各世代の民族意識を分析し、族際婚姻により民族意識が複合し、曖昧化し、再創造されていることを明らかにする。

　調査資料の分析に当たっては、調査対象地域のモンゴル族と漢族が回答したアンケートデータの分析に相関係数分析[10]方法を用い、赤峰市地域に

関する計画生育弁公室[11]が提供した統計数字は主にパーセント提示で変化の傾向を示す方法を採用した。インタビュー及び新聞、雑誌記事に対しては、それら資料に整合性があれば数値比較を用い、論理的分析を行なう。

第2項　本書の構成

第1章では、調査地と現地調査を概観する。まず、調査地を設定した理由を述べた上で、各調査地の特徴を概観する。この部分で述べる、赤峰地域の民族混住の歴史や多様な生業形態の並存は、族際婚姻が発生し変化する地域社会の前提条件である。次いで、筆者が行なった現地調査の経緯及び調査で収集し、本書の検討に用いた資料に関して述べる。

第2章では、筆者が行なった現地調査により得られた資料・データの分析と結果に基づいて、各調査地におけるモンゴル族と漢族の族際婚姻には、地域による差、民族による差、性別による差、年代による差が存在し、しかもこれらの差が変化を見せつつ現在に至っていることを明らかにする。

第3章では、族際婚姻にかかわる文化的背景を分析する。主に、家庭言語、飲食生活、結婚披露宴の文化を分析して、モンゴル・漢の民族文化がどのように族際婚姻に関係するかを検討する。

第4章では、族際婚姻にかかわる政策的・社会的背景を分析する。主に、国家の政策、都市化の進行、行政区分の変化、婚姻登録方法とその変更などがどのように族際婚姻に関係するかを検討する。

10　相関係数の実用上の目安に関しては、前野昌弘（2003：85）参照。相関係数の詳しい検定表に関しては、全国体育学院教材委員会（1998：288-291）参照。相関係数分析、標準偏差の算出に、Microsoft Excel の統計分析ツールを使用した。

11　計画生育弁公室（または委員会）は居民委員会等の政府機関に属する組織であり、主に婦人関係の仕事、人口統計、及び一人っ子政策の実施を保証する機能を果たす。婚姻登録処（または婚姻登録所）は民政局に属する組織であり、主に婚姻登録及び協議離婚等の登録を行なう。

第5章では、族際婚姻にかかわる意識状態を分析する。主に、婚姻条件に関する意識、特に婚姻における民族所属の位置づけ、族際婚姻に関する意識などが族際婚姻の実態にも影響を及ぼすことを検証する。

　第6章では、族際婚姻の結果と影響を家族文化と親族関係の側面から考察する。すなわち、モンゴル族と漢族それぞれの族内婚姻者と族際婚姻者の家族祭祀、室内装飾を比較して家族文化の変化を検証する。さらに、直系親族の往来に着目して直系親族関係を中心とする社会的ネットワークの伸縮を分析し、地域的人間関係、血縁（親族）的人間関係、民族的人間関係の実態と、この三つの関係が、族際婚姻といかに結びつき、更に、民族意識が親族関係にどう関わっているかを明らかにする。

　第7章では、族際婚姻の結果と影響を民族構成や民族意識の側面から考察する。まず、モンゴル族と漢族それぞれの民族構成が変化し、従来のモンゴル族＝モンゴル人、漢族＝漢人という単純な理解では把握できない民族構成の多様化の実情を明らかにする。次に、族際婚姻に関連する重要な要素である異文化にいきる人々、つまり漢文化的モンゴル人とモンゴル文化的漢人の民族意識を分析する。そして、モンゴル族、漢族、民族所属を変更後のモンゴル族、民族所属を変更後の漢族からなる族際婚姻家族の各世代を比較して、世代による民族意識の変化を示す。そして、民族構成そのものが再編されたことが、民族意識の変化をもたらした最も重要な要因であることを示し、族際婚姻により民族意識がいかに変化していったか、そのプロセスを解明する。

　最後に、本書で用いる重要な語句に関して若干の解説を行なっておく。

　「族際婚姻」は民族集団の間の婚姻をさす。「族際婚姻」は中国の社会学では既に定着している語である。「民族通婚」も同義語としてしばしば用いられる。ここでは、日本語の意味と相違しないよう、一貫して「族際婚姻」を用いる。先行研究の馬戎・潘乃谷（1988）、納日碧力戈（1991）、納日碧力戈・王俊敏（2000）、鄭国全（2004）では「通婚」を用いているが、馬戎（2004）は「族際婚姻」を用いている。族際婚姻と対照的な概念として、所属民族内部の婚姻を「族内婚姻」という。両者を併用する場合には、

「族内・族際婚姻」と表記することにする。また、本書の第2章以降の考察に用いる「族際婚姻」は、特に説明がなければモンゴル族と漢族の族際婚姻のみを指す。

　エスニシティにまつわる数々の用語は論者によって、さまざまな定義と解釈が行なわれており、とりわけエスニシティ研究においては、エスニシティ、エスニック・グループ、エスニック・アイデンティティの三つの概念が混合し使われている[12]。また、民族に関する用語も人、民族、族群[13]、ネーション[14]などが挙げられる。上の族際婚姻や少数民族のアイデンティティに関する先行研究が触れている「民族所属変更」の現象からもわかるように、中国で用いられる「民族」という概念は、国家に認定されたという点では固定的である一方、変更可能という点で可変的でもある。よって、民族集団の境界線は人工的かつ流動的である。本書で用いる「民族」はこのような流動性をもつ概念であり、それの社会的特性をより明確に提示する際に「民族(ミンズゥ)」(第7章)という表現を用いる。

　引用文に関しては、中国以外の地域を対象とした研究における民族やエスニック集団間に関する用語の表示はすべて原文にしたがう。モンゴル語

12　例えば、ゴードンは「同朋意識を表す便利な名称に『エスニシティ』がある。そこで私たちはこの種の同胞意識をもつ集団を『エスニック集団』と呼ぶ」(Gordon 1964＝2000：21)、ギデンズは「エスニシティとは、ある人たちのコミュニティを他のコミュニティから区別する文化的慣わしや見地を指称する。エスニック・グループの構成員は、自分たちを他の集団と文化的に異なる存在とみなし、また逆に他の集団もそう考えている」(Giddens 2001＝2004：313)、綾部恒雄は「エスニシティはよくエスニック・グループと同義的に用いられるが、行為現象の実体としてのエスニック・グループと、その性格やアイデンティティ、つまり民族集団の有り様の総体を指すエスニシティとは使い分けるべきなのである」(綾部恒雄 1994：13)、関根政美は「民族とエスニシティは双方とも文化的な基準で分類された人口集団」(関根政美 2002：5)、梶田孝道は「エスニシティとは、主に言語、生活様式、宗教などの文化的、心理的特性に基づいた人間集団(エスニック集団)の分類、区別の基準である」(梶田孝道 2002：28)という。

13　エスニック・グループの中国語訳。

14　国民。国家。民族。

や中国語による文献などで現れた特殊な用語に関しては、上で示した原則にしたがわず、そのたびに注釈をつけて説明することにした。

　ここでは、民族に関する三つの概念について、本書で用いた範囲と意味を記しておく。

エスニック・アイデンティティ＝民族意識
　　調査地のモンゴル族と漢族それぞれがもつわれわれ意識、或いは自他認識である。

エスニック・グループ＝民族集団
　　調査地のモンゴル族も漢族もエスニック・グループである。

エスニシティ＝民族意識を中核とした民族的特性
　　筆者が民族意識の検討にエスニシティという用語を用いる場合、それは民族意識を中核とした民族的特徴を指す。

第1章　調査地と調査の概況

　筆者は、モンゴル族と漢族の族際婚姻を研究するために、以下に述べる基準によって調査対象地域を設定し、延べ7ヶ月間の海外調査を実施した。

第1節　調査地域の設定

第1項　調査地域の具えるべき条件

　内モンゴル自治区には49の民族、2384万5900人（2004年現在）が居住している（『内蒙古統計年鑑』2005：98）。その内訳は、漢族が1859万9802人（78.0％）、モンゴル族が395万4819人（16.6％）、その他の民族が128万7679人（5.4％）である（『内蒙古統計年鑑』2005：100）。また、この自治区には、都市、農耕地域、牧畜地域以外に、小都市としての鎮が多くある。こうした内モンゴル全体の民族の人口割合と生業形態の特徴を反映する調査地を設定することが、本書での研究の前提となる。

　設定のための条件としては以下のものがある。第1に、調査の対象となる地域の民族人口割合が、内モンゴル自治区全体のそれと近似していることである。そのような地域であれば、民族人口割合の点で自治区全体を代表していると見なしうる。第2には、対象となる地域内に、各民族の人口に顕著な差異がある下級行政単位（旗・県及びソム・鎮・郷）が存在することである。内モンゴルでは、諸民族の交流の長い歴史の中で、複数の民族が様々に混住しており、漢族の人口が少数民族より多い、漢族と少数民族の人口がほぼ同じ、漢族の人口が少数民族よりも少ない、という三つの混住パターンがある。対象地域においてこの3パターンを見いだせれば、内

地図1　赤峰市における各調査地点位置図

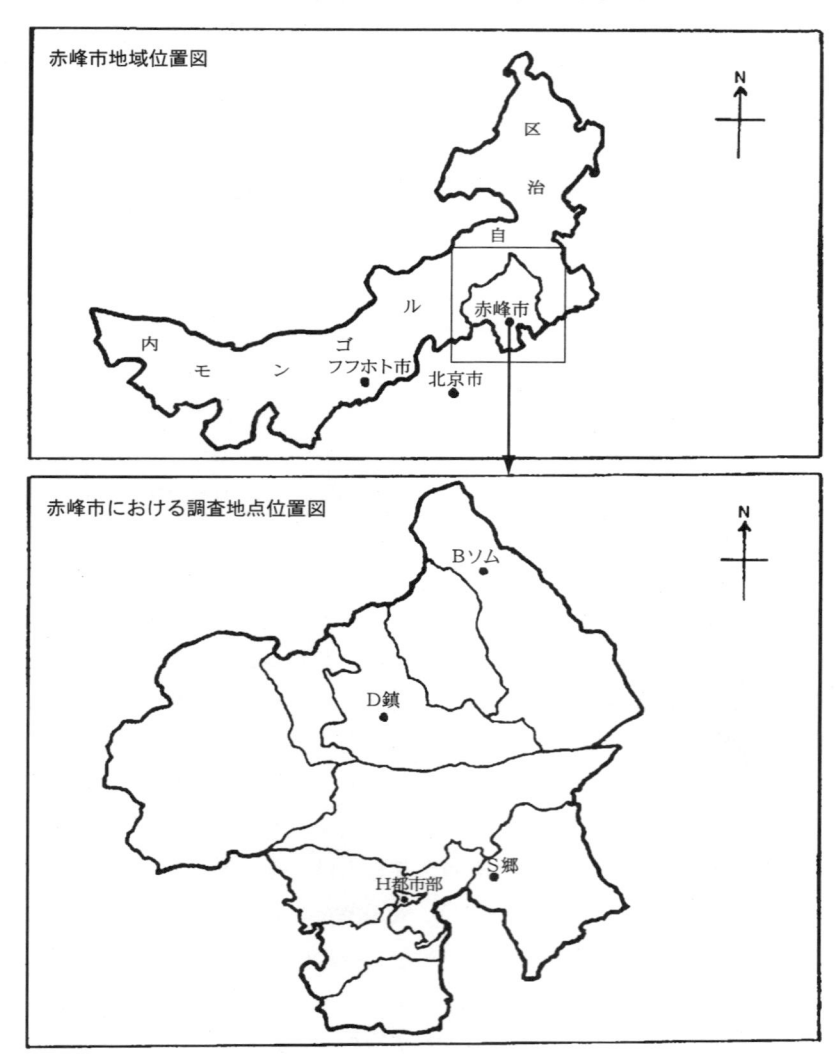

モンゴルの民族混住パターンを代表していると見なしうる。第3に、対象となる地域が、内モンゴルの生活と生業形態を代表する、都市、鎮、農耕地域、牧畜地域を含んでいることである。内モンゴルでは、その地理的条件に適した牧畜が行われているほか、農耕も行われている。また自治区の中心フフホト市のように都市化したところや、地方の小都市である鎮もある。対象地域が都市、鎮、農耕地域、牧畜地域を含んでいれば、この地域が内モンゴルの生活と生業形態を代表していると見なしうる。これらが調査地域の具えるべき条件である。

第2項　調査対象地域の設定

　上に示した諸条件を満たしているのは、内モンゴル中部に位置する赤峰市（旧ジョーオド盟）である。この市は、7旗、2県、3区から構成され、29の民族460万4000人（2004年現在）が混住している。その内訳は、漢族が361万8744人（78.6％）、モンゴル族が81万9512人（17.8％）、その他の民族が16万5744人（3.6％）である[15]。内モンゴル自治区、赤峰市、及び各調査地における民族人口の割合を示した図1が示すように、赤峰市の民族の人口割合と内モンゴル全体のそれとは、互いに近似していることがわかる。このことから、赤峰市は第1条件を満たしていると考えられる。
　赤峰市地域は、その中心部である区部が典型的な都市部、市内各旗の中心地が小都市（鎮）、市の北部には牧畜地域が広がり、南部を中心に農耕地域が連なっている。都市部と農耕地域では漢族の人口が少数民族よりも多く、主に牧畜を営む北部諸旗の中心地には漢族と少数民族の人口がほぼ同数のところがあり、北部牧畜地域の下級行政単位には少数民族であるモンゴル族の人口が漢族よりも多いところがある。このことから、赤峰市は第2、第3の条件も満たしていると考えてよい。しかも、これらが一つの

15　この人口統計数字は調査協力者のH氏を通じて赤峰市統計局から得られた情報である。

市の中に存在している。赤峰市は筆者の限られた期間中に現地調査を完成させる可能性と条件を完備した地域であり、ここを調査地として選択するのは妥当であると考える。

現地調査にあたって赤峰市各地の民族の人口割合と生業形態などの特徴に基づき、赤峰市紅山区（以下、H都市部と表記する）、巴林右旗大板鎮（バーリンウキダーバン）（以下、D鎮と表記する）、敖漢旗薩力巴郷（オーハンキサリボル）（以下、S郷と表記する）、阿魯科爾沁旗巴音温都爾ソム（ホルチンキバインウンドゥル）（以下、Bソムと表記する）、以上の四つのところを調査地点とした。図1からわかるように、内モンゴル自治区ではモンゴル族の人口割合は16.6％、漢族は78.0％、赤峰市ではモンゴル族の人口割合は17.8％、漢族は78.6％であり、上にも言及したように近似していることがわかる。H都市部では、モンゴル族の人口割合は16.5％、漢族は74.4％であり、漢族の割合がモンゴル族より高い。D鎮では、モンゴル族の人口割合は41.1％、漢族は55.5％であり、モンゴル族と漢族の人口割合が近く、都市化が進行しつつある。S郷では、モンゴル族の人口割合は23.6％、

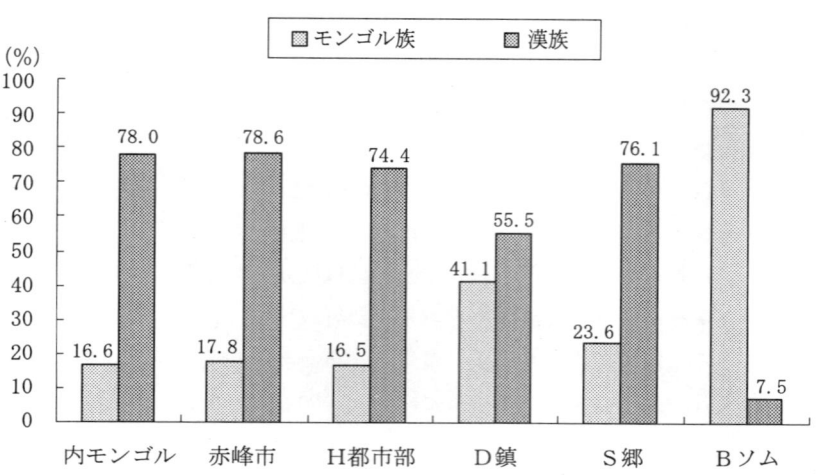

図1　内モンゴル自治区及び各調査地における民族の人口割合

（出所：内モンゴルの人口数字は『内蒙古統計年鑑』2005：100により、ほかは筆者の調査資料により作成）

漢族は76.1%であり、モンゴル族の割合が漢族より低い。この郷は、この50年間に牧畜から農耕へ転換した地域である。Bソムでは、モンゴル族の人口割合は92.3％、漢族は7.5%であり、昔からモンゴル族の割合が高く、主に牧業を営んできた地域である。

　上で述べたように、筆者が設定した四つの調査地は、赤峰市並びに内モンゴル自治区の特徴を代表していることが明らかである。

第2節　赤峰地域の行政区分の変化

　赤峰市は内モンゴル自治区の東部にあり、東は通遼市、東南は遼寧省朝陽市、南と西は河北省承徳市、北西はシリーンゴル盟に面している。赤峰は本来モンゴル語の「赤い岩」ulaan=had の漢語訳であり、元のジョーオドはモンゴル語の「百本の柳」(zuu=ud) という意味である。

　赤峰市は約9万km²の面積を有す[16]。地理的にモンゴル高原と華北平原の接点に位置し、自然環境は複雑多様であり、山地、高原、丘陵、盆地、平原が不均衡に分布している。山地と丘陵が市の全面積の73.3%を占めている。土地利用状況を見ると、農耕地面積が1万247km²、草原面積が4万8667km²、森林面積が23万1200km²ある（『赤峰市志』1996：163）。

　中国の地方における行政区域の単位は異なる四つのレベルに分けられる。①省レベルの省、直轄市（区）、自治区、②市のレベルの市（区）、州、盟【アイマク】、③県のレベルの旗【ホショー】、県、④郷レベルのソム【蘇木】、郷、鎮である。その内、①の自治区、②の州、盟、③の旗、④のソムはそれぞれ少数民族が居住してきた地域の行政単位である。

　赤峰市はこれら単位の内の②に属し、③と④の全てを包括している。現在、3区、7旗、2県の行政単位がある。即ち紅山区、松山区（郊区）、元宝山区、アルホルチン（阿魯科爾沁）旗、バーリン（巴林）左旗、バー

16　赤峰市の総面積は9万21km²ある（『赤峰市志』1996：163参照）。

リン（巴林）右旗、ヘシクテン（克什克騰）旗、オンニュート（翁牛特）旗、ハラチン（喀喇沁）旗、オーハン（敖漢）旗、林西県、寧城県である。

赤峰市の行政区域と管轄の関係は次のように変化してきた。

『赤峰市志』によると、現在の赤峰地帯は新興の清の支配下に入り、1639年、オンニュート右旗、オンニュート左旗、ナイマン旗（現在通遼市に属している）、オーハン旗をあわせてジョーオド盟が成立された（『赤峰市志』1996：34）。1739年、熱河副都統を設置し、ジョーオド盟はその管轄下に置かれた（『赤峰市志』1996：40）。1778年、ジョーオド盟のオランハダ直隷庁が赤峰県とされ、熱河直隷庁が承徳府と改名されて赤峰県を管轄していた。それから赤峰という地名が定着した（『赤峰市志』1996：42）。1908年、赤峰県を赤峰州とした（『赤峰市志』1996：49）。

中華民国時代、現在の赤峰市の領域は1912年から蒙蔵事務局、1913年から熱河特別区（熱河都統）に管轄されていた。同年、赤峰直隷州は赤峰県と改称された。もとの赤峰県は赤峰鎮と改称された。1928年からは熱河省に管轄された。満洲国時代、依然として赤峰県は熱河省に管轄されて、現在の赤峰市領域の大半が興安西省に管轄されていた。1946年にジョーオド盟が復建された。

1947年、内モンゴル自治政府が成立し、ジョーオド盟は自治政府の管轄となった。1956年、熱河省は廃止され、ジョーオド盟政府の所在地が赤峰市に移った。1969年にジョーオド盟は遼寧省に区分された。1979年、ジョーオド盟は再び内モンゴル自治区に区分された。

1983年10月10日、国務院の許可を経て、ジョーオド盟では盟が廃止され、「市管県体制」（市が県を管轄する体制）を実施し、ジョーオド盟という名称を廃止、赤峰市とした。同時に以前の赤峰市が紅山区となり、以前の赤峰県が郊区（現在の松山区）となり、その上に元宝山区という新区を設置した。

現在の赤峰市は歴史上の赤峰県、赤峰市、ジョーオド盟の全域を包含し、現在の赤峰市の紅山区は満洲国時代の赤峰県の規模に相当する。

第3節　多民族混住形態

ここでは、民族の人口数に着目して民族混住が形成された過程を述べる。

第1項　新中国成立前の民族混住形態の形成

『赤峰市志』によると、907－1125年頃（契丹人の作った遼朝時代）、現在の赤峰地域では既に、契丹人、奚人、漢人、満洲人、モンゴル人、ウィグル人などが居住していた（『赤峰市志』1996：262）。1634年、現在の赤峰の一帯ではおよそ6部族の1万9012戸（9万5000人）のモンゴル人が居住していた（『赤峰市志』1996：263）。

1644年以降、貧困、災害などに、清朝政府の「招民開墾」、「借地養民」、「移民実辺」政策が重なり、多量の漢民が赤峰地域に流入した。すなわち、1649年、「招民開墾」がはじまり、清朝政府は関内（山海関の南方）に居住する農民がジョーオド盟境内に入って開墾することを許した。1704年、清朝政府は毎年農民に800枚の出関（山海関を出る）開墾の通行許可書を配布し、かつそれらの農民に対して「春出口耕種、冬則遣回」（春は山海関の外に送り出して耕させ、冬は山海関の内に連れ戻す）方針をとっていたが、実は帰らない農民も多かった[17]。1724年、河北・山東などの地域で日照りとイナゴの災害が起こり、多量の難民が山海関を出て生活することを要求して政府の許可を得た。ジョーオド盟のハラチン、オーハン、オンニュート、ヘシクテンなどの旗はそれら難民の流入先となった。当時、難民たちを小作とする制度をとっていたため、「借地養民」といわれていた[18]。「移民実

17　『赤峰市志』（1996：265）、http://www.chifeng.gov.cn/dsnb/index3.htm（2005.8.16アクセス）参照。

18　『蒙古民族通史』第四巻（2002：293-294）、http://www.chifeng.gov.cn/dsnb/index3.htm（2005.10.25アクセス）、『赤峰蒙古史』（1999：464）参照。

辺」とは内モンゴル全域に開墾を進行させた政策であり、1886年から提起され、1902年から実施され始めた。それには、アヘン戦争以降、外国の勢力が内モンゴル地域に侵入し拡大していた状況下、帝国主義の侵略を防ぎ、辺境地域の防衛を強化するという動機が含まれていたが、結果的に遊牧経済と生態環境を破壊し、内モンゴル全域に民族混住を進行させ、人口増加を促した[19]。例えば、1782年、赤峰県の漢人の人口は2万2378人であったが、1827年にはほぼ5倍の11万2604人に増加した（『赤峰市志』1996：265）。

民国時代、満洲国時代も赤峰地域の人口は急速に増加した。例えば、1933年頃、赤峰地域の人口はおよそ69万9612人であり、部分的な統計によればモンゴル人は11万5596人であった（『赤峰市志』1996：265）。1935年頃、中国の河北省、山東省、山西省などの地方に連年災害があったため、赤峰地域に大量の漢民族の難民が流入した。1940年の統計によると、赤峰市の全人口は158万2289人であり、1933年と比べて7年間に80万人が増加した（『赤峰市志』1996：261-267）ことになる。

以上のような歴史的過程を経て、赤峰地域では民族混住形態が形成されてきたのである。

第2項　新中国成立後（1949－1979年）の民族人口

新中国成立後、赤峰地域の多民族混住形態は依然として進み、民族の人口数の変化が公式の統計データで確認できるようになってきた。

表1に、ジョーオド盟の1949年から1979年までの人口変化を示す。表1と図2から明らかなように、1970年代までは、各民族の人口は急速に増加し、増加数が多かった1957年、1958年、1962年の人口増加は10万人に達し

19　『赤峰市志』（1996：265）、http://www.e56.com.cn/publish/dianzi/html/m187.htm（2005.9.2アクセス）、『赤峰蒙古史』（1999：493, 494）、Tie zhu and Hei long（1999：201-209）参照。

第 1 章　調査地と調査の概況

表 1　ジョーオド盟 (1949－1979年) における民族の人口

(単位：万人、( ) 内は％)

年	モンゴル族	漢族	その他の民族*	総人口
1949	13.8 (8.3)	150.5 (90.9)	1.2 (0.7)	165.5
1950	14.1 (8.7)	146.6 (90.5)	1.2 (0.7)	161.9
1951	14.4 (8.7)	148.9 (90.5)	1.3 (0.8)	164.6
1952	15.6 (9.1)	154.1 (90.1)	1.4 (0.8)	171.1
1953	16.7 (9.4)	160.1 (89.9)	1.6 (0.7)	178.4
1954	17.4 (9.6)	163.2 (89.6)	1.5 (0.8)	182.1
1955	17.9 (9.3)	173.9 (89.9)	1.6 (0.8)	193.4
1956	17.8 (9.1)	176.3 (90.1)	1.6 (0.8)	195.7
1957	18.3 (8.9)	185.8 (90.2)	1.8 (0.9)	205.9
1958	18.2 (8.4)	195.9 (90.7)	2.0 (0.9)	216.1
1959	18.3 (8.3)	201.1 (90.9)	1.9 (0.9)	221.3
1960	19.9 (8.7)	207.1 (90.5)	1.9 (0.8)	228.9
1961	19.7 (8.4)	212.1 (90.7)	2.1 (0.9)	233.9
1962	20.6 (8.4)	221.4 (90.7)	2.1 (0.9)	244.1
1963	21.4 (8.5)	229.6 (90.7)	2.2 (0.9)	253.2
1964	22.6 (8.7)	234.1 (90.4)	2.4 (0.9)	259.1
1965	22.8 (8.6)	241.1 (90.5)	2.5 (0.9)	266.4
1966	23.4 (8.5)	247.8 (90.5)	2.6 (0.9)	273.8
1967	23.9 (8.5)	253.3 (90.5)	2.7 (1.0)	279.9
1968	24.4 (8.5)	259.9 (90.5)	2.8 (1.0)	287.1
1969	25.4 (8.6)	267.3 (90.5)	2.8 (0.9)	295.5
1970	25.9 (8.5)	276.6 (90.6)	2.8 (0.9)	305.3
1971	26.2 (8.4)	284.0 (90.6)	3.1 (1.0)	313.3
1972	26.7 (8.3)	290.1 (90.7)	3.2 (1.0)	320.0
1973	27.8 (8.5)	296.0 (90.5)	3.1 (0.9)	326.9
1974	27.9 (8.3)	303.4 (90.7)	3.1 (0.9)	334.4
1975	28.4 (8.3)	308.2 (90.6)	3.7 (1.1)	340.3
1976	28.7 (8.3)	312.3 (90.7)	3.3 (1.0)	344.3
1977	28.7 (8.3)	314.9 (90.8)	3.3 (1.0)	346.9
1978	30.9 (8.8)	315.2 (90.2)	3.4 (1.0)	349.5
1979	29.6 (8.4)	321.3 (90.7)	3.4 (1.0)	354.3

(出所：『赤峰市志』1996：267により筆者が作成)

*本表ならびに以降の統計データに用いた「その他の民族」とは、モンゴル族と漢族以外の民族を示す。

図2 ジョーオド盟（1949－1979年）における民族の人口割合

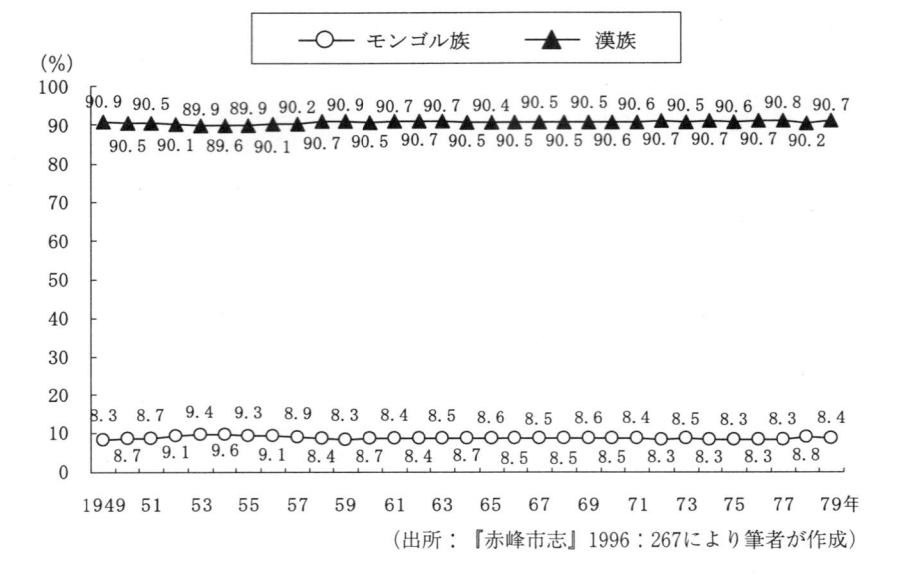

（出所：『赤峰市志』1996：267により筆者が作成）

た。総人口の標準偏差[20]を求めると63.30万人となり、この期間の人口増加の度合いがかなり大きいことを示している。1972年以降、各民族の人口増加は鈍化した。この期間における、民族の人口割合の標準偏差を求めると、モンゴル族も漢族も0.3％となる。ここから、新中国成立以来30年間、ジョーオド盟（赤峰地域）の総人口は激増してきたが、民族の人口割合の変化は大きくなかったことがわかる。しかも、モンゴル族と漢族の人口割合の変化する度合いは近似するという特徴も示している。

第3項　改革開放時代（1980－2003年）の民族人口

1978年末から中国は改革開放時代に入った。それ以降、赤峰地域（ジョー

20　本書で用いる標準偏差は、母集団全体に基づいて返したその母集団の標準偏差（Stdevpa）である。

オド盟）の人口増加、および民族人口には以前と異なる傾向が見えてきた。表2（図3）には赤峰地域の人口推移を示した。1980年から2003年にかけて、赤峰地域の総人口は緩やかに増加してきた。1982年、1990年、2000年の変化が特に大きいが、最も多いときでも7.7万人となっている。総人口の標準偏差は27.65であり、1980年以前（63.30）と比べて半分以下となり、改革開放以降赤峰市の総人口は緩やかに増加してきたことを示している。民族人口の割合の標準偏差を算出すると、モンゴル族は2.8％、漢族は3.5％である。これは、改革開放以降、漢族とモンゴル族の人口割合の変化度合には大きな差がないことを示している。

　このように、1980年以降、赤峰市全域の総人口に占めるモンゴル族の人口割合、及び少数民族の人口割合は絶えず増加し、総人口に占める漢族の人口割合が減少してきたことがわかる。このような人口変動の要因について、地方志では、①共産党は一貫して少数民族の繁栄と発展を重視し、計画生育政策上も少数民族に対しては緩やかな政策をとったこと。②旧社会では、大漢族主義の統治により、少数民族であるにもかかわらずやむを得ず漢族に民族を変えた人々がいた。しかし、共産党第十一期三中全会後、党の政策の下でそうした人々は民族所属を回復して、1980年から1990年にかけて全市では34万人が漢族から少数民族に民族所属を変更したこと。③旧社会では、族際婚姻家族の次世代の民族所属を確定するときに、父権主義の影響から子供の民族所属は必ず父の民族所属と一致しなければならなかったが、新時代になると、子供が両親のどちらの民族所属も選択できることが法律によって保障されてきたこと、などの理由が挙げられている（『赤峰市志』1996：291）。ここから、民族人口の変化には族際婚姻という事象が関係していることがわかる。

　現在、赤峰市では漢族とモンゴル族以外に、回族、満洲族、朝鮮族、ダゴル（達斡爾）族、ウィグル（维吾爾）族、チベット族、ミャオ（苗）族、イ（彝）族、ゾァン（壮）族、ブイ（布依）族、ドン（侗）族、ヤオ（瑶）族、バイ（白）族、トゥジャ（土家）族、ハニ（哈尼）族、ダイ（傣）族、リ（黎）族、リス（傈僳）族、ナーシ（納西）族、ジンプー（景頗）族、トゥ

(土）族、チャン（羌）族、シベ（錫伯）族、ロシア（俄羅斯）族、エヴェンキ（鄂温克）族、オロチョン（鄂倫春）族、ヘジェ（赫哲）族の27の民族が居住している（『赤峰市志』1996：291）。

表2　赤峰地域（1980－2003年）における民族の人口

（単位：万人、（　）内は％）

年	モンゴル族	漢族	その他の民族	総人口
1980	30.8（8.6）	324.8（90.4）	3.6（1.0）	359.2
1981	31.6（8.7）	328.8（90.3）	3.8（1.0）	364.2
1982	42.3（11.4）	320.7（86.3）	8.6（2.3）	371.6
1983	43.9（11.7）	323.3（86.0）	8.7（2.3）	375.9
1984	45.2（11.9）	326.1（85.7）	9.2（2.4）	380.5
1985	46.1（12.0）	328.4（85.5）	9.6（2.5）	384.1
1986	50.8（13.1）	325.9（84.1）	11.0（2.8）	387.7
1987	55.0（14.0）	325.7（83.0）	11.9（3.0）	392.6
1988	57.9（14.6）	327.3（82.3）	12.7（3.2）	397.9
1989	59.7（14.8）	330.8（82.0）	13.0（3.2）	403.5
1990	64.0（15.6）	333.3（81.1）	13.9（3.4）	411.2
1991	65.1（15.7）	334.7（80.9）	14.1（3.4）	413.9
1992	67.0（16.1）	334.5（80.4）	14.5（3.5）	416.0
1993	67.8（16.1）	337.6（80.4）	14.6（3.5）	420.0
1994	69.5（16.4）	339.2（80.2）	14.5（3.4）	423.2
1995	71.0（16.6）	340.5（79.8）	15.0（3.5）	426.5
1996	73.7（17.1）	342.2（79.3）	15.4（3.6）	431.3
1997	75.6（17.3）	345.5（79.2）	15.4（3.5）	436.5
1998	77.0（17.4）	348.7（79.0）	15.8（3.6）	441.5
1999	77.5（17.4）	353.0（79.1）	15.8（3.5）	446.3
2000	77.6（17.7）	345.8（78.7）	15.9（3.6）	439.3
2001	73.7（16.7）	352.5（79.8）	15.8（3.6）	442.0
2002	78.5（17.7）	350.1（78.8）	15.7（3.5）	444.3
2003	82.2（18.4）	348.8（78.0）	16.3（3.6）	447.3

（出所：『赤峰統計年鑑』2004：55により筆者が作成）

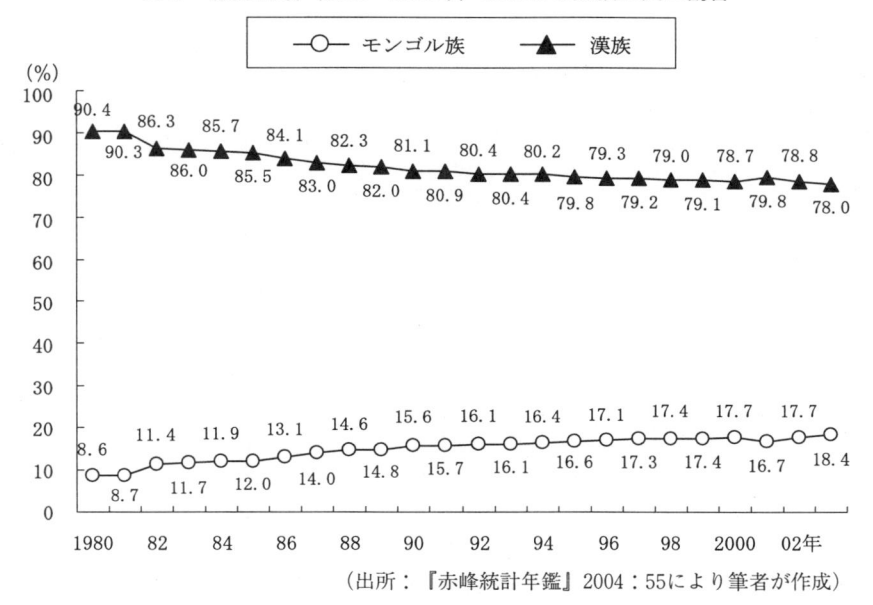

図3　赤峰地域（1980－2003年）における民族の人口割合

凡例：—○— モンゴル族　　—▲— 漢族

漢族の値：90.4, 90.3, 86.3, 86.0, 85.7, 85.5, 84.1, 83.0, 82.3, 82.0, 81.1, 80.9, 80.4, 80.4, 80.2, 79.8, 79.3, 79.2, 79.0, 79.1, 78.7, 79.8, 78.8, 78.0

モンゴル族の値：8.6, 8.7, 11.4, 11.7, 11.9, 12.0, 13.1, 14.0, 14.6, 14.8, 15.6, 15.7, 16.1, 16.1, 16.4, 16.6, 17.1, 17.3, 17.4, 17.4, 17.7, 16.7, 17.7, 18.4

（出所：『赤峰統計年鑑』2004：55により筆者が作成）

　この節では、赤峰地域における民族混住形態の形成と現状について簡潔に述べた。表1と表2に示した民族の人口データは、既に形成された民族混住の内部構成の変化動態にみえる赤峰地域の民族混住の特徴、すなわち改革開放以降、漢族の人口割合が減少したこととは、対照的に少数民族の人口割合が増加してきた傾向を反映している。これは赤峰地域のみならず内モンゴル自治区、及び中国における民族混住の実情を検討する上で、無視してはならない社会現象でもある。

第4節　多様な生業形態

　民族の人口割合は、その地域の生業形態に少なからず影響される。上の調査地の設定条件のところで言及したように、生業形態は本書での重要な

着眼点である。本節では、筆者が設定した調査地域における生業形態の特徴について述べる。

　赤峰市は、牧畜地域、農耕地域、都市部にまたがり、全域の区、県、旗において民族が混住している。以下、表3に調査地の生業形態の特徴を示す。

　表3に示した生業形態の特徴に基づき、本書ではH都市部は都市社会、D鎮は小都市社会、S郷は農耕社会、Bソムは牧畜社会ととらえる。

表3　各調査地における生業形態

	生業形態（出所）
H都市部	全市の政治・経済・文化・交通の中心地（『赤峰市志』1996：14） 第2次、第3次産業の従事者は49.8%（『赤峰市年鑑』2002：40）
D鎮	第全旗の政治・経済・文化・交通の中心地（『巴林右旗志』1994：6） 第2次、第3次産業の従事者は16.4%（『巴林右旗統計年鑑』2003：30）
S郷	農耕地域、農業従事者75.6%（『敖漢旗統計年鑑』2003：88）
Bソム	牧畜地域、牧業従事者86.8%（『阿魯科爾沁旗統計年鑑』2003：118）

第1項　都市部

　H都市部（地域）では、1887年頃、既に大きな牧畜市場、野菜市場、米の市場などが充実して、盛んであった（『赤峰市紅山区志』1996：330）。1933年頃、商業、教育が盛んで、さらに、「熱河省の心臓部に當り、赤峰を中心として交通路は四通八達」（岡田 1933：37-51）していた。飲食業とサービス業は1955年以降、急速に増加してきた。例えば、1955年、392戸が飲食業とサービス業を営んでいたが、1990年には2278戸となった（『赤峰市紅山区志』1996：353）。現在、H都市部のGDPにおける第1次、第2次、第3次産業の割合は9.1：29.5：61.4となっており（『赤峰市統計年鑑』2002：240）、第2次、第3次産業の従事者はH都市部の全労働人口の半数

を占めている。H都市部は、都市化[21]が進行し、赤峰市の政治・経済・文化・交通の中心地となっている。

　現在、赤峰市の都市部は紅山区（H都市部）、元宝山区、松山区の３区を含んでおり、人口は112.8万人（2003年現在）、赤峰市総人口の25.4％が集中している。そのうち、H都市部では22の民族の30.5万人が居住し、下位行政区分として９つの街道弁事処を含んでいる（『赤峰市統計年鑑』2003：259）。筆者がしばしば調査に訪れたH都市部の站前街道弁事処ジョーオド社区居民委員会松薗居民委会は、24の居民小組を含み、人口は3118人である。当該居民委員会の少数民族は852人（27.3％）、うちモンゴル族は685人（22.0％）である。漢族は2266人（72.7％）である。当該居民委員会でモンゴル族の人口が最も少ないのは第５居民小組（4.0％）で、最も多いのは第23居民小組（35.7％）である[22]。このようにH都市部の人口の集中は赤峰地域における都市化の一つのシンボルである。

第２項　鎮

　赤峰市の中部に位置する巴林右旗には16の民族、17万7097人（2003年現在）が居住している。うち、モンゴル族は８万3448人（47.1％）、漢族は９

21　例えば、ギデンズは都市化の特徴として、工業、商業、金融の発達、金融界や産業界の権力の集中、人口の集中と流動、および経済的・文化的発達の機会の極限的な拡張、快適で満足のいく生活、攻撃的で、お互いに信頼感を欠いた群衆、貧困化などを挙げている（A. Giddens 2001＝2004：687-689）。L.H. Klaassen の都市研究に立脚した菊池美代志と江上歩の研究では、都市化は都市発達の最初段階であり、「社会全体が農業社会から工業社会へ移動する段階にあたり、都市中心部で人口が大幅に増大する段階」であるとした（菊池美代志・江上歩 2002：107）。酒井は、戦後の日本の都市化に、新産業都市・大都市圏における基幹産業の集中にともなう全国的な都市の系列化、資本・労働力の都市への集中、特に都市産業への若年労働力の集中、農山漁村家族の分割・核家族化などを挙げている。（酒井俊二・酒井出 2002：156-158）。本書で用いる「都市化」は、経済、政治、文化、交通の発達、並びに人口集中、情報化や生活の快適化が進んだことなどを含んでいる。

22　筆者のジョーオド社区居民委員会での調査によるものである。

万647人（51.2％）である。調査対象のＤ鎮（大板鎮）は巴林右旗の政治・経済・文化・交通の中心地であり、当該旗の政府所在地である一方、牧畜経済を基盤にして建てられた草原のモンゴル的な町であり、都市化が進んでいるところである。1971年以降、巴林右旗政府はＤ鎮の都市化の建設を推進し始め、1983年から計画的に進められてきた（『巴林右旗志』1994：329-342）。特に、2003年末にＤ鎮における住民の51％が高層住宅に入居するようになったことは、城鎮建設の大きな成果とみなされている（『巴林右旗統計年鑑』2004：123）。

　Ｄ鎮の産業発展も目立ち、小規模の郷・鎮企業が盛んである。Ｄ鎮を代表する企業は巴林石集団[23]であり、巴林石は満洲国時代から「巴林の唯一の特産」とされ、現在その彫刻品は国内外で知られている。この企業は1973年に創業した当時は、従事者が24人、1987年に85人であったが（『巴林右旗志』1994：281）、現在は400人となっている（『巴林右旗統計年鑑』2004：38）。また、第3次産業の発展も顕著であり、その従事者は1983年の1073人から2002年には8236人となった（『巴林右旗統計年鑑』2004：103）。現在、第2次、第3次産業の従事者は全労働人口の16.4％を占める。Ｄ鎮の産業発展は巴林右旗のGDPにも反映され、当該旗のGDPにおける第1次、第2次、第3次産業の割合は、1983年の61.6：9.2：29.2から2002年の46.1：24.5：29.4となっている（『巴林右旗統計年鑑』2004：111）。

　現在、Ｄ鎮では16の民族、5万7183人が居住しており、うちモンゴル族は2万3470人、（41.0％）、漢族は3万2032人（56.0％）である[24]。Ｄ鎮は、6つのガチャ・6つの村・11の居民委員会及び農場と政府機関を有している。そのうち、モンゴル族の人口割合が最も多いのは第4居民委員会（55.8％）であり、最も少ないのは新立村（10.3％）である[25]。また、この10年間にＤ鎮は人口転入先となってきたことも都市化のもたらした結果であるといえる。人口移動以外に、Ｄ鎮の都市化の進行には交通の発達、商

23　これは、巴林石集団有限責任公司の略称である。
24　Ｄ鎮の派出所の提供によるものである。
25　Ｄ鎮の計画生育委員会の調査によるものである。

業誘致政策なども関係するが、これらについては第4章第1節第2項で詳細に論述する。

D鎮がH都市部と異なるところは、ここには主に牧畜業を経営するガチャがあり、生活様式は、都市・農耕・牧畜の特徴を結合しており、総人口の規模も小さい点である。改革開放の20年を経て、D鎮は多民族的小都市となっている。

第3項　農耕地域

赤峰市の東南部に位置する「農業を主として農業と牧業を結合した」敖漢旗は、赤峰市の各旗・県のうちモンゴル族の人口とその割合が一番少ない旗である（『敖漢旗志』1991：6）。この旗は、22の郷・6つの鎮・1つのソムを有しており、16の民族、58万3629人が居住している。そのうち、モンゴル族は2万8271人（4.8％）、漢族は54万7111人（93.7％）である（『敖漢旗統計年鑑』2003：40）。

筆者の調査対象のS郷は、敖漢旗の西部に位置し、人口は2万436人、そのうちモンゴル族は2520人（12.3％）、漢族は1万7643人（86.3％）である[26]。現在、S郷の農業従事者は全労働力の75.6％を占めている（『敖漢旗統計年鑑』2003：88）。筆者のインタビューによると、S郷では、特に「文化大革命」以後、牧畜業を営む人が急激に減少してきたという。今、S郷では、農耕経済に応じて、自家で作った葉煙草と米を加工する個人経営の烤煙場（タバコづくり屋）や酒場（酒づくり屋）がみられる。

S郷に属する12の村のうち、筆者がしばしば調査に訪れたウランゾ村は民族混住の農耕村であり、住民の9割以上は農耕従事者である。ウランゾ村は人口2516人、そのうちモンゴル族は705人（28.0％）、漢族は1791人（71.2％）である[27]。鉄道やコンクリート道路ができており、交通は便利

---

[26] S郷政府弁公室の提供によるものである。
[27] 筆者のウランゾ村の村委員会における調査によるものである。

になっている。

　このような状況から、本書では、S郷をモンゴル族が少数となる農耕社会として取り上げる。

　第4項　牧畜地域

　赤峰市東北部に位置するアルホルチン旗は「昔から牧畜業を主としたところであり、モンゴル族、漢族を含む多民族はアルホルチン草原で代々牧畜業に従事してきた」（『阿魯科爾沁旗志』1994：4）。この旗は10のソム、8つの郷、5つの鎮によって構成され、現在、12の民族、29万6308人が混住している。うち、モンゴル族は11万3068人（38.2％）、漢族は17万5662人（59.3％）である（『阿魯科爾沁旗統計年鑑』2003：108）。

　この旗の北部に位置する調査対象のBソムは、満洲国時代に「大興安嶺南端に位置する、モンゴル的な特徴を損なわれず残っている牧畜地域」[28]とされていた地帯であり、現在も牧畜業従事者は全労働人口の86.8％を占めており（『阿魯科爾沁旗統計年鑑』2003：118）、代表的な牧畜地域であるといえる。

　Bソムは、12のガチャ、林場・鹿場・防火站（防火所）をそれぞれ1個有し、モンゴル族・漢族・満洲族の3民族、8626人が混住している。そのうち、モンゴル族の人口は8004人（92.8％）、漢族の人口は612人（7.1％）、満洲族の人口は12人（0.1％）である。12のガチャのうち、バインボラグ=ガチャ（モンゴル族82.5％、漢族17.5％）、シャルボト=ガチャ（モンゴル族86.0％、漢族は14.0％）、ハイラソタイ=ガチャ（モンゴル族72.1％、漢族27.9％）の三つのガチャに漢族とモンゴル族が混住している。

　また、Bソムは山地に囲まれており、このような地理的な条件により、交通が不便である。現在、コンクリート道路は敷設されておらず、雨や雪で通行止めになることが多い。これらから、上の三つの地域と比べると、

28　興安局『興安西省阿魯科爾沁旗実態調査報告書』（1941：2）参照。

Bソムは閉鎖的な牧畜社会といえる。

　本章第3節で述べた多民族混住形態、及び本節で述べた多様な生業形態の並存という社会情況は族際婚姻の地域差や民族差が生じる前提条件と社会環境となるものである。

第5節　フィールドワークの概観

　筆者はH都市部、D鎮、S郷、Bソムの四つの調査地域において、民族習慣、家族関係、婚姻関係、民族意識などを調べるために、2003年7月から2005年8月にかけて、延べ208日間にわたってアンケート・インタビュー・文書資料調査を含む現地調査を行なった。

　本書では、主にモンゴル族と漢族に対するアンケート調査データ、インタビュー調査ノート、写真、各調査地の計画生育弁公室及び婚姻登録所[29]が提供している統計基礎数字などを資料として用いて議論を進める。

第1項　アンケート調査

　アンケート調査は予備調査と正式調査を含む。予備調査は、各調査地でそれぞれ10部の調査票を協力者に配り、彼らの意見を直接聞きとり、それぞれの地域で起こるさまざまな可能性を事前に推測するよう検討した。その結果、最初の70個の質問から11個の質問を削除し、59個の質問となった。なお、この予備調査の資料は本書での分析には用いていない。

---

[29]　計画生育弁公室（または委員会）は、政府機関の組織であり、主に婦人関係の仕事、人口統計、及び計画生育政策の実施を保証する機能を果たす。調査地のH都市部とD鎮では計画生育委員会となるが、S郷とBソムでは計画生育弁公室となる。婚姻登録所（または婚姻登録処）は民政局に属する組織であり、主に婚姻登録及び協議離婚等の登録を行なう。調査地のH都市部とD鎮では婚姻登録処となるが、S郷とBソムでは婚姻登録所となる。

その後、調査票に説明書をつけ、正式なアンケート調査を実施した。調査内容は、生活環境、言語と教育、消費生活、結婚と性、親族関係、近隣関係、またこれらに関する意識等に及び、調査票を個人向けと家族向けのものをセットにして配布した。調査票を郵送と手渡しで調査地に届ける方法をとり、各地では性別、民族、年齢層のバランスをとることを考慮して配布した。また、H都市部とD鎮では、各事業のバランスをとることに留意し、S郷では農民、Bソムでは牧民が8割以上であることを保証するよう協力者に頼んだ。

　調査地のH都市部は、幼稚園、小学校、中学校に50部ずつを、教師を通じて生徒の保護者に配った。赤峰中蒙病院と紅山区病院の来院者に60部、赤峰学院の教師と生徒に50部、紅山区小児図書館の読者に50部、ジョーオド社区居民委員会の住民に40部、スポーツセンター、公園、新聞社、テレビ局、ラジオ局の職員にあわせて50部を配布した。D鎮では、第一小学校、第二小学校、第一中学校、第二中学校に50部ずつ、教師を通じて生徒の保護者に配った。また、派出所、病院、商店街の個人経営者、政府機関の相談所に往来する人たちに80部、第4と第6居民委員会の住民にも20部配った。S郷では、村長の選挙と居民小組長（小隊長）の選挙にあわせて200部、農業バザールに80部、郷の小学生の保護者に20部配布した。Bソムでは、ソムの総校（中学校と小学校が一緒になった学校）の教師を通じて、生徒の保護者に100部配り、計画生育弁公室に往来する牧民に120部、病院と家畜病院に往来する牧民に60部、バザールに20部配った。

　調査票を回収する際に、その場で回収した以外、協力者が各戸を回収して回った。配布から回収までの過程で多くのトラブルが相次いで起こり、補強調査が完成するまで1年半（2003年7月～2005年3月）かかった。その主な原因は、筆者の設置した質問の多くが個人の私生活にかかわる項目であった上、族際婚姻に関する項目が調査地の人々にとって「民族」にかかわる敏感なこととして受け取られたためであった。また、人々はアンケート調査を受けた経験がなく、このような活字になったものが将来自分自身に何か不利なことをもたらすと心配していたからであった。例えば、H都

市部では、離婚経験のある女性は調査票を引き裂いたり、民族所属を変えた所長は協力者（その部下）を叱ったりして、調査に強く反対した。D鎮でも、離婚者の女性と年長の族際婚姻者の強い抵抗を受けた。このように厳しい反対や問題が相次いで起こったが、協力者の尽力及び現地の人々の理解を得たおかげで、アンケート調査は望外の成果を得たといえる。

以下、配布した1300部の調査票の配布・回収・回答状況を表4に示す。

表4　アンケート調査票の配布・回収・回答状況

	H都市部	D鎮	S郷	Bソム	合計
配布部数	400	300	300	300	1,300
回収部数	356	279	152	188	975
回収率（%）	89.0	93.0	50.7	62.7	75.0
有効回答部数	351	269	111	153	884
回答率（%）	87.8	89.7	37.0	51.0	68.0

表4が示すように、四つの地域ではアンケート調査票の回収部数は合計975部（回収率75.0%）、有効回答数は884部（回答率68.0%）である。調査票の回収数（回収率）を地域別にみると、H都市部では356部（89.0%）、D鎮では279部（93.0%）、S郷では152部（50.7%）、Bソムでは188部（62.7%）である。有効回答部数（割合）を地域別にみると、H都市部では351部（87.8%）、D鎮では269部（89.7%）、S郷では111部（37.0%）、Bソムでは153（51.0%）となっている。

以下、表5～7に有効回答表の回答者（884人）の基本状況を示す。

表5　アンケート調査回答者の民族と性別

	モンゴル族	漢族	満洲族	回族	朝鮮族	無記入	合計	男性	女性
人数	518	338	17	9	1	1	884	459	425
割合（%）	58.6	38.2	1.9	1.0	0.1	0.1	100.0	51.9	48.1

表5が示すように、アンケート回答者の民族所属の構成は、モンゴル族が58.6％（518人）、漢族が38.2％（338人）、満洲族が1.9％（17人）、回族が1.0％（9人）、朝鮮族が0.1％（1人）である。性別にみると、男性が51.9％（459人）、女性が48.1％（425人）を占める。

表6　アンケート調査回答者の居住地域、族内・族際婚姻状況

	H都市部	D鎮	S郷	Bソム	合計	族内婚姻者 漢族	モンゴル族	合計	族際婚姻者	族内・族際婚姻者合計
人数	351	269	111	153	884	169	296	465	82	547
割合(%)	39.7	30.4	12.6	17.3	100.0	36.3	63.7	85.0	15.0	100.0

表6が示すように、調査回答者の居住地域別に見ると、H都市区部が39.7％（351人）、D鎮が30.4％（269人）、S郷が12.6％（111人）、Bソムが17.3％（153人）を占めている。このように回答者数の多い順にH都市部、D鎮、Bソム、S郷となっている。

婚姻状況をみると、回答者のうち族内婚姻者か他民族間の族際婚姻者かを確認できたのは547人おり、そのうち族内婚姻者は465人（モンゴル族296人、漢族169人）、族際婚姻者は82人であった。このように、族内婚姻者数は族際婚姻者数を5倍上回っている。

表7　アンケート調査回答者の年齢構成

	10代	20代	30代	40代	50代	60代	70代	80代	合計
全回答者数	25	175	373	245	51	9	5	1	884
割合（%）	2.8	19.8	42.2	27.7	5.8	1.0	0.6	0.1	100.0
既婚者数	0	147	366	243	50	9	5	1	821
割合（%）	0.0	17.9	44.6	29.6	6.1	1.1	0.6	0.1	100.0

表7が示すように、調査回答者の年齢層にみると、10代が2.8％（25人）、20代が19.8％（175人）、30代が42.2％（373人）、40代が27.7％（245人）、

50代が5.8%（51人）、60代が1.0%（9人）、70代が0.6%（5人）、80代が0.1%（1人）を占めている。

また、回答者のうち、既婚者は821人（92.9%）であり、既婚者の各年齢層の分布は全回答者の年齢層の分布とほぼ一致するものであり、異なるところは、全回答者の中では10代は2.8%であるが、既婚者のなかでは10代の回答者はいなかった。

なお、回答者の全体状況を表4～7に示したが、本書ではモンゴル族と漢族の族際婚姻を考察の対象とするため、次章以降用いるアンケートデータではこの両民族以外のデータを除外することとし、さらに、10代の回答者は、その中に既婚者がいないこと、及び各調査地の平均初婚年齢[30]はすべて20歳以上であるために、婚姻関係の分析には含めない。

第2項　インタビュー調査

四つの調査地では、調査票の配布と同時にインタビュー調査を行ない、それを2005年10月（電話インタビューを含む）まで続けた。そして、インタビュー調査は筆者の現地調査のうち、最も時間のかかった調査となった。インタビューの内容はアンケートの項目を中心に、結婚の手順、家族史、性別による家事分業、家族祭祀、言語、世代差、日常生活、親族往来、婚姻意識、ジェンダー意識、文化的意識、民族意識などに関するものである。

3年間にわたる調査過程で面会した人は400人以上いるが、本書の分析内容に関するインタビューに応じた人数は83人おり、そのうち1時間以上のインタビューを取ったインフォーマントは61人いる。インフォーマントの選択は、アンケート回答者を中心にして、その構成はなるべく地域、民族、職業、及び族内・族際婚姻のバランスをとることを重視した。

---

[30] 筆者が各調査地の婚姻登録処（所）で調べた結果、現在の平均初婚年齢は、H都市部では23.8歳（男性24.9歳、女性22.7歳）、D鎮では23.0歳（男性23.4歳、女性22.6歳）、S郷では23.4歳（男性24.7歳、女性22.1歳）、Bソムでは22.1歳（男性22.2歳、女性22.0歳）である。

取材方法は、面談（個人・グループ）、ビデオ、写真、録音、ノート、電話（国内・国際）などを併せて用いた。

調査の過程ではアンケート調査に似たような問題が起こった。例えば、S郷での調査中、筆者がモンゴル族であるため漢族の農民にインタビューを固く断られたことがある。D鎮では、年長の方に個人の経歴、親戚関係などを聞いたら、「すべて聞いたのだから、もう帰れ」とインタビューの途中で追い出されたことがある。そういう場合、断られた人のところに何回も訪問し、事情説明を加えて協力を得てきた。インフォーマントはほとんどアンケート調査に回答してくれた方であるため、話しやすいところがあり、アンケート調査と比べると問題が少なく、問題があっても解決しやすかった。

第3項　文書資料調査

上のアンケートとインタビュー調査を通じて、現在の人々の生活、意識を理解したが、過去時代の文献資料の収集、地元発行の新聞や雑誌の調査も実施し、族際婚姻および民族意識の考察に有機的に用いるよう試みた。

(1) **雑誌・新聞・文献**

筆者は調査地の社会現状を把握するために、家族・婚姻に関する記事やニュースの内容を中心に、各地域の新聞雑誌を調査・収集した。すなわち、赤峰市全域に発行している『赤峰日報』（漢語版）と *Ulaɣanqada-yin edür-ün sonin*（『赤峰日報』モンゴル語版）の1995〜2004年分を調べた。H都市部で発行されている『紅山晩報』（漢語）の1995〜2004年分を調べ、一部を入手した。巴林右旗で発行されている『巴林晨報』（漢語）、*Malčin-u sonin*（『牧民新聞』モンゴル語）、アルホルチン旗で発行されている『阿魯科爾沁新聞』（漢語版）、*Aruqorčin-u sonin*（『アルホルチン新聞』モンゴル語版）、敖漢旗で発行している『敖漢報』（漢語）などの1995年から2003年までの版を調べて、一部を収集した。

これらの新聞は、共産党組織の宣伝部が発行してきたが、全部政府の資金によるものであった。中国政府の新規定により2004年から旗（県）レベルの新聞に対する援助を全部中断したため、調査地では2004年以降は赤峰日報社が発行する『赤峰日報』（モンゴル語・漢語）と『紅山晩報』（漢語）しか残っていない。

　また、赤峰市文学芸術連合会が『百柳』（漢語）と *Siramören*（『シラムレン』モンゴル語）、『赤峰文史』の三部の雑誌を発行しているが、前の二つは文学作品を中心に、地方ニュースなども掲載する。『赤峰文史』は『百柳』の増刊といわれ、歴史、文学に関する研究論文、記事などを掲載する。それ以外に、赤峰市の科学技術出版社から雑誌『科学』（モンゴル語）が発行され、科学技術、家族、ニュース、文学作品などを掲載している。巴林右旗では、大板第一中学校では *Tal-un irɤui*（『草原のヤルゴイ花』モンゴル語）を発行し、当校の教師と生徒の作品を掲載している。これらの雑誌の2000年以降分を調べて、一部を収集した。

　これらの雑誌・新聞以外に、各地の地方志編纂委員会が編集した地方志文献を収集した。また、調査地でしか調査できない地方文献資料である『敖漢旗文史資料選輯』、『阿魯科爾沁旗文史』、『巴林右旗文史資料選輯』、『赤峰市文史資料選輯』、『紅山文史』などを調べ、一部を収集できた。

　ここに挙げた現地発行の新聞・雑誌・文献資料の発行部数は少ない上に、旗（県）レベルの新聞が2003年に発行が中止されたことで、それらの収集には大変な手間がかかった。

(2) **統計資料**

　調査地の紅山区（H都市部）、阿魯科爾沁旗、敖漢旗、巴林右旗には、それぞれの統計局が発行した統計資料がある。各地の統計局が一年に一回発行している『統計年鑑』は公開出版されず、ほとんど「内部発行」限定である。

　筆者は、族際婚姻の実態やその社会的背景を明らかにするために、協力者を経て、近10年の統計を中心に、『阿魯科爾沁旗統計年鑑』、『敖漢旗統

計年鑑』、『巴林右旗統計年鑑』、『巴林右旗輝煌五十年』、『赤峰市統計年鑑』、『紅山区統計年鑑』などを調べることができた。だが、これらは現地の新聞・雑誌・文献資料と同様に発行部数が少なく入手が難しいという問題があった上、ほとんど「内部使用」に限定しているため、筆者がこれを利用するのにはかなり不便なところがあった。

(3) 婚姻登録書

　筆者は各地の族際婚姻の実数、その推移を把握するために、初回の現地調査からかなりの時間をかけて婚姻登録処（所）で婚姻登録書を調査した。

　各調査地における婚姻登録処（所）は、H都市部以外では、1994年前後に成立したという事情があるため、資料分析の整合性を考え、1995年から2004年までの婚姻登録書を調べることにした。

　婚姻登録書は、各地の婚姻登録処（所）に有効所蔵期間の80年間保存されるものである。この婚姻登録原票（档案）は個人資料であるため、基本的に登録者本人以外の人の閲覧が許可されず、調査不可能な資料である。筆者は協力者を通じて交渉し、研究者として許可を得て閲覧し、調査、統計、分析を行なうことができた。実は、族際婚姻の実態把握は婚姻登録上の業務とは全く関係がないため、族際婚姻に関する統計数字はほとんど存在しない。しかし、全婚姻登録者の登録原票が残っているため、婚姻登録機関から許可を得ることができたならば、それに記載されている個人情報によって族際婚姻に関する実証研究は可能となる。調査の許可が出た後、筆者は各調査地でそれぞれ3人か4人の協力者に依頼して、管理者の勤務時に档案室に入り、マスクをかけて厚い埃の中に眠っている婚姻登録書を一枚一枚出して数えて内容を調べた。こうした状況での婚姻登録表の調査には時間がかかり、協力者も苦労した。それができたからこそ、第2章に述べた族際婚姻の実態を具体的な数字をもって示すことができたのである。

　ここでは、調査した婚姻登録書の数を簡潔にみる。1995年から2004年にかけて婚姻登録を行なったカップル（組）数は、H都市部では合計2万

第1章　調査地と調査の概況

1129カップルであり、そのうち族際婚姻者は4896カップルである。D鎮では合計7880カップルで、族際婚姻者は2061カップルである。S郷では、合計804カップルで、族際婚姻者は122カップルである。Bソムでは合計814カップルで、族際婚姻者は40カップルである。筆者の調べた総婚姻登録書は3万627カップル（6万1254人）であり、そのうち族際婚姻の総数は7119カップル（1万4238人）にのぼる。

　最後に、調査における写真撮影、ビデオ撮影はほとんどが許可されたが、家族祭祀や結婚披露宴への参加はできず、撮影も不可能だった。また、インフォーマントたちから結婚披露宴の写真の収集も試みたが、族際婚姻を研究するということで、族際婚姻者の個人に不利益をもたらす可能性があると言われ、写真を提供してくれた者はわずかであった。これは、筆者の調査や分析内容がかなりの程度私的要素に関わったからであった。

　現地調査の結果をみると、アンケート調査の有効回答率は高く、インフォーマントの人数も十分であり、地元特有の雑誌・新聞などの調査、収集も計画通りに実施できた。これらの資料、調査は次章以降の分析に活用される。

第2章　族際婚姻の実態（1995－2004年）

　本書の冒頭に挙げたように、現在に至るまでの族際婚姻に関する先行研究では「族際婚姻の増加」という直線的な変化傾向が示されてきた。では、族際婚姻の数値を筆者の着目している生業形態、民族などの側面からみるとどのような変化傾向が見られるであろうか。それを明らかにするため、筆者が各地の婚姻登録処（所）で実施した婚姻登録書の調査、統計処理とその分析結果に基づき、数値上にみえる族際婚姻の地域差・民族差、推移傾向などを明確に示すことを本章の目的にし、それらが生じた要因に関する分析は第3章、第4章、第5章にわたる族際婚姻の背景に関する考察に譲りたい。

　調査地の族際婚姻の変化と推移の傾向を明らかにする前に、いくつかの先行研究に示されている族際婚姻率をみる。1985年の戸籍登録状況に基づいた調査によると、赤峰市の喀喇沁旗、巴林右旗、克什克騰旗、翁牛特旗の農耕地域と牧畜地域では、族際婚姻家族がモンゴル族の15.2％、漢族の13.2％、全体の14.0％を占めていた（馬戎・潘乃谷 1988：79）。1994年と1995年の2年間の統計をあわせたフフホト市の婚姻登録における調査によると、モンゴル族と漢族の族際婚姻率は、モンゴル族74.4％、漢族16.7％であった（王俊敏 2001：169）。通遼市周辺の農耕地区の戸籍登録に基づいた調査によると、族際婚姻家族の占める割合は、1996年頃、モンゴル族が集住する牧業のガチャでは1.6％、農耕のガチャでは3.6％であるが、漢族とモンゴル族が混住し、かつ漢族が集中するガチャでは30.5％、漢族とモンゴル族がほぼ同率で混住しているガチャでは36.0％となっている（Bou zhi ming 1999：96）。戸籍登録に基づいた婚姻登録者の調査によると、2001年から2003年までの赤峰市寧城県大双廟郷のモンゴル族と漢族の族際婚姻率は11.9％であり、民族別にモンゴル族は40.5％、漢族は7.0％である。

また、同郷の二官営子というモンゴル族が集住する村では、モンゴル族と漢族の族際婚姻率は48.0％である（鄭国全 2004：22）。このように先行研究では、それぞれ異なる方法で族際婚姻率を算出して提示している。

　本書で用いる族際婚姻率とは、婚姻登録全カップル数に占める族際婚姻カップル数の割合である。民族別の族際婚姻率とは、その民族の全婚姻登録者数に対する族際婚姻者数の割合である。「婚姻の実数」とは、婚姻登録を行った婚姻者のカップル数をさす。「族際婚姻の数値」とは、族際婚姻の実数と割合をともにさす場合の使い方である。婚姻の統計データに使う「その他」とは、"「その他」の民族"とした場合にはモンゴル族と漢族以外の民族をさし、それ以外の「その他」は、それぞれの総統計データにおいて明確に示した項目以外のすべてをさす。本書で用いる「族際婚姻の実態」は特に説明がなければ、本章で示した婚姻登録統計における、族際婚姻の実数（カップル数）と割合の民族差、地域差、性差、及び年代による推移（増加や減少）を中心とした数字上の族際婚姻の実態をさす。

　また、本章で族際婚姻の統計数字を扱う年代は、1995年から2004年にかけての10年間である。序章の第2節第1項（2）で取り上げた馬戎・潘乃谷（1988）によれば、1995年以前にも赤峰地域では族際婚姻が行われていた。また、筆者が各調査地点の婚姻登録処（所）でおこなったインタビュー調査によると、四つの地域ではすでに1995年以前から族際婚姻が行われていたことを確認できた。しかし、婚姻登録処（所）の未設置、婚姻登録資料の不備などの限界があり、1995年以前の族際婚姻のデータを入手することができなかった。そこでこの章では1995年から2004年までの婚姻統計を用いて分析を進める。

第1節　族際婚姻率の民族差

　第1章の第3節、第4節で述べたように、モンゴル族と漢族は、四つの調査地で異なる生活形態を持ち、異なる人口割合をもって混住している。

第2章　族際婚姻の実態（1995－2004年）

本節では、このような混住情況にあるモンゴル族と漢族の婚姻登録における族際婚姻率、およびそれと関連する族内婚姻率の推移とその民族の間の差も示す。

第1項　モンゴル族の族際婚姻率

まず、婚姻登録におけるモンゴル族の族際婚姻率を地域別に観察する。

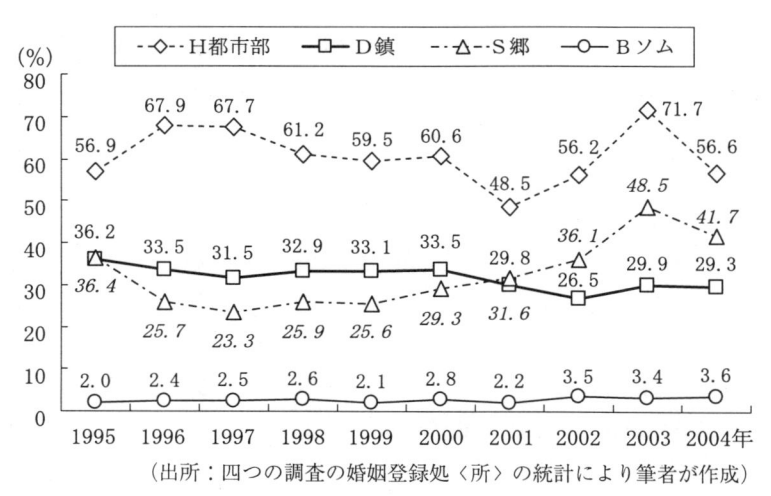

図4から明らかなように、モンゴル族の各地域別の族際婚姻率は、H都市部では相対的に高く、Bソムでは相対的に低い。D鎮とS郷の族際婚姻率は概ね近似しているものの、1995年にほぼ同率であったものが、1996年から2000年にかけてはD鎮がS郷よりも相対的に高く、2001年以降はS郷がD鎮を上回り現在に至る。

族際婚姻率の高い順にみると、1995年にH都市部、S郷、D鎮、Bソムの順、1996年から2000年にかけてH都市部、D鎮、S郷、Bソムの順、2001年から2004年にかけてH都市部、S郷、D鎮、Bソムの順となっている。

図4　モンゴル族の各地域別の族際婚姻率

（出所：四つの調査の婚姻登録処〈所〉の統計により筆者が作成）

10年間にわたり、H都市部は48.5%から71.1%の間、D鎮は26.5%から36.2%の間、S郷は23.3%から48.5%の間、Bソムでは2.0%から3.6%の間で変化してきた。このことから、モンゴル族の族際婚姻率はS郷とH都市部で変化の度合いが大きく、D鎮とBソムでは比較的それが小さいことがわかる。

　また、10年間にわたって前年の族際婚姻率の変化傾向が四つの地域で一致するのは1999年から2000年にかけての「増加」である。つまり、1999年から2000年のみ、族際婚姻率はH都市部では59.5%から60.6%、D鎮では33.1%から33.5%、S郷では25.6%から29.3%、Bソムでは2.1%から2.8%となり、四つの地域がそろって増加の傾向を示している。

　このように、図4からみえるモンゴル族の族際婚姻率は、モンゴル族の人口が多数を占める牧畜地域のBソムで最も低い。また、その割合の変化の度合いは、モンゴル族の人口が多数を占めるBソムと、モンゴル族と漢族の人口割合がより近いD鎮では比較的に小さいという特徴がみえている。

　　第2項　漢族の族際婚姻率

　次に、婚姻登録における漢族の族際婚姻率を地域別に観察する。

　図5から明らかなように、漢族の各地域別の族際婚姻率は、全体的にみると、Bソムでは相対的に高く、S郷では相対的に低い。D鎮とH都市部の族際婚姻率は、その中間にあるが、2003年に限って、H都市部の族際婚姻率が四地域中最も高い数値を示している。

　族際婚姻率の高い順にみると、1995年と2001年にD鎮、Bソム、H都市部、S郷の順となり、1996年から2000年と、2004年にBソム、D鎮、H都市部、S郷の順となり、2002年にBソム、D鎮、S郷、H都市部の順となり、2003年にはH都市部、Bソム、D鎮、S郷の順となっている。つまり、2001年以降、調査地における漢族の族際婚姻率の順位がめまぐるしく変化していることがわかる。

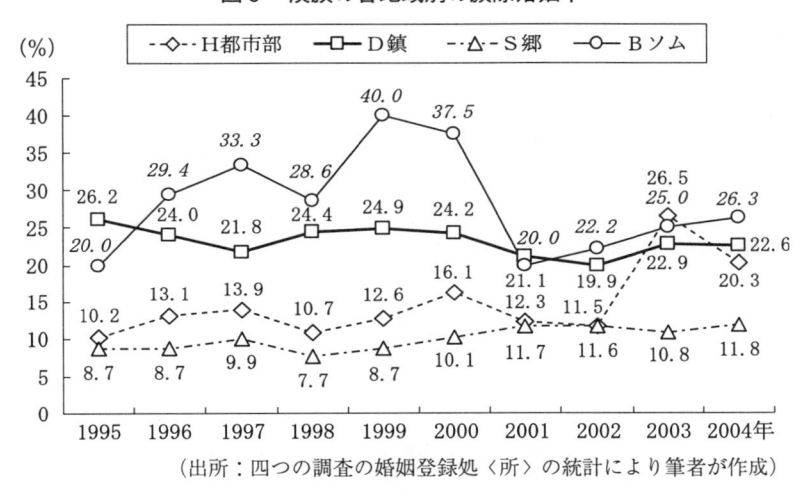

第2章　族際婚姻の実態（1995－2004年）

図5　漢族の各地域別の族際婚姻率

凡例：‐◇‐ H都市部　－□－ D鎮　‐△‐ S郷　－○－ Bソム

年	H都市部	D鎮	S郷	Bソム
1995	10.2	26.2	8.7	20.0
1996	13.1	24.0	8.7	29.4
1997	13.9	21.8	9.9	33.3
1998	10.7	24.4	7.7	28.6
1999	12.6	24.9	8.7	40.0
2000	16.1	24.2	10.1	37.5
2001	12.3	21.1	11.7	20.0
2002	11.5	19.9	11.6	22.2
2003	25.0	22.9	10.8	26.5
2004	20.3	22.6	11.8	26.3

（出所：四つの調査の婚姻登録処〈所〉の統計により筆者が作成）

　族際婚姻率は、10年間にわたり、H都市部は10.2％から26.5％の間、D鎮は19.9％から26.2％の間、Bソムは20.0％から40.0％の間、S郷は7.7％から11.8％の間で変化している。つまり、漢族の族際婚姻率はBソムとH都市部では変化の度合いが大きく、D鎮とS郷では比較的それが小さいことがわかる。

　また、10年間にわたって前年の族際婚姻率の変化の傾向が四つの地域で一致するのは1998年から1999年の「増加」である。つまり、1998年から1999年のみ、漢族の族際婚姻率はH都市部では10.7％から12.6％、D鎮では24.4％から24.9％、S郷では7.7％から8.7％、Bソムでは28.6％から40.0％となり、四つの地域がそろって増加している。

　また、四つの地域における漢族の族際婚姻率がより接近している年は、2001年（Bソム20.0％、D鎮21.1％、H都市部12.3％、S郷11.7％）と2002年（Bソム22.2％、D鎮19.9％、H都市部11.5％、S郷11.6％）であり、この2年は漢族の族際婚姻率の地域差が他の年より小さい。

　このように、漢族の婚姻登録者の族際婚姻率は、漢族の人口割合が多い農耕地域のS郷で最も低い。また、その割合の変化の度合いは漢族の人口

が多数を占めるS郷とモンゴル族と漢族の人口割合が近いD鎮で比較的小さいという特徴がみえている。

　図4と図5の比較から、モンゴル族と漢族の族際婚姻率に共通してみられる傾向は、ある民族の人口割合が高く、その民族的生業形態を持つ地域では、その民族の族際婚姻率が低い。また、混住する各民族の人口割合の差が小さい地域では、族際婚姻の変化の度合いも小さい。

　婚姻登録者の1995年から2004年の間の族際婚姻率に基づけば、モンゴル族の族際婚姻率が漢族よりも高いという民族的な差が存在するといえる。

第3項　調査地の族内・族際婚姻率の民族差

　上に示した各地域別の族際婚姻率の推移からうかがわれる民族差をより明確にするため、以下では、各調査地におけるモンゴル族と漢族の族内・族際婚姻率を提示する。

(1)　モンゴル族の族内・族際婚姻率

　ここでは、モンゴル族の婚姻登録者数における族際婚姻率を算出して示す。これにより、モンゴル族の婚姻登録データにおける族際婚姻率の年代による推移と地域間の差が明らかになる。

　1）H都市部

　まずH都市部におけるモンゴル族の族内・族際婚姻の実数と割合を示す。
　次の表8（図6）から明らかなように、1995年から2004年まで、H都市部のモンゴル族の婚姻登録における族際婚姻率は、2001年を除く他の9年間で族内婚姻率を上回っている。つまり、10年間においてモンゴル族の族際婚姻率は48.5％以上、族内婚姻率は49.3％以下となっており、族際婚姻率は族内婚姻率より高い。

第2章 族際婚姻の実態（1995－2004年）

表8 H都市部におけるモンゴル族の族内・族際婚姻の数値

年	族際婚姻者 （人）	族際婚姻率 （％）	族内婚姻者 （人）	族内婚姻率 （％）	婚姻者総数 （人）
1995	436	56.9	320	41.8	766
1996	531	67.9	236	30.2	782
1997	519	67.7	232	30.2	767
1998	403	61.2	246	37.3	659
1999	508	59.5	334	39.1	854
2000	489	60.6	308	38.2	807
2001	301	48.5	306	49.3	621
2002	292	56.2	218	41.9	520
2003	647	71.7	240	26.6	903
2004	769	56.6	570	41.9	1359

（出所：H都市部の婚姻登録処の統計により筆者が作成）

図6　H都市部におけるモンゴル族の族内・族際婚姻率

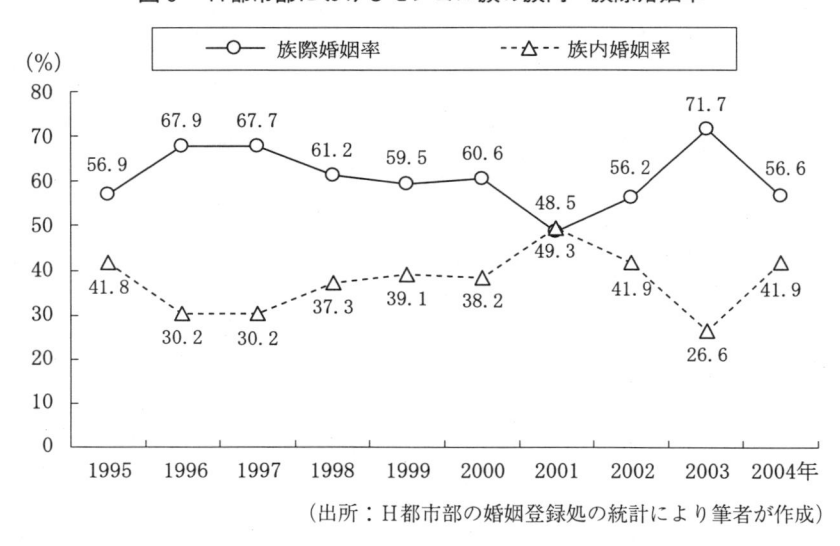

（出所：H都市部の婚姻登録処の統計により筆者が作成）

この10年間に族内・族際婚姻率が顕著な変化を示すのは1995年から1996年にかけて、2000年から2001年にかけて、2002年から2003年にかけて、2003年から2004年にかけてであり、これら4年間はそろって、族内婚姻率と族際婚姻率の増加と減少の傾向が正反対となっている。また、族際婚姻率が最も高い（族内婚姻率が最も低い）のは2003年であり、族内婚姻率が最も高い（族際婚姻率が最も低い）のは2001年である。
　表8（図6）から、H都市部におけるモンゴル族の族際婚姻率は、2001年を除き族内婚姻率を上回り、しかも大きな度合いで変化してきたという特徴がみられる。

2）D鎮

　ここでは、D鎮におけるモンゴル族の族内・族際婚姻の実数と割合を示す。

表9　D鎮におけるモンゴル族の族内・族際婚姻の数値

年	族際婚姻者（人）	族際婚姻率（％）	族内婚姻者（人）	族内婚姻率（％）	婚姻者総数（人）
1995	171	36.2	292	61.7	473
1996	174	33.5	332	63.8	520
1997	271	31.5	564	65.6	860
1998	197	32.9	386	64.5	598
1999	172	33.1	328	63.6	516
2000	188	33.5	362	64.4	562
2001	139	29.8	316	67.7	467
2002	195	26.5	532	72.4	735
2003	258	29.9	580	67.2	863
2004	296	29.3	678	67.1	1,010

（出所：D鎮の婚姻登録処の統計により筆者が作成）

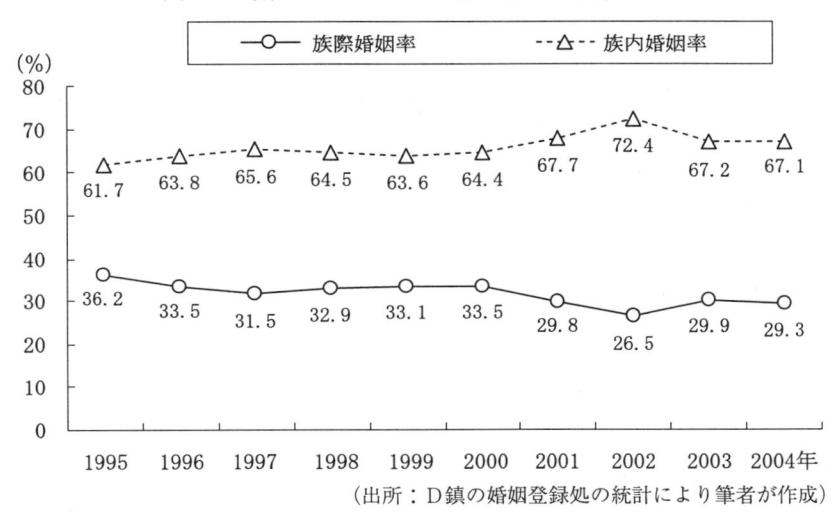

図7　D鎮におけるモンゴル族の族内・族際婚姻率

（出所：D鎮の婚姻登録処の統計により筆者が作成）

　表9（図7）から明らかなように、D鎮におけるモンゴル族の族内婚姻率は、10年を通じて族内婚姻率は61％以上（61.7〜72.4％）、族際婚姻率は37％以下（26.5〜36.2％）となっており、族内婚姻率は族際婚姻率より高い。

　また、10年間にわたって、D鎮におけるモンゴル族内婚姻率は、前年と比較して6ポイント以下（2002〜2003年は72.4％－67.2％＝5.2ポイント）、族際婚姻率は4ポイント以下（2000〜2001年は33.5％－29.8％＝3.7ポイント）の幅で緩やかに変化してきた。

　表9（図7）から、D鎮におけるモンゴル族の族際婚姻率は族内婚姻率を下回り、しかも緩やかに変化してきたという特徴がみられる。

3）S郷

　ここでは、S郷におけるモンゴル族の族内・族際婚姻実数と割合を示す。
　次の表10（図8）から明らかなように、S郷のモンゴル族内婚姻率は48.5％から74.4％の間（差は25.9ポイント）、族際婚姻率は23.3％から48.5

表10　S郷におけるモンゴル族の族内・族際婚姻の数値

年	族際婚姻者（人）	族際婚姻率（％）	族内婚姻者（人）	族内婚姻率（％）	婚姻者総数（人）
1995	12	36.4	20	60.6	33
1996	9	25.7	26	74.3	35
1997	10	23.3	32	74.4	43
1998	7	25.9	18	66.7	27
1999	11	25.6	30	69.8	43
2000	12	29.3	28	68.3	41
2001	12	31.6	26	68.4	38
2002	13	36.1	20	55.6	36
2003	16	48.5	16	48.5	33
2004	20	41.7	26	54.2	48

（出所：S郷の婚姻登録所の統計により筆者が作成）

図8　S郷におけるモンゴル族の族内・族際婚姻率

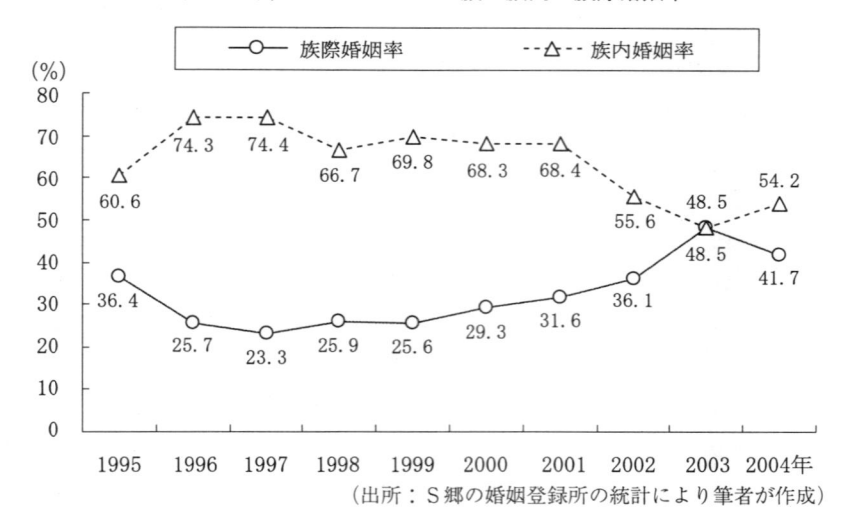

（出所：S郷の婚姻登録所の統計により筆者が作成）

％の間（差は25.2ポイント）で推移している。2003年に、族内・族際婚姻率は同率となり、2004年には再び族内婚姻率が族際婚姻率を上回ったが、他の年は族内婚姻率が族際婚姻率よりも高い。

　年ごとに見ると、族内・族際婚姻率が顕著に変化しているのは1996年と2003年である。つまり、1995年から1996年にかけて族際婚姻率は10.7ポイント（36.4％－25.7％）減少し、2002年から2003年までそれは12.4ポイント（48.5％－36.1％）増加し、また、2003年から2004年までは6.8ポイント（48.5％－41.7％）減少した。その際、族内・族際婚姻率の増加と減少の傾向は正反対の状態を呈した。

　表10（図8）から、S郷におけるモンゴル族の族際婚姻率は概ね族内婚姻率を下回るが、1996年から2003年まで緩やかに増加し、2004年に減少が生じたという特徴がみられる。

4）Bソム

　ここでは、Bソムにおけるモンゴル族の族内・族際婚姻の実数と割合を表11（図9）に示す。

　表11（図9）が示すように、Bソムにおけるモンゴル族の族際婚姻率は、2.0％から3.6％の間で、対照的に族内婚姻率は96.4％から98.0％の間で変化している。筆者が婚姻登録書を確認した結果から、Bソムの1995年から2004年までのモンゴル族族際婚姻者の40人のうち13人が婚姻登録をするときにBソムの住民ではなかったことが判明した。つまり、Bソムの婚姻登録所に登録されているモンゴル族族際婚姻者の32.5％（13/40）は、ソム外のモンゴル族だった。ここから、Bソムのモンゴル族の族際婚姻率は表11（図9）が示したよりも低い状況にあると考えられる。

　表11（図9）から、10年間にわたって族内婚姻率がどの年でも族際婚姻率より26倍以上となっていることから、Bソムにおけるモンゴル族の族際婚姻率は族内婚姻率よりはるかに低いものの、1995年から2004年にかけて僅かずつ増加しているという特徴がみられる。

表11　Bソムにおけるモンゴル族の族内・族際婚姻の数値

年	族際婚姻者（人）	族際婚姻率（％）	族内婚姻者（人）	族内婚姻率（％）	婚姻者総数（人）
1995	2	2.0	96	98.0	98
1996	5	2.4	207	97.6	212
1997	4	2.5	158	97.5	162
1998	4	2.6	148	97.4	152
1999	4	2.1	184	97.9	188
2000	6	2.8	205	97.2	211
2001	2	2.2	90	97.8	92
2002	4	3.5	110	96.5	114
2003	4	3.4	114	96.6	118
2004	5	3.6	132	96.4	137

（出所：Bソムの婚姻登録所の統計により筆者が作成）

図9　Bソムにおけるモンゴル族の族内・族際婚姻率

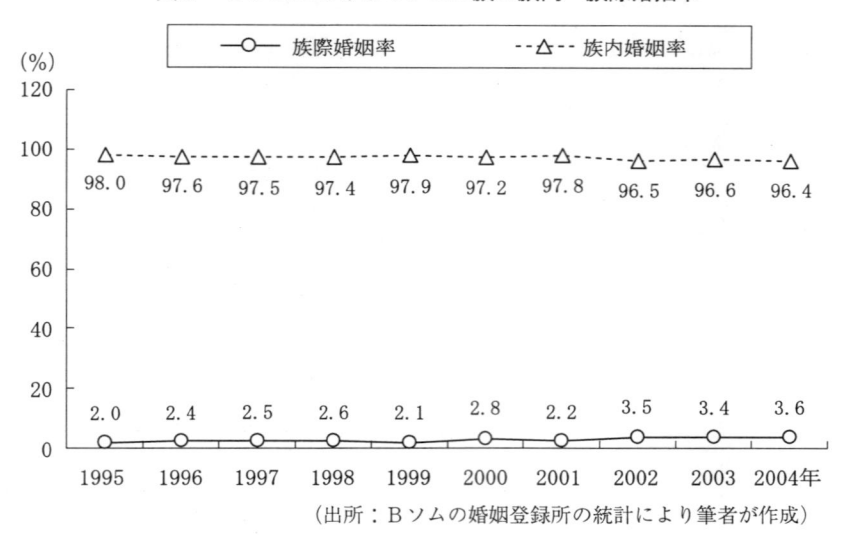

（出所：Bソムの婚姻登録所の統計により筆者が作成）

第2章 族際婚姻の実態（1995－2004年）

(2) 漢族の族内・族際婚姻率

ここでは、漢族の婚姻登録者数における族際婚姻率を算出して示す。これにより、漢族の婚姻登録データにおける族際婚姻率の年代による推移と地域間の差が明らかになる。

1) H都市部

ここでは、H都市部における漢族の族内・族際婚姻の実数と割合を表12（図10）に示す。

表12（図10）から明らかなように、H都市部における漢族の族内婚姻率は72.7％から89.0％の間、族際婚姻率は10.2％から26.5％の間で変化している。10年間にわたって、族内婚姻率が族際婚姻率より46.2ポイント（2003年、72.7％－26.5％）～78.3ポイント（1998年、89.0％－10.7％）高く、どの年でも族内婚姻率は族際婚姻率の2.7倍以上となっている。族内・族際婚姻率の差が大きく、この地域の漢族は漢族と多く結婚していることが

表12　H都市部における漢族の族内・族際婚姻の数値

年	族際婚姻者（人）	族際婚姻率（％）	族内婚姻者（人）	族内婚姻率（％）	婚姻者総数（人）
1995	436	10.2	3,712	87.1	4,263
1996	531	13.1	3,518	86.6	4,064
1997	519	13.9	3,194	85.7	3,729
1998	403	10.7	3,358	89.0	3,773
1999	508	12.6	3,500	87.1	4,020
2000	489	16.1	2,526	83.3	3,031
2001	301	12.3	2,138	87.1	2,455
2002	292	11.5	2,230	88.1	2,532
2003	647	26.5	1,778	72.7	2,445
2004	769	20.3	3,002	79.1	3,795

（出所：H都市部の婚姻登録処の統計により筆者が作成）

図10　H都市部における漢族の族内・族際婚姻率

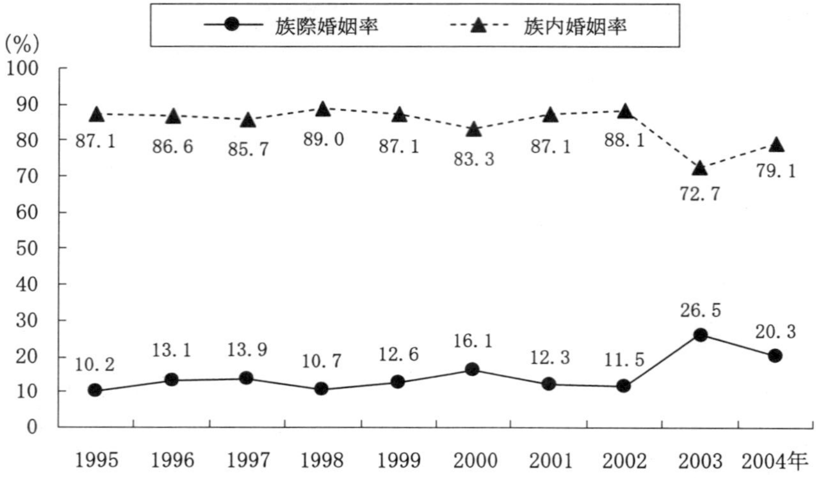

（出所：H都市部の婚姻登録処の統計により筆者が作成）

わかる。

　族際婚姻率の前年比は、0.8ポイント（1996年から1997年にかけて13.9％－13.1％、2001年から2002年にかけて11.5％－12.3％）から15.0ポイント（2002年から2003年にかけて26.5％－11.5％）であり、また、それが2004年に6.2ポイント（26.5％－20.3％）となっている。族内・族際婚姻率の増加と減少の傾向が正反対であることもわかる。

　表12（図10）から、H都市部における漢族の族際婚姻率は族内婚姻率より著しく低く、しかも2003年を除き、族際婚姻率は緩やかに変化してきたという特徴がみられる。

２）D鎮

　D鎮における漢族の族内・族際婚姻の実数と割合を表13（図11）に示す。
　表13（図11）から明らかなように、D鎮における漢族の族内婚姻率は72.0％から79.1％の間、族際婚姻率は19.9％から26.2％の間で変化してき

第2章　族際婚姻の実態（1995－2004年）

表13　D鎮における漢族の族内・族際婚姻の数値

年	族際婚姻者（人）	族際婚姻率（％）	族内婚姻者（人）	族内婚姻率（％）	婚姻者総数（人）
1995	171	26.2	470	72.0	653
1996	174	24.0	534	73.8	724
1997	271	21.8	942	75.8	1,243
1998	197	24.4	598	74.0	808
1999	172	24.9	500	72.5	690
2000	188	24.2	576	74.0	778
2001	139	21.1	504	76.5	659
2002	195	19.9	776	79.1	981
2003	258	22.9	834	74.0	1,127
2004	296	22.6	970	74.0	1,310

（出所：D鎮の婚姻登録処の統計により筆者が作成）

図11　D鎮における漢族の族内・族際婚姻率

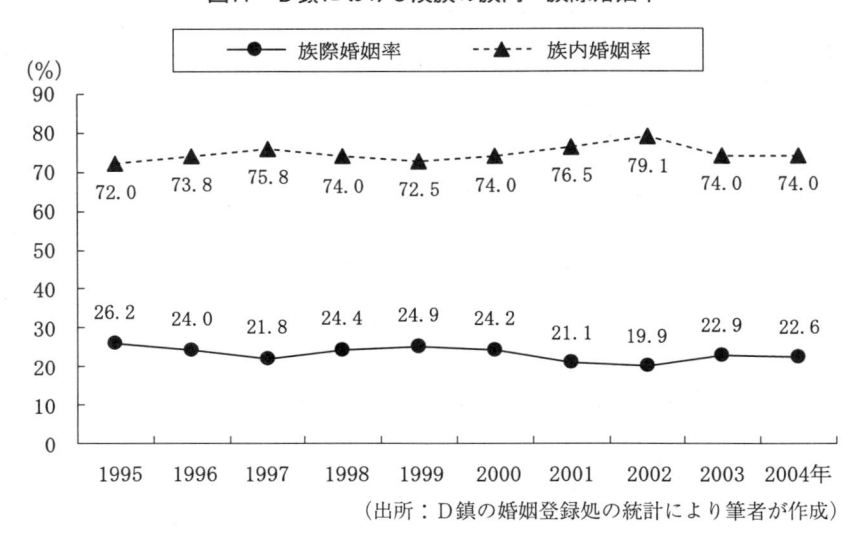

年	族際婚姻率（％）	族内婚姻率（％）
1995	26.2	72.0
1996	24.0	73.8
1997	21.8	75.8
1998	24.4	74.0
1999	24.9	72.5
2000	24.2	74.0
2001	21.1	76.5
2002	19.9	79.1
2003	22.9	74.0
2004	22.6	74.0

（出所：D鎮の婚姻登録処の統計により筆者が作成）

た。10年間にわたって、族内婚姻率が族際婚姻率より45.8ポイント（1995の差異＝72.0％－26.2％）〜59.2ポイント（2002年の差異＝79.1％－19.9％）も高く、族内・族際婚姻率の差が大きい。ここから、D鎮でも多くの漢族が漢族と結婚していることがわかる。

　族際婚姻率の前年比は、0.3ポイント（2003年から2004年まで＝22.6％－22.9％）から3.1ポイント（2000年から2001年まで＝21.1％－24.2％）の間であり、緩やかに変化してきた。族内・族際婚姻率の増加と減少は正反対の傾向にある。

　表13（図11）から、D鎮における漢族の族際婚姻率は族内婚姻率より著しく低く、しかも10年間にわたって緩やかに変化してきたという特徴がみられる。

　3）S郷
　S郷における漢族の族内・族際婚姻の実数と割合を表14（図12）に示す。

表14　S郷における漢族の族内・族際婚姻の数値

年	族際婚姻者（人）	族際婚姻率（％）	族内婚姻者（人）	族内婚姻率（％）	婚姻者総数（人）
1995	12	8.7	124	89.9	138
1996	9	8.7	94	91.3	103
1997	10	9.9	90	89.1	101
1998	7	7.7	82	90.1	91
1999	11	8.7	112	88.9	126
2000	12	10.1	106	89.1	119
2001	12	11.7	90	87.4	103
2002	13	11.6	98	87.5	112
2003	16	10.8	130	87.8	148
2004	20	11.8	146	86.4	169

（出所：S郷の婚姻登録所の統計により筆者が作成）

第 2 章　族際婚姻の実態（1995－2004年）

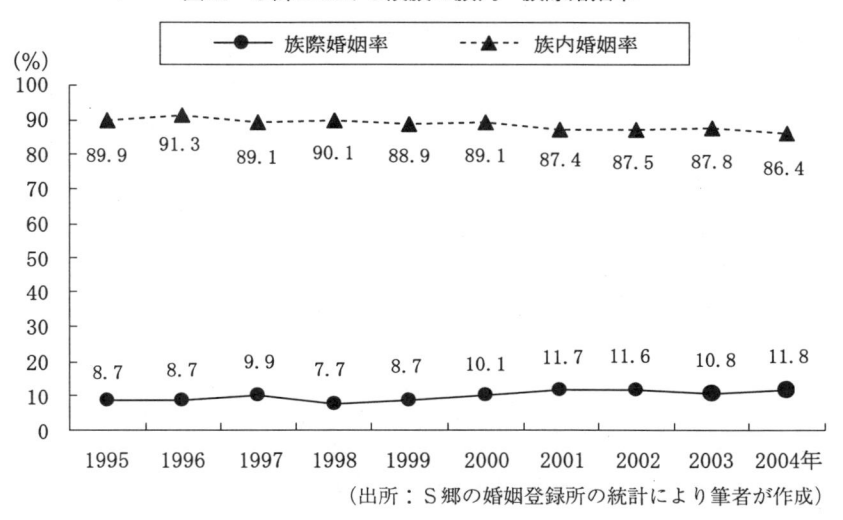

図12　S郷における漢族の族内・族際婚姻率

年	族際婚姻率	族内婚姻率
1995	8.7	89.9
1996	8.7	91.3
1997	9.9	89.1
1998	7.7	90.1
1999	8.7	88.9
2000	10.1	89.1
2001	11.7	87.4
2002	11.6	87.5
2003	10.8	87.8
2004	11.8	86.4

（出所：S郷の婚姻登録所の統計により筆者が作成）

　上の表14（図12）から明らかなように、S郷における漢族の族内婚姻率は族際婚姻率より74.6ポイント（2004年の差86.4％－11.8％）～82.6ポイント（1996年の差91.3％－8.7％）も高く、族際婚姻率は7.7％（1998年）から11.8％（2004年）の間で変化してきた。10年間にわたって、どの年でも族内婚姻率は族際婚姻率の7.3倍以上となっており、族内・族際婚姻率の差が大きい。

　族際婚姻率の前年比は、0.0ポイント（1995年も1996年も同様に8.7％）から2.2ポイント（1997年から1998年までは7.7％－9.9％）の間であり、ほぼ均等な割合で推移してきた。族内・族際婚姻率の増加と減少は正反対の傾向にある。

　表14（図12）から、S郷の漢族の族際婚姻率は族内婚姻率よりはるかに低く、しかも族際婚姻率は10年間にわたって緩やかに増加してきた特徴がみられる。

4）Bソム

　Bソムにおける漢族の族内・族際婚姻の実数と割合を表15（図13）に示す。
　表15（図13）から明らかなように、Bソムにおける漢族の族内婚姻率は60.0％（1999年）から80.0％（1995年、2001年）の間、族際婚姻率は20.0％（1995年、2001年）から40.0％（1999年）の間で変化してきた。10年間にわたって、族内婚姻率が族際婚姻率より20.0ポイント（1999年の差＝60.0％－40.0％）〜60.0ポイント（1995年、2001年の差＝80.0％－20.0％）も高く、族内・族際婚姻率の差が顕著である。Bソムの漢族もまた、60.0％以上の族内婚姻率がみられるにもかかわらず、他の地域と比較すれば族際婚姻率が高いことがわかる。
　族際婚姻率の前年比は、2.2ポイント（2001年から2002年まで22.2％－20.0％）から17.5ポイント（2000年から2001年までは37.5％－20.0％）までの変化を示している。また、族内・族際婚姻率の増加と減少は正反対の傾向を示していることもわかる。

表15　Bソムにおける漢族の族内・族際婚姻の数値

年	族際婚姻者（人）	族際婚姻率（％）	族内婚姻者（人）	族内婚姻率（％）	婚姻者総数（人）
1995	2	20.0	8	80.0	10
1996	5	29.4	12	70.6	17
1997	4	33.3	8	66.7	12
1998	4	28.6	10	71.4	14
1999	4	40.0	6	60.0	10
2000	6	37.5	10	62.5	16
2001	2	20.0	8	80.0	10
2002	4	22.2	14	77.8	18
2003	4	25.0	12	75.0	16
2004	5	26.3	14	73.7	19

（出所：Bソムの婚姻登録所の統計により筆者が作成）

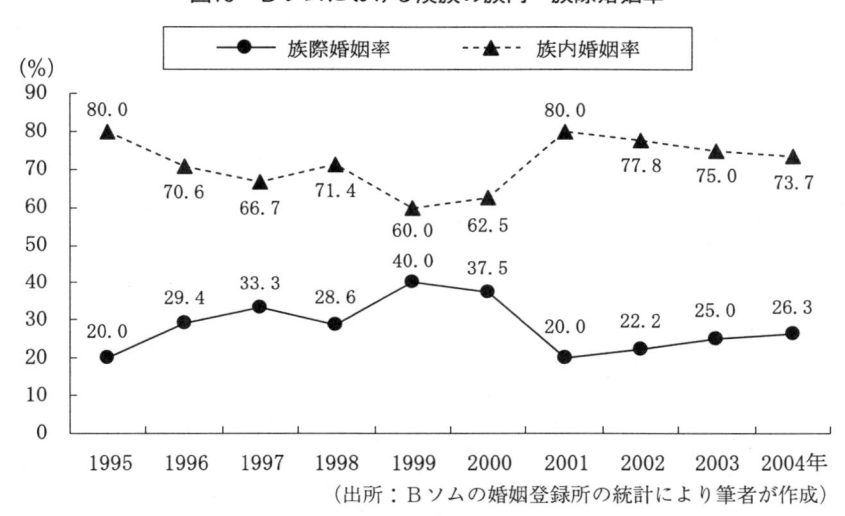

図13　Ｂソムにおける漢族の族内・族際婚姻率

(%)
年	族際婚姻率	族内婚姻率
1995	20.0	80.0
1996	29.4	70.6
1997	33.3	66.7
1998	28.6	71.4
1999	40.0	60.0
2000	37.5	62.5
2001	20.0	80.0
2002	22.2	77.8
2003	25.0	75.0
2004	26.3	73.7

（出所：Ｂソムの婚姻登録所の統計により筆者が作成）

　表15（図13）から、Ｂソムにおける漢族の族際婚姻率は族内婚姻率より低いが、他の三つの地域より高い数値を表し、しかもこの10年間では2001年まで激しく変化し、2001年以降は緩やかに増加してきた特徴がみられる。

　第4項　本節のまとめ

　以上に示した族際婚姻率の民族差をまとめると、Ｂソムではモンゴル族の族際婚姻率は漢族よりも低いが、他の三つの地域ではモンゴル族の族際婚姻率は漢族よりも高い。族内・族際婚姻率の民族差をみると、Ｈ都市部に限って、モンゴル族の族際婚姻率は族内婚姻率よりも高く、漢族の族際婚姻率は族内婚姻率よりも低いが、他の三つの地域では、モンゴル族も漢族も族際婚姻率は族内婚姻率より低い状態にある。

第2節　族際婚姻の地域差

　本節では調査地それぞれの婚姻登録総数における族際婚姻の実数と割合の推移を明示し、族際婚姻の地域差を示す。

第1項　四つの地域の概観

　ここでは、四つの地域における族際婚姻の実数と割合を比較する。

(1) 族際婚姻の実数の推移

　各調査地における族際婚姻の実数（カップルの総数）の推移を表16（図14）に示す。

表16　調査地の族際婚姻の実数

（単位：カップル）

年	H都市部	D鎮	S郷	Bソム
1995	436	171	12	2
1996	531	174	9	5
1997	519	271	10	4
1998	403	197	7	4
1999	508	172	11	4
2000	489	188	12	6
2001	301	139	12	2
2002	292	195	13	4
2003	647	258	16	4
2004	769	296	20	5

（出所：四つの調査地の婚姻登録処〈所〉の統計により筆者が作成）

第2章　族際婚姻の実態（1995－2004年）

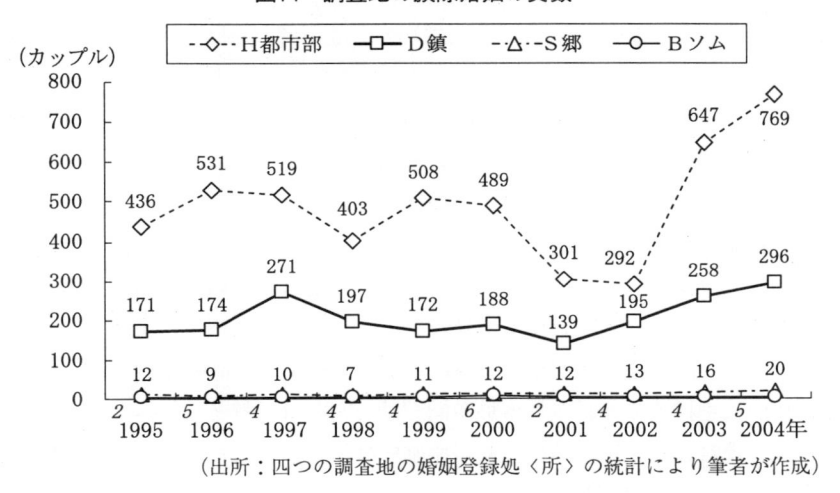

図14　調査地の族際婚姻の実数

(カップル)
- H都市部：436, 531, 519, 403, 508, 489, 301, 292, 647, 769
- D鎮：171, 174, 271, 197, 172, 188, 139, 195, 258, 296
- S郷：12, 9, 10, 7, 11, 12, 12, 13, 16, 20
- Bソム：2, 5, 4, 4, 4, 2, 5, 4, 5（1995–2004年）

（出所：四つの調査地の婚姻登録処〈所〉の統計により筆者が作成）

　表16（図14）から明らかなように、四つの調査地の族際婚数は、1995年から2004年までの10年間にわたって、どの年でも多い順にH都市部、D鎮、S郷、Bソムとなっている。この数値に基づくと、族際婚姻が都市では多く、鎮ではやや多く、農耕地域ではやや少なく、牧畜地域では少ないといえる。

　10年間にわたる族際婚数の変化の度合いもH都市部が最も大きく、次にD鎮、S郷、Bソムの順となっている。四つの地域で、10年間にわたって前年からの婚姻カップル数の変化傾向がすべて一致する年は2004年である。つまり、族際婚姻数が2003年から2004年まで、H都市部では122カップル（＝769－647）増加し、D鎮では38カップル（＝296－258）増加し、S郷では4カップル（＝20－16）増加し、Bソムでは1カップル（＝5－4）増加した。10年間で、四つの地域がそろって減少した年はない。以上から、ある時代におけるある地域の族際婚姻数が、単純に増加を続けるか減少を続けることはないことがわかる。

71

(2) 族際婚姻率の差異

　ここまで明らかにしてきた族際婚姻の実数の変化を踏まえて、表17（図15）に四つの調査地における族際婚姻率の推移を提示する。

　表17（図15）から明らかなように、1995年から2002年までは、四つの地域の族際婚姻率は高い順にD鎮、H都市部、S郷、Bソムとなっている。2003年と2004年は、H都市部、D鎮、S郷、Bソムとなっている。

　10年間にわたる族際婚姻数の前年比は、大きい順に、H都市部、D鎮、S郷、Bソムとなっている。10年間にわたり前年からの族際婚姻率の変化が四つの地域すべて一致する年はない。また、四つの地域のうち、10年間にわたって族際婚姻率が増加し続けるか減少し続けた地域もない。しかし、大局的に把握すると、主に増加傾向を示したのはS郷とBソムである。つまり、農耕地域と牧畜地域の族際婚姻率は緩やかに増加するという規則性を示していることがわかる。

　なお、表17（図15）の示した族際婚姻率の地域差は、四つの調査地の婚

表17　調査地の族際婚姻率

(単位：％)

年	H都市部	D鎮	S郷	Bソム
1995	17.6	30.0	13.8	3.7
1996	21.8	27.7	12.9	4.3
1997	23.0	25.5	13.7	4.6
1998	18.1	27.8	11.7	4.8
1999	20.7	28.1	12.8	4.0
2000	25.3	27.6	14.8	5.3
2001	19.4	24.3	16.9	3.9
2002	19.0	22.5	17.3	6.1
2003	38.4	25.7	17.6	6.0
2004	29.7	25.2	18.2	6.4

（出所：四つの調査地の婚姻登録処〈所〉の統計により筆者が作成）

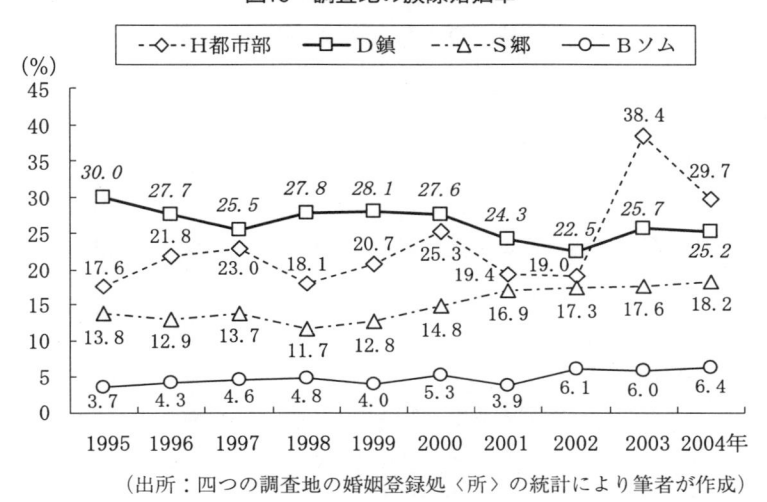

第 2 章　族際婚姻の実態（1995－2004年）

図15　調査地の族際婚姻率

```
凡例：‐‐◇‐‐ H都市部　―□― D鎮　‐‐△‐‐ S郷　―○― Bソム
```

年	H都市部	D鎮	S郷	Bソム
1995	17.6	30.0	13.8	3.7
1996	21.8	27.7	12.9	4.3
1997	23.0	25.5	13.7	4.6
1998	18.1	27.8	11.7	4.8
1999	20.7	28.1	12.8	4.0
2000	25.3	27.6	14.8	5.3
2001	19.4	24.3	16.9	3.9
2002	19.0	22.5	17.3	6.1
2003	38.4	25.7	17.6	6.0
2004	29.7	25.2	18.2	6.4

（出所：四つの調査地の婚姻登録処〈所〉の統計により筆者が作成）

姻登録書の統計に基づいて作成したものだが、これが筆者のアンケート調査回答者の族際婚姻率の地域差とも一致することを指摘しておきたい。すなわち、アンケート調査回答者の族際婚姻率（2004年）は、H都市部では32.5％、D鎮では17.9％、S郷では8.1％、Bソムでは5.2％である。筆者の調査に基づいていえば、現在、調査地の族際婚姻の数値は、高い順に、都市、鎮、農耕地域、牧畜地域となっているのである。

(3)　本項のまとめ

　表16（図14）と表17（図15）を比較すると、族際婚姻の実数とその割合は、H都市部とD鎮では比較的に高く、S郷とBソムでは比較的に低いことがわかる。年代による推移の度合いも、H都市部とD鎮では比較的に大きく、S郷とBソムでは比較的に小さい。また、10年間のうち、2003年と2004年のみ族際婚姻数とその割合の地域差が一致して、高い順にH都市部、D鎮、S郷、Bソムとなっている。

第2項　族内・族際婚姻の実数と割合の推移

ここでは、四つの地域における族内・族際婚姻の実数と割合を比較する。

(1) H都市部

まずH都市部における婚姻実数の推移を踏まえた上で、族際婚姻率の推移を示す。

1）婚姻実数の推移

H都市部における婚姻実数の変化を表18（図16）に示す。

表18（図16）から明らかなように、婚姻登録の実数の合計をみると、1995年から1998年までは減少傾向にあったが、1998年から1999年にかけて

表18　H都市部の婚姻実数

（単位：カップル）

年	族際婚姻	モンゴル族内婚姻	漢族内婚姻	その他	合計
1995	436	160	1,856	25	2,477
1996	531	118	1,759	23	2,431
1997	519	116	1,597	26	2,258
1998	403	123	1,679	19	2,224
1999	508	167	1,750	27	2,452
2000	489	154	1,263	23	1,929
2001	301	153	1,069	27	1,550
2002	292	109	1,115	21	1,537
2003	647	120	889	29	1,685
2004	769	285	1,501	31	2,586

（出所：H都市部の婚姻登録処の統計により筆者が作成）

第2章　族際婚姻の実態（1995－2004年）

図16　H都市部の婚姻実数

年	族際婚姻	モンゴル族内婚姻	漢族内婚姻	その他	合計
1995	436	25	1,856	160	2,477
1996	531	23	1,759	118	2,431
1997	519	26	1,597	116	2,258
1998	403	19	1,679	123	2,224
1999	508	27	1,750	167	2,452
2000	489	23	1,263	154	1,929
2001	301	27	1,069	153	1,550
2002	292	21	1,115	109	1,537
2003	647	29	889	120	1,685
2004	769	31	1,501	285	2,586

（出所：H都市部の婚姻登録処の統計により筆者が作成）

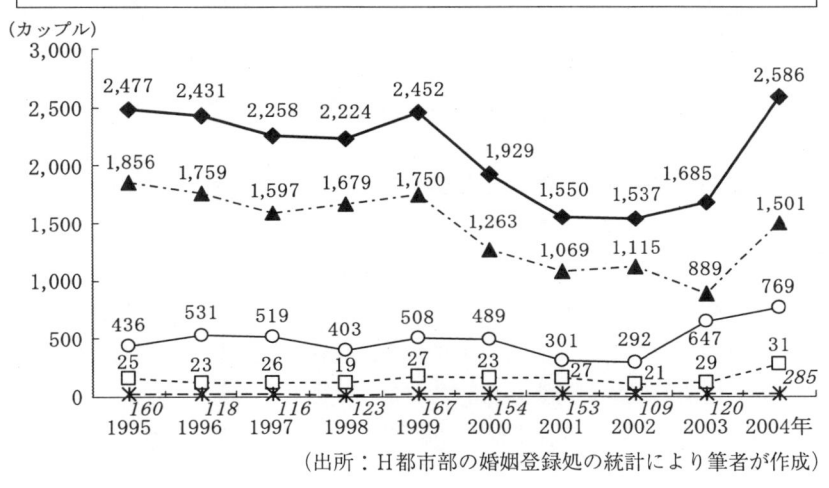

は228カップル増加した。しかし、1999年から2002年まで再び減少が続き、2002年以後は増加に転じた。この婚姻登録合計数の変化傾向は、漢族内婚姻数のそれと酷似しているが、1997年から1998年にかけてと、2002年から2003年にかけては、この二つの数字の変化傾向が逆になっている。族際婚姻が1998年と2001年に減少したことと、2003年と2004年に増加したことが目立っている。1998年から1999年にかけて漢族内婚姻数とモンゴル族内婚姻数はともに増加した。2001年から2002年にかけて、漢族内婚姻数は増加し、モンゴル族内婚姻数は減少した。2002年から2003年にかけて、漢族内婚姻数は減少し、モンゴル族内婚姻数が増加している。

表18（図16）から、H都市部の婚姻登録における族際婚姻数は、漢族の族内婚姻数より低く、モンゴル族内婚姻数より高いことがわかる。また、族際婚姻数の推移はおおむね婚姻登録の合計数および漢族内婚姻数の推移と近似する特徴がみられる。

2）族内・族際婚姻率の推移

　ここでは、族内・族際婚姻率の変化が実数の変化とどのような関係にあるのかを明らかにしたい。表19（図17）にH都市部の族内・族際婚姻率を示す。

　表19（図17）から明らかなように、1995年から2004年の10年間にわたり、婚姻登録においては、漢族内婚姻率が最も高く、次に族際婚姻率、そしてモンゴル族内婚姻率、「その他」の婚姻率が占めている。この割合の順位は、上に挙げた婚姻の実数の傾向と一致する。

　族内・族際婚姻率の推移をみると、表18（図16）の示した族内・族際婚姻の実数の推移とは異なる傾向を示しており、漢族内婚姻率と族際婚姻率が正反対の傾向を示している。すなわち、漢族内婚姻率が増加したその年ごとに、族際婚姻率が減少した。

　表19（図17）から、H都市部の婚姻登録における族際婚姻率は、漢族の

表19　H都市部の族内・族際婚姻率

(単位：%)

年	族際婚姻率	モンゴル族内婚姻率	漢族内婚姻率	その他	合計
1995	17.6	6.5	74.9	1.0	100.0
1996	21.8	4.9	72.4	0.9	100.0
1997	23.0	5.1	70.7	1.2	100.0
1998	18.1	5.5	75.5	0.9	100.0
1999	20.7	6.8	71.4	1.1	100.0
2000	25.3	8.0	65.5	1.2	100.0
2001	19.4	9.9	69.0	1.7	100.0
2002	19.0	7.1	72.5	1.4	100.0
2003	38.4	7.1	52.8	1.7	100.0
2004	29.7	11.0	58.0	1.2	100.0

（出所：H都市部の婚姻登録処の統計により筆者が作成）

第 2 章　族際婚姻の実態（1995－2004年）

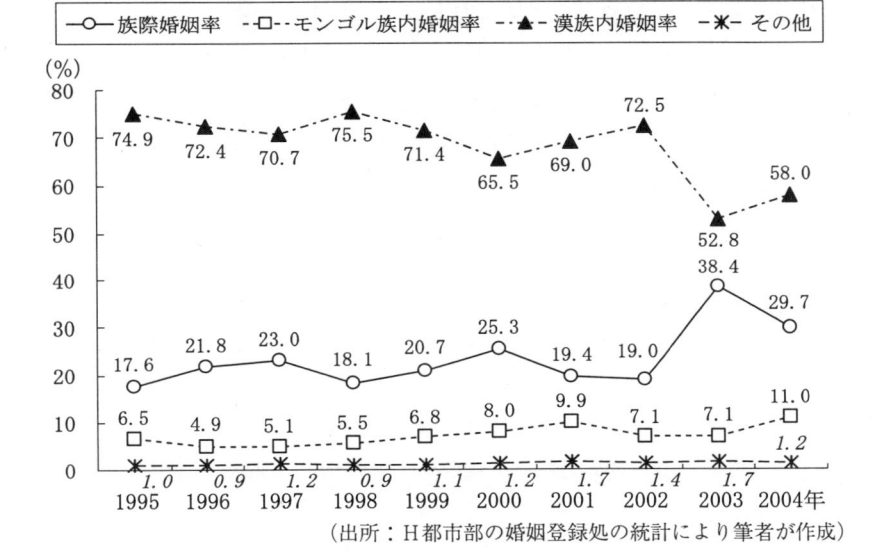

図17　H都市部の族内・族際婚姻率

―○― 族際婚姻率　--□-- モンゴル族内婚姻率　-･▲･- 漢族内婚姻率　-＊- その他

(%)

年	族際婚姻率	モンゴル族内婚姻率	漢族内婚姻率	その他
1995	17.6	6.5	74.9	1.0
1996	21.8	4.9	72.4	0.9
1997	23.0	5.1	70.7	1.2
1998	18.1	5.5	75.5	0.9
1999	20.7	6.8	71.4	1.1
2000	25.3	8.0	65.5	1.2
2001	19.4	9.9	69.0	1.7
2002	19.0	7.1	72.5	1.4
2003	38.4	7.1	52.8	1.7
2004	29.7	11.0	58.0	1.2

（出所：H都市部の婚姻登録処の統計により筆者が作成）

族内婚姻率より低く、モンゴル族内婚姻率より高い。また、族際婚姻率の推移は漢族内婚姻率の推移と正反対となる特徴がみられる。

　表19（図17）の示すモンゴル族内婚姻率の変化傾向、すなわち低い数値で緩やかに変化する傾向は、表18（図16）の示すモンゴル族内婚姻実数の変化傾向と一致するものである。

　漢族内婚姻率と族際婚姻率が顕著に変化した年は、1998年、2000年、2003年、2004年である。1998年に、モンゴル族と漢族の族内婚姻の実数と割合はともに増加したが、族際婚姻の実数と割合は減少した。2000年に、漢族内婚姻の実数と割合が前年より減少した。同年に族際婚姻数が減少したが、その割合は増加した。また、同年にモンゴル族内婚姻数がわずかに減少したが、その割合はわずかに上がった。2003年に、漢族内婚姻実数とその割合がともに減少し、族際婚姻数とその割合がともに増加した。同年に、モンゴル族内婚姻数は少し増加したが、その割合は変わらなかった。2004年には、漢族内婚姻数とその割合がともに増加したが、族際婚姻数

増加して、族際婚姻率が顕著に減少した。また、同年に、モンゴル族内婚姻数とその割合が緩やかな増加傾向を表している。

表18（図16）と表19（図17）の示したH都市部における婚姻実数と割合から族際婚姻の推移をみると、族際婚姻の実数は漢族内婚姻の実数と近似するが、族際婚姻率は漢族内婚姻率と正反対となる傾向にある。

(2) D鎮

ここでは、D鎮における婚姻実数の推移を踏まえた上で、族際婚姻率の推移を示す。

1）婚姻実数の推移

まずD鎮の婚姻実数の推移を表20（図18）に示す。

表20（図18）から明らかなように、D鎮の婚姻登録の実数をみると、

表20　D鎮における族内・族際婚姻の実数

（単位：カップル）

年	族際婚姻	モンゴル族内婚姻	漢族内婚姻	その他	合計
1995	171	146	235	18	570
1996	174	166	267	21	628
1997	271	282	471	37	1,061
1998	197	193	299	20	709
1999	172	164	250	27	613
2000	188	181	288	23	680
2001	139	158	252	24	573
2002	195	266	388	19	868
2003	258	290	417	40	1,005
2004	296	339	485	53	1,173

（出所：D鎮の婚姻登録処の統計により筆者が作成）

第2章　族際婚姻の実態（1995－2004年）

図18　D鎮における族内・族際婚姻の実数

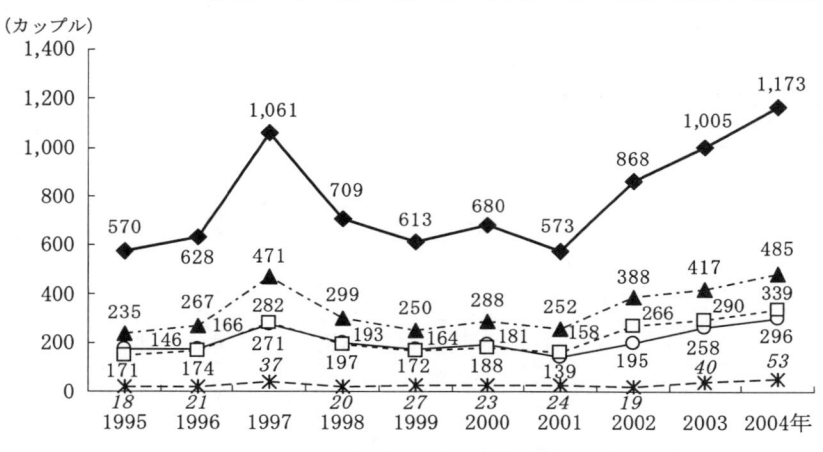

凡例：—○— 族際婚姻　--□-- モンゴル族内婚姻　--▲-- 漢族内婚姻　—✳— その他　—◆— 合計

（カップル）

年	合計	漢族内婚姻	モンゴル族内婚姻	族際婚姻	その他
1995	570	235	171	146	18
1996	628	267	174	166	21
1997	1,061	471	271	282	37
1998	709	299	197	193	20
1999	613	250	172	164	27
2000	680	288	188	181	23
2001	573	252	139	158	24
2002	868	388	195	266	19
2003	1,005	417	258	290	40
2004	1,173	485	296	339	53

（出所：D鎮の婚姻登録処の統計により筆者が作成）

1995～2004年の間、婚姻登録の合計数、漢族内婚姻数、族際婚姻数、モンゴル族内婚姻数、この四つの実数は類似した変化の傾向を示しているが、変化の激しさが異なるという特徴を示している。つまり、婚姻合計数、漢族内婚姻数、族際婚姻数、モンゴル族内婚姻数の四つの数値は、1997年に激増、1998年に減少、2001年に減少したが、その後、増加の傾向が継続してきた。また、婚姻合計数と漢族内婚姻数と比べると、族際婚姻数とモンゴル族内婚姻数のほうが緩やかに変化している。

表20（図18）から、D鎮の婚姻登録における族際婚姻数は、漢族内婚姻数より少なく、モンゴル族内婚姻数と近似し、また族際婚姻数の推移は漢族内婚姻数とモンゴル族内婚姻数の推移と近似する特徴がみられる。

2）族内・族際婚姻率の推移

ここでは、以下表21（図19）にD鎮における族内・族際婚姻率の変化を示す。

79

表21　D鎮における族内・族際婚姻率

(単位：％)

年	族際婚姻率	モンゴル族内婚姻率	漢族内婚姻率	その他	合計
1995	30.0	25.6	41.2	3.2	100.0
1996	27.7	26.4	42.5	3.3	100.0
1997	25.5	26.6	44.4	3.5	100.0
1998	27.8	27.2	42.2	2.8	100.0
1999	28.1	26.8	40.8	4.4	100.0
2000	27.6	26.6	42.4	3.4	100.0
2001	24.3	27.6	44.0	4.2	100.0
2002	22.5	30.6	44.7	2.2	100.0
2003	25.7	28.9	41.5	4.0	100.0
2004	25.2	28.9	41.3	4.5	100.0

（出所：D鎮の婚姻登録処の統計により筆者が作成）

図19　D鎮における族内・族際婚姻率

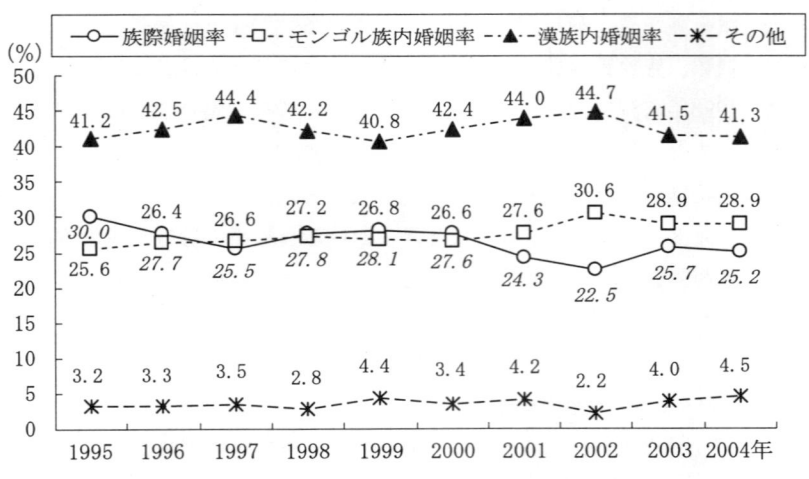

（出所：D鎮の婚姻登録処の統計により筆者が作成）

表21（図19）から明らかなように、D鎮の婚姻登録における族内・族際婚姻率は緩やかな変化傾向を示している。そのうち、漢族内婚姻率は10年間にわたって40.8～44.7％の間、族際婚姻率は22.5～30.0％の間、モンゴル族内婚姻率は25.6～30.6％の間で動いている。族際婚姻率とモンゴル族内婚姻率の差が、1998年（0.6％）と2000年（1.0％）には他の年より小さくなっている。

各年の変化をみると、漢族内婚姻に顕著な変化があるのは、1996年から1997年にかけて（1.9ポイントの増加）、1997年から1998年にかけて（2.2ポイントの減少）、及び2002年から2003年にかけて（3.2ポイントの減少）である。また、モンゴル族内婚姻率は、2001年から2002年にかけて3ポイント増加し、2002年から2003年にかけて1.7ポイント減少している。族際婚姻率の変化をみると、1995年から1996年にかけて2.3ポイント減少し、1996年から1997年にかけて2.2ポイント減少し、2000年から2001年にかけて3.3ポイント減少し、2001年から2002年にかけて1.8ポイント減少したが、2002年から2003年にかけて3.2ポイント増加した。ここから、この10年間にD鎮の族際婚姻率、漢族内婚姻率、モンゴル族内婚姻率は2001年から2003年にかけて変化の度合いが大きいといえる。

表21（図19）から、D鎮の婚姻登録における族際婚姻率は、漢族内婚姻率より低く、モンゴル族内婚姻率と近似し、また族際婚姻率の推移は概ね漢族内婚姻率の推移と正反対の傾向になるという特徴がみられる。

次に、表20（図18）と表21（図19）の示す実数と割合の変化傾向を比較してみる。漢族内婚姻数とその率は、1996年から1997年にかけて増加したが、1997年から1998年にかけて減少した。また、2002年から2003年にかけて漢族内婚姻数は増加したが、その割合が減少している。

モンゴル族内婚姻は、1996年から1997年にかけてと2003年から2004年にかけて、その実数は増加したが、割合は横ばい状態であった。2001年から2002年にかけて実数とその割合が増加し、2002年から2003年にかけて実数はやや増加し、割合が顕著に減少した。

族際婚姻をみると、1995年から1996年にかけてと1996年から1997年にか

けて実数が増加したが、その割合が減少した。1997年から1998年にかけて実数が減少したが、その割合は増加した。2000年から2001年にかけて実数も割合も減少した。2001年から2002年にかけて実数が増加し、割合が減少した。2002年から2003年にかけて実数も割合も増加した。実数と割合を結びつけてみると、D鎮の族際婚姻に顕著な変化が見られたのは1996年、1997年、2001年、2003年である。

　表20（図18）と表21（図19）から、D鎮の婚姻登録における族際婚姻の実数と割合はともに、漢族内婚姻より低く、モンゴル族内婚姻に近似することがわかる。また、10年間にわたる族際婚姻の実数の推移はモンゴル族内婚姻に近似し、族際婚姻率の推移は漢族内婚姻率の推移と正反対となる特徴がみられる。

(3) S郷

　ここでは、S郷における婚姻実数の推移を踏まえた上で、族際婚姻率の推移を示す。

　1）婚姻実数の推移

　表22（図20）にS郷における婚姻実数の推移を示す。

　次の表22（図20）から明らかなように、S郷の婚姻合計数と漢族内婚姻数は同様な傾向で変化してきた。族際婚姻とモンゴル族内婚姻の実数は近似しており、かつそれが婚姻合計数と漢族内婚姻数よりも緩やかに変化してきた。

　表22（図20）から明らかなように、1995年から2004年までの10年間に、婚姻合計数が1996年に減少し、1999年と2004年に増加している。婚姻合計数、漢族内婚姻数、族際婚姻数、モンゴル族内婚姻数が、1998年はともに減少し、2004年はともに増加した共通点もある。また、婚姻合計数、漢族内婚姻数、族際婚姻数は2001年以降、徐々に増加してきたところもある。族際婚姻数はこの10年間におおむね増加傾向にあるといえる。

　表22（図20）からは、S郷における族際婚姻の実数は漢族内婚姻より少

第 2 章　族際婚姻の実態（1995－2004年）

表22　S郷における族内・族際婚姻の実数

（単位：カップル）

年	族際婚姻	モンゴル族内婚姻	漢族内婚姻	その他	合計
1995	12	10	62	3	87
1996	9	13	47	1	70
1997	10	16	45	2	73
1998	7	9	41	3	60
1999	11	15	56	4	86
2000	12	14	53	2	81
2001	12	13	45	1	71
2002	13	10	49	3	75
2003	16	8	65	2	91
2004	20	13	73	4	110

（出所：S郷の婚姻登録所の統計により筆者が作成）

図20　S郷の族内・族際婚姻の実数

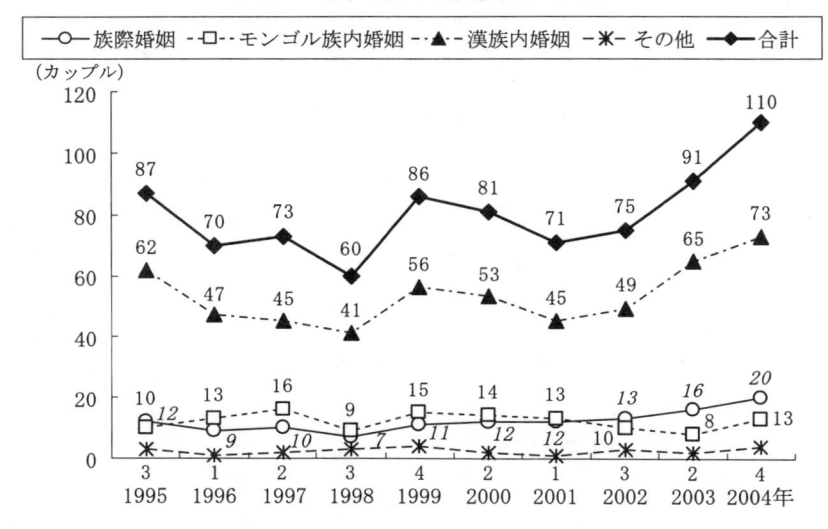

（出所：S郷の婚姻登録所の統計により筆者が作成）

83

なく、モンゴル族内婚姻に近似し、緩やかに増加してきた特徴がみられる。

2）族内・族際婚姻率の推移

表23（図21）にS郷の婚姻登録における族内・族際婚姻率を提示する。

表23（図21）から明らかなように、S郷の婚姻登録における漢族内婚姻率が圧倒的に高い。それが顕著に変化したのは、1996年から1997年まで5.5ポイント（67.1％－61.6％）減少し、1997年から1998年まで6.7ポイント（68.3％－61.6％）増加した点である。また、2002年から2003年まで6.1ポイント（71.4％－65.3％）増加し、2003年から2004年まで5.0ポイント（71.4％－66.4％）減少した。

モンゴル族内婚姻率は、漢族内婚姻率と正反対の変化傾向を示している。顕著な変化としては、1995年から1996年までの7.1ポイント（18.6％－11.5％）の増加、1997年から1998年までの6.9ポイント（21.9％－15.0％）の減

表23　S郷の族内・族際婚姻率

（単位：％）

年	族際婚姻率	モンゴル族内婚姻率	漢族内婚姻率	その他	合計
1995	13.8	11.5	71.3	3.4	100.0
1996	12.9	18.6	67.1	1.4	100.0
1997	13.7	21.9	61.6	2.7	100.0
1998	11.7	15.0	68.3	5.0	100.0
1999	12.8	17.4	65.1	4.7	100.0
2000	14.8	17.3	65.4	2.5	100.0
2001	16.9	18.3	63.4	1.4	100.0
2002	17.3	13.3	65.3	4.0	100.0
2003	17.6	8.8	71.4	2.2	100.0
2004	18.2	11.8	66.4	3.6	100.0

（出所：S郷の婚姻登録所の統計により筆者が作成）

第2章　族際婚姻の実態（1995－2004年）

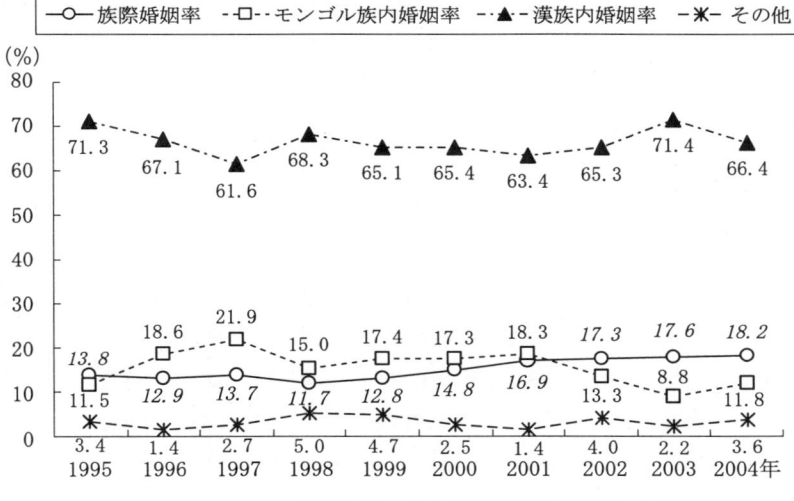

図21　S郷の族内・族際婚姻率

年	族際婚姻率	モンゴル族内婚姻率	漢族内婚姻率	その他
1995	11.5	13.8	71.3	3.4
1996	12.9	18.6	67.1	1.4
1997	13.7	21.9	61.6	2.7
1998	11.7	15.0	68.3	5.0
1999	12.8	17.4	65.1	4.7
2000	14.8	17.3	65.4	2.5
2001	16.9	18.3	63.4	1.4
2002	17.3	13.3	65.3	4.0
2003	17.6	8.8	71.4	2.2
2004	18.2	11.8	66.4	3.6

（出所：Bソムの婚姻登録所の統計により筆者が作成）

少である。また、2001年から2002年までは5.0ポイント（18.3%－13.3%）減少し、2002年から2003年までは4.5ポイント（13.3%－8.8%）減少した。

　族際婚姻率は漢族とモンゴル族の族内婚姻よりも緩やかに変化している。また、漢族内婚姻率が60%以上の高い率を保っているのに対して、族際婚姻率とモンゴル族内婚姻率はそれよりもはるかに低い率を保っている。2002年以降は族際婚姻率がモンゴル族内婚姻率を上回ってきた。

　表23（図21）からは、S郷における族際婚姻率は漢族内婚姻率より低く、モンゴル族内婚姻率に近似し、かつその推移はモンゴル族内婚姻率と漢族内婚姻率の変化と異なり、緩やかに増加してきたという特徴がみられる。

　上の表22（図20）と表23（図21）が示す族内・族際婚姻の実数と割合を比較してみると、S郷における族際婚姻の実数と割合はともに、モンゴル族内婚姻に近似し、漢族内婚姻よりはるかに低い。また、族際婚姻の実数と割合の推移は、モンゴル族内婚姻と漢族内婚姻と異なり、緩やかに増加してきた特徴がみられる。

(4) Bソム

最後に、Bソムにおける婚姻実数の推移を踏まえた上で、族際婚姻率の推移を示す。

1) 族内・族際婚姻の実数

以下、表24（図22）にBソムにおける族内・族際婚姻の実数の推移を示す。

表24（図22）から明らかなように、1995年から2004年までの10年間に、Bソムの婚姻合計数とモンゴル族内婚姻数は同様な程度と傾向で変化してきた。族際婚姻と漢族内婚姻は低い数値で横ばい状態を続けてきた。「その他」の婚姻は1996年と2000年に1カップルずつあったに過ぎない。

婚姻合計数とモンゴル族内婚姻数は、1995年に少なく、1996年に増加した。1998年にやや少ない状態にはいり、2000年に再び高い数値を表した。

表24　Bソムの族内・族際婚姻の実数

(単位：カップル)

年	族際婚姻	モンゴル族内婚姻	漢族内婚姻	その他	合計
1995	2	48	4	0	54
1996	5	103	6	1	115
1997	4	79	4	0	87
1998	4	74	5	0	83
1999	4	92	3	0	99
2000	6	102	5	1	114
2001	2	45	4	0	51
2002	4	55	7	0	66
2003	4	57	6	0	67
2004	5	66	7	0	78

（出所：Bソムの婚姻登録所の統計により筆者が作成）

第2章　族際婚姻の実態（1995－2004年）

図22　Bソムの族内・族際婚姻の実数

凡例：—○—族際婚姻　--□--モンゴル族内婚姻　--▲--漢族内婚姻　--※--その他　—◆—合計

（カップル）

年	族際婚姻	モンゴル族内婚姻	漢族内婚姻	その他	合計
1995	4	48	2		54
1996	6	103	5		115
1997	4	79	4		87
1998	5	74	4		83
1999	3	92	4		99
2000	5	102	6		114
2001	4	45	2		51
2002	7	55	4		66
2003	6	57	4		67
2004	7	66	5		78

（出所：Bソムの婚姻登録所の統計により筆者が作成）

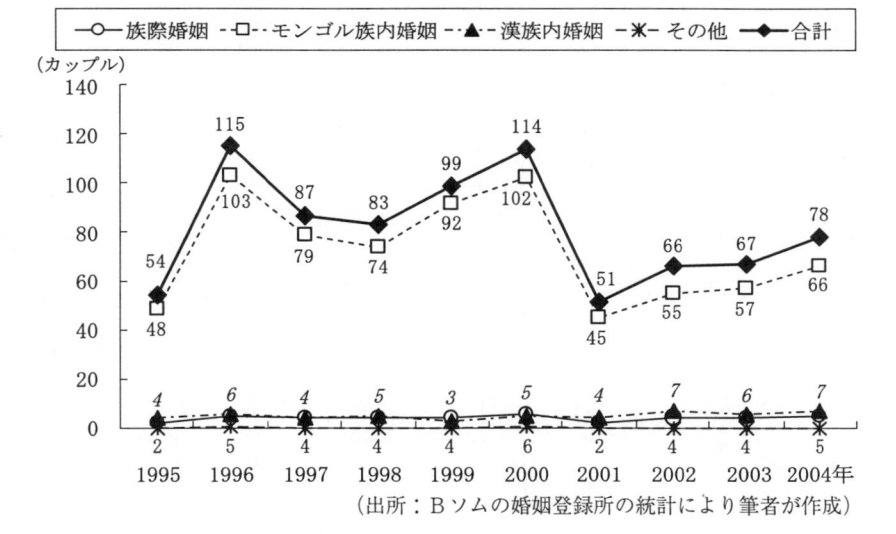

2001年にはまた減少に転じ、その後は緩やかに増加してきた。モンゴル族内婚姻と比較すると、族際婚姻と漢族内婚姻の実数が少なく、この10年間では前年度より激しく変化した年もないといえる。

表24（図22）から、Bソムにおける族際婚姻数はモンゴル族内婚姻数よりはるかに低く、漢族内婚姻数に近似し、かつその推移も漢族内婚姻数と近似し、緩やかに変化した特徴がみられる。

2）族内・族際婚姻率の推移

Bソムの族内・族際婚姻率の推移を次の表25（図23）に示す。

表25（図23）から明らかなように、Bソムの婚姻登録におけるモンゴル族内婚姻率が圧倒的に高い数値を占めている。1999年にはそれがいっそう高くなり、その後、2002年までわずかな減少を続けた。他の年は横ばい状態にある。これを漢族内婚姻率と比較すると、漢族内婚姻率は、1999年に低く、その後2002年まで徐々に増加した。その他の年は横ばい状態にある。族際婚姻率は1999年と2001年を除き、10年間ではわずかながら増加してき

87

表25　Bソムの族内・族際婚姻率

(単位：%)

年	族際婚姻率	モンゴル族内婚姻率	漢族内婚姻率	その他	合計
1995	3.7	88.9	7.4	0.0	100.0
1996	4.3	89.6	5.2	0.9	100.0
1997	4.6	90.8	4.6	0.0	100.0
1998	4.8	89.2	6.0	0.0	100.0
1999	4.0	92.9	3.0	0.0	100.0
2000	5.3	89.5	4.4	0.9	100.0
2001	3.9	88.2	7.8	0.0	100.0
2002	6.1	83.3	10.6	0.0	100.0
2003	6.0	85.1	9.0	0.0	100.0
2004	6.4	84.6	9.0	0.0	100.0

（出所：Bソムの婚姻登録所の統計により筆者が作成）

図23　Bソムの族内・族際婚姻率

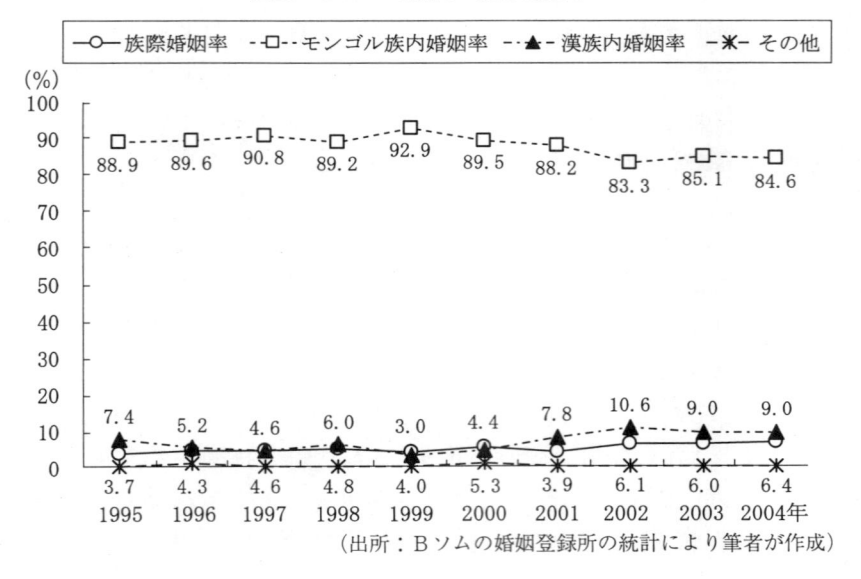

（出所：Bソムの婚姻登録所の統計により筆者が作成）

た。

　表25（図23）から、Ｂソムにおける族際婚姻率はモンゴル族内婚姻率よりはるかに低く、漢族内婚姻率に近似し、かつ緩やかに増加してきたという特徴がみられる。

　表24（図22）と表25（図23）を比較すると、モンゴル族内婚姻数は1996年、2000年、2001年に激増したが、婚姻登録におけるその割合の変化は緩やかになった。それは、10年間にわたって婚姻合計数の変化はモンゴル族内婚姻数の変化と一致するためである。漢族内婚姻、族際婚姻の実数と割合は近似しており、わずかながら変化してきたことがわかる。

　　第３項　本節のまとめ

　本節で提示した族内・族際婚姻の地域差をまとめると、族際婚姻の実数と割合は、全体的に、高い順にＨ都市部、Ｄ鎮、Ｓ郷、Ｂソムとなっている。また、族内・族際婚姻の実数と割合は近似する傾向を示しており、族際婚姻率は、Ｈ都市部ではモンゴル族内婚姻率より高く、Ｄ鎮とＳ郷ではモンゴル族内婚姻率に近似し、Ｂソムでは漢族内婚姻率に近似する特徴が見られる。

第３節　族際婚姻の実態

　本節では、上の二節で提示した調査地の族内・族際婚姻の民族差、地域差、時代的推移の差をまとめて族際婚姻の実態を示す。
　表26と表27は、第１節第１項の図４と第２項の図５に示した族際婚姻率の順位を文字によりまとめて提示したものである。表26と表27によって10年間にわたる族際婚姻率の推移をみると、モンゴル族の族際婚姻率はＨ都市部では高く、Ｂソムでは低い。つまり、モンゴル族の族際婚姻率は都市では高く、牧畜地域では低い傾向にある。漢族の族際婚姻率はＤ鎮とＢソ

表26　モンゴル族の族際婚姻率の順位

年	族際婚姻率の順位
1995	H都市部＞S郷＞D鎮＞Bソム
1996～2000	H都市部＞D鎮＞S郷＞Bソム
2001～2004	H都市部＞S郷＞D鎮＞Bソム

表27　漢族の族際婚姻率の順位

年	族際婚姻率の順位
1995	D鎮＞Bソム＞H都市部＞S郷
1996～2000	Bソム＞D鎮＞H都市部＞S郷
2001	D鎮＞Bソム＞H都市部＞S郷
2002	Bソム＞D鎮＞S郷＞H都市部
2003	H都市部＞Bソム＞D鎮＞S郷
2004	Bソム＞D鎮＞H都市部＞S郷

ムでは高く（2003年のみH都市部）、S郷（2002年のみH都市部）では低い。つまり、漢族の族際婚姻率は牧畜地域では高く、農耕地域では低い。このことから、ある民族の族際婚姻率はその民族の生業形態地域（或いはその民族の人口割合が比較的に高い地域）では低く、混住する他民族の生業形態地域（或いはその民族の人口割合が比較的に低い地域）では高くなるといえる。

表28　民族別・地域別の族内・族際婚姻率の実態

	モンゴル族内・族際婚姻率（出所）	漢族内・族際婚姻率（出所）
H都市部	族際＞族内（表8、図6）	族際＜族内（表12、図10）
D鎮	族際＜族内（表9、図7）	族際＜族内（表13、図11）
S郷	族際＜族内（表10、図8）	族際＜族内（表14、図12）
Bソム	族際＜族内（表11、図9）	族際＜族内（表15、図13）

上の表28は第1節第3項の表8～15（図6～13）に示した調査地の族内・族際婚姻率の高低を示している。表28の示すように、各調査地におけるモンゴル族と漢族の族内・族際婚姻率を比較すると、H都市部のモンゴル族の族際婚姻率が族内婚姻率より高く、D鎮、S郷、Bソムのモンゴル族の族内婚姻率が族際婚姻率よりも高い。漢族の場合、H都市部、D鎮、S郷、Bソムの四つの地域がともに、族内婚姻率が族際婚姻率より高くなっている。ここからも、H都市部のモンゴル族の族際婚姻率が最も高いことがわかる。

　また、表28に用いた第1節第3項の表8～15（図6～13）から、四つの調査地のモンゴル族と漢族の族際婚姻率の変化には、モンゴル族と漢族のそれぞれ「その他」の民族との婚姻があまり影響を及ぼさないことが明らかである。そのため、以下の章節では族際婚姻の分析と考察には、モンゴル族と漢族のそれぞれの族内婚姻の変化も用いるが、「その他」のデータを用いないこととする。

　次に、地域差に着眼して族際婚姻の実態を以下の表29に示す。

表29　族際婚姻数値の地域差の実態

	年	数値の地域的順位（出所）
族際婚姻実数	1995～2004	H都市部＞D鎮＞S郷＞Bソム（表16、図14）
族際婚姻率	1995～2002 2003～2004	D鎮＞H都市部＞S郷＞Bソム（表17、図15） H都市部＞D鎮＞S郷＞Bソム（表17、図15）

　表29から明らかなように、族際婚姻の実数は高い順にH都市部、D鎮、S郷、Bソムとなっている。族際婚姻率は高い順に、1995～2002年まではD鎮、H都市部、S郷、Bソムであり、2003～2004年まではH都市部、D鎮、S郷、Bソムである。ここから、族際婚姻の実数と割合は、都市化が進行したところでは高く、農耕地域と牧畜地域では低いという地域差の特徴が見られる。

　次に、地域差にみえる族内・族際婚姻の実態をみると、どの地域の族際

婚姻の実数と割合の変化も一致する。H都市部では実数と割合の高い順に漢族内婚姻、族際婚姻、モンゴル族内婚姻となる。D鎮とS郷では、実数と割合の最も高いのは漢族内婚姻であるが、族際婚姻とモンゴル族内婚姻は逆転する場合がある。Bソムの場合、実数と割合の最も高いのはモンゴル族内婚姻であるが、族際婚姻とモンゴル族内婚姻は逆転する場合がある。つまり、H都市部、D鎮、S郷のこの三つの地域では漢族内婚姻が婚姻登録の多数を占め、Bソムに限ってモンゴル族内婚姻が婚姻登録の多数を占める。このような族内・族際婚姻の実数と割合の地域差を以下、表30に簡潔に示す。

表30　族内・族際婚姻数値の地域差の実態

	族内・族際婚姻数値の順位	出所
H都市部	漢族内＞族際＞モンゴル族内＞その他	表18（図16）、表19（図17）
D鎮	漢族内＞族際≈モンゴル族内＞その他	表20（図18）、表21（図19）
S郷	漢族内＞族際≈モンゴル族内＞その他	表22（図20）、表23（図21）
Bソム	モンゴル族内＞族際≈漢族内＞その他	表24（図22）、表25（図23）

　表30から明らかなように、族内・族際婚姻の実態は、各調査地の人口規模、生業形態、及び地域それぞれにおける民族の人口割合を反映している。人口の規模が大きく、都市化が進んだH都市部とD鎮では族際婚姻の数値は比較的に高いが、人口の規模が小さく、農業や牧畜を経営しているS郷とBソムでは族際婚姻の数値は比較的に低い。一方、漢族の人口割合が多数を占めるH都市部、D鎮、S郷では漢族内婚姻が婚姻登録の多数を占めるが、モンゴル族の人口割合が多数を占めるBソムに限ってモンゴル族内婚姻が婚姻登録の多数を占めている。

　なお、参考として、族際婚姻の性差を簡潔に述べる。婚姻登録から見ると、H都市部、D鎮、Bソムでは漢族の男性とモンゴル族の女性からなるカップルが多く、S郷に限り、モンゴル族の男性と漢族の女性からなるカップルが多い。具体的には、漢族の男性とモンゴル族の女性からなるカップ

ルの割合は、H都市部では56.7%、D鎮では61.8%、S郷では42.9%、Bソムでは58.3%を占めている。モンゴル族の男性と漢族の女性からなるカップルの割合は、H都市部では43.3%、D鎮では38.2%、S郷では57.1%、Bソムでは41.7%を占めている。

第4節　小　　結

　上述のように、本章では1995年から2004年までの各調査地におけるモンゴル族と漢族の族内・族際婚姻の実態を明らかにした。
　族際婚姻の実数（割合）の推移は、S郷とBソムでは増加の傾向が現れているが、H都市部とD鎮の族際婚姻の実数（割合）は不規則に増加・減少しているので規則性を見いだしがたい。
　族際婚姻実数（割合）は都市化したところでは多く（高く）、農耕地域や牧畜地域では少なく（低く）なる明確な地域差がみえる。
　族際婚姻率には、モンゴル族と漢族の間の民族差もみられる。Bソムに限り漢族の族際婚姻率はモンゴル族よりも高く、他の三つの地域ではモンゴル族の族際婚姻率は漢族よりも高い。全体的にみると、モンゴル族の族際婚姻率は漢族よりも高い。
　族内・族際婚姻率の順位をみると、H都市部に限りモンゴル族の族際婚姻率が族内婚姻率より高く、漢族の族際婚姻率は族内婚姻率より低いが、他の三つの地域ではモンゴル族も漢族も族内婚姻率は族際婚姻率より高い。全体的にみると、族内婚姻率は族際婚姻率より高い状況にある。
　こうした族際婚姻の実数と割合にみえる複雑な変化傾向の実態にひそむ文化的、政策的、意識的背景や要因に関しては、次章以下で分析する。

第3章　族際婚姻の文化的背景

　序章の第2節第1項で言及したように、内モンゴル社会の都市と農耕地域を対象とした先行研究では、族際婚姻の増加原因についてモンゴル族と漢族の文化的な差が縮まったことを指摘している。特にモンゴル族が漢族との文化的な差を縮めた傾向が強いことによるとされている。だが、それとは反対に、漢族がモンゴル族との文化的差異を縮めたことを示唆する指摘もなされている。たとえば閆天霊は、内モンゴル地域社会の変遷に関する研究の中で、「モンゴル族と漢族は相手の文化習慣を大量に吸収して、言語、居住、飲食、婚葬、娯楽等の面で改変や添加が生じた。この状況は一方で、モンゴル族と漢族の近距離における往来の深化と多面化を反映している。他方では、正常な民間の往来中に展開できる民族文化交流の双方向性と自発性を反映している」と述べている（閆天霊　2004：342）。

　調査地のD鎮が所属する巴林右旗の事例を挙げてみると、モンゴル族が居住するウランショロン＝アイルと漢族が居住する常興村の住民は、生産知識を相互に学習し、助け合いながら牧畜と農耕をともに営んできた。民族関係が緊張状態に至った「文化大革命」の渦中においても、常興村の住民はウランショロン＝アイルの住民へ「挖粛」[31]を行なわず、安定したコミュニティを守っていた。また、シャバクト＝アイル[32]では、1942年から相次いで漢族の難民が流入し、モンゴル族がそれらを養子養女として受け入れた。そのアイルのモンゴル族と漢族の住民は互いの民族習慣を尊重しあい、モンゴル族が漢語を学習し、漢族もモンゴル語を学習して多くの漢族がモ

31　「文化大革命」中に起こった「内蒙古人民革命党」を掘り出す特大な冤罪を「挖粛」運動という。詳細は第4章の注91を参照。
32　村の名前、以前はモンゴル語でシャバクト＝アイル（シャバクという植物が多いところという意味）だったが、現在漢語で「団結村」と称されている。

ンゴル語を使いこなしてきた。その結果、現在では漢語が話せない漢族の子供がいるという問題も現れている[33]。このように文化が浸透する過程で、生活習慣も相互に相似してきた。即ち、漢族は家畜を飼い、乳製品とモンゴル=アム（黍に似た雑穀）を食べ、牧業関係の生産知識を身につけてきた。モンゴル族の婦人たちも醤の作り方、漬物の漬け方、黏糕（漢風の蒸し餅）の蒸し方などを身につけて飲食文化も相互に影響してきた。その結果、1956年にシャバクト=アイルの名前までも「団結村」に変わり、1986年に巴林右旗の中で「民族団結、共同致富」（多民族が団結してともに豊かになった）の模範とされた。また、同旗の幸福之路ソムのオルガイ=ガチャでは、モンゴル・漢・満の三つの民族からなる13人の大家族が、長年にわたって尊重しあい、助けあい、仲良く暮らしてきた物語も伝えられている（『巴林右旗志』1994：49-51）。このような民族混住の歴史を経てきたモンゴルと漢の両文化の共存と相互影響が、現在の赤峰地域社会を形成した文化的基盤である。

　民族文化とは、その民族の人々の時代と世代をこえて継承されてきた生活様式、生活技術、生活意識の総合化された体系であり、それを共用する人々を一つのまとまりとして、他の文化を共有する集団から区別できる要素である。モンゴル族、漢族ともに、それぞれの文化が、それぞれの異なる世代、及び同世代の人々を結びつけ、縦横につなぐ絆となっている。

　現在、調査地の人々、特にBソムとD鎮のモンゴル族、H都市部とS郷の漢族の中では、自分たちがもつ、前の世代から継承してきた言語、飲食、音楽、スポーツ、衣装、慣習、嗜好、性格、往来方式などの文化的特徴を「われわれの伝統」、「わが地域の伝統」、「親が伝えてくれた伝統」としばしば称する[34]。その「伝統」は文献に記されている「伝統」というよりは、

---

[33] D鎮のH氏（モンゴル族、男性）、D鎮のU氏（モンゴル族、女性）のインタビュー。

[34] BソムのA氏（モンゴル族、女性）2004年8月20日、D鎮のS氏（モンゴル族、女性）2005年1月24日、S郷のT氏（漢族、男性）2005年2月14日、H都市部のH氏（漢族、女性）2005年8月19日のインタビュー。

ホブズボウムの提起した「創られた伝統」（Hobsbawm and Range 1983＝1992：407-470）であるといったほうが正確だろう。

　上に示した事例から、調査地では民族混住の過程において、モンゴル族と漢族の言語・習慣・文化が相互に浸透してきたことがわかる。このように、民族文化の変容が調査地の族際婚姻やその数値の推移に強い影響を与えると考え、本章では、アンケートやインタビュー資料などを用いて、現在の調査地における民族文化の状況と変化を分析し、それらが族際婚姻の実態とどのような関係があるかを明らかにしたい。

第1節　家庭言語

　中国では、民族文化の安定した要素である言語が民族的特徴の一つとして捉えられてきた。本節では、筆者が行なったアンケートとインタビュー調査に基づき、調査地における家庭言語の使用状況を分析し、モンゴル族と漢族の言語使用率から民族文化の現状を明らかにしたい。

　調査地の言語使用状況を具体的に提示するため、以下、アンケートから判明した回答者の家族言語を通して、民族語の使用割合を示す。「あなたは家庭内では何語で話していますか」という質問の回答者は625人（モンゴル族407人、漢族218人）であり、その回答を地域別・民族別に示すと表31の通りである。

　表31から明らかなように、モンゴル族の回答者の中で、家庭内で民族語のみを話すのは、H都市部では43.0%、D鎮では73.6%、Bソムでは90.4%、S郷では0.0%である。漢族の回答者が家族内で民族語のみを話すのは、H都市部とS郷では100.0%、D鎮では96.0%、Bソムでは33.3%の割合であり、Bソムを除いた三地域ではモンゴル族が民族語を話す割合は明らかに漢族より低い。Bソムに限って漢族の民族語使用率が他の地域の漢族より60ポイントも低くなっているが、モンゴル族の民族語使用率が低いS郷（0.0%）と比較すると30ポイントも高い。

表31　アンケート回答者の家庭言語

(単位：人、（　）内は％)

回答者属性	家庭言語	漢語	モンゴル・漢二言語	モンゴル語
H都市部	モンゴル族	38（48.1）	7（8.9）	34（43.0）
	漢族	102（100.0）	0（0.0）	0（0.0）
D鎮	モンゴル族	16（8.0）	37（18.4）	148（73.6）
	漢族	48（96.0）	2（4.0）	0（0.0）
S郷	モンゴル族	8（66.7）	4（33.3）	0（0.0）
	漢族	30（100.0）	0（0.0）	0（0.0）
Bソム	モンゴル族	2（1.7）	9（7.8）	104（90.4）
	漢族	12（33.3）	15（41.7）	9（25.0）

(出所：筆者のアンケート調査データにより作成)

　モンゴル族が漢語を話す割合は、H都市部では48.1％、D鎮では8.0％、S郷では66.7％、Bソムでは1.7％である。漢族がモンゴル語を話す割合は、H都市部、D鎮、S郷はともに0.0％であるが、Bソムでは25.0％である。モンゴル・漢の二言語を話す割合は、漢族はD鎮では4.0％、Bソムでは41.7％であるが、モンゴル族はH都市部では8.9％、D鎮では18.4％、S郷では33.3％、Bソムでは7.8％である。

　回答者の家庭言語からみると、Bソムのみ、漢族の25.0％がモンゴル語を使用し、41.7％がモンゴル・漢の二言語を使用している。このことから、Bソムでは漢族がモンゴル語を受け入れたことがわかる。Bソムを除いた他の三つの地域では、漢族がモンゴル族よりも民族語を保持している割合は高く、かつ漢族がモンゴル語を受け入れたのは少ないといえる。

　以下、モンゴル族の家庭言語を年齢別にみると表32の通りになる。

　表32から明らかなように、モンゴル族が家庭内で漢語を話す割合は、H都市部の50代で0.0％だったが、40代では29.2％、30代では58.5％、20代では66.7％となり、年が若くなるほどに家庭で漢語を話す割合が高くなっている。それとは対照的に、モンゴル族がモンゴル語を話す割合は、年齢が若くなるほどに低くなっている。S郷の場合、モンゴル族が漢語を話す

割合が、50代では50.0％、40代では66.7％、30代では75.0％、20代では100.0％となっている。またこの郷のモンゴル族には、どの年齢層にも家庭内でモンゴル語のみ話している者はいないといえる。D鎮とBソムでは年齢による民族語使用状況に差異は見られない。S郷の20代のモンゴル族では、モンゴル・漢の二言語と民族語で話す割合がそろって0.0％となっている。H都市部とS郷のモンゴル族の民族語使用状況を示す割合は、年齢が若くなるほどに低くなっている。このことは年代の変化によって民族語使用状況が変化していることを表している。

表32　年齢別にみるモンゴル族の言語使用状況

(単位：人、（　）内は％)

回答者属性	家庭言語	漢語	モンゴル・漢二言語	モンゴル語	合計
H都市部	20代	6（66.7）	0（0.0）	3（33.3）	9（100.0）
H都市部	30代	24（58.5）	3（7.3）	14（34.1）	41（100.0）
H都市部	40代	7（29.2）	4（16.7）	13（54.2）	24（100.0）
H都市部	50代以上	0（0.0）	0（0.0）	5（100.0）	5（100.0）
D鎮	20代	1（5.6）	2（11.1）	15（83.3）	18（100.0）
D鎮	30代	8（7.4）	21（19.4）	79（73.1）	108（100.0）
D鎮	40代	7（11.1）	12（19.0）	44（69.8）	63（100.0）
D鎮	50代以上	0（0.0）	0（0.0）	7（100.0）	7（100.0）
S郷	20代	3（100.0）	0（0.0）	0（0.0）	3（100.0）
S郷	30代	3（75.0）	1（25.0）	0（0.0）	4（100.0）
S郷	40代	2（66.7）	1（33.3）	0（0.0）	3（100.0）
S郷	50代以上	1（50.0）	1（50.0）	0（0.0）	2（100.0）
Bソム	20代	1（2.9）	5（14.7）	28（82.4）	34（100.0）
Bソム	30代	0（0.0）	2（4.5）	42（95.5）	44（100.0）
Bソム	40代	1（3.6）	1（3.6）	26（92.9）	28（100.0）
Bソム	50代以上	0（0.0）	1（11.1）	8（88.9）	9（100.0）

(出所：筆者のアンケート調査データにより作成)

次に、漢族の家庭言語の使用状況を次の表33に示す。表33から明らかな

ように、漢族の家庭における言語使用の状況はＤ鎮とＢソムを除き、Ｈ都市部とＳ郷では100.0％民族語を使用している。また、Ｂソムに限って、家庭言語にはモンゴル語・漢語の二言語使用とモンゴル語使用が見られ、年齢が若くなればなるほどに漢語の使用率がわずかに減少し、対照的にモンゴル語・漢語二言語の使用率が増加している。

表33　年齢別にみる漢族の言語使用状況

(単位：人、（　）内は％)

回答者属性	家庭言語	漢語	モンゴル・漢二言語	モンゴル語	合計
Ｈ都市部	20代	16 (100.0)	0 (0.0)	0 (0.0)	16 (100.0)
	30代	47 (100.0)	0 (0.0)	0 (0.0)	47 (100.0)
	40代	30 (100.0)	0 (0.0)	0 (0.0)	30 (100.0)
	50代以上	9 (100.0)	0 (0.0)	0 (0.0)	9 (100.0)
Ｄ鎮	20代	16 (100.0)	0 (0.0)	0 (0.0)	16 (100.0)
	30代	20 (90.9)	2 (9.1)	0 (0.0)	22 (100.0)
	40代	8 (100.0)	0 (0.0)	0 (0.0)	8 (100.0)
	50代以上	4 (100.0)	0 (0.0)	0 (0.0)	4 (100.0)
Ｓ郷	20代	2 (100.0)	0 (0.0)	0 (0.0)	2 (100.0)
	30代	10 (100.0)	0 (0.0)	0 (0.0)	10 (100.0)
	40代	12 (100.0)	0 (0.0)	0 (0.0)	12 (100.0)
	50代以上	6 (100.0)	0 (0.0)	0 (0.0)	6 (100.0)
Ｂソム	20代	1 (25.0)	3 (75.0)	0 (0.0)	4 (100.0)
	30代	3 (23.1)	6 (46.2)	4 (30.8)	13 (100.0)
	40代	5 (33.3)	6 (40.0)	4 (26.7)	15 (100.0)
	50代以上	3 (75.0)	0 (0.0)	1 (25.0)	4 (100.0)

(出所：筆者のアンケート調査データにより作成)

　筆者の調査からみると、モンゴル族は、Ｈ都市部とＳ郷の居住者の中に民族語を話せない20代、30代の若者が多くみられるが、Ｄ鎮とＢソムでは少なかった。漢族は、四つの地域の全域にわたって民族語を話せない20代、30代の若者が一人も見られなかった。ただし、Ｄ鎮ではモンゴル語を話す

第3章　族際婚姻の文化的背景

漢族がわずかに見られる。また、Bソムではモンゴル語が上手な漢族の若者がしばしば見られる。これらから、民族言語も変化しながら継承されてきたことと、言語だけをもって赤峰地域のモンゴル族と漢族を単純に区別しがたいことがわかる。

　本節に述べた家庭言語の使用状況から、調査地における民族語使用率の民族と年齢層の差が明らかになった。家庭内では、漢族がモンゴル族より圧倒的に高い比率で民族語を使用している。また、モンゴル族の中では漢語の、漢族の中ではモンゴル語の使用者がいることと、モンゴル族も漢族も二言語使用者がいることに両文化の相互浸透やそれぞれの民族語保持状況がうかがえる。年齢層別の言語使用状況をみると、H都市部とS郷ではモンゴル族は年齢が若くなればなるほど民族語使用率が減少し、漢語の使用率が増加している。他方、Bソムの漢族は、年齢が若くなればなるほど漢語の使用率がわずかに減少し、対照的に二言語の使用率は増加している。これらから、家庭言語の使用状況は、両言語の並存や相互影響の実態を示しながらも、全体の傾向として、調査地の家庭言語が漢語へ変わりつつある流れを示しているのである。
　以上のような状況が生じている一つの重要な理由は言語環境、つまり中国では共通語が漢語となっているためである。筆者の調査によると、Bソム以外の調査地では、人々の日常会話にはじまり、新聞、テレビ放送、書籍、公文書などは漢語が圧倒的に多い。Bソム以外の漢族にとってモンゴル語を習得する、あるいは保持する条件と必要は少ないといえる。H都市部とS郷の場合、居住地周辺にモンゴル学校がないか、モンゴル学校があっても子供を中国社会で出世させるために子供に漢語で教育を受けさせるモンゴル族も多い。Bソムの場合、モンゴル族の人口がかなり多く、言語生活もモンゴル語を主としており、子供にモンゴル語で教育を受けさせる漢族も多い。D鎮の場合、もともとモンゴル族の人口が多いソムで育った鎮漢族がモンゴル語を習得したケースが見られている。このことから、各調査地の家庭内言語はその地域社会の言語環境や現実条件に影響されている

と言える。

第2節　飲食生活

　飲食習慣は民族文化の重要な要素であり、その変化も文化の変化を反映する。本節では、アンケート調査とインタビュー調査に基づき、調査地におけるモンゴル族と漢族、族内婚姻者と族際婚姻者の飲食生活の変化を明らかにしたい。そこで、まず赤峰地域で一般的にいわれる「羊肉」と「ミルク茶」（スーティ=チャイ）をモンゴル風の飲食、「豚肉」と「鶏肉」を漢風の食とした上で、モンゴル族と漢族の飲食嗜好を分析し、次に飲食の民族的特徴が結婚披露宴にどのように関連しているかを分析する。

　第1項　飲食嗜好

　アンケート調査の「あなたがより好む飲食は何ですか」という質問に対する四つの選択肢の選択状況を表34に示す。この質問の回答者はH都市部では332人（漢族186人、モンゴル族146人）、D鎮では260人（漢族51人、モンゴル族209人）、S郷では111人（漢族65人、モンゴル族46人）、Bソムでは143人（漢族26人、モンゴル族117人）である。

　表34から明らかなように、漢族が「羊肉」を選択した順位は、Bソム（77.8%）、D鎮（50.0%）、H都市部（41.4%）、S郷（36.9%）となり、「ミルク茶」の選択順位も同様に、Bソム（52.8%）、D鎮（29.4%）、H都市部（17.2%）、S郷（10.8%）となっている。モンゴル族の場合、「羊肉」を選択した順位は、Bソム（93.2%）、D鎮（73.7%）、H都市部（63.0%）、S郷（39.1%）となり、「ミルク茶」の選択順位も、Bソム（87.2%）、D鎮（60.8%）、H都市部（58.2%）、S郷（34.8%）となっている。つまり、モンゴル族の人口割合、或いは牧畜業を営む割合の高いところでは、漢族もモンゴル族も「羊肉」と「ミルク茶」の選択率が高い傾向にある。

第 3 章　族際婚姻の文化的背景

表34　各調査地における回答者の好む飲食

(単位：人、( ) 内は％)

回答者属性	項目	羊肉	ミルク茶	豚肉	鶏肉
H都市部	モンゴル族	92 (63.0)	85 (58.2)	48 (32.9)	35 (24.0)
	漢族	7 (41.4)	32 (17.2)	99 (53.2)	57 (30.6)
D鎮	モンゴル族	154 (73.7)	127 (60.8)	56 (26.8)	70 (33.5)
	漢族	25 (50.0)	15 (29.4)	20 (39.2)	17 (33.3)
S郷	モンゴル族	18 (39.1)	16 (34.8)	36 (78.3)	25 (54.3)
	漢族	24 (36.9)	7 (10.8)	34 (52.3)	35 (53.8)
Bソム	モンゴル族	109 (93.2)	102 (87.2)	23 (19.7)	28 (23.9)
	漢族	28 (77.8)	19 (52.8)	24 (66.7)	22 (61.1)

(出所：筆者のアンケート調査データにより作成)

次に、モンゴル族の「豚肉」と「鶏肉」の選択率をみると、「豚肉」の選択順位は、S郷 (78.3％)、H都市部 (32.9％)、D鎮 (26.8％)、Bソム (19.7％) となり、「鶏肉」の選択順位は、S郷 (54.3％)、D鎮 (33.5％)、H都市部 (24.0％)、Bソム (23.9％) となっている。

漢族の場合、「豚肉」の選択順位は、Bソム (66.7％)、H都市部 (53.2％)、S郷 (52.3％)、D鎮 (39.2％)、となり、「鶏肉」の選択順位は、Bソム (61.1％)、S郷 (53.8％)、D鎮 (33.3％)、H都市部 (30.6％) となっている。つまり、漢族の人口割合が高い、或いは牧畜業を営む割合が低いところでは、モンゴル族の「豚肉」と「鶏肉」の選択率が高い。また、牧畜地域の漢族は「豚肉」と「鶏肉」を選択する率が高くなっている。牧畜地域の漢族は、モンゴル風の飲食を好むとともに、漢風の飲食も同様に好んでいる。

また、「羊肉」と「ミルク茶」の選択率は、四つの地域共通してモンゴル族のほうが漢族より高い。「豚肉」の選択率は、S郷を除いて、他の三地域では漢族のほうがモンゴル族よりも高い。「鶏肉」は、D鎮とS郷で

は両民族の選択率がほぼ等しくなっており、H都市部とBソムでは漢族の選択率がモンゴル族より高くなっている。

このように、飲食を好む選択には民族と地域の差が見られる。モンゴル族は「羊肉」と「ミルク茶」を好む割合が漢族より高く、漢族は「豚肉」を好む割合がモンゴル族よりも高いが、漢族の「羊肉」と「ミルク茶」の選択率も高い。このことから、モンゴル族は漢族よりも民族的飲食にこだわるといえる。また、民族的生業形態に基づき、牧畜地域では「羊肉」と「ミルク茶」を好む率が高く、農耕地域では「豚肉」と「鶏肉」の選択率が高いことから、民族的生業形態地域では、その民族の飲食習慣も継承されていることがわかる。また、同じ項目の選択率の地域差は民族差より顕著である。それは、同じ地域に混住する民族の飲食習慣が浸透しあい近似したことにより、異なる地域に居住する同じ民族の飲食嗜好の差が、同じ地域に居住する異なる民族の飲食嗜好の差よりも大きくなっているからである。すなわち、同じ地域における民族間の選択にみえる差が、同じ民族の地域間の選択にみえる差よりも小さくなっている。これらの特徴が見えているのは、民族混住により民族の飲食文化が相互に吸収されてきたことを反映しているものであり、このような状況は、族際婚姻の増加を促進する生活習慣の要素でもあると筆者は考えている。

第2項　結婚披露宴の飲食

次に、インタビュー調査に基づき、飲食生活と関連する結婚披露宴のメニューの種類を地域別に調査し、モンゴル族と漢族の結婚披露宴の飲食から、近10年における民族文化の変化をたどりたい。

(1)　H都市部

H都市部では結婚披露宴はすべてレストランで行われている。披露宴の会場として頻繁に利用される「新泰和賓館」、「人大招待所」、「紅楼」等のレストランで行なったインタビューや、1995年から2004年の間に結婚した

人々のインタビューによると、1995年から2004年までの結婚披露宴に出す料理の種類には大きな変化はないことがわかった。

事例を挙げてみると、1995年10月2日に結婚披露宴を行なったモンゴル族内婚姻者のH氏・Y氏の披露宴のメニューは12種類（皿）ある[35]。①紅焼魚（魚の醬油煮込み）、②烤鴨（ダック）、③焼鶏（鶏丸焼）、④四喜丸子（肉団子の四つ揃え）、⑤扣肉（豚肉を鍋の底にきれいに並べた蒸しもの）、⑥棗栗子、⑦醬牛肉（醬油づけ牛肉）、⑧黄瓜金針蘑菇（胡瓜、金針菜とキノコの炒め）、⑨拔絲奶豆腐（チーズあめ煮）、⑩炒青椒（ピーマン炒め）、⑪炒油菜（青梗菜炒め）、⑫炒茄子（茄子炒め）であった。2003年5月3日に行なった漢族内婚姻者のW氏とS氏の披露宴メニューで上と異なるのは、②ダックの代わりに「過油肉」（肉の油炒め）、⑨拔絲奶豆腐の代わりに「魚香肉絲」（肉の細切りピリ辛炒め）があった[36]。メニューは新郎新婦か世話をしている親戚や友人が選択するが、個人それぞれの経済状況にもよる。普通、一テーブル150〜200元が標準となる。酒、タバコ、飴などは新郎新婦の状況次第である。

H都市部では、結婚披露宴の日に"めでたい"としてこだわって出す食事に「四喜丸子」と「棗栗子」がある。「四喜丸子」は四つの大きな肉団子であり、漢語の親族が揃い、幸せであるという意味（「団々円々」）を表し、「棗栗子」は棗と栗を入れたサラダか主食であり、漢語の早く子供を作るという意味（「早生貴子」）を表す。また、H都市部の漢族が、結婚披露宴に出してはいけないというのは「卵」と「蕨菜」（ワラビ）である。漢語で卵を意味する「鶏蛋」の「蛋(ダン)」と、追い出す言葉の「滾蛋」（「出ていけ」）の「蛋(ダン)」の発音と文字が同じであるため、祝いの来客に出すのは良くないという。また、ワラビを「蕨菜」というが、その「蕨(ジュエ)」は「絶(ジュエ)」と発音が同じで、それが「終わり」という意味になるため、新婚の祝いに

35　H氏（モンゴル族、男性）とY氏（モンゴル族、女性）のインタビュー。
36　W氏（漢族、男性）とS氏（漢族、女性）のインタビュー。

相応しくないという[37]。モンゴル族は、結婚披露宴に動物の「腸」を出さないことがあり、その理由は「腸はくねくねと曲がっているため、新生活は円滑でなく、障害がたくさん起きる」からという[38]。また、モンゴル族も漢族も、当日は新郎新婦にレストランの料理以外に餃子を食べさせることが多い。漢族は「子孫餃子」（子孫繁栄を意味する餃子）として新郎新婦の年齢の数を煮て、新郎新婦と婿の母三人しか食べられない事例が多いが、モンゴル族は、餃子は丸く包んだものであるため「完璧、円満」になるといわれて食べる場合があり、気にしない人は食べない場合もあるという[39]。

　披露宴にかかわる飲食にみえる民族の違いといえば、新婚家で出すおやつが異なることである。新郎新婦がモンゴル族であれば、その新婚家ではモンゴル＝アム、チーズ等の乳製品の菓子を出すことが多いが、漢族の場合はケーキやビスケットが多い。モンゴル族は、新婚家に入った嫁に、婿側の母代わりの人がミルク（或いはクリームとモンゴル＝アムを混ぜた食物）に「口をつけさせる」。これは嫁に婿家の白い乳製品を口につけさせて「吉、円滑、幸福、純潔」などのお祝いの意味を表し、「母の白い乳に口をつけさせる」ともいう。漢族にはその儀礼はない。族際婚姻の場合、モンゴル族の側の新郎新婦やその家族の人が民族的特徴を強調するならば、結婚披露宴においてミルクに口をつけさせる儀礼を行なうが、強調しない場合には、好きなようにさせる。しかし、族際婚姻者の婚礼関係の飲食には、なるべく両民族の「禁忌」する飲食を出さないようにするという[40]。

　結婚披露宴の飲食からみると、H都市部の人々が、結婚において、より気にするのは「何がいいか悪いか」ということである。すなわち、民族的なものを強調するよりは、新婚祝いに相応しいものであるほうを強調する。人々の幸福への願いが民族習慣を超えていることは明らかである。結婚の飲食における民族の違いといえば、モンゴル族の方が、レストランでも新

37　H都市部婚姻登録処のC氏（漢族、女性）のインタビュー。
38　H都市部婚姻登録処のZ氏（モンゴル族、女性）のインタビュー。
39　「人大招待所」のレストランの責任者D氏（モンゴル族、男性）のインタビュー。
40　H都市部婚姻登録処のZ氏（モンゴル族、女性）のインタビュー。

婚家でも乳製品を好む傾向が強く、漢族にはそのような習慣はほとんどないということである。ここから、結婚の飲食には民族の特徴も投影されていることがわかる。また、族際婚姻者の場合、結婚の飲食習慣は新郎新婦やその親戚の状況によって決まるものであるが、両民族の「禁忌」を共に気にし、両民族の慣習を混合しようという傾向が見られる。つまり、族際婚姻者は、結婚披露宴において民族文化を混合させようという傾向がうかがえる。

(2) D鎮

　D鎮の結婚披露宴はH都市部と同様に、すべてレストランで行なっている。結婚披露宴場としてよく利用される「銀海」、「燕京」、「ホラホ」、「バイシン」等のレストランで行なったインタビューやこの10年の結婚当事者のインタビューによると、1995年から2004年までの間、結婚披露宴に出す料理の種類はほとんど変化していないという[41]。H都市部と比べて、D鎮の方が結婚披露宴には羊肉や乳製品が出される度合いが大きい。また、1995年から2004年までの変化といえば最近、結婚披露宴では主食が出る前に、「羊肉のシャブシャブ」が出るのが普通となっているという[42]。

　事例を挙げてみると、1996年1月12日に結婚披露宴を行なったモンゴル族内婚姻者のD氏・N氏の披露宴のメニューは12種類（皿）ある[43]。それは、①紅焼魚、②扒鶏（鶏丸焼）、③四喜丸子、④燉羊肉（羊肉煮物）、⑤排骨燉豆角（ろっ骨付き肉と青豆煮物）、⑥牛肉燉西紅柿（牛肉トマト煮物）、⑦醬牛肉、⑧海鮮涼菜（海鮮サラダ）、⑨三鮮杏仁（にんじん、胡瓜、杏仁を合わせたサラダ）、⑩炒青椒、⑪炒油菜、⑫炒蒜苔（にんにくの芽炒め）であった。2003年12月15日に行われた漢族内婚姻者のL氏・Z氏の披露宴

41　D鎮の「ホルハ」のH氏（モンゴル族、男性）、「銀海」のG氏（漢族、男性）のインタビュー。
42　D鎮の婚姻登録処のH氏（モンゴル族、男性）、職業高校のY氏（漢族、女性）のインタビュー。
43　D氏（モンゴル族、男性）とN氏（モンゴル族、女性）のインタビュー。

メニュー[44]の上と異なるところは、④羊肉煮物の代わりに「鮮奶羹」（チーズとモンゴル=アムのミルク煮物）、⑥牛肉トマト煮物の代わりに「搾帯魚」（揚げ太刀魚）、⑧海草サラダの代わりに「水果沙拉」（果物サラダ）、その上に「羊肉のシャブシャブ」が出て13種類（皿、鍋）となったことである。H都市部と同様なところは、披露宴のメニューは新郎新婦か世話をしている人がレストランのメニューの中から選択するが、個人それぞれの経済状況にもよることである。普通、一テーブル120～180元が標準となる。酒、タバコ、飴なども新郎新婦の経済状況次第である。

　結婚披露宴の際に必ず出すレストランの料理と、出してはいけないといわれる料理はH都市部と近似するところが多い。モンゴルと漢という民族を問わず「四喜丸子」が出るが、「蕨菜」と「腸」を単品としてそのままは出さず、炒めものや煮物として出す。H都市部のように「卵」に禁忌はなく、「丸いから円満を意味する」という言い方で出す人もいるという[45]。また、H都市部ほど「棗栗子」にこだわらないという[46]。

　披露宴にかかわる飲食の民族の差異といえば、ほとんどのモンゴル族内婚にはミルクに「口をつけさせる」儀礼があるが、それが漢族にはない。族際婚姻の場合、婿側がモンゴル族であれば必ずその慣習があるという[47]。新郎新婦に食べさせるのは餃子が多いが、「面（うどん）」もある。「餃子」に対する漢族とモンゴル族それぞれの解釈はH都市部と一致するものの、「面」に対しては、モンゴル族は「円滑、長生き」を祈る意味で細長い面（長寿面）を出すが、漢族は「夫妻二人は心広く、仲良く」であることを祈る意味で太い面（広心面）を出すという。族際婚姻者は餃子も面も出す場合があり、太いか細いかにもこだわらないという[48]。

44　L氏（漢族、男性）とZ氏（漢族、女性）のインタビュー。
45　D鎮の婚姻登録処のY氏（漢族、女性）のインタビュー。
46　D鎮の婚姻登録処のY氏（漢族、女性）のインタビュー。
47　D鎮の婚姻登録処のB氏（モンゴル族、男性）、Y氏（漢族、女性）のインタビュー。
48　D鎮のM氏（女性、モンゴル族）、Q氏（漢族、男性）のインタビュー。

D鎮がH都市部と異なるところは、結婚披露宴の飲食には羊肉と乳製品が出る場合が多いことである。それはD鎮ではモンゴル族と漢族の人口割合が近いことと、D鎮には牧畜を営むガチャもあり、周辺から羊肉を入手しやすいところであることが関係している。レストランでは「烤羊腿」(羊の腿の丸焼き) のような高額料理は出ないが、羊の肉の煮物や炒めものが頻繁に出されるという[49]。

　結婚披露宴の飲食をみると、D鎮の人々はH都市部と同様に、結婚でより気にするのは「いいか悪いか」の意味である。すなわち、民族的なものを強調するよりは、新婚祝いに相応しいものであることのほうが強調される。すなわち、長生き、仲良く、幸福などへの願いは民族を超えているからである。結婚の飲食における民族の違いといえば、モンゴル族の方が、結婚慣習に乳製品や羊肉を好む傾向が高く、漢族はそれほどではない。ここから、結婚の飲食には民族の特徴も存在することがわかる。また、族際婚姻者の場合、結婚の飲食習慣は新郎新婦やその親戚の状況によって決まるものであるが、面の選択からみても、族際婚姻者は、モンゴル風と漢風のどちらでも良いという態度をとり、両民族の慣習の差を曖昧にしようという傾向が見られる。結婚披露宴の飲食からみても、族際婚姻者は民族文化の混合を促しているといえる。

(3)　S郷

　S郷で行なったインタビューによると、1995年頃は約9割の人は結婚披露宴を自宅で行なっていたが、現在は約5割の人がレストランで行っているという[50]。結婚披露宴場としてよく利用されるのは、郷政府所在地の「向紅」、「一品香」、「国慶飯店」、「火鍋城」等のレストランである。これらのレストランの従業員や1995年以降の結婚者に対してインタビューを行なった結果、S郷の結婚披露宴に出す料理の種類はこの10年間に大きな変化は

49　B氏 (モンゴル族、男性)、U氏 (漢族、男性) のインタビュー。
50　S郷のW氏 (モンゴル族、男性)、M氏 (漢族、男性) のインタビュー。

ないが、その料理の数は1995年頃には8種（皿）だったのが、2004年になると12種類（皿）となっている[51]。

事例を挙げてみると、1996年10月26日に行われたモンゴル族内婚姻者のB氏・M氏の披露宴のメニューは、①焼鶏、②四喜丸子、③扣肉、④木須肉（木耳、肉、卵の炒め）、⑤炒青椒、⑥豆腐絲（干し豆腐の細切り）、⑦黄瓜涼菜（胡瓜サラダ）、⑧西紅柿炒鶏蛋（卵トマト炒め）であった[52]。2004年1月25日に行われた漢族内婚姻者のL氏・P氏の披露宴メニュー[53]で上と異なるところは、⑦胡瓜サラダと⑧卵トマト炒めがなく、その代わりに、⑦「豚皮凍」（豚皮を煮て作ったサラダ）⑧「猪肉燉酸菜」（豚肉と白菜づけの煮物）、⑨「鶏肝」、⑩「炒花生」（ピーナッツ炒め）が出たという。また、メニューは、H都市部とD鎮のように新郎新婦や世話をする親戚や友人が選択するが、一般に一テーブル80〜120元が標準となっている。現在も、自宅で人を雇うか、どこかの食堂を借りて結婚披露宴を行なうこともあるが、結婚披露宴の規模の拡大、形式の流れとしてレストランで行なう人が年毎に増えているという[54]。しかし、どこで行われても酒、タバコ、飴は必ずある。

漢族とモンゴル族は区別なく、結婚披露宴には「四喜丸子」と「棗栗子」を大事にするが、もし披露宴料理として出なかった場合、必ず新婚家で食べることとなる。「卵」に特別な禁忌はなくほとんど料理に出す。更に、現在、結婚披露宴において「蕨菜」と「腸」がもつ意味について全く特別な禁忌がない。モンゴル族も漢族も新婚家では乳製品などを出さない。ミルクに「口をつけさせる」こともない。また、H都市部やD鎮と異なる一点は、S郷では披露宴をレストランで行わない場合、自家製の酒が出るこ

---

51 「一品香」のZ氏（漢族、男性）、「火鍋城」のS氏（漢族、男性）のインタビュー。
52 B氏（モンゴル族、男性）とM氏（モンゴル族、女性）のインタビュー。
53 L氏（漢族、男性）とP氏（漢族、女性）のインタビュー。
54 S郷のZ氏（漢族、男性）、G氏（漢族、女性）、W氏（モンゴル族、男性）のインタビュー。

とが多いという点である。S郷は農耕地域であるため、自宅で羊を飼っている家族か、生活がかなり豊かな家族ではたまに、結婚披露宴に羊料理を出すが、それは2割もないといわれている[55]。

披露宴の飲食に看取される民族による差異としては、1995年前後には、モンゴル族内婚姻者と族際婚姻者の中にミルクに「口をつけさせる」儀礼があったが、それが現在はモンゴル族の中にたまには見られるが、族際婚姻者の場合、婿の家がモンゴル族である時にたまに見られるだけという[56]。また、その慣習は漢族にはない。漢族もモンゴル族も新郎新婦に食べさせるのは餃子である。S郷のモンゴル族は結婚の日に、新郎新婦に食べさせる餃子のなかに、小銭、糸などを入れて、「何でもある豊かな生活」への祝福を表す。漢族の場合、婿側が嫁側に届けた肉[57]で「子孫餃子」を作ることもある。族際婚姻の場合、餃子についてははっきりした決まりはないという[58]。

披露宴の飲食をみると、S郷の人々はH都市部とD鎮と同様に結婚には、民族的なものを強調するより「いいか悪いか」の意味をより気にする。特に、子供を作る、豊かな生活、幸福などへの願いは強調される。披露宴は自宅よりレストランで行なわれるようになり、披露宴のメニューが増加していることから、農耕地域における披露宴の規模が拡張し、形式が規範化されていることがわかる。それにより、婚姻の古いしきたりも失われていくと考えられる。

H都市部とD鎮と比べて、S郷における結婚飲食は、モンゴル族の婚姻

---

[55] S郷のZ氏（漢族、男性）、G氏（漢族、女性）、W氏（モンゴル族、男性）のインタビューより。
[56] S郷のZ氏（漢族、男性）、G氏（漢族、女性）、W氏（モンゴル族、男性）のインタビューより。
[57] 漢族の慣習には、結婚する際に、婿側が嫁側に豚肉を届け、それを「離娘肉」（娘が母から離れる肉）といわれていたが、S郷の1995年以降の結婚者の中で「離娘肉」をあげた婿はZ氏（32歳、1996年結婚）の一例しか見られなかった。
[58] S郷のZ氏（漢族、男性）、G氏（漢族、女性）、W氏（モンゴル族、男性）のインタビューより。

慣習の民族的特徴の喪失を表している。H都市部とD鎮に見られる、モンゴル族のミルクに「口をつけさせる」慣習や羊肉を好む傾向などはS郷ではほとんど見られなくなっている。結婚式の飲食慣習から、S郷におけるモンゴル族は結婚慣習に漢文化をより強く受け入れたことがわかる。また、族際婚姻者の結婚慣習の飲食は決まった形はないが、わずかながらモンゴル族と漢族の何らかの特徴を結合した形を呈し、漢風へと変わりつつある。つまり、S郷におけるモンゴル族と漢族の飲食文化の相違は少なくなり、またその融合の形は漢風に向かっている特徴が見られる。

(4) Bソム

Bソムの結婚披露宴は、1995年頃にはレストランで行なうことは少なかったが、現在約4割がレストランで行なっており、S郷のように結婚披露宴を自宅からレストランへ移す傾向にあり、秋と冬は結婚披露宴が多いという[59]。筆者がBソムにある「ハヒル=ゴル」、「ハン=オーラ」、「新世紀」、「四季香」などのレストランの従業員や1995年以降に結婚した者に対してインタビューを行なった結果、BソムがS郷と類似するのは、結婚披露宴に出す料理の種類はほとんど変化していないが、数は1995年頃の8種（皿）から2004年には10種類か多いときに12種類（皿）になったというところである[60]。

事例を挙げてみると、1995年1月16日に行われたモンゴル族内婚姻者のE氏・G氏の披露宴のメニューは、①紅焼魚、②焼鶏、③牛肉煮物（丸団子入れ）、④羊肉炒蒜苔（羊肉にんにくの芽炒め）、⑤木須肉、⑥芹菜炒粉（セロリ・春雨炒め）、⑦炒蕨菜（蕨菜炒め）、⑧豚肉炒黄花（豚肉炒め）であった[61]が、2003年12月25日に行われた漢族内婚姻者のZ氏・U氏の披露宴の

---

59 BソムのE氏（モンゴル族、男性）、S氏（モンゴル族、女性）のインタビュー。
60 BソムのU氏（モンゴル族、女性）、W氏（漢族、男性）、C氏（漢族、男性）のインタビュー。
61 E氏（モンゴル族、男性）とG氏（モンゴル族、女性）のインタビュー。

メニュー[62]は上の8種類のうえに、⑨豆芽涼菜（モヤシサラダ）、⑩豆腐絲、⑪西紅柿炒鶏蛋、⑫豚肉炒酸菜（豚肉と白菜の炒め）の12種類（皿）となっている。H都市部、D鎮、S郷と異なるところはモンゴル族も漢族も「蕨菜」を忌避することはない。動物の「腸」に対して禁忌はないが、出さないのが普通である。レストランで行なう場合、一般に一テーブル100〜150元が標準となっている。結婚披露宴を自宅で行なう場合、モンゴル族は「羊の丸焼き」を出すのが最高料理であり、そのうえに適度にサラダを出す。漢族の場合、10種類の料理を作り、そのうちには羊肉の炒めや煮物がほとんどあるが、丸焼きは出さないという[63]。自宅で行なう場合、家それぞれの好みと経済状況により料理の種類と価格が異なる。

　Bソムの漢族は、結婚披露宴においては「肉丸子」にこだわる。また、「棗栗子」を新婚家で食べることが多い。卵、蕨菜、腸に関しては全く特別な言い方がない。自宅で行なう場合、モンゴル族も漢族も区別なくスーティ=チャイ（ミルク茶）と乳製品の菓子を出すという。

　披露宴の飲食に見える民族の差異とは、モンゴル族内婚と族際婚姻はすべて嫁にミルクに「口をつけさせる」（アムダホ）儀礼を行なうこと、及び新婚家では乳製品を出すことがある。それらが漢族内婚にもたまに見られる。また、新郎新婦に食べさせるのは、漢族が「子孫餃子」であり、新郎新婦の年齢の数を作って、婿の母と三人で全部食べなければいけないという[64]。モンゴル族は餃子も「面（うどん）」もある。族際婚姻の場合「子孫餃子」が多い。婚姻に関する飲食に限っていえば、族際婚姻者はモンゴル族と漢族のどちらにも近いといえる。

　また、筆者のインタビューによると、1990年ごろ四つの地域のモンゴル族は披露宴の際に、必ず司会者か年長の人が「青空に、大地に、祖先に」酒を三回撒き、祝福の口承詩を詠んでいたが、現在では、D鎮とBソムの

62　Z氏（漢族、男性）、U氏（漢族、女性）のインタビュー。
63　S氏（モンゴル族、男性）、W氏（モンゴル族、男性）、C氏（モンゴル族、女性）のインタビュー。
64　L氏（漢族、女性）、G氏（漢族、男性）のインタビュー。

モンゴル族内婚姻者や族際婚姻ではまだ多くみられるものの、H都市部とS郷ではたまにしかみられなくなっているという[65]。

　本項では、インタビュー調査の事例に基づいて、1995年から2004年までの結婚披露宴の飲食の変化を述べた。これらをまとめてみると、四つの地域を通じて、モンゴル族と漢族には相違点と類似点がある。婚姻の飲食にかぎっては、モンゴル族と漢族はともにそれぞれの民族的特徴を部分的に保持し、かつモンゴル族と漢族の両民族の慣習を部分的に結合させており、これを族際婚姻者はより促進しているといえる。
　また、婚姻慣習に民族的特徴を保持できるかどうかは、民族的生業形態と密接に関係する。すなわち、民族的生業形態を濃厚に保っている地域では、その民族の婚姻慣習や飲食習慣も濃厚に保持される。民族的生業形態が希薄になった地域では、その民族の婚姻慣習や飲食習慣も希薄化し、他の民族や文化の影響を受けやすくなる。この傾向において、特に、族際婚姻者は族内婚姻者よりも他の民族や文化の影響をより多く受け入れている。また、結婚披露宴のメニューの種類の違いは、都市と農村（農耕・牧畜）の地域差を反映している。
　さらに、結婚披露宴の場所を自宅からレストランへ移していることは、婚姻の社会化を意味している。今日のように「酒文化」や「レストランにおけるコミュニケーション」がより盛んである赤峰地域では、食事会が人々の出会い、交流、人間関係を結ぶ重要なルートとなる。また、飲食文化の浸透の度合いからみても、今日では、調査地におけるモンゴル族と漢族の文化的差異が縮まっていることがわかる。特に、結婚披露宴の飲食から見てみると、族際婚姻はモンゴル族と漢族の慣習を部分的に結合させる傾向にある。このような結婚披露宴にみえるモンゴル族と漢族の飲食習慣と文化の近似や融合は、調査地における族際婚姻の増加を促進した文化的要素であると考えられる。

65　S氏（モンゴル族、男性）、L氏（モンゴル族、女性）のインタビュー。

第3章　族際婚姻の文化的背景

第3節　婚礼衣装と慣習

　赤峰地域におけるモンゴル族と漢族の結婚は、それぞれの社会的規範にしたがって行われてきた。それは、両民族の経済様式を基盤にしたものであり、それぞれの人生観、価値観、婚姻の社会的意義を表出しているものでもある。本節では、調査地におけるモンゴル族と漢族の婚礼と慣習の実情を把握した上で、その変容を明らかにしたい。
　1980年の中国「婚姻法」が明確にしたように、婚姻家庭制度の本質的特徴は「婚姻自由、一夫一妻、男女平等、計画生育を実施する」ことである。つまり、中国における婚姻は自由でかつ法律で保証され、法律の範囲に存在する社会現象となってきた。そのような婚姻の法律化を背景にして、1980年以後、赤峰地域のモンゴル族と漢族の婚姻も、その形式から内容まで顕著に変化してきた。例えば、文化大革命後、1980年代の初頭では、結婚披露宴はほとんど紙で作った赤い造花を胸にかけて、毛沢東の像に礼拝することで済ませていたが、1990年以降、経済発展、民族文化の復活、外来文化の吸収などの作用で多様化してきた。以下、1995年以後の各調査地におけるモンゴル族と漢族の婚礼慣習の変化に注目してその内容を述べる。

第1項　婚礼衣装

　1990年以降、各調査地では新式の結婚披露宴が行なわれるようになった一方、結婚の儀式を行わず、「旅行結婚」[66]を行なう人も多かったという。

---

[66] これは赤峰地域では1990年代に流行った形式であり、結婚披露宴を行なわず、新郎新婦二人だけ旅行する、伝統的結婚慣習と異なる「新式」結婚である。H都市部のL氏（漢族、女性）、D鎮のB氏（モンゴル族、男性）、S郷のX氏（漢族、男性）、BソムのW氏（モンゴル族、男性）らのインタビュー。

とはいえ、新郎新婦、特に新婦にとって結婚披露宴の服装は一生に一度の思い出になり、婚姻生活の中で重要な意味を持つ。そこで本項では、1995年から現在に至るまで四つの調査地において結婚披露宴を行なった新郎新婦の衣装について述べたい。

新郎新婦の服装の色をみると、1995年、1996年頃、四つの調査地ではモンゴル族と漢族の族内・族際婚姻の区別なく赤い色の服装が流行していた。色彩の文化からみると、モンゴル族は昔から生活の中で白い色を大切にし、青と緑を好み、赤い色を避けてきた。真っ赤な色は火の色であり、「強い、勢いがいい、酷い」などのシンボル色として使われ、また、白い色の裏面として理解され、馬の色などには赤いという言い方が禁忌される場合もある。赤っぽい色の服を着るのは、ラマ僧や年長者に過ぎなかった（Sampilnorbu 1990：83-95）。筆者のインタビューによると、赤い色を大事にする現象が現れたことは、すべてを赤にする「文化大革命」の影響、及び赤色に特別にこだわる漢文化の影響を受けたからだという[67]。筆者のインタビューした1995年から1996年頃の結婚者の写真は、モンゴル族も漢族も赤かピンク色のツーピースやスーツがほとんどだった。その影響が比較的に少なかったのは、D鎮とBソムのモンゴル族の牧民である。当時の結婚者の牧民へのインタビューによると、モンゴル族の年長者は赤い色に強いこだわりがない一方、牧民の多くは時代の流行に追いつく志向もなかったという[68]。それと対照的に、都市化が進んだH都市部、及び農区化が進行したS郷ではモンゴル族も時代の流行を追いかける傾向が強かったという[69]。

1999年以降、少数民族文化の復活、時代に追いつく流れ、旅行振興など

---

[67] D鎮のB氏（モンゴル族、男性）、アルホルチンのS氏（モンゴル族、男性）、H都市部のD氏（モンゴル族、男性）、S郷のH氏（モンゴル族、男性）のインタビュー。
[68] D鎮のS氏（モンゴル族、女性）、BソムのU氏（モンゴル族、女性）のインタビュー。
[69] H都市部のZ氏（モンゴル族、女性）、S郷のB氏（モンゴル族、女性）のインタビュー。

第3章　族際婚姻の文化的背景

がさらに進み、モンゴル族と漢族の結婚披露宴もますます華やかになってきた。旅行結婚は主に族際婚姻者の中にしか見られないようになったという。1999年頃、一時的に結婚披露宴の服装が赤色のみとなったその一方、白い色のウエディングドレスも調査地ではやり始め、Ｈ都市部とＤ鎮では多くの若者に受け入れられたが、Ｓ郷とＢソムでは受け入れた事例が非常に少なかったという[70]。

　他方、漢族の赤い服とヨーロッパ式のウエディングドレスの流行が、モンゴル族の民族特徴の重視を引き起こし、牧畜地域でしか見られないモンゴル衣装が、都市と鎮などの結婚披露宴に現れ始めた。例えば、Ｈ都市部の1999年11月18日に結婚したＭ氏（男性、モンゴル族）、Ｎ氏（女性、モンゴル族）が結婚披露宴の朝から晩までずっと新式のモンゴル衣装（デール）を着たことを、Ｈ都市部のモンゴル族の若者が見習うようになったという。ただし、モンゴル族の新婦は、酒を注ぐ際に動きやすいように、ピンク色のスーツを着ることは多くあったという[71]。

　他方、漢族のなかでも結婚披露宴にチャイナドレスを着る新婦がしばしば見られるようになってきたという[72]。例えば、2000年１月18日に結婚したＬ氏（漢族、男性）、Ｃ氏（漢族、女性）の服装をみると、Ｃ氏は最初、ウエディングドレスを着てレストランまで行ったが、酒を注ぐ際にはチャイナドレスに着替えた。漢族がウエディングドレスを着るようになっていることも色彩の意味内容の変化を表している。漢族にとって赤い色はいい色、邪を避けて災害を防ぐ色であり、白い色は葬礼に関係のある色と理解される。そのため、結婚式に白い色のウエディングドレスを受け入れたことに対して不満をもつ年長の人もおり、それは漢族の伝統的な色の禁忌を

70　Ｈ都市部のＬ氏（漢族、女性）、Ｄ鎮のＢ氏（モンゴル族、男性）、Ｓ郷のＸ氏（漢族、男性）、ＢソムのＷ氏（モンゴル族、男性）らのインタビュー。
71　Ｈ都市部のＹ氏（モンゴル族、女性）、Ｄ鎮のＳ氏（モンゴル族、女性）のインタビュー。
72　Ｈ都市部のＬ氏（漢族、女性）、Ｄ鎮のＵ氏（漢族、女性）のインタビュー。

破ったこととみなされる場合があるという[73]。

　また、結婚披露宴に民族衣装を着ていなかったモンゴル族と漢族の新郎新婦は、結婚披露宴の前に写真屋に行き、民族衣装を着て記念写真を撮っている例も見られる。つまり、モンゴル族と漢族の婚礼衣装においては、外来文化の吸収と「伝統服装の復活」の双方の傾向が混合していることがわかる。

　族際婚姻者の場合、モンゴル族と漢族の族内婚姻者とは異なるところがある。1990年代末の研究によると、巴林右旗の結婚披露宴は「近年、牧畜地域でも旅行結婚が増加しており、特にモンゴルと漢族の族際婚姻者が旅行結婚することが多い」[74]状況にあった。筆者の調査によると、結婚披露宴及び民族文化の復活の際に、族際婚姻者は旅行する場合が多くあった。これには、新郎新婦の異なる民族の婚姻慣習のどちらにも従わないという意思があったようである。1999年6月20～28日の期間で旅行結婚したD鎮のZ氏（男性、漢族）、S氏（女性、モンゴル族）のインタビューによると、当時、Z氏の家族はZ氏が一人息子なので、盛大な結婚披露宴を開いてほしかったが、S氏は家族の末娘であり、お祖父さんが本格的なモンゴル風の結婚披露宴を開いてほしいと願っていた。このように双方の家族の意見がすれ違っていたために、新婚者の二人で相談し、簡単で経済的な旅行結婚を選択したという。その旅行の際に買った衣装は色もスタイルも、民族の特徴より個人の好みに従ったものであった。このことから、族際婚姻者は自分の所属民族の婚礼慣習を越えようという動きがあることがわかる。

　しかし、どの調査地域でも2000年以降、結婚披露宴が復活し、ますます盛大になってきたため、モンゴル族と漢族の族内・族際婚姻者の中で、旅行結婚はほとんど見られなくなっているが、結婚披露宴の後、休暇をとって旅行する「新婚旅行」者がたまに見られるようになったという[75]。

73　H都市部のY氏（漢族、男性）、D鎮のY氏（漢族、女性）、S郷のM氏（漢族、男性）、BソムのL氏（漢族、男性）のインタビュー。
74　馬戎（2001b：37）、色音（2001：37）。

2000年以降、結婚披露宴において、新婦は、モンゴル族と漢族それぞれの古い様式の服装とウエディングドレスを着替えるようになっている。筆者がインタビューした2004年8－11月の調査地における族際婚姻者の新婦の衣服は以下のようである。
　①　H都市部のH氏(漢族、男性、31歳)とY氏(モンゴル族、女性、28歳)
　　　朝から新婦を新婚家に迎え、レストランまで送り、披露宴が始まって来客に酒を注ぐまで白い色のウエディングドレスを着ていた。酒を注ぐときに新式の薄いモンゴル衣装を着た。一般の来客が帰り、親族が残って祝うときに、薄いピンク色の上着を着て、黒いスカートを穿いた。
　②　D鎮のH氏（漢族、男性、32歳）とI氏（モンゴル族、女性、33歳）
　　　朝から披露宴が始まって来客に酒を注ぐまでは上と同じく、ウエディングドレスを着ていた。酒を注ぐときから、披露宴が終了するまで赤い色のツーピースを着た。
　③　S郷のZ氏（漢族、男性、25歳）とW氏（モンゴル族、女性、22歳）
　　　朝から新婚家に着くまでウエディングドレスを着た。酒を注ぐときから、披露宴が終了するまで赤い色のスーツを着た。
　④　BソムのP氏（漢族、23歳、男性）とO氏（モンゴル族、21歳、女性）
　　　結婚披露宴の当日、Bソムの古い様式のモンゴル衣装を着た（結婚披露宴の前日にウエディングドレスを着て記念写真を撮った）。
　参考に新郎の服をみると、1995年から2004年まで、D鎮（新式）とBソム（伝統式）の一部のモンゴル族がモンゴル衣装を着たことを除き、四つの地域ではほとんどネクタイを絞め、洋服（背広）を着た。現在、H都市部ではまれに、白い服が見られるが、それ以外は青と黒が多い。新郎の服は10年間に大きな変化はなかったといえる。

75　H都市部のZ氏（モンゴル族、女性）、D鎮のB氏（モンゴル族、男性）、S郷のD氏（モンゴル族、男性）、BソムのW氏（モンゴル族、男性）らの婚姻登録機関でのインタビュー。

調査地における婚礼の形式はこの10年間では、簡単な形から複雑な形になり、人々の、伝統様式を復活させようという意識と外部の新しい文化を受け入れようという意識の狭間で、婚礼の規模が拡大し、儀式が華やかになってきた。婚礼の儀式は、簡単或いはほとんど行なわれない形から、旅行結婚、盛大な婚礼、そして新婚旅行も行なわれるようになってきた。
　新婦の衣装は伝統と革新の流れの中で、モンゴル衣装、チャイナドレス（旗袍）、ウエディングドレスなどへ変わってきた。婚礼衣装の変化はモンゴル族と漢族の色彩にこだわる文化の自由化する姿勢を表している。モンゴル族は赤い色を、漢族は白い色を婚礼衣装に受け入れたことは、調査地のモンゴル族と漢族の色に対するタブーの排除を意味し、生活文化および色彩に関する民族文化の変化を表している。
　族内婚姻者と比較すると、族際婚姻者が旅行結婚を行なうことや新婦の服装の変化から、族際婚姻者はモンゴル族と漢族のそれぞれの伝統から脱出しようという傾向、また両文化を部分的に融合してきた傾向が見られる。
　婚礼の衣装から、調査地におけるモンゴル文化と漢文化の変化、より正確には、モンゴル族は漢文化と外国文化を、漢族は外国の文化を受け入れていることが明らかである。その結果として、現在、モンゴル族と漢族の婚礼衣装は統合して漢風に変わりつつある。このようなモンゴル族と漢族の文化的歩み寄りはモンゴル族と漢族の族際婚姻の増加を促進した要素であると考えられる。

　　第2項　慣習と占い

　調査地のモンゴル族と漢族の婚姻慣習には占いの文化が密接に関連している。とりわけ、結婚日は占いにより決定されることが多い。また、このような占いに関係する婚姻慣習は、第2章に提示した調査地における婚姻データおよび族際婚姻データにも影響を及ぼした要素となるため、本項では占いと婚姻慣習について述べる。
　モンゴル族は結婚日の占いにモンゴル暦法（mongol zurhai）を使うが、

第3章　族際婚姻の文化的背景

現在使われているモンゴル暦法は五行十干、七周、八卦[76]、二十八星座などを結びつけて占う（Ögeled Qoyid Songdui 2003：1-4, 191-241）。占者は主にラマ僧である。モンゴル族の占いは実は、モンゴル暦法、チベット暦法、漢暦法を結合したところがあるという[77]。どの年、どの月、どの日が恵みであるか（ibeel）、どの年が邪悪であるか（harsh）を判断し、吉のある時期にあわせて結婚することを奨励する。例えば、赤峰地域のモンゴル族は、生まれた干支の年は本人にとって邪悪な年でもあるため、その年に結婚しないようにする。特に25歳を禁じる。また、旧暦の閏月がある年に結婚したら不幸になるといわれ、結婚はなるべくその年を避ける習慣がある（Norbubazar 1994：233）。このような婚姻慣習は、モンゴル族の数字にこだわる文化にも関連するものである。すなわち、モンゴル族は日常生活の中では、3、7、9などの奇数を大事にするが、結婚の際に、25歳と13ヶ月（閏月）の年という奇数を避ける習慣がある（Sampilnorbu 1990：71-76）。アルホルチンの占い師アリビンサン氏のインタビューによると、結婚は二人の人が一つの家族になる過程であるため、そのときに限って、奇数を避けるという[78]。

漢族は結婚の占いに占星術を使い、占者を「八卦先生」という。漢語では、旧暦をまた農民暦、農暦、黄暦、通勝、民暦、暦書という。現在も中国では8割以上の人が旧暦のカレンダーをめくった経験があるとい

---

[76] 八卦：『周易』の中の基本となる図形。陰￣￣、陽￣の二種の記号から構成する爻（こう）を、それぞれ三つとり、これを下から上に並べると、乾（けん）☰、兌（だ）☱、離（り）☲、震（しん）☳、巽（そん）☴、坎（かん）☵、艮（ごん）☶、坤（こん）☷の八卦を得る。この八卦は、自然現象においてはそれぞれ天、沢、火、雷、風、水、山、地を象徴するとし、その性情は健、悦、麗、動、入、陥、止、順で、家族では父、少女、中女、長男、長女、中男、少男、母を象徴するとし、その他の事物を象徴させて易を説明し、易学の基本となる（『辞海』v.1：51）。

[77] Songdui（2003：191-241）、Мөнх-Очир（2000：104-119）。

[78] モンゴル族、69歳、男性。モンゴル語の奇数を表す ureesen という言葉が「不備、円満ではない」という意味をもち、「unchin ureesen」（孤児、片親子）などと使われる場合もあるため、婚姻などの喜ばしいことには25歳と13ヶ月の年を用いないという。2005年7月18日、8月7日のインタビュー。

う[79]。旧暦のカレンダーを調べる主要な目的の一つは結婚日の選択である。漢族の慣習によると、旧暦の「黄道吉日」[80]は結婚縁を結ぶ良い日である。「吉日」は普通、偶数日をさすが、いわゆる「黄道吉日」とは、黄道の六神が集まる日であり、万事円滑となり、凶悪を回避できるという[81]。また、結婚縁を結ぶにはよくない「寡婦年」[82]の言い方もある。「八卦先生」の話によると、漢族の古い慣習では、寡婦年には立春がないため、その年の農耕作物は花を咲かせることも、実ることもできないし、人間にも子供ができない。さらに、その年に結婚すると夫が妻に「克」（勝つ）、つまり夫が死んで妻が寡婦となるという[83]。筆者は1995年から2004年までの婚姻データを調査した。この10年間の中では「寡婦年」はなかったが、2005年（鶏年）が「寡婦年」であったことと、これが2004年の婚姻データに影響を及ぼしたことが分かった。この「寡婦年」のことが漢族の若者の中に広がり、2005年に結婚しようと予定していた人も「寡婦年」を避けて、早めに2004年に婚姻登録を行った例が少なくなかったという[84]。

このように、モンゴル族と漢族の結婚日の占いの基本は旧暦の暦法であり、それを使う目的は、吉のある日に新郎新婦の縁を結ばせることである。

79　詳細は、http://www.chinesefortunecalendar.com/weddinggb.htm 参照。
80　いわゆる「黄道六神」とは、青龍、天徳、玉堂、司命、明堂、金匱である。「黒道六神」とは、白虎、天刑、朱雀、天牢、元武、勾陳である。
81　http://www.chinesefortunecalendar.com/weddinggb.htm 参照。H都市部の占い師の尚氏（漢族、59歳）のインタビュー。
82　「寡婦年」というのは、概ね12年に一回ある、旧暦の新年に立春がない年のことをさす。2005年の立春は2月4日であり、旧暦の2004年12月26日であったため、2005年は立春がない年となった。漢族の慣習では、春分がない年は「妻が夫を克」といわれ、夫が死亡し、妻が寡婦となるという。それはもともと「八卦」の「相克」に由来している。「迷信」といわれているこの噂の影響で2004年に、中国では全国的に婚姻数が激増した。
83　H都市部の「八卦先生」であるS氏（漢族、男性）、Z氏（漢族、男性）のインタビュー。
84　H都市部の婚姻登録処のZ氏（漢族、女性）、G氏（漢族、男性）、H都市部の「八卦先生」であるS氏（漢族、男性）、Z氏（漢族、男性）のインタビュー。

現在、若者たちの中では占いを信じないという人が多くいるが、結婚の際に人間関係、経済的な方面で家族と全く関わりを持たずに結婚している人は一人もいないといえる。しかも、家族の人々、特に年長者は子供の幸せのために、結婚日の詳しいことはやはりラマ僧か「八卦先生」に確認したいということである[85]。調査地の婚姻登録者の推測によると、調査地の若者は民族を問わず結婚日に占いを受け入れている人はどの調査地でも約半分を占めているが、それがますます減少している傾向にあるという[86]。ここで、結婚日を占って決めている調査地の若者たちの情況を述べると、H都市部では、モンゴル族は主にラマに、漢族は「八卦先生」に見てもらうが、族際婚姻者は男性側が「八卦先生」に結婚日の占いをしてもらった後、日にちを決めるか、新郎新婦二人で相談して決めることもある。D鎮の場合、現在、若者のモンゴル族と漢族は鎮の中心にある「薈福寺」のラマの占いにより結婚日を決めるか「八卦先生」に頼むのが多く、自分たちで旧暦を見て決めるものもいる。族際婚姻者の男性側がモンゴル族の場合にはラマの占いを聞いて決めることがほとんどである[87]。S郷の場合、モンゴル族と漢族の族内・族際婚姻者はともに、近所にラマと「八卦先生」のどちらかがいればそれに頼むことがあるが、モンゴル族のほうがラマに頼むことが漢族より多いという[88]。Bソムの場合、このソムに「八卦先生」がいないため、モンゴル族も漢族もラマに頼むのがほとんどであるが、漢族の中には年長者が旧暦のカレンダーを見て決める者もある。筆者が行なったインタビューによれば、1995年から2004年までのモンゴル族と漢族の族

---

[85] H都市部の婚姻登録処のZ氏（漢族、女性）、G氏（漢族、男性）、H都市部の「八卦先生」であるS氏（漢族、男性）、Z氏（漢族、男性）のインタビュー。
[86] H都市部の婚姻登録処のZ氏（漢族、女性）、D鎮の婚姻登録処のB氏（モンゴル族、男性）、S郷の婚姻登録所のD氏（モンゴル族、男性）、Bソムの婚姻登録所のW氏（モンゴル族、男性）らのインタビュー。
[87] D鎮の婚姻登録処のB氏（モンゴル族、男性）、H氏（モンゴル族、男性）、Y氏（漢族、女性）、Q氏（漢族、男性）のインタビュー。
[88] S郷のD氏（モンゴル族、男性）、X氏（漢族、男性）、M氏（漢族、女性）、D氏（モンゴル族、女性）、B氏（モンゴル族、男性）らのインタビュー。

内婚姻者は職業、学歴、年齢を問わず、全員（24人）が占いをして結婚日を決めたが、族際婚姻の新郎新婦は旧暦のカレンダーを見て自分たちで決めた例が全員（24人）の25％（6人）であった。

このような占いの慣習に従い、モンゴル族と漢族は結婚日を決める傾向がみられるため、占いの慣習により、ある特定の時期に婚姻者数が増えたり減ったりすることが考えられる。以下、結婚日を占いで決める慣習が、第2章に提示した1995年から2004年にかけての調査地の婚姻データの実態とどのような関係があるかを見てみる。

モンゴル族は閏年や自分の干支年に結婚しないことなどを非常に気にする。それが慣習となっており、ラマが強調した場合には、より説得力を持つ。例えば、閏年の慣習がBソムの婚姻合計数、モンゴル族内婚姻数に顕著に影響を及ぼした。1995年から2004年までの10年間のうち、旧暦では1995年8月、1998年5月、2001年4月、2004年2月が閏年の閏月だったことが、Bソムの結婚数値に変化を起こしていることが明らかである。すなわち、第2章第2節第2項の表24（図22）に示したように、Bソムの婚姻合計数、モンゴル族内婚姻数が1996年に高い数値に達したが、それは、1995年が閏年だったために、1995年の数値が低くなり、翌年の1996年に結婚者が多かったと考えられる。また、2001年も閏年だったため、2000年に結婚した人が多く、2001年の結婚数が少なくなったといえる。また、1998年の婚姻合計数とモンゴル族内婚姻数が、1997年ならびに1999年と比べると低いことも、その年が閏年であったことと関係すると考えられる。筆者のインタビューによると、Bソムの牧民は、新郎新婦が閏年をさけることができたら、その前後のどの年に結婚しても構わないといわれるという[89]。しかし、2004年は閏年であるが、他の調査年に比べると、婚姻合計数とモンゴル族内婚姻数にはそれほど影響を及ぼしてない。これは、この10年間の婚姻数から見ても、Bソムのモンゴル族の婚姻慣習においては閏年に対するこだわりが徐々に薄くなってきたためと考えられる。

89　BソムのS氏（モンゴル族、男性）、A氏（モンゴル族、女性）のインタビュー。

第 3 章　族際婚姻の文化的背景

　また、閏年がBソムの族際婚姻数の変化にも影響を及ぼしたことがわかる。第 2 章第 1 節第 3 項の表15（図13）、及び第 2 章第 2 節第 2 項の表24（図22）、表25（図23）からわかるように、族際婚姻の実数と割合が閏年にわずかながら増加している。すなわち、1995年、1998年、2001年に婚姻登録におけるモンゴル族内婚姻率は前後の年と比べて低くなっているが、それと正反対に族際婚姻率は高くなっている。ここから、Bソムでは族際婚姻は、この地域のマジョリティであるモンゴル族の族内婚姻ほどに慣習の影響を受けなかったと考えられる。また、2004年はモンゴル族の婚姻では避けるべきとされる閏年であり、漢族の慣習からみると寡婦年でもあるが、この年にモンゴル族内婚姻、漢族内婚姻、族際婚姻の実数は減少していないため、現在、Bソムの族内・族際婚姻はともに慣習に縛られなくなってきたと考えられる。他方、第 2 章第 1 節第 3 項（表15、図13）に示したように、モンゴル族の閏年の慣習に影響され、Bソムにおける漢族の族際婚姻率は1995年、1998年、2001年に減少した傾向がみられる。ここから、混住する一方の民族慣習へのこだわりが族際婚姻を阻害する場合があることがわかる。

　モンゴル族と漢族の人口割合が近いD鎮の場合、第 2 章の表20（図18）、表21（図19）に示したように、閏年である1995年、1998年、2001年に、モンゴル族内婚姻数と割合が前後年と比較すると低い数値を表しているが、漢族内婚姻の数値も同時に減少しているため、数値の低下がモンゴル族の慣習の影響であるとは推論しがたい。むしろ、D鎮の婚姻データは、都市化の進行（第 4 章第 2 節第 1 項）、人口移動（第 4 章第 2 節第 2 項）、婚姻登録法の改変（第 4 章第 2 節第 3 項）などの政策的要因に強く影響されて変化したと考えられるが、それらに関する分析は第 4 章に譲りたい。

　漢族の占いの慣習が婚姻に強く影響したのはH都市部である。筆者が「八卦先生」に対して行なったインタビュー、ならびにH都市部の婚姻登録処で行なったインタビューによると、2005年の「寡婦年」を避けるため2004年に婚姻登録を行なった漢族の若者は少なくないという。このようなH都市部の2004年の婚姻登録者数の激増がマスメディアにも注目され、2004年

12月30日の『紅山晩報』2版に、「紅山区新婚人数猛増」という記事も特載され、その慣習が婚姻数字に影響を及ぼした事情を表している。
　ここでは、漢族のこの慣習は第2章に示した婚姻データにどう関連しているかをみる。第2章第2節第2項の表18（図16）が示すように、H都市部は2004年に婚姻合計数のピーク（2586カップル）に達し、また表19（図17）が示すように、同年の漢族内婚姻率も2003年より5.2ポイント（58.0％－52.8％）増加した。対照的に表18（図16）が示すように、婚姻合計数とともに族際婚姻数も増加したが、族際婚姻率は8.7ポイント（29.7％－38.4％）減少した。更に、第2章第1節第1項の図4からわかるようにH都市部におけるモンゴル族の族際婚姻率は15.1ポイント（71.7％－56.6％）減少した。ここから、H都市部ではマジョリティとなる漢族の慣習が族際婚姻に強く影響を及ぼしたことが明らかである。H都市部における婚姻の数値は、婚姻登録法の改変（第4章第2節第3項）などの社会的要因にも左右されるが、新聞記事や筆者のインタビューに基づくと、漢族の「寡婦年」の慣習の力がH都市部の婚姻登録に影響を及ぼし、その前年に漢族の婚姻登録の数値を増加させた一方、族際婚姻率を減少させたことがわかる。都市の漢族の中では民族の婚姻慣習に強く拘っている人はかなり存在するといえる。
　次に、同じ漢族の人口割合が高いS郷の婚姻データに「寡婦年」の慣習が関係しているかどうかをみる。第2章第2節第2項の表22（図20）に示したように、2004年にはS郷の婚姻合計数、族内・族際婚姻数はともに前年より増加している。また、同項の表23（図21）に示した族内・族際婚姻率をみると、漢族内婚姻率は減少しているが、族際婚姻率、モンゴル族内婚姻率は増加した。婚姻登録者へのインタビューによると、S郷の「今の若者たちは『寡婦年』のような慣習にこだわるよりは、新鮮な流行ものにより関心をもっている」という[90]。ここから、S郷では族際婚姻は漢族内婚姻ほどに「寡婦年」の慣習に影響されていないことがわかる。また、興

90　S郷のD氏（モンゴル族、男性）のインタビュー。

味深いことは、このような漢族の慣習は、農耕地域のＳ郷ではなく、都市であるＨ都市部の漢族内婚姻の数値に対し、より強い影響を及ぼしたことである。結婚日を占いで決める慣習からいえば、都市に居住する漢族は農耕地域の漢族より古い慣習にこだわる傾向が強いといえる。

第3項　本節のまとめ

調査地のモンゴル族と漢族の婚姻関係には、占いの慣習が強く影響を及ぼしているといえる。それが、調査地の婚姻登録データからもうかがえ、特定の地域における族内婚姻の数値に著しく影響を及ぼしてきたことがわかる。すなわち、モンゴル族の人口割合が多いＢソムでは、モンゴル族の族内婚姻の数値が閏年に著しく増加し、漢族の人口割合が多いＨ都市部では、漢族内婚姻の数値が寡婦年に顕著に増加した。しかし、全ての調査地において、モンゴル族と漢族の婚姻における占いの慣習が族際婚姻に及ぼした影響は族内婚姻ほどではなかった。ここからも、族際婚姻は、族際婚姻者それぞれの民族文化の慣習を越えた現象であることがわかる。

第4節　小　　結

以上、調査地のモンゴル族と漢族の文化的特徴を族内・族際婚姻に関連づけて述べてきた。

家庭言語の使用状況から、家庭内では、漢族がモンゴル族より高い比率で民族語を使用している。モンゴル族と漢族はそれぞれの言語を使用する一方、お互いの言語を習い、二言語使用の状況も見えている。年齢層別の言語使用状況をみると、都市と農耕地域のモンゴル族の若者の中では、民族語使用率が減少して漢語の使用率が増加する一方、牧畜地域の漢族の若者の中では、漢語の使用率がわずかに減少し、二言語の使用率が増加している傾向がみられる。これらから、家庭言語は、両言語の並存や相互の影

響の状況を反映しながら、全体の変化傾向として、調査地の家庭言語は漢語へ変わりつつある流れが見えている。

　飲食生活をみると、モンゴル族と漢族は、それぞれ自己民族の飲食を好む比率が高いが、モンゴル族は漢族よりも民族的飲食にこだわるといえる。また、地域別にみると、民族的生業形態地域では、その民族の飲食習慣が継承されている。さらに、同じ飲食項目の選択率の地域差は民族差より顕著である。婚姻披露宴の飲食からみても、モンゴル族と漢族はそれぞれの民族的特徴を部分的に保持し、かつモンゴル族と漢族の両民族の慣習を部分的に結合している。

　婚礼の形式と服装を分析した結果、婚礼の儀式は、簡単に行なうか或いはほとんど行なわない形から、旅行結婚、盛大な婚礼、そして新婚旅行も行なわれるようになってきた。また、新婦の衣装は伝統と革新の流れの中で、洋服、モンゴル衣装、チャイナドレス（旗袍）、ウエディングドレスへ変わってきた。さらに、新婦の衣装の変化は、モンゴル族と漢族の色に対するタブーの排除を意味し、生活文化および色彩に対する民族的価値観の変化を表している。調査地のモンゴル族と漢族は、時代に追いつこうとする世相の流れの中で、婚礼の形式と服装に関して文化的差を縮めてきた。

　調査地のモンゴル族と漢族の結婚日の決定には、占いの慣習が強く影響を及ぼしている。つまり、牧畜地域では、モンゴル族の族内婚姻率が閏年に著しく減少し、モンゴル族と漢族の族際婚姻率が増加している。都市部では、漢族内婚姻の数値が寡婦年の前年に顕著に増加したが、モンゴル族と漢族の族際婚姻率は減少した。しかし、全ての調査地において、族際婚姻は、族内婚姻ほどにモンゴル族と漢族の婚姻における占いの慣習に影響されなかった。ここから、族際婚姻者は民族文化のタブーに由来する規制をあまり受けていないことがわかる。

　このように、家庭言語と飲食習慣において、モンゴル族と漢族の文化が並存するとともに、両文化の相互浸透が進行している傾向にある。婚礼の形式や服装、結婚日を占う慣習からみても、モンゴル族と漢族の若者たちはそれぞれの民族の特徴を継承する一方、文化的タブーを越えていく傾向

もある。これらから、モンゴル族と漢族が相互に文化を共有する傾向の拡大が、調査地の族際婚姻の増加を促進したといえる。

　民族と文化の相互作用は、赤峰地域で進行してきた民族混住の結果であり、族際婚姻の増加を促進する要素である一方、民族文化の慣習への重視は、場合により族際婚姻を阻害する要素になる。

第4章　族際婚姻の政策的背景

　前章では、族際婚姻が民族文化及びその相互作用に影響されたことについて述べた。しかし、民族をまたぐ族際婚姻は、単なる文化的要素にかかわるのではなく、人為的・政策的要素にも左右されることが先行研究において示されてきた。例えば、冒頭に検討した納日碧力戈は、「文化大革命」中に内モンゴルで行なわれた「挖粛」[91]運動が族際婚姻にマイナスの影響を及ぼしたことを述べた上で、「国家政策が安定して各民族と個々人の平等を保障するなら、族際婚姻は増加して自然な現象となる」と論じた（納日碧力戈 1991：227）。また、王俊敏は「1950年代から正確な民族政策をとったため、モンゴル族と漢族の関係を密にさせ、族際婚姻も大きく増加した。しかし、『文化大革命』の期間、『挖粛』はモンゴル族に無実の罪を着せて、モンゴル族と漢族の間の感情を傷つけて、族際婚姻にマイナスの影響をも

91　「文化大革命」中、内モンゴルの「当代中国集団冤罪事件の最たるもの」といえる「新内蒙古人民革命党」冤罪事件が発生し、10年間にそれにより罪を着せられ迫害された者は34万6000人余り、死者は1万6222人に達した。「挖粛」とは、「挖烏蘭夫黒線、粛烏蘭夫流毒」（ウランフの反動的な路線を掘り出し、ウランフの流した毒を粛清・鎮圧する）政治運動である。烏蘭夫（ウランフ．1906-1988）とは、現在中国では「長い試練に耐えてきた共産主義の戦士、党と国家の優秀な指導者、傑出したプロレタリア革命者、卓越した民族工作の指導者」と評価されている（「久経考験的共産主義戦士、党和国家優秀的領導人、傑出的無産階級的革命者、卓越的民族工作領導人」）新中国成立のために全力を尽くした内モンゴル自治区第一世代のリーダーである。内蒙古人民革命党とは、1925年に成立し、1930年代初期まで内モンゴルで活動していたモンゴル人の党組織である。1945年にハーフンガらは内蒙古人民革命党の活動の復活を宣言し、内外モンゴルの統一を目指して積極的に努力した。当時、内モンゴル革命運動のリーダーの一人であった烏蘭夫は内蒙古人民革命党の存続に断固反対していたという（呼斯勒 2004：229、巴彦泰「挖粛災難実録」を参照、http://www.mongol.org.uk/china/news.htm　2005.12.16アクセス、http://www.nmgnews.com.cn/news/article/20030908/20030908001778_1.html　2005.12.16アクセス）。

たらした。1990年代に至ってからその傷が治ってきて、族際婚姻も黄金時代にはいった」（王俊敏 2001：172-174）と論じた。更に、馬戎は、「民族所属の変更が族際婚姻の増加に関係する」と述べ（馬戎 2001b：65）、鄭国全は「内モンゴル自治区においては、人口政策や教育などの政策面におけるモンゴル族に対する優遇政策が漢族とモンゴル族の族際婚姻を促進した」と述べている（鄭国全 2004：23）。

　本章では、第1章第1節で述べたような赤峰市における異なる生業形態を代表する調査地の特徴、第2章で明らかにした各調査地の族際婚姻の実数と割合の推移、及びそれらの民族差、地域差を含む族際婚姻の実態などが、先行研究で言及されてきた人為的・政策的要素とどのように関連するかを検証したい。検証を進めるにあたり、筆者の婚姻登録処（所）で得た統計資料、インタビュー資料、並びに現地の新聞雑誌の記事、関連する地方文献の記載を用いることとする。

第1節　国家政策

第1項　少数民族優遇政策

　ここでは、まず、中国が少数民族優遇政策を実施するに至った政治的環境について述べた上で、少数民族優遇政策と人口増加、族際婚姻との関係を分析する。

　中国では1966～1976年の10年間に渡り「文化大革命」が行なわれた。「文化大革命」という政治の嵐が過ぎた時点から、中央政府は国家政策の誤りにより迫害を受けた人々に対する「落実政策」（政策を実行に移す）をとり始めた。当然、赤峰地域でもそれが実施された。例えば、1977年9月から「文化大革命」の中で生じた多くの冤罪、でっち上げ事件、誤審を翻して、公平に処理しはじめた（『赤峰市志』1996：117）。また、中共中央〔1978〕55号文書の指示に従い、1979年3月まで、「『右派』分子摘帽子」（地主、

富農、富牧らに対する政治的差別の排除）に関する仕事を行なったという（孫暁 1999：361）。それ以降、社会主義建設の中心が政治闘争から経済建設へ移り、社会の人口負担を減らすための一人っ子政策、「文化大革命」で迫害を受けた少数民族に対する優遇政策などが実施され、改革開放が全面的に進められてきた。以上が少数民族優遇政策が実施された背景である。

「少数民族優遇政策」とは、進学、就職、生育、昇進等において条件が同様ならば、少数民族の構成員を漢族より優先的に選抜する、或いはその基準を緩やかにするという方針であり、独立した政策ではない。すなわち、1978年に開かれた中国共産党十一次三中全会を経て推進された方針であり、それが教育政策、人口政策、人事制度などに取り入れられてきて「少数民族優遇政策」と称された。それにかかわる最近の規定として、1997年、民族用品の生産や民族的貿易に関して、融資、税金の面で優遇する規定が挙げられる。すなわち、国務院が公表した「関与『九五』期間民族貿易民族用品生産有関問題的批複（『九五』[92]期間における民族貿易や民族用品の生産問題に対する回答）」（国函〔1997〕47号）と、国家民族事務委員会、国家経済貿易委員会、国家体制改革委員会、財政部、中国人民銀行が連合で公表した「関与加強民族貿易、民族用品生産工作的通知（民族貿易や民族用品の生産工作の強化に関する知らせ）」（民委〔経〕字〔1997〕269号）[93]であり、いずれも民族的経済の改革を促し、経済の面で少数民族を優遇する規定が含まれている。

以下、このような少数民族優遇政策が、調査地の地域社会及び族際婚姻にいかに浸透してきたかを分析する。

92　中国国民経済や社会発展に関する第九期五か年計画期間（1996～2000年）。
93　「民族貿易・民族用品生産」に関する新規定には、国務院は公表した「関与『九五』期間民族貿易民族用品生産有関問題的批複」（国函〔1997〕47号）、国家民族事務委員会・国家経済貿易委員会・国家体制改革委員会・財政部・中国人民銀行が連合で公表した「関与加強民族貿易、民族用品生産工作的通知」（民委〔経〕字〔1997〕269号）が挙げられ、民族的貿易の改革を促し、融資の面で利息を下げ、税金などの面で減少や免除する方針を示している。

第2項　計画生育政策（一人っ子政策）

　1962年12月、中国共産党中央委員会、国務院が「関与認真提倡計画生育的指示（真剣に計画生育を提唱することに関する指示）」を発表した。この計画生育の提唱は「文化大革命」中に中止され、1972年に再び実行されはじめた。中国政府は1980年から改革開放とともに、強力な計画生育政策の実施に踏み切った。その背景には、中国には「子孫満堂」（子孫繁栄）、「多子多福」（子どもが多ければ、幸せも大きい）という根深い伝統的考え方があり、その上に毛沢東が打ち出した人口は多ければ多いほど生産力の発展によいという「人口資本説」の下に人口が増えたため、人口と経済発展のバランスが崩れた国情があった。

　一人っ子政策といっても、当初は特定の法律ではなく、国の指導に従って各地方が具体的な政策を決め実施するというものだった。特徴としては、①都市部には厳しく、農村部には寛容、②漢族には厳しく、少数民族には寛容、などがある。例えば、農村では1人目が女子の場合にかぎり、2人目を持つことを認める。一人っ子家庭に優遇や特典を与える、2人目を産んだ場合には、出産費・産休期間の賃金カットなどの罰則が課せられる。また、地域の党幹部などが2人目を生もうとする夫婦に対して厳しく指導することなどが現在も行なわれている。つまり、計画生育の人口政策の中では、漢族に対して基本的に一人っ子政策をとり、少数民族や辺境地域の人は状況により、2人か3人の子供をもつことを許されるとの決定が含まれている。

　赤峰地域（当時ジョーオド盟）では、1979年12月から全域にかけて一人っ子の人口政策を提唱し、優生優育を推進した。その年の出生率は23.9‰であり、自然増加率は17.8‰であり、それ以降、年ごとに出生率が低下してきた（『赤峰市志』1996：363）。1983年1月、大規模な生育政策の宣伝活動が推進され、一人っ子政策が厳しく実施され始めた（孫暁雷1999：379）。

　2002年9月、政府は初めて「人口・計画出産法」を施行した。産児制限

について詳細に規定した同法は、法定婚姻年齢（男22歳、女20歳）より3年以上遅い「晩婚」と「一人っ子」の奨励を明記し、これを守る家庭には教育や医療、住宅などで優遇する方針を打ち出す一方で、省・自治区・直轄市の人民代表大会が、地域の実情に応じて例外的に第2子の出産を認める規定を設けられるとしている。「人口・計画生育法」が正式に実施され、これによって中国で初めて計画生育が国家的法律によって統一的に実施されることになり、長年続いていた地方法規や政策に基づいた方法に終止符が打たれることになった。またこの法規では初めて、男性の生育権が認められている。一人っ子の人口政策を実施してきた結果として、全国の新生児数は3億人減少し、低出生率、低婚姻率、低死亡率などが生じた。赤峰市全体でも「1975年以降、計画生育工作が絶えず強化されたため、人口の自然変動は高出生、低死亡、高増加より低出生、低死亡、低増加に転換した」[94]。

　次の表35（図24）に、筆者が婚姻登録処（所）で調べた調査地の出生率を示し[95]、一人っ子政策が調査地の人口増加にどう関係しているかを理解するてかがりにする。

　表35（図24）からわかるように、1995年から2004年までの期間、どの調査地の出生率にも直線的な推移が見られない。その変化の度合いを標準偏差でみると、H都市部では2.8‰、D鎮では4.0‰、S郷では3.1‰、Bソムでは3.4‰である。ここから、出生率の変化の度合いがH都市では比較的に小さく、D鎮では比較的に大きいことを示している。また、図24から読み取れる特殊な現象は、S郷の2001年、2002年、2003年の高出生率である。

　出生率の変化の傾向をみると、全体の流れとして1998年以降、減少の傾

---

[94] 『赤峰市紅山区志』（1996：105）、『赤峰市志』上（1996：279）参照。
[95] ここで示す出生率は、ある地域におけるある年の出生人数（生きた人数）を、当該地域の同年の平均人口数で割って計算した結果である。人口社会学ではこのような計算方法を粗出生率か一般出生率、自然出生率（Crude Birth Rate）という（佟新 2003：59参照）。

表35 調査地における出生率

(単位：‰)

年	H都市部	D鎮	S郷	Bソム
1995	10.0	15.1	15.3	22.0
1996	14.2	14.9	13.4	19.7
1997	16.3	17.1	12.6	23.7
1998	12.1	17.4	12.0	24.5
1999	9.8	16.8	12.8	20.5
2000	11.5	14.9	9.3	19.0
2001	10.4	12.9	17.5	15.5
2002	8.8	11.5	14.9	15.8
2003	7.3	8.4	16.3	15.4
2004	8.2	5.2	7.3	16.3

(出所：調査地の計画生育委員会の統計数字により筆者が作成)

図24 調査地の出生率

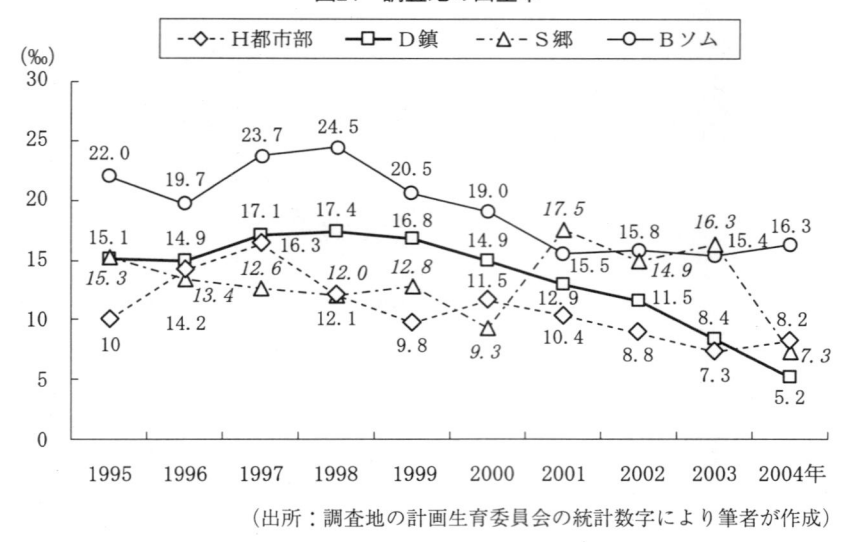

(出所：調査地の計画生育委員会の統計数字により筆者が作成)

第4章　族際婚姻の政策的背景

向が続いてきたといえる。これは、全国で実施されてきた一人っ子政策が調査地でうまく実施されてきたことを反映している。これに関連して、地方文献では、赤峰市全体でも「1975年以降、計画生育工作が絶えず強化されたため、人口の自然変動は高出生、低死亡、高増加より低出生、低死亡、低増加に転換した」[96]と記している。敖漢旗でも「1982年に民族政策が一層実施されることに伴い…（中略）…計画生育方面も、少数民族に対して相対的に緩やかな政策をとったため、少数民族の人口割合が徐々に上昇してきた」（『敖漢旗志』上 1991：161）。また、出生率は単なる人口の自然増加ではなく、当該地域における結婚率も反映している。筆者の調査によれば、現在、調査地の婚姻登録書に基づいて得た平均初婚年齢は21歳である。また、各地の計画生育委員会や婚姻登録機関でインタビューした結果、H都市部とD鎮では、結婚直後に子供を生まない新郎新婦はたまには見られるが、その割合はH都市部では5％以下、D鎮では2％以下であるという[97]。S郷とBソムでは結婚者は結婚後直ぐに子供を産むのみならず、人々の考えも結婚者が翌年に子供を生まなければ「異常」とも言われる場合があるという[98]。

　調査地の出生率は地域によって異なる。2001年、2003年のS郷を除き、Bソムの出生率はH都市部、D鎮、S郷よりも高い。これは、Bソムはモンゴル族が多く住んでいる牧畜地域であるためである。つまり、計画生育政策と少数民族優遇政策の規定により、Bソムでは複数の子供をもうける人が多いのである。また、漢族でも、辺境地域や農村地域（中国でいう農村は牧畜地域を含む）での労働力需要に従い、それぞれ複数の子供をもうけることが可能である。そのため、Bソムの出生率は高くなりうる。このような出生率の地域差の背景には、一人っ子政策は実施される基準が少数

96　『赤峰市紅山区志』（1996：105）、『赤峰市志』（1996：279）参照。
97　H都市部のZ氏（モンゴル族、女性）、D鎮のB氏（モンゴル族、男性）、S郷のW氏（モンゴル族、男性）、BソムのW氏（モンゴル族、男性）のインタビュー。
98　計画生育の責任者である、H都市部のZ主任、D鎮のL主任、S郷のW主任、BソムのE主任らのインタビュー。

民族と漢族では異なっており、調査地それぞれの民族人口の割合が異なるということがある。

　このような出生率に関する地元の新聞記事を調べてみると、少数民族に対しても計画生育政策をとり、一人っ子出生を奨励していることが明らかである。例えば、巴林右旗の新聞である『牧民報』（モンゴル語）と『巴林農報』（漢語）を調べると、1995年から2003年には、計画生育関係の記事が多くみられる。例えば、1994年11月12日第１版の「在計生戦線上」という欄に「８カップルのモンゴル族夫妻が自発的に一生一人っ子を出生するようになった」などがある。2003年後半の『巴林農報』には、計画生育関係の記事「自治区計画生育総合改革経験交流会与会人員来我旗参現」（内モンゴル自治区計画生育改革に関する総合経験交流会の参加者がわが旗にきて見学）もある。それによると、巴林右旗の計画生育成果がいくつか挙げられ、巴林右旗の計画生育局が1979年に赤峰市政府の「特別優秀賞」を受け、2000年に「全国少数民族計画生育工作先進集体」などの光栄賞を受けたという。このことは、当然Ｄ鎮の計画生育もうまく実施されたことを示している。

　また、モンゴル族と漢族の人口割合が近いＤ鎮とモンゴル族の人口割合が多いＢソムの計画生育弁公室から人口出生に関する話を聞くと、近年モンゴル族はほとんど一人っ子となっている。例えば、Ｂソムの計画生育弁公室の責任者の話では「最近、二人の子供を作るモンゴル族の若者はますます少なくなっており、計画生育政策がもっぱらモンゴル族向けに決めたようになっている。これは、都市と田舎の経済格差、教育費のますます上昇する状況下に生じたやむを得ないことだろう」という[99]。この話は、国家政策と経済状況がモンゴル族の出生意識を変えた面もあることを証明している。上の表35の示した1998年から2003年まで、調査地全体にわたって出生率が減少していることもこのインタビューの情況と一致するところがある。

99　ＢソムのＥ氏（モンゴル族、男性）のインタビュー。

以上のような出生率の変化は、一人っ子政策を実施した結果であり、ここには人々の意識と地域社会の実情も反映されている。漢族は子供を複数もうけようとしても、一人っ子政策の規定により許されず、出生率は減少している。モンゴル族は一人っ子政策と少数民族優遇政策の規定により、子供を複数もうけることが可能であるが、一人っ子政策の奨励や経済状況などに影響され、出生意識が変わり、一人っ子となっている。結果として、政策と人々の意識の変化により調査地の出生率は低下する状態にある。

第3項　民族所属の変更／回復

　新中国成立後、大規模な民族識別作業が二回行われた。最初は、1950年から1956年まで行われ、1965年に55の少数民族が認定された。次に、1978年から1987年まで二度目が行われ、一部の少数民族の呼称が変わり、また一部の人は民族所属の変更／回復を行ない、それにより各民族の人口数が大きく変化した。ここでは、国家規模の政策が民族人口の変化に影響を与えた事例として、1980年代の民族所属の変更／回復に注目して述べたい。
　上に述べたように、1980年前後、中国政府は計画生育（一人っ子）政策を実施し、ほぼ同時に少数民族優遇政策も実施し始めた。このような政策が実施された状況下、過去の民族差別や大漢族主義の支配により、民族所属を隠していた多くの人々がその回復を要求した。この状況に応じて、政府は民族所属の変更／回復[100]及び族際婚姻家族の子供の民族選択を政策上認めた。その主たる方針とは、「少数民族である限り、時期や場所、理由

100　中国国務院人口普査領導小組・公安部・国家民族事務委員会の連名で、1981年に、「民族所属の回復及び改正を処理する原則に関する通知」（「関与処理民族成分回復／改正原則的通知」）を発表した。その内容は、時代と原因を問わず、民族所属を隠してきた少数民族なら自己の民族所属への回復を申請制により許すこと、族際婚姻家族の子供の民族所属を18歳までは親が決定して18歳になった時点で本人が決定すること、直系親族に族際婚姻者がおって隔世して回復／変更する場合、先に父母の民族所属を変更し、その後子供の民族所属を変更すること、成人間の扶養関係においては民族所属の変更を認めない、などの規則が含まれている。

の如何を問わず、何らかの原因により自分の民族所属を正確に表すことができずに漢族となった者であって、自分の民族所属の回復を申請するならば、全て回復を許可する」などであり、また、族際婚姻家族次世代の民族所属の選択を改めて認めた民族政策の修正、改善であった。その実施にあたり、ある人が民族所属を変更するなら、その人の親族も一緒に民族所属を少数民族に変更していたため、1982年から1990年の間にモンゴル族等の幾つかの少数民族の人口が激増し、漢族の人口は増加が鈍るか減少する現象が起こった。こうした事態に対処するため、政府は1990年に新しい方針をとり、不正な手段で民族所属を変更した者を処分するなどの規定[101]を発表した。このように、1990年以降、民族所属の変更及び選択が規範化されたが、それは現在も非公式におこなわれているため、その実態を統計上で把握しがたくなっている。その主な原因は、少数民族優遇政策が相変わらず実施されているため、少数民族にのみ許されている優遇措置を得ようとする者によって非公式に行われる民族所属の変更が後を絶たないというところにある。

　計画生育政策、少数民族優遇政策、族際婚姻に連係した民族所属の回復／変更が行われた1982年から1990年にかけて、中国全土では2000万人以上の人が民族所属を漢族から少数民族に変更したため、戸籍上の民族所属の変動が生じ[102]、その期間に人口増加率が50％を超えた少数民族の増加要因は明らかに漢族の民族所属変更によるものであった（張天路　1993：5）。このように、1982年から1990年まで少数民族の人口が激増した原因は、「『民

---

[101] 国務院人口普査領導小組・公安部・国家民族事務委員会の連名で、1990年に、「中国公民の民族所属の確定に関する規定」(「関与確定中国公民民族成分的規定」)を公表した。その中では、族際婚姻家族の20歳以上の子供で、既に選択した民族所属を変更することは認めないことが謳われたほかに、生育、進学、就職、昇進等の面で、少数民族優遇政策の恩恵を受けるため、偽報告、偽証明書を出すなどの不正な方法で民族を変更した者に対する取消と改正の措置がとられた。

[102] 張天路（1993：5）、黄栄清（2004：42）参照。インターネットに掲載されている情報によると、当時全国では5000万人を上回るという。「三校社会学論壇・中国網社会論壇」http://bbs.sachina.pku.edu.cn/archiver/?tid-2921.html（2005.5.13アクセス）。

族復帰』運動に乗じて多くの漢族が少数民族に変更したことと、政策の傾斜により、漢族と少数民族からなる族際婚姻家族の子供の大部分が少数民族として登録したため」であったことが、当時の人口に関する研究から確認できる（黄栄清 2004：42-43）。赤峰地域の場合、変更者は34万人おり、それが当時の赤峰市の少数民族総人口の41.2％、少数民族人口増加率の70.8％を占めていた（『赤峰市志』上 1996：291）。

　筆者が調査地の戸籍管理所（派出所）、民族事務委員会、民政局（民政弁公室）などでおこなった調査によると、Ｂソム以外の三つの調査地では民族変更がかなり行われた。Ｈ都市部の場合、1988年5月から12月の間に約882戸の3705人の漢族が、1982年から1990年の間に約2万人の漢族がモンゴル族に変更し、それが当時のモンゴル族の人口の77.1％を占めていたという[103]。Ｄ鎮の場合、巴林右旗で民族所属の変更が認められた1986年から1988年までの3年間に2443人の漢族がモンゴル族に変更し、当時のモンゴル族の人口の37.1％を占めていた[104]。Ｓ郷の場合、民族所属の変更が認められた翌年の1982年に変更者が最も多かった。そして、1982年から1984年の3年間に、1000人以上の漢族がモンゴル族に変更し、それが当時のモンゴル族人口の約1/3を占めていた[105]。Ｂソムの場合、1982年から1990年の間には民族所属の変更者がいなかったという[106]。これらのことから、現在のＨ都市部、Ｄ鎮、Ｓ郷のモンゴル族人口には、民族所属を変更してモンゴル族になった漢族が多く含まれていることが明らかであり、上述の計画生育政策と少数民族優遇政策に加え、民族所属の変更も族際婚姻の増加を促進したことがわかる。

　さらに、調査地の居民委員会の協力を得て戸籍登録を確認した結果、Ｈ都市部のＺ居民小区では、1990年以降に生まれたモンゴル族と漢族の族際婚姻家族の子供が、民族所属として漢族を選択したケースは一件しか見つ

103　Ｈ都市部民政局のＳ氏（モンゴル族、男性）の提供。
104　巴林右旗民政局のＢ氏（モンゴル族、男性）の提供。
105　Ｓ郷政府弁公室のＷ氏（漢族、男性）の提供。
106　Ｂソム政府弁公室のＡ氏（モンゴル族、女性）の提供。

からなかった。また、D鎮の第4、第6居民委員会、S郷、Bソムでは、族際婚姻家族の子供が民族所属を漢族にしたケースは一件も見つからなかった。このことは、調査地では族際婚姻家族の次世代のほぼ全員が民族所属をモンゴル族にする傾向を示している。内モンゴル及び中国全体においてもこの傾向がみられるようである。黄栄清氏の研究によると、「1990年以降、民族混合戸の数と比率が大幅に増加し」（黄栄清 2004：148）、「漢族と少数民族通婚（＝族際婚姻）者の子供の大部分は、民族所属を少数民族に登録している」（黄栄清 2004：43）。

　他方、本章の冒頭に挙げたように、族際婚姻に関する先行研究（納日碧力戈 1991：227、納日碧力格・王俊敏 1999：119-120、王俊敏 2001：172-174）によると、「文化大革命」中の民族政策は族際婚姻を阻害した。本書では、「文化大革命」中の族際婚姻には言及しないが、ここでは、調査地の人々がその時代を族際婚姻とどのように結びつけてみているかについて触れたい。調査地のインタビュー対象者のほとんどが、「文化大革命」は民族関係を緊張させ、族際婚姻を減少させたとみる点で、先行研究と一致する。しかし、S郷の族際婚姻者に対するインタビューを通じて、それと異なる情況もあることが判明した。S郷のB氏（モンゴル族、女性、65歳）は、U村に居住する最も年長の族際婚姻者であり、かつ自由恋愛の結婚者でもある。夫Y氏（69歳）は同村の漢族農民であり、「文化大革命」の始まっていた1968年に結婚した[107]。Y氏は、

　　われわれは少数民族地帯に移住してきたので、少数民族の生活習慣、性格、文化などを尊重するべきだ。当時、私はB氏のモンゴル族としての正直な性格と勤勉な面に最も心を引かれた。B氏の両親が反対していたにもかかわらず結婚できた。「文化大革命」の中で二人とも批判されたが、それは私たちとは何の関係ない政策の間違いであった。

という。B氏は、

　　私の祖先は何代も前からこの敖漢地域の人だ。私のお祖父さんの時代

---

[107] 2003年7月、2004年8月のインタビュー。

に「紅帽子反乱」[108]が起こって漢人は罪のないモンゴル人を多く虐殺した。私が若いときに「文化大革命」が起こって、また残酷な歴史が繰り返され、多くのモンゴル人が迫害された。これらの歴史を振り返ってみると、われわれモンゴル人はやはり漢人と結婚したほうが、政治の嵐から身を守ることができる。私は子供にもいつもこういってきた。私の子供二人とも漢人と結婚した。

という。B氏とY氏のインタビューからは、族際婚姻に文化的要素と政策的要素が同時に影響を及ぼしたことがわかる。特に、先行研究が述べたように、「文化大革命」という特殊な時代が族際婚姻を阻害したと同時に、過去の歴史上のできごとが微妙な形で族際婚姻を促進したのである。これは、同様な国家政策でも族際婚姻を阻害したり、促進したりすることを示している。

ここまで述べてきたところから、国家の政策及びそれに関連した民族所属の変更が、調査地の民族人口、婚姻ないし族際婚姻に影響してきたことが明らかとなった。

第2節　地方政策、方針

ジョーオド盟は1983年10月10日、中国国務院の許可を得て「撤盟建市」（盟を廃止し、市を実施する）して赤峰市となり、その後の20年間、都市と鎮の建設を進めてきた。ここでは、H都市部とD鎮の経済開発が進み、交通が発展し、都市化が進行し、人口の社会的移動も多かった。本節では、調査地の族際婚姻に密接に関連するこのような地方政策に関連した都市化

108　これは、李悦春、李国珍が「金丹道教」を利用して敖漢旗貝子王府付近（現在敖漢旗薩力巴郷烏蘭召村）に漢族の流民叛乱を起こしたことをさす。それが1891年10月10日から11月27日まで48日間続き、敖漢旗の固山貝子王、ジョーオド盟盟長ダゲチン（達克沁）夫妻及び多くのモンゴル人は殺害された。「金丹教反乱」、「兔年叛乱」ともいう。『赤峰蒙古史』（1999：487-488）、王国鈞（1918：124）、『敖漢旗志』（1991：10）参照。

や人口移動と、国家政策と地方政策が影響を及ぼした結果としての民族人口の変化を分析する。

第1項　都市化の進行

(1)　H都市部

　H都市部は赤峰市の政治、経済、文化、交通の中心地である。ここは都市化の全貌をうかがうことができるところであり、特に第3次産業の発展が顕著である。

　H都市部のGDPに占める第1次産業、第2次産業、第3次産業の割合は1983年に14.4：32.0：53.6であったが、2002年に8.5：28.9：62.6となっている。各産業の生産増加額をみると、第1次産業は3074万元（平均年間増加率は7.2％）、第2次産業は4億4714万元（平均年間増加率は12.6％）、第3次産業9億6800万元（平均年間増加率は11.6％）である[109]。H都市部が建設された頭初（1983年頃）、商業と貿易は公営企業を中心としていたが、1990年代から私営企業の発展が重視され、H都市では「同済大厦」、「新華購物城」、「西城菜市場」、「同興鋼材批発市場」、「火花路副食批発市場」、「紅城建築装飾材料批発市場」、「城郊郷火花路副食品総合批発市場」等の大規模な市場ができて、労働力、不動産、営業権などのやり取りを促した。2000年8月18日、内モンゴル初の歩行街（歩行者専用の商店街）である新華路商業文化歩行街がH都市部に建設され、700メートルぐらいの商業街に100軒以上の商業企業が集中していた。2002年末まで、H都市部では特色のある商業街路22本、大型の卸売兼小売の商場17ヵ所、専門的市場6ヵ所ができて、個人企業経営免許をとった戸数は1万4178戸となり、その従事者は3万2257人に達して、生産額が12.9億元となり、GDPの85.5％を占めた[110]。個人経営商業がH都市部の第3次産業の中で重要な位置を占め

109　『輝煌二十年：献給赤峰市成立二十周年』（2003：22-23）参照。
110　『輝煌二十年：献給赤峰市成立二十周年』（2003：22-23）参照。

てきた。

　H都市部の交通網の発達も顕著である。1953年には赤峰駅が建設されていたが、東北地方のみと関わりが深く、利用者と利用量が少なかった。「文化大革命」後、1978年に北京―通遼線が開通した。赤峰駅の乗客量は延べ人数で1990年に98万2643人、2000年に115万2000人（『赤峰市志』1996：1136）、2003年に247万1000人に達して、毎日往復の15便の列車が赤峰駅を通っている（『紅山区統計年鑑』2004：129）。また、1998年12月、H都市部の全ての鎮・郷にコンクリート道路が敷かれた。H都市部におけるバスの乗客量は、1990年に延べ482万人、乗客取扱量は3億5000万人キロメートル[111]、2000年に延べ129万6000人、乗客取扱量は1億618万人キロメートル、2002年に、乗客量は延べ143万8000人、乗客取扱量は1187万7000人キロメートルに達した（『紅山区統計年鑑』2003：29）。バスの利用者は鉄道の発展とともに減ってはいるが、バスは依然として重要な交通手段となっている。

　このような産業発展は、赤峰市及びH都市部の経済開発、人材誘致等の政策に密接に関係するものである。1995年12月23日、内モンゴル自治区東部人材市場が赤峰市に設置された。同時に東部人材交流大会が開かれ、全市の約40の機関が人材を受け入れ、166項目の技術的プロジェクトが企画された。1996年5月4日、赤峰市初の公務員採用試験を実施し、258人（うちモンゴル族72人）が採用された。1998年8月21―23日、赤峰市の非師範系大学卒業生の人材交流大会が開かれ、107の機関が参加し、132人が内定を受けた。

　1998年9月8－9日、内モンゴル自治区郷鎮企業形勢分析会が赤峰市で開かれ、自治区の郷鎮企業発展状況と、その経験を総合的に分析した。その会議においてH都市部が「郷鎮企業速度効率」賞を受賞した。1999年から赤峰市は、対外開放によるソフト・ハード環境の建設を重視して、積極

111　一定の期間中、ある交通手段の取り扱った乗客の総量を距離×人数で算出して表す方法。

的に商業誘致と大学卒業生などの若手人材の郷帰り(「招商引資和青代表返郷」)を奨励して、便宜を図る方針をとった。また、2000年を「赤峰市対外開放年」とした。2000年4月から月に2回人材交流会を開くこととなった。同年7月に赤峰市政府は「赤峰市の商業誘致優遇政策に関する若干の規定(赤峰市招商引資優恵措施若干規定)」、「赤峰市商業誘致奨励する方法(赤峰市招商引資奨励弁法)」、「赤峰市人民政府の投資環境を改善させる若干の規定(赤峰市人民政府関与進一歩改善投資環境的若干規定)」、「赤峰市地域における外投資企業の資格認証に関する管理方法(赤峰市域外投資企業資格認証管理方法)」などの政策文書を発表して実施し始めた。同年8月22－24日、非師範系大学卒業生の人材交流大会が開かれた。11月末までの人材交流会を通じて、1422人が都市の各機関に採用された。同年12月18日「赤峰市商業誘致政務営業庁」(赤峰市招商引資政務大庁)が設置され、それに政府機関が常駐機関として入っていた。H都市部政府も赤峰市政府の精神に則り、「第3次産業を大いに発展させる決定(関与大力発展第3次産業的決定)」を実施するとともに、「紅山区の商業誘致を奨励する方法(紅山区招商引資奨励弁法)」、「紅山区の商業誘致政策(紅山区招商引資優遇政策)」、「経済環境の処理に関する決定(関与加強経済環境治理的決定)」等の政策的文書を発表して実施した。これらにより、外地からの投資者に優先的な待遇と最優秀のサービスを与え、外地との経済、技術、人材の交流と協力、及びH都市部の産業発展を促進した。H都市部は、成立後2002年までの間に、外資を800万ドル以上導入して、200件以上の協力プロジェクトを実施し、100名以上の学者・専門家を招いて講座を開き、20以上の有名な大学、研究機関、企業などと友好協力の協定を結んだ[112]。

(2) **D鎮**

　D鎮は巴林右旗の政治、経済、文化、交通の中心地であり、赤峰市北部各旗・県の中で交通網の発達と都市化がより進んだ「草原の小都市」であ

---

112 『輝煌二十年：献給赤峰市成立二十周年』(2003：22-24)参照。

る。D鎮の都市化の建設は、1983年から計画的に進められ、現在はモンゴル民族の特徴的な小都市となっている。D鎮の市街地では東西10本の街道、南北10本の街道が交錯しており、2003年からは新城区の建設も進められ、ますます拡大している。住宅建設の規模も拡大しており、新世紀、罕山、賽罕、陽光などの住民小区が開発され、2003年にはD鎮の住民の51％が高層住宅に入居した（『巴林右旗統計年鑑』2004：123）。

　赤峰市における各旗・県にはそれぞれの地域の支柱となる小規模の企業や工業がある。また、そのほとんどが旗・県の政府所在地の鎮に集中して、ソム・郷の人口もますますその企業がある鎮に集中する傾向にある。巴林右旗の場合、6大企業である巴林石集団有限責任会社（以下、巴林石集団とする）、農業電力局、套馬杆酒場、熱電会社、罕山コンクリート工場、大板製薬場は全てD鎮にある。代表的な企業として巴林石集団を挙げてみる。満洲国時代から巴林石は「巴林の唯一の特産」として知られ、現在その彫刻品が国内外で知られている。その特製品を生産している巴林石集団の前身である巴林石工場が1973年から操業を開始し、その従業員は1983年に85人だったが、現在、巴林石集団の指定従業員だけでも400人となり、それ以外に、巴林石経営に携わる中小商業戸がD鎮に512戸（1000人以上）ある。現在、巴林右旗では巴林石集団が最大の経済利益をもたらす企業となっている（『巴林右旗統計年鑑』2004：94）。巴林右旗統計局が2003年に実施した巴林石関係の私営企業に関する報告（「関与巴林石個体私営戸経営状況的報告」）によると、巴林石関係の事業の工業増加額が、全巴林右旗の2002年における工業企業の生産増加額と等しくなり、巴林右旗の工業発展に大きく貢献したという（『巴林右旗統計年鑑』2004：139）。また、2003年にD鎮の郷鎮企業と個人経営企業は合計1900軒となり、年間生産増加額が1億1566万元となった。

　巴林右旗のGDPにおける第1次産業、第2次産業、第3次産業の割合は1983年に61.6：9.2：29.2だったが、2002年に46.1：24.5：29.5となっている。GDPにおける第3次産業の割合はほとんど変化してないが、D鎮の場合、牧畜業の産業化、卸売兼小売の商売、飲食業、運送郵便事業が

より発展している（『巴林右旗統計年鑑』2004：78-79，117）。2003年に面積が133万3400㎡の乳牛場、乳業場、養殖場、生活サービスなどを含めた「デルソ牧業園区」を建設して、産業化に新しい頁を開いた。同年、中国最大の乳業企業である「蒙牛乳業有限会社」がD鎮に「緑源乳業有限会社」というミルク供給センターを設置し、第3次産業の発展を促した。

　D鎮の郵便事業をみると、その従事者数は1997年に88人だったが、2003年に102人となっており、全旗の同事業に占める割合は1988年に38.8％、2003年に36.2％であり、D鎮は依然として全旗の通信の中心となっている。

　次に、D鎮の交通発達をみる。1995年まではバスが主な交通手段であった。道路建設が進むにしたがい、乗客の運送量は1982年の25万3571人次[113]から2002年の71万人次に達し、1.8倍増加した。乗客取扱量は1982年に1179万人キロメートルから2002年に7668万人キロメートルとなり、5.5倍増加した（『巴林右旗統計年鑑』2003：228）。1995年、内モンゴル自治区政府と中国鉄道部が合資して敷設した集寧―通遼の鉄道線が開通した。その鉄道の赤峰市地域における長さは460kmあり、赤峰市の五つの旗・県、つまり阿魯科爾沁旗、巴林右旗、巴林左旗、克什克騰旗、林西県を経由しており、この五つの旗・県の間の物質交流と人口移動に大きな便宜を図った。D鎮の大板駅はこの五つの旗・県のうち最も大きい駅であり、2003年の乗客は14万8869人次に達している（『巴林右旗統計年鑑』2004：36）。

　情報通信業の発達も顕著であり、全旗の固定電話の使用量は1982年の660戸から、2002年の1万7943戸となり、26.2倍増加した。携帯電話とインターネットは1982年には全くなかったが、2002年にその使用量は1万3500戸と836戸となっている（『巴林右旗統計年鑑』2003：97-98）。家庭電話と携帯電話の使用者の6割がD鎮に集中しており、インターネットの使用者は全てD鎮にいる。商業の状況をみると、福薈寺路中心市場は1980年代末からD鎮の商業中心地となってきて、周辺で卸売兼小売業と飲食業を営む人数は1997年に65人だったが、2003年に80人となった。これらとともに、

113　一定の期間中、複数回同種類の行動を行った人数の総量を回数×人数で算出する方法。

第4章　族際婚姻の政策的背景

D鎮のホテルなどの宿泊施設、観光、不動産業、科学技術サービス業などにも進展があった(『巴林右旗統計年鑑』2004：111-113)。

　このようなD鎮の都市化と産業発展は、中国の都市建設にかかわる「小城鎮発展戦略（小都市発展戦略）」、及び経済開発にかかわる赤峰市の商業誘致政策と密接に関係する。1998年10月12日～14日の中国共産党十五期三中全会で、江沢民の「中共中央関与農業和農村工作若干重大問題的決定（共産党中央委員会の農業と農村工作の重大な問題に関する若干の決定)」という報告を審議して通過させた。その後、「共産党中央委員会・国務院の小都市の健康発展に関する若干の意見（中共中央、国務院関与促進小城鎮健康発展的若干意見)」、「建設部、農業部、国土資源部の郷鎮企業を小都市に集中・発展させる通知（建設部、農業部、国土資源部関与促進郷鎮企業向小城鎮集中発展的通知)」、「小城鎮戸籍管理制度改革試点方案（小都市における戸籍管理制度の改革に関する試案)」など[114]の一連の小城鎮に関する政策、方針を発表して実施した。同年、11月5－7日、赤峰市の中小企業改革会議がD鎮で開かれた。このような国家政策、赤峰市の政策方針のもとで、D鎮は2000年に対外開放委員会を設置し、商業誘致政策を推進した。このような政策的な条件が、D鎮の対外交流を進め、D鎮は人口転入先になったのである。例えば、派出機関の人口管理所でおこなったインタビューによると、これまで厳しかった城鎮における戸籍管理が緩やかになり、投資商業経営者をはじめ、大卒者などの若手人材、農民までも、戸籍取得による「城鎮増容費」（都市の戸籍を取得するために支払う費用）および関連する他の費用を支払わず済むのみならず、増加人口の就職、住宅などの面で政府から支

---

[114] 詳細は傅崇蘭（2003：532-584）参照（「付録1　中共中央、国務院関与促進小城鎮健康発展的若干意見」、「付録2　建設部、農業部、国土資源部　関与促進郷鎮企業向小城鎮集中発展的通知」、「付録3　民政部、中央機構編制委員会弁公室、国務院経済体制改革弁公室、建設部、財政部、国土資源部、農業部　関与郷鎮行政区画調整工作的意見」、「付録4　国土資源部　関与加強国土管理、促進小城鎮健康発展的通知」、「付録5　小城鎮環境規画編制導則（試行）」、「付録6　小城鎮戸籍管理制度改革試点方案」、「付録7　中華人民共和国国務院　村庄和集鎮規画建設管理条例」、「付録8　中華人民共和国建設部令　建制鎮規画管理方法」)。

援を受けたのである。D鎮は、このように外地からの商業者や人材に優遇待遇を与えたのみならず、都市化を促進するため、小城鎮の人口発展を促す政策のもとで、2001年末に牧畜を主とする、人口6931人（モンゴル族51.7%、漢族48.9%）のドゥシ=ソムをD鎮に合併して、D鎮の行政規模を拡大させたのである。

　また、赤峰市は、経済発展と都市化の進行を促進させる一つの方法として、モンゴル語の使用や「草原文化節」などを活かして、地域間の交流、経済的協力、商業の発展を促す方針もとってきた。例えば、1987年8月、赤峰市全域の初めてのナーダム祭りが巴林右旗大板鎮（D鎮）で5日間開かれ、全国からの観光客は多い時には1日5万人に達した（孫暁雷 1999：421）。さらに、2000年から、毎年7月、8月ごろD鎮で「巴林文化節（巴林文化祭）」、「巴林石節（巴林石祭）」を開いて、モンゴル族の伝統的ナーダム祭りと巴林石展示会、民族ファッション公演などを行ってきた。このことは、経済発展と民族文化の復活を一体化させてきたものである。

　本項の内容をまとめてみると、H都市部とD鎮では、国家及び地方政策の下で第2次、第3次産業、交通網と通信手段、対外交流が進み、都市化が進行してきた。したがって、これらは前述の第2章第2節第1項（表16、図14、表17、図15）に示した族際婚姻の地域差、つまりS郷やBソムと比べて、H都市部・D鎮における族際婚姻数が多く、族際婚姻率も高くなった社会的条件でもあると考えられる。

　第2項　人口移動と民族人口

　本項では、都市化のもう一つの重要なプロセスと結果となる人口移動について述べた上で、国家政策や地方政策に影響された調査地における人口の民族構成の変化を述べる。

　前項で述べた都市化の進行にともない、H都市部とD鎮で人口移動や人口集中が進んできた。以下、表36にこの二ヶ所の人口の社会増加（人口の転入と転出による人口増加）を示す（人口の社会増加率にかかわる人口総数は

表36　H都市部とD鎮における人口の社会増加

(単位：人)

年	H都市部の人口の社会増加			D鎮の人口の社会増加		
	転入	転出		転入	転出	
1995	12,435	9,747	2,688	1,417	305	1,112
1996	18,771	12,681	6,090	784	368	416
1997	15,439	10,213	5,226	1,410	342	1,068
1998	19,777	12,784	6,993	1,942	1,448	494
1999	13,744	11,665	2,079	990	447	543
2000	15,913	14,841	1,072	3,830	479	3,351
2001	15,514	13,227	2,287	3,647	655	2,992
2002	18,366	15,223	3,143	9,949	736	9,213
2003	14,690	18,195	-3,505	2,985	679	2,306
2004	13,765	14,570	-805	3,019	703	2,316

(出所：H都市部とD鎮の民政局が提供したデータにより)

表39、表40に示す)。

　表36から明らかなように、H都市部とD鎮は人口の転入と転出が多いとともに、人口の社会増加も多い。しかし、この二ヶ所では時期による推移に規則性が見られない。

　H都市部では、1995年の総人口は25万9582人だった。同年の転出者と転入者は他の年より少なく、転入は1万2435人（転入割合は4.8％）、同年の転出は9747人（転出割合は3.8％）、同年の人口の社会増加は2688人（社会増加率は1.0％）である。また、1998年に総人口は28万7461人であったが、転入者が他の年より多く1万9777人となり（転入割合6.9％）に達し、同年の社会増加は6993人（社会増加率は2.4％）となった。2003年に総人口は30万3047人となっているが、転出者が他の年よりも多く1万8195人（転出割合6.0％）となった。同年の社会増加は－3505人（社会増加率は－1.2％）となった。

D鎮の場合、1995年に総人口は３万3673人だったが、転出者は最も少なくて305人（転出率は0.9％）、同年の人口の社会増加は1112人（社会増加率は3.3％）である。1998年に総人口は３万6685人だったが、転出者は最も多くて1448人（転出率は3.9％）である。同年の人口の社会増加は494人（社会増加率は1.3％）である。2002年に総人口は５万4501人だったが、転入者が最も多くて9949人（転入率18.3％）となった。同年の社会増加は9213人（社会増加率は16.9％）だった。これは、上で言及したドゥシ＝ソムをD鎮に合併した城鎮建設の結果であることが明らかである。2000年に総人口は４万1631人であったが、転入者数をみると二番目に多く3930人（転入率は9.2％）となった。同年の社会増加は3351人（社会増加率8.0％）となった。

　表36から、H都市部の転入、転出の人口流動者数は10年間にわたってD鎮よりも多いが、その割合をみると、H都市部では多い年でも７％に達してない（1998年6.9％、2003年6.0％）のに対して、D鎮では2000年に8.0％に達している。1995年に、一部の鉄道敷設関係者が戸籍を取得した以外に、多くの鉄道敷設関係者が1996年の転入者を含めて、一括して1997年に戸籍を取得したため、1996年の転入者が1995年よりも少なくなった。H都市部もD鎮も最近の10年では、人口移動が増加してきたことがわかる。

　高等教育も人口移動にかかわる。H都市部では、1977年10月にジョーオド農牧学校が（孫暁雷 1999：355）、1978年12月にはジョーオドモンゴル族師範専科学校が（孫暁雷 1999：360）、1979年４月にはジョーオド盟教育学院が開校した（孫暁雷 1999：361）。1998年、中国全国で大学、学院、専門学校などの生徒募集の規模を拡大させたため、赤峰市の教育・文化の中心地であるH都市部の赤峰学院、教育学院、農牧学院、医学専門学校なども募集数を増やした。また、同年に開かれた郷鎮企業会議、頻繁に開かれた人材交流会などを通じて、赤峰市は、国営企業を危機から救い、対外開放の環境建設を強化するため、商業を誘致し大学卒業生などの若手人材の故郷（赤峰）での就職を奨励したことが、H都市部の人口増加に寄与したと考えられる。同時に、赤峰市からも4555人の大学生を自治区内外の大学へ送り出したことが、同年のH都市部の人口転出にも寄与した。1999年から

大学生は戸籍移動をしないようになったので、進学による戸籍上の人口移動は少なくなってきた。

　D鎮の場合、1998年に大学生など約1000人が転出したため、同年の人口転出が多かった。また、商業誘致、人材開発、小城鎮建設などの進行により、1999年以降、人口転入が増加してきた。特に、2000年2月19日と2月28日～3月8日の二回、北京で巴林石展示会が開かれ、また、同年7月2日、集寧─通遼鉄道のD鎮とフフホトの間に旅行列車が増発されたことが、D鎮と外部の交流を進め、その年の人口移動を促進したと考えられる。さらに、小城鎮発展を促進するため、2001年末にドゥシ=ソムがD鎮に合併された。このため、2002年のD鎮の人口転入が多くなった。

　2002年に中国の各大学で入学生の多くが卒業し、人材誘致政策も実施されたことが、H都市部とD鎮の転入者の増加に寄与したと考えられる。また、2003年、H都市部より西方に建設された赤峰市の新城区の住宅小区、小中学校、政府機関などが利用され始め、H都市部から新城区へ多くの移住者が現れたため、H都市部の人口転出が多くなり、その傾向が2004年にも続いている。これも都市化が進行し、都市部が拡張した結果である。

　次に、赤峰市三区と調査地の人口密度を表37に示し、H都市部とD鎮では人口の転入と転出が多いのみならず、人口も集中しつつある都市化の情況を明らかにする。

表37　調査地の人口密度

（単位：人／km²）

年	1997	1998	1999	2000	2001	2002	2003
松山区	89	90	91	92	92	93	93
元宝山区	311	320	326	341	342	344	346
H都市部	1,629	1,712	1,747	1,908	1,915	1,905	1,931
D鎮	341	349	360	396	428	106	111
S郷	51.1	51.3	51.9	52.0	52.8	53.9	55.2
Bソム	2.4	2.5	2.5	2.6	2.6	2.6	2.6

（出所：松山区・元宝山区・H都市部の数字は各年の『赤峰市統計年鑑』により、ほかの数字は筆者が調査した統計データにより作成）

表37から、H都市部は赤峰市の三区、及び四つの調査地のうち、人口密度が最も高いところであり、かつそれが徐々に増加してきたことがわかる。H都市部の人口密度は1990年に1380人／km²だったが、2003年に1931人／km²となっている。これは、第１項で述べた第２次・第３次産業、交通発展、生活の便利化、情報と通信の発展と密接に関係している現象と考えられる。D鎮の場合、H都市部と同時期に城鎮建設を進め、商業誘致などの方針をとってきたため、現在「（モンゴル）民族的特徴」をもった小都市となっており、都市化がいまも進んでいる。D鎮の人口密度は1986年に162人／km²だったが、2001年428人／km²となった。2002年には、面積が110km²あるドゥシ=ソムをD鎮に合併したため低下したが、その後徐々に回復し、増加して2004年に116人／km²となった。

　この二ヶ所と比較すると、S郷とBソムの人口密度は低く、ほとんど変化していないといえる。しかしながら、S郷の人口密度はBソムの20倍以上となっている。これは、牧畜地域と比べて農耕地域の人口密度が高いことを表している。以下、S郷とBソムの人口の社会増加を表38に示し、この二ヶ所では都市化が進行しておらず、人口移動も少ない情況を述べたい（人口の社会増加率にかかわる人口総数を表41、表42に示す）。

　表38が示すように、2002年にS郷（総人口は２万436人）の転入が最も多く、180人（転出率0.9％）であり、同年の人口の社会増加が145人（社会増加率0.7％）であった。1996年（総人口は１万9268人）に人口の転出が最も多く、191人（転出率1.0％）であった。同年の人口の社会増加が－90人（社会増加率－0.5％）であった。S郷の戸籍管理者のインタビューによると、1996年の転出の中では出稼ぎの若者、進学者、結婚による転出が多く、2002年の転入者のうち、大学、専門学校の卒業生、出稼ぎ、結婚による転入が多かったという[115]。

　Bソムの場合、人口の転入と転出が多かったのは2002年であり、それが近似する数値であったため、同年に人口の社会増加が最も低くなったので

115　S郷派出所のZ氏（漢族、男性）のインタビュー。

第４章　族際婚姻の政策的背景

表38　Ｓ郷とＢソムにおける人口の社会増加

(単位：人)

年	Ｓ郷の人口の社会増加 転入	転出		Ｂソムの人口の社会増加 転入	転出	
1995	84	145	-61	23	12	11
1996	101	191	-90	19	25	-6
1997	79	111	-32	21	13	8
1998	75	89	-14	13	12	1
1999	110	58	52	24	35	-11
2000	123	119	4	42	45	-3
2001	18	80	-62	23	39	-16
2002	180	35	145	51	48	3
2003	82	30	52	26	15	11
2004	77	45	32	44	19	25

(出所：Ｓ郷とＢソムの民政局が提供したデータにより)

ある。すなわち、2002年（総人口は7605人）に転入者51人（転入率0.7％）、転出者は48人（転出率0.6％）、同年の人口の社会増加は３人（社会増加率0.04％）であった。Ｂソムの戸籍管理者のインタビューによると、2002年の転入者の多くが、大学などの卒業生であり、転出の多くが転職と結婚による者であったという。しかし、それはＢソムのほかの調査年と比較すると少し高かったが、Ｓ郷に比べると、実数は少なかったという[116]。

　表37と表38から、Ｓ郷はＢソムより人口密度が高く、人口移動も多いことがわかる。これは、Ｓ郷は農耕地域であり、交通もＢソムより便利であることによるものである。例えば、1978年に開通した北京―通遼の鉄道線が、Ｓ郷の西側の七道湾子、烏蘭召、安家胡通等の村を通っており、また、赤峰市、新恵鎮などへ、毎日往復８便のバスが運行している。Ｂソムは阿

---

[116] Ｂソム派出所のＢ氏（モンゴル族、男性）のインタビュー。

155

魯科爾沁旗の北部の山地に位置し、多いときに毎日往復2便のバスが旗政府の所在地である天山とBソムの間で運行しているのみである。

表36、表37、表38から、交通の発展と都市化がH都市部とD鎮の人口移動及び人口の社会増加を促していることが明らかになった。S郷とBソムでは、都市化が進行していないため、人口移動は少なく、人口密度も低いが、この二ヶ所を比較すると、農耕地域は牧畜地域より人口密度が高いことがわかる。

最後に、表39から42に調査地の1995年から2004年の人口変化、及び民族人口の変化を示す。

上の表39～42の示すように、H都市部、D鎮、S郷に共通して、モンゴル族の人口割合が徐々に増加し、漢族の人口が徐々に減少してきた。このような傾向にかかわる要因として、本書の第1章第3節第2項で述べた民族の人口割合の変化と、本章の第1節に述べた一人っ子政策、少数民族優遇政策が挙げられる。モンゴル族は漢族と比べて複数の子供をもうけることができるから、人口割合は漢族より高くなりうる。さらに、本章の第1節に述べた民族所属の変更／回復が調査地のモンゴル族の人口増加に寄与したためである。

表39～42の示すもう一つの傾向は、人口総数が高い順にH都市部、D鎮、S郷、Bソムとなっていることである。これは、四つの地点それぞれの行政規模の違いや生業形態の特徴に関係するものである。つまり、H都市部は旗（県）レベルの行政単位であり、赤峰全域の経済・政治・文化の中心地であり、都市化が進行したところであり、人口規模もこの四つのうち最も大きい。D鎮、S郷、Bソムは区・旗・県の下位に位置する同レベルの行政単位であるが、D鎮は都市・農耕・牧畜を結合した小都市であるため、S郷とBソムより人口の母数が多い。S郷は農耕地域であり、交通もBソムよりも便利であり、人口数はBソムよりはるかに上回る。Bソムは牧畜業を中心として営み、交通が不便であるため人口移動もより少ない。

以上から、国家政策と地域政策、及びこの二つの政策による都市化の影響で、調査地の人口の民族差と地域差が生じたことが明らかになった。ま

第4章　族際婚姻の政策的背景

表39　H都市部（1995～2004年）における民族人口の変化

（単位：人、（　）内は％）

年	モンゴル族	漢族	その他の民族	総人口
1995	33,208（12.8）	201,223（77.5）	25,151（9.7）	259,582（100.0）
1996	37,342（13.9）	207,196（77.1）	24,111（9.0）	268,649（100.0）
1997	40,274（14.5）	211,429（76.1）	26,051（9.4）	277,754（100.0）
1998	43,407（15.1）	217,231（75.6）	26,823（9.3）	287,461（100.0）
1999	45,227（15.5）	219,329（75.2）	27,230（9.3）	291,786（100.0）
2000	45,794（15.5）	222,396（75.3）	27,152（9.2）	295,342（100.0）
2001	47,787（15.9）	224,443（74.8）	27,647（9.2）	299,877（100.0）
2002	49,498（16.2）	227,356（74.5）	28,239（9.3）	305,093（100.0）
2003	49,554（16.4）	225,358（74.4）	28,135（9.3）	303,047（100.0）
2004	50,135（16.5）	226,061（74.4）	27,640（9.1）	303,846（100.0）

（出所：H都市部の民政局が提供したデータにより筆者が作成）

表40　D鎮（1995～2004年）における民族人口の変化

（単位：人、（　）内は％）

年	モンゴル族	漢族	その他の民族	総人口
1995	12,877（38.2）	19,568（58.1）	1,228（3.6）	33,673（100.0）
1996	13,183（38.3）	19,988（58.1）	1,215（3.5）	34,386（100.0）
1997	13,406（37.4）	21,124（58.9）	1,321（3.7）	35,851（100.0）
1998	14,381（39.2）	20,965（57.1）	1,339（3.6）	36,685（100.0）
1999	14,927（39.5）	21,519（57.0）	1,336（3.5）	37,782（100.0）
2000	16,089（38.6）	24,100（57.9）	1,442（3.5）	41,631（100.0）
2001	17,321（38.6）	26,112（58.1）	1,497（3.3）	44,930（100.0）
2002	22,196（40.7）	30,673（56.3）	1,632（3.0）	54,501（100.0）
2003	23,470（41.0）	32,032（56.0）	1,681（2.9）	57,183（100.0）
2004	24,508（41.1）	33,089（55.5）	1,980（3.3）	59,577（100.0）

（出所：D鎮の派出所が提供したデータにより筆者が作成）

表41　S郷（1995～2004年）における民族人口の変化

（単位：人、（　）内は％）

年	モンゴル族	漢族	その他の民族	総人口
1995	4,024（20.9）	14,973（77.8）	248（1.3）	19,245（100.0）
1996	4,008（20.8）	15,010（77.9）	250（1.3）	19,268（100.0）
1997	4,022（20.8）	15,071（77.9）	254（1.3）	19,347（100.0）
1998	4,052（20.8）	15,128（77.8）	265（1.4）	19,445（100.0）
1999	4,132（21.0）	15,261（77.6）	273（1.4）	19,666（100.0）
2000	4,135（21.0）	15,324（77.7）	263（1.3）	19,722（100.0）
2001	4,332（21.7）	15,400（77.0）	268（1.3）	20,000（100.0）
2002	4,490（22.0）	15,674（76.7）	272（1.3）	20,436（100.0）
2003	4,689（22.4）	15,975（76.3）	273（1.3）	20,937（100.0）
2004	5,960（23.6）	15,998（76.1）	265（1.3）	21,000（100.0）

（出所：S郷政府弁公室が提供したデータにより筆者が作成）

表42　Bソム（1995～2004年）における民族人口の変化

（単位：人、（　）内は％）

年	モンゴル族	漢族	その他の民族	総人口
1995	6,345（92.0）	538（7.8）	13（0.2）	6,896（100.0）
1996	6,430（92.0）	548（7.8）	13（0.2）	6,991（100.0）
1997	6,562（92.0）	557（7.8）	13（0.2）	7,132（100.0）
1998	6,600（90.7）	563（7.7）	13（0.2）	7,276（100.0）
1999	6,783（92.1）	572（7.8）	13（0.2）	7,368（100.0）
2000	6,881（92.1）	577（7.7）	13（0.2）	7,471（100.0）
2001	6,945（92.2）	578（7.7）	12（0.2）	7,535（100.0）
2002	7,015（92.2）	578（7.6）	12（0.2）	7,605（100.0）
2003	7,122（92.3）	579（7.5）	12（0.2）	7,713（100.0）
2004	7,225（92.3）	587（7.5）	12（0.2）	7,824（100.0）

（出所：Bソム政府弁公室が提供したデータにより筆者が作成）

た、このような調査地の人口の情況が、第2章第1節第1項、第2項（図3、図4）に提示したモンゴル族の族際婚姻率が漢族より高い情況にある民族差の実態と、第2章第2節第1項（表16、表17）に提示した族際婚姻の実数と割合が高い順にH都市部、D鎮、S郷、Bソムとなっている地域差の実態形成に影響を及ぼしたことも明らかとなった。

第3項　婚姻登録方法の変更

調査地の婚姻登録数値の変化を検討するに当たり、一つの人為的要因として、婚姻登録方法の改変は無視できない。これもまた一つの社会的要素といえるが、都市化などと異なるところは、それが民政局に属する婚姻登録処の管理範囲の改変であり、特定の地域の婚姻数値が変化したと言うよりも、特定の婚姻登録処の管理範囲が伸縮した結果であると言ったほうがより正しい。しかし、婚姻登録処の登録書の中では、管理範囲の変化前と変化後のデータが混合して区別しにくくなっている。このような管理範囲の改変によって、婚姻データ及び族際婚姻のデータに急速な増加か減少を起こすことは当然である。

H都市部の場合、2004年4月、紅山区（H都市部）周辺の二つの鎮と一つの郷（紅廟鎮、橋北鎮、城郊郷）の婚姻登録所を紅山区婚姻登録処に合併したため、少なくとも500カップルの婚姻登録が増加した。この婚姻登録処の管轄範囲の拡張が、第3章第3節第2項で述べた漢族の慣習、いわゆる「寡婦年」の噂とあいまって、H都市部の婚姻実数の増加（表43：2003年から2004年にかけて、2586－1685＝＋901カップル）を促進したのである。

D鎮の場合、民政局が婚姻登録の方法を二度も改めている。1997年、婚姻登録の一括管理のために、D鎮周辺の各ソム（10ソム）の婚姻登録をD鎮でまとめて行なう方針をとった。しかし、それは一年間実施されたのち、「民衆の経済負担（ソムの婚姻登録者がD鎮に来る際の交通費などの負担）を減らす」理由で1998年に中止された。また、このような婚姻登録範囲の拡張が、1995年から1997年までの鉄道関係者の人口転入と同時に起こったた

め、D鎮の人口増加（表36：人口の社会増加は、1996年6090人、1997年5226人）と婚姻数値（図44：1996年から1997年にかけて1061－628＝＋433カップル）に顕著な影響を及ぼした。二度目は、2004年から再び婚姻登録の一元的管理を実施し、巴林右旗の16のソム・郷・鎮の婚姻登録をD鎮の婚姻登録処でまとめて行なうことになった。これが、2000年以降進行したD鎮の都市化、商業発展ともあいまって婚姻数値の変化に影響してきた（図44：2003年から2004年にかけて1173－1005＝＋168カップル）。このようにH都市部とD鎮の婚姻登録方法の変更が直接婚姻データに影響を及ぼした。

ちなみに、中国では2007年から婚姻登録のコンピュータ管理とネットワーク化を強化した。調査地も例外ではない。さらに、郷・ソムすべての婚姻登録所を鎮・旗に統一させて、婚姻登録の一括管理をさらに進める方向へ向かっている。婚姻登録に与える政策の影響は、今後も婚姻研究に無視してはならない社会的要素となることを示している。

本節では、国家政策のもとで実施された地方政策とそれの族際婚姻に対する影響について述べた。H都市部とD鎮では、産業や交通網が発展し、人口流入による人口集中が進み、対外交流が進行して、都市化が進んできた。これらは、また国家の人口政策と民族政策とも関連して、調査地のモンゴル族人口を増加させてきた。これらが、この二ヶ所の族際婚姻の数（割合）を他の地域より増加させた地域社会の条件や環境であり、族際婚姻の数（割合）の推移を促進した。また、この二ヶ所では、行政区分と婚姻登録方法の変更が行なわれ、族際婚姻の数（割合）に変化を起こした。

第3節　族際婚姻と政策的背景

本節では、調査地の婚姻実数の変化を提示したうえで、政策的要素がいかに族際婚姻の実態に影響したかを分析する。

次の表43（図25）には調査地の婚姻登録数の推移を示す。

第4章 族際婚姻の政策的背景

表43 婚姻合計数の推移

(単位:カップル)

年	H都市部	D鎮	S郷	Bソム
1995	2,477	570	87	54
1996	2,431	628	70	115
1997	2,258	1,061	73	87
1998	2,224	709	60	83
1999	2,452	613	86	99
2000	1,929	680	81	114
2001	1,550	573	71	51
2002	1,537	868	75	66
2003	1,685	1,005	91	67
2004	2,586	1,173	110	78

(出所:各調査地の婚姻登録機関の提供した統計により作成)

図25 婚姻合計数の推移

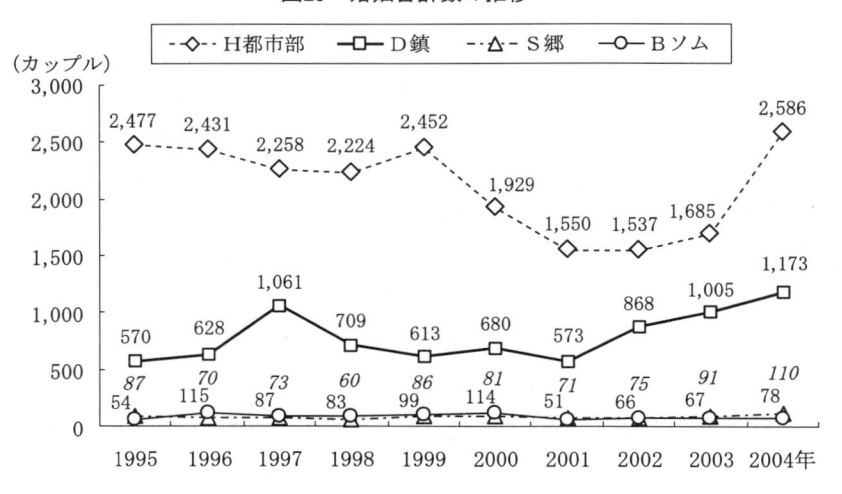

(カップル)

- ◇- H都市部 - □- D鎮 - △- S郷 - ○- Bソム

年	H都市部	D鎮	S郷	Bソム
1995	2,477	570	87	54
1996	2,431	628	70	115
1997	2,258	1,061	73	87
1998	2,224	709	60	83
1999	2,452	613	86	99
2000	1,929	680	81	114
2001	1,550	573	71	51
2002	1,537	868	75	66
2003	1,685	1,005	91	67
2004	2,586	1,173	110	78

表43（図25）の示す通り、H都市部の婚姻合計数における顕著な変化は、2000年に前年より523カップル減少し、2004年に前年より901カップル増加したところである。10年間の中で婚姻登録数が比較的に高かったのは、1999年と2004年である。D鎮で顕著な変化があったのは、1997年に前年より433カップル増加し、1998年に352カップル減少したところである。10年間の中で婚姻登録数は比較的に高かったのは、1997年と2004年である。S郷では、1999年に前年より26カップル増加し、2004年は前年より19カップル増加した。10年間の中で婚姻合計数が比較的に高かったのは、2003年と2004である。Bソムでは、1995年に前年より61カップル増加し、2001年に前年より63カップル減った。10年間の中で婚姻合計数が比較的に高かったのは、1996年と2000年である。

第1項　族際婚姻の民族差との関連

　第2章第1節第1項の図4に示したモンゴル族の族際婚姻率と図5に示した漢族の族際婚姻率を比較してみると、地域別の族際婚姻率は、Bソムだけが10年間にわたって漢族の族際婚姻率がモンゴル族より遥かに高く、7倍（2004年）から19倍（1999年）となっている。これに対して、H都市部、D鎮、S郷では、10年間にわたってモンゴル族の族際婚姻率の最も低い数値は漢族の最も高い数値よりも高くなっている。
　このような族際婚姻率の民族的・地域差は、民族所属の変更、民族の人口割合の変化に起因するものである。
　まず、本章の第2節の表39から表42に示したように、民族の人口割合は、赤峰市全域及び調査地のH都市部、D鎮、S郷では漢族がマジョリティ、モンゴル族がマイノリティとなっている。族際婚姻者数は婚姻登録を行った人数であるため、モンゴル族と漢族のそれぞれの族際婚姻者数は等しい。その人数をもって、モンゴル族と漢族のそれぞれの婚姻登録者総数に占める割合を算出する際に、マイノリティ側の割合がマジョリティ側より高くなることが考えられる。そのため、漢族がマイノリティとして混住してい

るBソムでは、漢族の族際婚姻率がモンゴル族より高くなっている。これは、調査地の民族の人口割合という社会的環境が族際婚姻に影響を及ぼしたことを表している。すなわち、調査地ではモンゴル族は少数であるため、族際婚姻率が高くなっている。

　次に、本章の第1節で述べた少数民族優遇政策や計画生育政策に連係した民族所属の変更／回復が、族際婚姻の民族差を生じさせた重要な要素である。1982年から1990年の間、調査地のH都市部、D鎮、S郷では多くの漢族が民族所属を変更／回復してモンゴル族となった。このことが、モンゴル族の族際婚姻率を高める原因となった。

　第2章第1節第1項の図4と図5に示したように、H都市部、D鎮、S郷のすべての年において、モンゴル族の族際婚姻率が漢族のそれより高いことと、表16（図14）と表17（図15）が示したH都市部、D鎮、S郷における族際婚姻の実数と割合が、全ての調査年にわたってBソムよりも高い傾向を表したことは、本章の第1節第3項で述べたように、H都市部、D鎮、S郷のモンゴル族の中に多くの漢族が混じっていることとも関係すると考えられる。筆者がH都市部、D鎮、S郷で調査中観察したところ、それら民族所属の変更後に誕生したモンゴル族は、戸籍登録上のみのモンゴル族となっており、日常生活の中では漢族として生きている人が多いことがわかった。そのようなモンゴル族の若者たちは、漢族と文化的、心理的相違がほとんどなく、族際婚姻を成立させるのに抵抗感が少ないと考えられる。その人たちの族際婚姻は、実は漢族同士の婚姻だが、戸籍登録上は族際婚姻となるためモンゴル族の族際婚姻の実数と割合の増加を促すものとなるのである。

　筆者の調査により、D鎮の婚姻登録所の2003年、2004年における婚姻登録者のうち、約3割が民族所属の変更者のモンゴル族と漢族の婚姻であった。この族際婚姻者は、1990年以前の民族所属変更である。つまり、1990年以前おこなわれた民族所属変更が今日のモンゴル族と漢族の族際婚姻の増加を促していることが明らかである。

　民族所属の変更者の事例を挙げてみると、

○　H都市部の民族所属変更者のL氏（男性）

「私のお祖母さんがモンゴル族だったため、1988年、高校1年生のときに、漢族からモンゴル族となった。そのため、大学入試に20点を優遇されて財政大学に入って、就職のときにも優先的に選抜されたのである。これは、自分の努力と漢族からモンゴル族に変えた政策のおかげだ。」

○　D鎮の政府機関のY氏（男性）

「姑父（おじさん：父の妹の夫）がモンゴル族であったため、1987年にモンゴル族となった。正直にいうとモンゴル族でなかったら今日の局長の地位もなかったかもしれない。モンゴル族となってよかった。」

○　S郷の民族所属変更者のX氏（男性）

「私の伯母さん（お父さんの兄の妻）がモンゴル族だったため、1982年に親戚兄弟と一緒にモンゴル族に変更した。私は『82年のモンゴル族』である。モンゴル族であれば、子供を二人もつくることができるし、将来、子供の進学、就職にも役に立つためであった。そういえば、私の息子は同級生の漢族の女の子と婚姻して族際婚姻となった。」

　上の三人の民族所属変更者のインタビューから、漢族が抱く、子供を多くつくろうという希望と進学・就職・昇進などにおける優遇政策により得られる利益が動機となって、モンゴル族という民族所属が一部の人に受け入れられ、戸籍上のモンゴル族の人口が激増し、それが現在の族際婚姻の数値にも反映されている現状が明らかとなった。このように族際婚姻に関連して実施された民族所属の変更／回復が、また族際婚姻を促進していることを反映している。

　現在、調査地の都市や農耕地域におけるモンゴル文化の変化などに加え、婚姻登録者が民族所属の変更者かどうかを判断しにくくなっている。これに関して婚姻登録員のインタビューを挙げてみる。

○　H都市部の婚姻登録員Z氏（漢族、女性）

「現在、都市の若者の言語、名前、振る舞いなどをみて、モンゴル族か漢族かを区別できなくなっているうえ、1990年以前、民族変更者が

多かったため、本当のモンゴル族と変更後のモンゴル族がまったく区別できなくなっている。」

その一例として、Z氏は自分自身のことを「私の両親はモンゴル族であるが、私は漢語学校に通い、職場でもモンゴル語を使う必要がなかったため、現在片言のモンゴル語しか話せない」という。

○　S郷の登録員D氏（モンゴル族、男性）

「うちの郷の若者たちはわれわれの世代と違ってモンゴル語を話せる者は一人もいない。また、婚姻登録と民族は関係ないため、今まで、登録者に、もともとモンゴル族か変更したモンゴル族かを聞いたことはない。」

S郷の場合、2004年に婚姻登録を行った族際婚姻者のモンゴル族（20人）について調べた結果、4人が1982〜1983年の間に両親が民族所属を変えた後にモンゴル族となった人であり、このような人が同年の族際婚姻の20％を占めている。

このことから、1980年代の民族所属変更は、現在もS郷の族際婚姻に影響を及ぼしていることがわかる。

Bソムの場合、モンゴル族の中に民族所属変更者がほとんどいない上に、モンゴル族の人口割合がきわめて高いため、モンゴル族の族際婚姻率が低く、漢族の族際婚姻率が高くなっている。しかし、第2章第1節第1項の図5に示したBソムの漢族の高い族際婚姻率を、表15（図13）に示したBソムにおける漢族の族内・族際婚姻率と関連づけてみると、漢族の婚姻登録者数は10〜19人の間、族際婚姻者数は2〜6人の間であり、実数としては少ないが、割合が高い。

族際婚姻率の民族差、族内・族際婚姻率の差異をみると、第2章第1節第3項の表8（図6）で示したように、H都市部に限ってモンゴル族の族際婚姻率が族内婚姻率よりも高くなっている。これは、他調査地に比べモンゴル族の中に民族所属変更者が最も多かったこと、及び都市においてモンゴル族が漢族との文化的な差を縮めたこと、更に都市化がモンゴル族と漢族の生活様式や民族習慣の差を小さくしたためであると考えられる。

族際婚姻率の民族差、時代的推移をみると、第2章第1節第1項の図4が示したようにモンゴル族は2000年に、図5が示したように漢族は1999年に、四つの地域にわたって、族際婚姻率が同時に増加した。このような傾向が現れたことには、1999年と2000年頃、赤峰市全域にわたって観光と民族伝統の復活、郷鎮企業を発展させる方針が主流となり、族際婚姻を増加させる環境となったと考えられる。

　本項で述べたことをまとめると、調査地の都市化の進行と民族所属の変更は、族際婚姻の実態の民族差と時期による推移に影響を及ぼしてきた。H都市部とD鎮の族際婚姻実数（割合）がS郷とBソムより多い（高い）ことは都市化の影響を受けたことにより、モンゴル族の族際婚姻率が漢族より高いことはモンゴル族の中に数多くの漢族からの民族所属の変更者が含まれるからである。

　　第2項　族際婚姻の地域差との関連

　第2章第2節第1項の表16（図14）に示したように、族際婚姻の実数は多い順にH都市部、D鎮、S郷、Bソムとなっている。また、表17（図15）に示したように、族際婚姻率は1995年から2002年まで、高い順にD鎮、H都市部、S郷、Bソムとなっており、2003年から2004年までは、高い順にH都市部、D鎮、S郷、Bソムとなっている。次に、族際婚姻の実数と割合の変化の度合いをみると（表16、図14、表17、図15）、H都市部では最も大きく、D鎮ではH都市部よりは小さいが、S郷とBソムよりは大きい。

　このようなはっきりとした族際婚姻率の地域差は、第2章で述べた都市化により、モンゴル族と漢族の生活的・文化的な差が縮まったこと、本章の第1節で述べた民族所属変更、第2節で述べた交通発展、人口移動、都市化の進行、婚姻登録方法の改変、行政区分の拡張などの諸要素が総合して影響した結果であると考えられる。H都市部とD鎮のモンゴル族の中に民族所属変更者が多く含まれていることが、族際婚姻の実数と割合の増加を促したと同時に、族際婚姻の民族差と地域差の拡大を促した一つの人為

的、社会的要因である。また、都市化した空間と環境が、モンゴル族と漢族の文化、生活習慣の差異を縮めたことも族際婚姻の実数と割合の増加を促した。その上に、交通が便利で、人口移動が多く、文化施設の設置が進み、産業発展も著しいことが、族際婚姻の数値の推移を激化させた。これは、都市と鎮の族際婚姻が、農耕地域と牧畜地域よりも社会的要素に強く左右されることを表している。

　次に、第2章第2節第1項の表16（図14）と表17（図15）にみられた族際婚姻の実数と割合が顕著に変化したいくつかの年を挙げてみる。H都市部では1998年と2001年に族際婚姻の実数と割合が前年に比べて低い数値を示した。この傾向の理由を探るために、この2年間の他の数値に関連づけてみる。図4、図5、表8（図6）、表12（図10）からわかることは、モンゴル族と漢族の族際婚姻率が同様に減少し、族内婚姻率が増加している。また、本章の第2節第2項の表36からわかるように、1998年はH都市部の転入者が1万9777人、転出者が1万2784人で、人口の社会増加が6993人となり10年間では最も多かった。同様に2001年に、転入者が1万5514人、転出者が1万3227人、人口の社会増加が2287人であった。これらから、H都市部の1998年と2001年の人口移動の中では、結婚適齢期の転出者が多かったために、族際婚姻の実数が減少したのではないかと推論する。

　これと正反対に、第2章で明らかにした族際婚姻の実態のうち、表16（図14）と表17（図15）からわかるように、2003年に族際婚姻の数と族際婚姻率が激増した。また、図4、図5、表8（図6）、表12（図10）が示す通り、H都市部のモンゴル族と漢族の族際婚姻率も同年に激増した。人口変動をみると、2003年にH都市部の転入者は1万4690人、転入者は1万8195人、これにより人口の社会増加は－3505人だった。これらから、2003年のH都市部では、結婚適齢期の転出者が少なかったため、族際婚姻の実数も割合も激増したではないかと推論する。しかし、人口の社会増加がマイナスとなった2003年と、社会増加が最も少なかった2004年に婚姻の総数が増加している。これは、1998年に始まった各大学の生徒募集範囲が拡張した結果として、2002年以降卒業生が増加し、その上、赤峰市の改革開放による若

手人材の里帰りを奨励したことが、2003年の婚姻者総数の増加を促進したと考えられる。また、婚姻登録処でのインタビューによると、2003年の1685カップルのうち約80カップルが、H都市部以外の人との婚姻であった。つまり、2003年の婚姻合計数の増加には、婚姻者のうち、H都市部以外の人と登録した人が多かったことが関係すると考えられる。それに関する婚姻紹介所の人の話によると、「女性の学歴重視、都市と農村の経済の差異、旗・県の人の都市生活への憧れ」と関係するという[117]。以上から、赤峰市が大学卒業生を誘致する政策をとったこと、都市と田舎の格差、女性の学歴などが、H都市部の族際婚姻の増加を促進したと考えられる。

　D鎮の族際婚姻の実数と割合の変化はH都市部より緩やかであるが、1997年に顕著な変化が生じた。表16（図14）が示す通り、H都市部の族際婚姻の実数が前年の174カップルから97カップル増加して271カップルとなった。表17（図15）が示す通り、族際婚姻率が前年の27.7％から2.2ポイント減少して25.5％となった。図4と図5からわかることは、モンゴル族と漢族それぞれの族際婚姻率が1997年に減少した。また、表20（図18）によると、1997年、D鎮の婚姻合計数は前年の628カップルから433カップル増加して、1061カップルとなった。つまり、1997年のD鎮では、婚姻者総数と族際婚姻者数が同時に増加したが、それとともに族内婚姻者数が族際婚姻者数よりも多く増加したため、族際婚姻率の増加が緩やかとなった。

　このような複雑な変化傾向が生じたのは、1997年の婚姻登録の一貫的管理による登録範囲の拡大、及び鉄道関係者の漢族が多く転入したからである。1994年から1997年の間の人口増加を見ると、1994年は2万4954人だったが、1997年に3万5851人となり、1万897人増加した。そのうち転入・転出による社会増加は1万18人で、人口増加の92.9％を占めていた。また、公安派出所の統計によると、当時の社会増加の中に、漢族人口の増加が約8割を占めていたのみならず、鉄道関係者の人口増加が1000人ほどあった

117　H都市部のL氏（漢族、女性）のインタビュー。

という[118]。これらの現象が、婚姻合計数、漢族内婚姻数、モンゴル族内婚姻数、族際婚姻数が同時に増加したことと密接に関係すると考えられる。D鎮の婚姻登録書を確認した結果、1997年の族際婚姻者の中に、1995年から1997年の間に移住してきた漢族は9.8％にすぎなかった。混住する民族それぞれの人口と婚姻数が増加すれば族際婚姻率も増加するとは必ずしも言えない。

H都市部やD鎮と異なり、S郷とBソムでは、交通や通信があまり発達しておらず、人口移動が少なく、都市化も進まず、行政区分、婚姻登録方法の変更もほとんどない。そのため、S郷とBソムの族際婚姻が社会的、人為的要素にあまり影響されず、族際婚姻の実数と割合が緩やかに変化してきた。しかし、S郷のモンゴル族の中に漢族からモンゴル族となった民族所属の変更者が多かったことが原因で、S郷の族際婚姻の実数と割合がBソムよりも高くなったといえる。

第4節　小　　結

国家政策である一人っ子政策、少数民族優遇政策、これらに関連した民族所属の変更／回復は、調査地の族際婚姻の実数（割合）の民族差の実態を形成することに働きかけた。民族所属の変更により、調査地のモンゴル族の人口割合が漢族より増加し、また、近10年間にモンゴル族の族際婚姻率は漢族より高い状態を保ってきた。

国家政策の下で行なわれている地方政策も族際婚姻に影響を及ぼしている。産業発展、交通網と通信手段の発展、対外交流の進行、人口移動・集中の進行などによる都市化がH都市部とD鎮において進み、その流れは、モンゴル族と漢族の生活様式と文化習慣の差を縮める社会的な環境となった。したがって、都市化は、族際婚姻の地域差の実態、つまり族際婚姻の

118　D鎮のW氏（モンゴル族、男性）のインタビュー。

実数（割合）の多い（高い）順にH都市部、D鎮、S郷、Bソムとなっていることの社会的条件となり、都市化したところでは族際婚姻は社会的要素に左右され時代による推移も激しかった。また、行政区分の変化や婚姻登録方法の変化などにより、族際婚姻の実数（割合）も変化してきた。

　このようにモンゴル族と漢族の族際婚姻には、人為的、政策的、社会的な要素が影響を及ぼしたため、調査地の族際婚姻の地域差、民族差が形成され、族際婚姻率も年代により激しく変化してきた。

第5章　族際婚姻の意識的背景

　本章では、筆者が調査地域で実施したアンケートとインタビューのデータや資料に基づき、婚姻条件、族際婚姻観、婚姻関係に関する民族意識について分析する。婚姻関係の成立条件において、民族所属がいかに位置づけられるか、族際婚姻に関する人々の意識はどのような状況にあるのか、婚姻関係に民族意識はどのように浸透しているのか、などの問題について論考する。

第1節　婚姻条件に関する意識

　婚姻家族は社会の基礎となる集団である[119]。では、人々は何を基準にして婚姻相手を選ぶのだろうか。つまり、婚姻によって家族が形成され、家族関係という私的かつ社会的な関係が形成される際に、どのような条件がもっとも強く意識されるのか。また、その諸条件のなかで民族所属はどのように位置づけられるのだろうか。これらについて人々がどのように考えているかという点に注目し、族際婚姻が成立する上で決定的な条件の一つとして意識的背景を取り上げて検討する。
　アンケート調査票の「婚姻相手を考える際にもっとも重視する（した）

---

[119] スティーヴンスは「結婚は永続的であるという観念をもって企図され、公に披露されることをもって始まる、社会的に適法な性的結合である。結婚は多かれ少なかれ明示的な結婚契約に基づいており、その契約は配偶者同士及び配偶者の将来の子供との間の交互の権利義務を明示するものである」（Stephens 1963＝1971：4）と定義し、ギデンズは「婚姻とは二人の大人成員の間で社会的に承認され、是認された性的結合」、「家族とは親族関係によって直接つながっている人々の集団」（Giddens 2001＝2004：223）と定義している。

条件は何ですか」という質問への回答者の総計は、表44が示すように836人で、うちモンゴル族は499人（59.7%）、漢族は337人（40.3%）である。全回答者のうち、族内婚姻者であるか族際婚姻者であるかが判明したのは542人、うち族内婚姻者465人（モンゴル族296人、漢族169人）、族際婚姻者は77人（モンゴル族43人、漢族34人）である。

　表44にあるように、全回答者がもっとも重視するとした項目を選択率の高い順に並べると、「人柄」(40.4%)、「健康」(22.5%)、「性格」[120](11.4%)、「容姿」(6.5%)、「民族所属」(4.8%)、「経済力」(4.2%)、「才能」(2.8%)、「学歴」(2.2%)、「家庭環境」(1.7%)、「言語」(1.5%)、「社会的地位」(1.1%)、「愛情」(0.9%)となる。

表44　婚姻相手を考える際に重視する条件の選択

（単位：人、（　）内は%）

選択肢＼回答者	モンゴル族	漢族	合計
人　　　　柄	199（39.9）	130（38.6）	329（39.4）
健　　　　康	102（20.4）	59（17.5）	161（19.3）
性　　　　格	73（14.6）	34（10.1）	107（12.8）
容　　　　姿	25（5.0）	27（8.0）	52（6.2）
経　済　力	24（4.8）	15（4.5）	39（4.7）
才　　　　能	17（3.4）	22（6.5）	39（4.7）
民　　　　族	31（6.2）	7（2.1）	38（4.5）
学　　　　歴	7（1.4）	16（4.7）	23（2.8）
家　族　条　件	8（1.6）	10（3.0）	18（2.2）
言　　　　語	5（1.0）	8（2.4）	13（1.6）
社　会　的　地　位	4（0.8）	6（1.8）	10（1.2）
愛　　　　情	4（0.8）	3（0.9）	7（0.8）
合　　　　計	499（100.0）	337（100.0）	836（100.0）

（出所：筆者のアンケート調査データにより作成）

---

[120] ここで使う「人柄」とは、中国語の「人品」（人の品質）、つまり人の思想、認識、品性などの本質という意味をもつ。「性格」とは、中国語で、人の話し方、態度、行動を含む振る舞いを意味する言葉である。

このような選択率から、婚姻条件として民族所属の優先順位は高くはないものの、学歴や社会的地位ほど軽視される条件でもないことがわかる。このような各選択項目の選択率の差を踏まえて、以下では回答者の基本状況である居住地域・性別・民族所属・年齢などと婚姻の諸条件を重視する度合いの間に相関性があるかどうか、「民族所属」とそれ以外の婚姻条件の間にどのような関係があるのかについて分析し、婚姻条件における地域差、民族差、族内・族際婚間の差、性別差の実態を考察する。

第1項　相関係数の検定

　調査地の全員を母集団、アンケートデータを標本（回答者全員 n ＝836）として、各変数の相関係数[121]を求める。その際、相関係数検定表から検定統計量 t を n ＝800の t ＝0.091を用い、帰無仮説をH：「母相関係数＝ 0 」とし、有意水準 a ＝0.01（1％）で両側検定を行った。標本相関係数を r とし、｜r｜＞ t となるものは帰無仮説を棄却し、r を有意の相関係数とする。相関係数の値と関係の強さの実用上の値を表45に示す。

表45　相関係数の実用上の目安

｜r｜		｜r｜	
0.0～0.2	ほとんど相関がない	0.4～0.7	かなり相関がある
0.2～0.4	弱い相関がある	0.7～1.0	強い相関がある

　本書では相関係数分析を用いるにあたり、表45に示した帰無仮説を棄却できる結果、つまり｜r｜＞ t の相関係数を用いる。また、基本的に実際にある程度の有意な相関があるとされる目安として｜r｜＞0.2以上を示した結果について注目していく。

---

[121] 相関係数の実用上の目安に関しては前野昌弘（2003：85）。相関係数の詳しい検定表に関しては、全国体育学院教材委員会（1998：288-291）参照。相関係数分析には、Microsoft Excel の統計分析ツールを使用した。

第2項　回答者の属性と婚姻の諸条件

　回答者の居住地域（H都市部、D鎮、S郷、Bソム）、性別（女性、男性）、民族所属（漢族、モンゴル族）、年齢（20代、30代、40代、50代以上）の四つの項目をそれぞれ一方（列）の変数とし、上記の質問の選択項目である婚姻諸条件の「容姿」、「経済力」、「健康」、「才能」、「性格」、「学歴」、「民族」、「社会的地位」、「言語」、「人柄」、「家庭環境」のそれぞれを重視する度合い（もっとも重視、かなり重視、若干重視、ほとんど重視しない、重視しない）をもう一方（行）の変数として、その相関係数を求めると表46の結果が得られた。

表46　回答者の基本状況と婚姻諸条件の相関係数

（民族＝民族所属、地域＝居住地域、社会地位＝社会的地位）

項目 属性	人柄	健康	性格	才能	容姿	民族	学歴	経済力	家庭環境	言語	社会地位
性別	0.051	-0.020	-0.065	0.046	0.051	0.009	0.202	-0.011	-0.061	-0.088	-0.046
地域	0.318	0.101	-0.115	0.120	0.061	-0.220	0.002	-0.026	0.096	-0.175	-0.172
民族	0.013	-0.011	-0.266	0.090	0.015	-0.243	0.015	0.110	0.118	-0.066	0.081
年齢	0.007	-0.024	0.008	0.054	-0.036	-0.008	0.003	-0.019	-0.029	-0.001	-0.060

（|r|＞0.2である項目について相関係数を□で囲んで示す）

　表46が示す通り、回答者の性別と「学歴」との相関係数は r ＝ 0.202 であり、性別と「学歴」には弱い相関があるといえる。この結果は、婚姻相手を考える際に、女性のほうが男性よりも学歴をより重視すること、つまり婚姻相手を考える条件における性別の差異を反映している。この傾向を族際婚姻と関連づけてみれば、女性にとっては相手の高学歴を希望する傾向が族際婚姻を促進する一つの要因になると考えられる。筆者が調査地でおこなった男女20人の未婚者のインタビュー結果からみても、地域にかかわりなく、女性たちは全員が自分より学歴が高い男性と結婚したいという希望を表明したが、それと対照的に、男性たちで自分より高学歴の女性

第5章　族際婚姻の意識的背景

と結婚したいとした者は皆無であった。また、筆者がおこなったH都市部のある婚姻紹介所で働くL氏へのインタビューによると「女性の学歴重視」がH都市部と外地の人との結婚を促しているという[122]。

　地域と「人柄」の相関係数は r ＝ $\boxed{0.318}$ であり、地域と「人柄」には弱い相関があるといえる。これは、回答者の居住地域が牧畜地域から農耕地域、鎮、都市へと変化するにともなって、婚姻相手の人柄をより重視する傾向が強くなることを示している。上述のL氏へのインタビューにおける、「婚姻媒介を頼む都市出身の人は、まず相手の人柄を聞くことが多いのに対し、田舎出身の人は、まず収入を聞くことが多い」[123]という指摘も、この数値と符合している。さらに、この理由に関して、H都市部のある居民委員会計画生育弁公室に勤務するW氏[124]は、「都市の経済発展に伴い、婚姻関係を利用して不正な方法で利益を得るというような行為も多く見られるようになったため、都市の人々は人柄を重視するようになった」と述べている。また同様に、S郷の婚姻登録所で働くW氏[125]によれば、「婚姻において人柄を重視するのは当たり前である。しかし、われわれの農村では外部の複雑な社会との接点を持つ者が少なく、生活水準も低い。貧しい家庭の息子は嫁を得られない者もいる。そのため、農耕地域の人は人柄より経済状況を重視しがちである」という。このことから、都市化の進行、市場経済化及び社会競争の激化などが原因で、都市化したH都市部及びD鎮の住民の中に、人柄に一層の関心を向ける者が増えていると考えられる。

　地域と「民族」の相関係数は r ＝ $\boxed{-0.220}$ であり、地域と「民族」には弱い負の相関があるといえる。これは、都市化が進んだ居住地域の住民であるほど婚姻相手の民族所属をより軽視する傾向にある。換言すれば、

---

[122] L氏（46歳、女性、漢族）、2005年8月16日のH都市部におけるインタビュー。
[123] L氏（46歳、女性、漢族）、2005年8月16日のH都市部におけるインタビュー。
[124] H都市部のジョーオド小区居民委員会・計画生育弁公室のW氏（43歳、女性、漢族）、2004年8月13日のインタビュー。
[125] S郷婚姻登録所の王氏（45歳、男性、モンゴル族）、2005年8月17日のインタビュー。

居住地域が都市より鎮、農耕地域、牧畜地域へいくほどに、回答者は婚姻相手を選ぶ際に民族所属をより重視するようになる傾向が強まるということである。この傾向は、H都市部及びD鎮における第2次、第3次産業の発展と、S郷（農耕地域）とBソム（牧畜地域）における民族的生業の地域差にも関係すると考えられる。このように、婚姻相手の選択において民族所属を重視する程度の地域差が、上の第2章第2節の表17（図15）に示した族際婚姻率の高い順にH都市部、D鎮、S郷、Bソムとなっている族際婚姻の実態の地域差ではより明確に反映されている。つまり、婚姻意識において、都市から牧畜区へいくほどにその地域の人々は婚姻相手の所属民族を重視する傾向が高いため、牧畜区から都市へいくほどに族際婚姻率が高くなる。また、このような意識形成には、第3章第1節の家庭言語、第2節の飲食文化、第3節の結婚慣習から見えたように、H都市部とD鎮におけるモンゴル族と漢族の生活、文化、環境の差異が縮まったことが密接に関係すると考えられる。筆者のインタビューによると、特にH都市部のモンゴル族の若者たちは[126]、婚姻相手について考える際に相手の民族所属を考慮することがほとんどなかった。この傾向は、後述の第2節の表48－51に示したように、モンゴル族の20代、30代の回答者で「結婚相手の民族所属」について「どの民族でも構わない」という回答を選択した割合が、同年代の漢族の回答者より多い結果とも一致するものである。

　民族所属と「性格」の相関係数は r ＝ $\boxed{-0.266}$ であり、回答者の民族所属と婚姻条件の「性格」には弱い負の相関があるといえる。同じ質問の回答状況を割合で計算してみると（表44）、モンゴル族の「性格」の選択率は漢族より4.5ポイント高い。これは、回答者のうち、モンゴル族の方が漢族よりも婚姻相手の性格を重視する傾向が相対的に高いことを示している。この点に関して、筆者がおこなったインタビューによると、S郷のW氏は「われわれは嫁でも婿でもその性格が良いかどうかをよく検討する

---

[126] 2004年7月14日から30日の間におこなったH都市部出身の大学生たちへのインタビュー。インフォーマントはS氏（男性、24歳）、H氏（男性、22歳）、J氏（女性、22歳）、U氏（女性、20歳）、Y氏（女性、19歳）皆モンゴル族である。

が、その理由は性格が穏やかで優しい人のほうが親孝行だと思うからである」[127]と述べている。これは、「性格」という要因が、一部のモンゴル族の次世代に「親孝行」を期待することと関係していることがわかる。また、W氏の息子W氏（25歳）は「自分の結婚の問題には両親の意見を尊重する」と述べている。それと対照的に、同じくS郷の漢族のL氏（50歳）と息子のL氏（23歳）はどちらも性格を重視するとは考えず、むしろ「あまり大人しくて優しいなら、他人にいじめられやすいかもしれない」と述べた。こうしたW氏とL氏へのインタビューも、相関分析の結果と同様に、S郷のモンゴル族の方が漢族よりも結婚条件について「性格」を重視する傾向を示している。

　民族所属と「民族」の相関係数は r ＝ $\boxed{-0.243}$ であり、回答者の民族所属と婚姻条件の「民族」には弱い負の相関があるといえる。同じ質問の回答状況を割合で計算してみると（表44）、「民族」についてモンゴル族の選択率は漢族よりも4.1ポイント高い。つまり、回答者のうち漢族よりモンゴル族の方が、婚姻相手の民族所属を強く意識し、重視する傾向にあることを示している。政策的・社会的背景について第4章第1節第1項で言及した少数民族優遇政策や、第3項で言及した民族所属変更などが、調査地のモンゴル族に、自分たちは少数民族であることを常に意識させていると考えられる。さらに、生業形態、人口割合、都市化などによるモンゴル族の経済生活のありよう、言語、生活習慣などの希薄化も彼ら自身の民族意識を改めて覚醒させ、婚姻相手の選択において漢族よりも民族所属を重視する傾向が相対的に高くなったと考えられる。H都市部のH氏は、「やはりモンゴル族はモンゴル族と、漢族は漢族と結婚したほうがいい。言語、生活習慣で齟齬をきたさなくても、考え方がすれ違うことはきっとあると思う。また、都市にこれだけのモンゴル族がいるのにみんな漢族と結婚したらモンゴル族は滅ぶだろう」[128]と指摘した。モンゴル族が漢族よりも民

---

[127] S郷のW氏（農民、モンゴル族、51歳）、2005年2月13日のインタビュー。
[128] H都市部のH氏（モンゴル族、39歳、赤峰学院の教師）、2004年9月1日のインタビュー。

族所属を強調しがちである主な理由として、モンゴル族がマイノリティであるためのみならず、少数民族優遇政策などによって少数民族が区別されモンゴル族が民族所属を重視する意識を強めたところもあると考えられる。

　上の表46の分析から、回答者の年齢と、アンケートの選択項目である婚姻諸条件の間には相関がほとんどなく、回答者の性別、居住地域、民族所属と、婚姻条件の「人柄」、「性格」、「民族所属」、「学歴」の間にいくつかの弱い相関が存在することが分かった。アンケート調査結果に示された弱い相関関係をインタビュー資料と関連づけてみた結果、アンケート調査に基づいた分析結果が示した相関が、人々の意識傾向を反映していることが明らかになった。

　また、婚姻の諸条件のうち「民族」という変数が、回答者の居住地域・民族所属という変数と相関関係があることから、「民族」とは、地域的な差異と民族的な差異を考察する上で、有意な変数であると考えられる。さらに、表46に示した回答者の「所属民族」と結婚条件の所属「民族」、回答者の「居住地域」と所属「民族」の相関は、上の第2章第2節の表14（図12）に示した族際婚姻の実数の地域差、表17（図15）に示した族際婚姻率の地域差に密接に関係するといえる。つまり、H都市部からD鎮、S郷、Bソムへいくほどに、婚姻条件においては、婚姻相手の民族所属を重視する割合が高くなり、それにより族際婚姻の実数と割合も低くなると考えられる。したがって、民族所属を重視する意識が調査地の族際婚姻の実数と割合の推移に影響を及ぼした背景となったと考えられる。

第3項　婚姻諸条件の内在関係

　上述の分析から、婚姻関係にとって「民族」所属は、全体としてことさらに重視される条件とは言えないが、婚姻の条件としての意識及び族際婚姻の地域差を検討する際に有意な要素であることが明らかになった。ここでは、婚姻が成立するための条件としての「民族」と他の諸条件の内在的

第 5 章　族際婚姻の意識的背景

関係を探るため、ある特定の婚姻条件をもっとも重視すると選択した者が「民族」をどれほど重視しているかを表47に示し、婚姻条件として「民族」所属が相対的に大きく重視されない理由について考察する。

表47では、婚姻の諸条件のうち、「民族」以外の条件をもっとも重視するとした回答者の「民族」の重視度合いは、「かなり重視」、「若干重視」、「ほとんど重視しない」、「重視しない」という分類のいずれかにあたっている。なお、「もっとも重視する」には重複の選択を認めないため、この表では、「民族」を「もっとも重視する」回答を除外した上での「民族」についての重視の度合いを示している。そのため、表44では回答者全員は836人であるが、表47では「民族」をもっとも重視するとした38人を除き、全回答者は798人となっている。

表47　婚姻条件としてもっとも重視する諸項目ごとにみた「民族」の重視程度

もっとも重視する条件	かなり重視する(%)	若干重視する(%)	ほとんど重視しない(%)	重視しない(%)	合計(人)
人　　　柄	13.0	8.8	12.7	65.5	329
健　　　康	23.8	13.2	11.1	51.9	161
性　　　格	19.3	11.0	6.4	63.3	107
容　　　姿	20.7	20.7	12.1	46.5	52
経　済　力	13.3	0.0	13.3	73.4	39
才　　　能	5.3	10.5	5.3	78.9	39
学　　　歴	8.7	8.7	17.4	65.2	23
家 庭 環 境	10.5	21.1	10.5	57.9	18
言　　　語	38.4	7.7	7.7	46.2	13
社 会 的 地 位	9.1	9.1	36.4	45.4	10
愛　　　情	0.0	28.6	42.9	28.5	7

（出所：筆者のアンケート調査データにより作成）

179

ここでは、特に「民族」を重視しないとした選択に注目する。諸条件のうち、「才能」をもっとも重視すると選択した回答者が「民族」を重視しない傾向が一番高く（78.9％）、次に「経済力」（73.3％）、「人柄」（65.5％）、「学歴」（65.2％）、「性格」（63.3％）を選択した回答者と続く。これらの結果から考えられることは、人々は婚姻相手を選ぶ際に「才能」、「経済力」、「人柄」、「学歴」、「性格」を重視すればするほど「民族」を重視しなくなるということである。このことから、婚姻に際して必ずしも民族を重視しないことは、才能、経済力、人柄、学歴、性格といった民族による差異に関連しない項目の方を一層重視していること関係すると推察される。

　「民族」と近い割合で選択されているのは、「言語」であり、「言語」をもっとも重視するとした選択者の38.4％が「民族」をかなり重視すると回答している。他方、「言語」をもっとも重視するとした選択者の46.2％が「民族」を重視しないと回答している。つまり、他の条件と比較すると、「言語」をもっとも重視するとした割合は「民族」のそれと近いが、「言語」をもっとも重視すると選択した者のうち、「民族」を重視しないとした人も半分弱に及んでいる。これは、第3章第1節の家庭言語、第2節の飲食文化、第3節の結婚慣習のところで言及したように、調査地におけるモンゴル族と漢族の文化の相互作用で言語の浸透も進行したこと、特に、H都市部のモンゴル族の、漢語の使用率が高いことやBソムの漢族の、モンゴル語の使用率がかなりあることなどと密接に関係するものである。そのため、「言語」と「民族」の重視の程度において近似性が生じることとなった。ここから、調査地のモンゴル族と漢語の言語、文化の相互作用が婚姻条件の意識にも反映されているといえる。

　上の分析から、まず調査地のモンゴル族と漢族が婚姻相手を考える際に特に重視するのは、人柄、健康、性格であり、民族所属はもっとも重視される条件とはいえないことを明らかにした。次に、婚姻相手を考える際に民族所属を重視することが民族意識の一つの表れであると考えるなら、相関係数の分析から、モンゴル族の民族意識が漢族よりも強いこと、そして都市部に居住する人々ほど民族意識が薄くなる傾向にあるといえる。婚姻

条件としての「民族」とそのほかの条件を関連づけて分析した結果、婚姻条件には「才能」、「経済力」、「人柄」、「学歴」、「性格」がより重視されるため、相対的に「民族」が重視されなくなる傾向が生じていることがわかる。

第2節　婚姻と民族の接点

本節では、民族と婚姻を直接結びけて考える際に、人々はどのような選択を行なうかを分析する。以下では、「民族」を諸条件の中から抜き出して一つの独立した条件とした場合に、人々は民族同士で婚姻相手を選ぶかどうかという点に注目する。これによって、婚姻関係における民族所属の位置づけを明らかにし、それを族際婚姻の実数と割合の変化に影響する意識的背景のとして考察する。

アンケート調査票の「どの民族の方を結婚相手にすればもっともよいと思われますか」という質問への全回答者は827人、うちモンゴル族は498人、漢族は329人、合わせであった。居住地域別にみれば、H都市部324人（39.2％）、D鎮243人（29.4％）、S郷では110人（13.3％）、Bソム150人（18.1％）である。年齢別では、20代187人（22.6％）、30代347人（42.0％）、40代230人（27.8％）、50代以上63人（1.7％）である。また、男性は430人（52.0％）、女性は397人（48.0％）である。この質問の選択肢である①モンゴル族、②漢族、③構わない、の選択割合を回答者の居住地域、民族所属、年齢層に関連づけて分析する。

第1項　H都市部

上の質問のH都市部における回答者はモンゴル族141人、漢族183人である。次の表48に、結婚相手の民族所属の選択率を、回答者の民族別に示す。

表48　H都市部の「結婚民族」

(単位：人、（　）内は%)

回答者属性		モンゴル族	漢族	構わない	合計
モンゴル族	20代	17（40.5）	11（16.7）	7（26.2）	42（83.4）
	30代	20（31.7）	30（15.9）	10（47.6）	63（95.2）
	40代	22（66.7）	5（15.2）	5（15.2）	33（97.1）
	50代以上	1（33.3）	1（33.3）	1（33.3）	3（100.0）
	計	60（42.6）	23（16.3）	47（33.3）	141（92.2）
漢族	20代	3（6.0）	20（54.0）	28（38.0）	52（98.0）
	30代	7（9.9）	27（49.3）	35（38.0）	71（97.2）
	40代	3（6.4）	10（68.1）	32（21.3）	47（95.8）
	50代以上	2（15.4）	2（61.5）	8（15.8）	13（92.7）
	計	15（8.2）	103（56.3）	59（32.2）	183（96.7）

(出所：筆者のアンケート調査データにより作成)

　表48からわかるように、H都市部のモンゴル族の回答者は理想的な結婚相手の民族について、16.3%が「漢族」を、42.6%が「モンゴル族」を、33.3%が「構わない」（どの民族でも）と選択した。対照的に、漢族は56.3%が「漢族」を、8.2%が「モンゴル族」を、32.2%が「構わない」と選択した。回答者自身の民族同士との婚姻を望むという選択率は、漢族がモンゴル族よりも13.7%高く、どの民族でも「構わない」という選択では両民族はほぼ一致する。混住相手の民族としてモンゴル族が「漢族」を選択した割合が、漢族が「モンゴル族」を選択した割合よりも8.1ポイント高く、約2倍となっている。民族と年齢層を結びつけてみると、モンゴル族の選択率には年齢による明らかな規則性はないが、漢族は50代から20代へと若年層になるほど、どの民族でも「構わない」という選択が漸増する傾向がみられた。

　このような回答結果が生じる理由としては、(1) H都市部のモンゴル族

が家族言語、飲食習慣および結婚披露宴の服装などで他の地域よりも漢族の影響を受けたこと、(2) H都市部のモンゴル族と漢族との文化的な相互影響、(3) 都市化と産業化の進展がモンゴル族と漢族との経済生活様式の差異を縮めたこと、さらに、(4) H都市部ではもっとも多くの民族所属の変更者がモンゴル族の中に混じっていることが考えられる。また、第3章第3節で考察した結婚慣習から見えたように、人々が婚姻相手の選択に際して重視するのは「何がいいか悪いか」ということであり、これは、本章の第1節で述べたように、人々は婚姻条件として民族所属を相対的にそれほど重視しないことと関係すると考えられる。このような文化的、社会的、個人的な諸要素に影響されたため、H都市部のモンゴル族の「漢族」の選択率が高く、漢族の「構わない」という選択も徐々に増加してきたといえる。また、この傾向が、現在の族際婚姻の地域差を生み、他調査地よりH都市部の族際婚姻率を高めた意識背景であると考えられる。

　他方、第2章第1節第1項の図4、図5、また第2節第1項の表16（図14）、表17（図15）に提示したように、2003年から2004年までH都市部における族際婚姻の実数が増加したが、モンゴル族も漢族も族際婚姻率は減少した。この変化は、漢族の回答者のうち「漢族」との婚姻が最適だとする選択率（表48参照）が30代の49.3％に比べ20代では54.0％まで上昇したと同時に、モンゴル族の回答者についても「モンゴル族」との婚姻が最適とした選択率が30代の31.7％に比べ20代では40.5％へと増加したことが影響を及ぼしたためと考えられる。つまり、H都市部のモンゴル族と漢族の若者が同じ民族同士との婚姻が最適だと考える割合が増加したことが、2004年の族内婚姻率を上昇させ族際婚姻率を減少させた意識背景であったと考えられる。

　第2項　D鎮

　上のH都市部と同じアンケート質問のD鎮における回答者はモンゴル族196人、漢族47人である。次の表49に結婚相手の民族所属の選択率を回答

者の民族別に示す。

表49が示すように、D鎮のモンゴル族は、婚姻相手としてふさわしい「民族」について、7.1％が「漢族」を、49.0％が「モンゴル族」を、43.9％が「構わない」と選択した。これとは対照的に、漢族は47.8％が「漢族」を、37.0％が「モンゴル族」を、14.9％が「構わない」と選択した。

回答者が自身と同じ民族同士との婚姻を望む選択率を見ると、漢族とモンゴル族の差異は1.2ポイントに過ぎず、いずれの民族でも「構わない」という選択はモンゴル族が漢族よりも29.0ポイント高くなり、4倍弱となっている。婚姻相手の「民族」について漢族が「モンゴル族」を選択した割合は、モンゴル族が「漢族」を選択した割合よりも29ポイント高く、5倍以上となっている。

表49　D鎮の「結婚民族」

(単位：人、（　）内は％)

回答者属性		モンゴル族	漢族	構わない	合計
モンゴル族	20代	8 (42.1)	10 (52.6)	1 (5.3)	19 (100.0)
	30代	50 (46.3)	52 (48.1)	6 (5.6)	108 (100.0)
	40代	33 (53.2)	22 (35.5)	7 (11.3)	62 (100.0)
	50代以上	5 (71.4)	2 (28.6)	0 (0.0)	7 (100.0)
	計	96 (49.0)	14 (7.1)	86 (43.9)	196 (100.0)
漢族	20代	3 (18.8)	3 (18.8)	10 (66.7)	16 (100.0)
	30代	6 (30.0)	4 (20.0)	9 (45.0)	20 (95.0)
	40代	5 (71.4)	0 (0.0)	2 (28.6)	7 (100.0)
	50代以上	3 (75.0)	0 (0.0)	1 (25.0)	4 (100.0)
	計	17 (37.0)	22 (47.8)	7 (14.9)	47 (99.5)

(出所：筆者のアンケート調査データにより作成)

第5章　族際婚姻の意識的背景

　民族と年齢層を結びつけて検討してみると、モンゴル族と漢族の選択率には年齢層による変化が見えている。モンゴル族は、50代から20代へと若年層になるほど、どちらの民族でも「構わない」の選択率が漸増すると同時に「モンゴル族」の選択率が漸減しているが、「漢族」の同項目の選択率が40代から20代へ減少する傾向にある。漢族は、50代から20代へと年齢層が下がると、「漢族」の選択が顕著に増加し、「モンゴル族」の選択率が大幅に減少している。40代、50代では「構わない」の選択率は皆無で、30代では20.0％、20代では18.8％となっている。このことから、モンゴル族も漢族も婚姻相手の「民族」についてどちらでも「構わない」という考え方が徐々に増加してきたと捉えられるが、婚姻相手として相互に選択した率が両方とも減少する傾向を示している。また、回答者自身の同民族同士との婚姻を望む選択率は、漢族は年齢が若くなればなるほどに高くなり、モンゴル族は年齢が若くなればなるほどに減少している。このような混住する民族間の理想的な婚姻相手の民族所属に関する意識の相違とすれ違いは、D鎮の族際婚姻率の変化に影響していると考えられる。

　本項の内容を前章の論述と関連づけてみると、第2章第1節第1項の図4、図5、及び第2節第1項の表16（図14）、表17（図15）で提示した、D鎮における族際婚姻率の民族差と地域差の発生に、婚姻相手の「民族」に関する意識が関与したと考えられる。族際婚姻の文化的背景を分析した第3章の第1～3節で扱った家族言語、飲食習慣、結婚披露宴の服装などの変化に看取される文化の相互作用と両文化の共存も、D鎮における族際婚姻率の増加を促進したと考えられる。また、第4章第1節で述べた民族所属の変更、第4章第2節で述べたD鎮での都市建設、人口移動、産業発展もD鎮の族際婚姻に影響を及ぼした。こうした状況下でD鎮の族際婚姻率が高い数値レベルを保ちながらも変化が緩やかなのは、婚姻相手の「民族」に関する意識において、D鎮のモンゴル族と漢族の間で共通点と相違点がともに存在していることが関連していると考えられる。

第3項　S郷

上と同じアンケート質問について、S郷における回答者はモンゴル族45人、漢族65人であった。次の表50に結婚相手の民族所属の選択率を回答者の民族別に示す。

表50　S郷の「結婚民族」

(単位：人、（　）内は％)

回答者属性		モンゴル族	漢族	構わない	合計
モンゴル族	20代	5 (41.7)	5 (41.7)	2 (16.6)	12 (100.0)
	30代	6 (50.0)	4 (33.3)	0 (0.0)	12 (83.3)
	40代	3 (37.5)	2 (25.0)	1 (12.5)	8 (75.0)
	50代以上	10 (76.9)	1 (7.7)	1 (7.7)	13 (92.3)
	計	24 (53.3)	4 (8.9)	12 (26.7)	45 (88.9)
漢族	20代	0 (0.0)	2 (50.0)	2 (50.0)	4 (100.0)
	30代	4 (20.0)	6 (30.0)	10 (50.0)	20 (100.0)
	40代	5 (16.1)	8 (25.8)	12 (38.7)	31 (80.6)
	50代以上	2 (20.0)	2 (20.0)	5 (50.0)	10 (90.0)
	計	11 (16.9)	29 (44.6)	18 (27.7)	65 (89.2)

(出所：筆者のアンケート調査データにより作成)

表50から明らかなように、S郷のモンゴル族は8.9％が理想的な婚姻相手の民族として「漢族」を、53.3％が「モンゴル族」を、26.7％がどの民族でも「構わない」と選択した。一方、漢族は44.6％が「漢族」を、16.9％が「モンゴル族」を、27.7％が「構わない」と選択した。回答者自身が同じ民族同士との婚姻を望むという選択率では、モンゴル族が漢族よりも8.7ポイント高く、どの民族でも「構わない」という選択はほぼ一致する。

婚姻相手の民族として漢族が「モンゴル族」を選択した割合は、モンゴル族が「漢族」を選択した割合よりも8.0ポイント高く、約2倍となっている。

　民族と年齢層との関連性に注目してみると、モンゴル族も漢族も、年齢が若くなればなるほど「構わない」の選択率が漸増している。婚姻相手の「民族」について、漢族が「モンゴル族」を選択した割合と、モンゴル族が「漢族」を選択した割合には、年齢による変化の規則性はみられない。しかし、モンゴル族の「モンゴル族」を選択した率は漸減したのに対して、漢族の「漢族」への選択率には年齢層による規則的変化が見られない。

　Ｓ郷のモンゴル族と漢族の共通点は、どちらの民族との婚姻でも「構わない」という考えが徐々に増加してきていることである。この背景については、第３章第１節で論じたＳ郷におけるモンゴル族と漢族の言語・文化の浸透、さらに、モンゴル族が漢族の言語を受け入れたことに見える文化受容により、第２章第２節第２項（２）で示したように、Ｓ郷の族際婚姻の実数と割合は緩やかに増加してきたことが考えられる。Ｓ郷のモンゴル族の族際婚姻率が漢族よりも高いことには、モンゴル族のモンゴル族同士の選択率が徐々に減少している一方で、「構わない」の選択率が徐々に増加していることに見えるような意識の変化とも関係すると考えられる。また、20代の漢族の中で「モンゴル族」との婚姻を望む者がいないことが、第２章第１節第１項の図４に示したように、2004年にＳ郷のモンゴル族の族際婚姻率の減少に影響した。しかし、20代のモンゴル族の16.6％が「漢族」との婚姻を最適と考えていることに加え、20代のモンゴル族と漢族は半分弱が婚姻相手の「民族」についていずれでも「構わない」と考えているため、結果的に、Ｓ郷における族際婚姻の実数と割合は増加を続けている。このように、Ｓ郷の族際婚姻は、両民族の文化的要素と意識的要素の影響下で徐々に増加している。

　　第４項　Ｂソム

　アンケートの同質問へのＢソムにおける回答者はモンゴル族116人、漢

族52人である。次の表51に結婚相手の民族所属の選択率を回答者の民族別に示す。

表51から明らかなように、Bソムのモンゴル族は0.9％が理想的な婚姻相手の「民族」として「漢族」を、63.8％が「モンゴル族」を、35.3％が「構わない」と選択した。対照的に、漢族は26.5％が「漢族」を、38.2％が「モンゴル族」を、35.3％が「構わない」と選択した。

回答者自身が同じ民族同士との婚姻を望むという選択率では、モンゴル族が漢族よりも37.3ポイント高く、2倍を上回っている。婚姻相手がどの民族でも「構わない」という選択率は完全に一致している。婚姻相手の「民族」について漢族が「モンゴル族」を選択した割合が、モンゴル族が「漢族」を選択した割合よりも37.3ポイント高く、4倍を上回っている。

民族と年齢層を結びつけてみると、モンゴル族も漢族も年齢が若くなればなるほど、「構わない」の選択率が徐々に増加している。漢族が「モンゴル族」を選択した割合と、モンゴル族が「漢族」を選択した割合には年齢による変化の規則性はないが、モンゴル族が「モンゴル族」を選択した

表51　Bソムの「結婚民族」

(単位：人、（　）内は％)

回答者属性		モンゴル族	漢族	構わない	合計
モンゴル族	20代	17 (50.0)	16 (47.1)	1 (2.9)	34 (100.0)
	30代	29 (65.9)	15 (34.1)	0 (0.0)	44 (100.0)
	40代	21 (72.4)	8 (27.6)	0 (0.0)	29 (100.0)
	50代以上	7 (77.8)	2 (22.2)	0 (0.0)	9 (100.0)
	計	74 (63.8)	1 (0.9)	41 (35.3)	116 (100.0)
漢族	20代	0 (0.0)	1 (50.0)	1 (50.0)	2 (100.0)
	30代	6 (42.9)	6 (42.9)	2 (14.3)	14 (100.0)
	40代	7 (50.0)	4 (28.6)	3 (21.4)	14 (100.0)
	50代以上	0 (0.0)	1 (25.0)	3 (75.0)	4 (100.0)
	計	13 (38.2)	9 (26.5)	12 (35.3)	34 (100.0)

(出所：筆者のアンケート調査データにより作成)

率は徐々に減少し、漢族の「漢族」への選択率は規則的な変化がみられない。

　このように、Ｂソムにおいてモンゴル族と漢族の婚姻相手を考える際に民族を選択する意識の状況は、第2章第1節第1項の図4、図5、及び第2節第1項の表15（図13）、表16（図14）に提示したＢソムの族際婚姻の実数と割合が緩やかに増加してきたことと関係すると考えられる。Ｂソムにおけるモンゴル族と漢族の言語・文化の浸透の影響、とりわけ重要な変化として漢族がモンゴル文化を受容したことの影響は、すでに第3章第1節で指摘した通りである。これに加え、本章ですでに挙げたＳ郷と同様に、モンゴル族と漢族の共通点として、とくに若年層を中心に婚姻相手の「民族」についていずれでも「構わない」という考え方が徐々に増加している点がある。しかし、他の調査地との相違点としては、Ｂソムの20代の中では自らと異なる「民族」を婚姻相手とするのが最適だと選択した割合はモンゴル族2.9%、漢族0.0%であり、また、モンゴル族の30代以降の各年齢層のなかでは「漢族」を選択した割合は0.0%となっている。このことは、Ｂソムの族際婚姻率がほかの調査地よりも低くなったことに働きかけていると考えられる。30代の漢族のうち、モンゴル族を婚姻相手とするのが最適と考える人が42.9%にも上ったのに対して、同年代のモンゴル族の中では漢族との婚姻を最適とする回答が皆無であった。こうしたモンゴル族と漢族の婚姻相手を考える際に民族を意識する割合の違いが、Ｂソムの漢族とソム以外の地域のモンゴル族との婚姻を促進した主要な要因であると考えられる。このように、Ｂソムの族際婚姻も、両民族の文化的要素と意識的要素の背景に影響されながら、僅かな程度ではあるものの、徐々に増加している。

　上述のように、調査地の族際婚姻の実数と割合の変化には、婚姻の際に「民族」についての選択意識も影響を及ぼしてきたといえる。本章の第1節では、婚姻条件としては特別に重視されないかのようにみられた民族所属が、婚姻に際して考慮すべき条件として絞り込まれた場合には、人々は自身の民族所属の選択についての意識は族際婚姻にかかわる条件として注

目される。本節では、婚姻関係の成立条件における民族所属の強調と選択に関する意識を分析した。次節では、族際婚姻に直接関係すると考えられる質問項目について分析を進める。

第3節　族際婚姻に関する意識

　人々の族際婚姻に対する態度は、それに付随して発生する各種の社会現象の把握、及び族際婚姻の変化の傾向を予測する上で有効である。そこで本節では、アンケートの回答を通じて、人々の族際婚姻に関する意識の状況、及びそれと族際婚姻の実態との関係を検討する。また、その検討を通じて、民族意識がいかに婚姻関係に関与しているかを明確にしていく。

　「あなたは族際婚姻を肯定しますか否定しますか」という質問への回答者は819人、うち男性426人（52.0％）、女性393人（48.0％）、モンゴル族491人（60.0％）、漢族は328人（40.0％）、H都市部326人（39.8％）、D鎮242人（29.5％）、S郷100人（12.2％）、Bソム151人（18.4％）である。筆者はこの質問への回答を、人々の族際婚姻に関する見方を表す「族際婚姻観」として捉える。

第1項　地域と性別の比較

　ここでは、族際婚姻に関する考え方の選択率を地域間で比較し、それが族際婚姻の現状とどのような関係があるかを分析する。

　表52の回答状況をみると、四つの調査地域の回答者は72％以上の割合で族際婚姻を肯定し、28％以下の割合で否定していることがわかる。地域間で比較すると、「肯定」の割合はBソム（84.8％）より、H都市部（81.9％）、S郷（75.0％）、D鎮（72.7％）へと下がっていく傾向にある。また、地域の性別間で比較すると、女性が「肯定」する割合が一番高いのがH都市部（80.3％）、次にBソム（79.0％）、D鎮（75.6％）、S郷（62.5％）である。

第5章　族際婚姻の意識的背景

表52　「肯定」と「否定」の地域・性別の比較

(単位：人、（ ）内は％)

回答者属性		肯定	否定
H都市部	女性	139 (80.3)	34 (19.7)
	男性	128 (83.7)	25 (16.3)
	計	267 (81.9)	59 (18.1)
D鎮	女性	88 (74.6)	30 (25.4)
	男性	88 (71.0)	36 (29.0)
	計	176 (72.7)	66 (27.3)
S郷	女性	25 (62.5)	15 (37.5)
	男性	50 (83.3)	10 (16.7)
	計	75 (75.0)	25 (25.0)
Bソム	女性	49 (79.0)	13 (21.0)
	男性	79 (88.8)	10 (11.2)
	計	128 (84.8)	23 (15.2)

(出所：筆者のアンケート調査データにより作成)

　男性が「肯定」する割合が一番高いのがBソム（88.8％）、次にH都市部（83.7％）、S郷（83.3％）、D鎮（71.0％）である。このように、S郷とD鎮における族際婚姻に対する肯定率が相対的にみて低い状況にある。このことは、第2章第2節第1項（表17、図15）、及び第2項（表19、図17）に提示した族際婚姻のH都市部とD鎮の族際婚姻率が2004年に減少した傾向の意識的背景として捉えられる。
　このような性別及び地域による族際婚姻に対する回答状況のばらつきは、異なる地域に居住している男性と女性の族際婚姻観の相違を反映している。このような族際婚姻観の地域差と族際婚姻率の地域差をみると、H都市部では族際婚姻の「肯定」の選択率と族際婚姻率がともに高いが、Bソムでは族際婚姻の「肯定」の選択率が高く、族際婚姻率が低い状況を示

していることがわかる。つまり、実際の族際婚姻率の地域差と族際婚姻を「肯定」する意識の地域差との間には乖離がみられる。

第2項　民族別・年齢層別の比較

ここでは既婚の回答者の族際婚姻に対する意識の選択状況を民族別・年齢別で比較し、その民族・年齢層による差が族際婚姻率の現状とどのような関係があるかを明らかにする。

表53　「肯定」と「否定」の民族・年齢層の比較

(単位：人、（　）内は％)

回答者属性		肯定	否定	合計
モンゴル族	20代	78 (83.0)	16 (17.0)	94 (100.0)
	30代	172 (79.6)	44 (20.4)	216 (100.0)
	40代	93 (75.0)	31 (25.0)	124 (100.0)
	50代以上	21 (72.4)	8 (27.6)	29 (100.0)
	計	364 (78.6)	99 (21.4)	463 (100.0)
漢族	20代	45 (72.6)	17 (27.4)	62 (100.0)
	30代	96 (80.0)	24 (20.0)	120 (100.0)
	40代	83 (83.0)	17 (17.0)	100 (100.0)
	50代以上	22 (81.5)	5 (18.5)	27 (100.0)
	計	246 (79.6)	63 (20.4)	309 (100.0)
合計		610 (79.0)	162 (21.0)	772 (100.0)

(出所：筆者のアンケート調査データにより作成)

表53によれば、族際婚姻を「肯定」すると回答した割合は、漢族が79.6％、モンゴル族が78.6％である。その差は1.7ポイントという僅差に過ぎないので、民族間で大きな違いがあるとは言えない。年齢層別に見ると、

各年齢層のうち、「肯定」の選択率が一番高いのは、漢族の40代（83.0％）とモンゴル族の20代（83.0％）である。逆に、「否定」の選択率がもっとも高いのはモンゴル族の50代以上（27.6％）と漢族の20代（27.4％）である。モンゴル族は年齢層が若くなるにつれて肯定率が増加するが、漢族は40代から20代にかけて年齢層が若くなるほど肯定率が減少する傾向にある。

　このような若い世代における族際婚姻に対する意識の違いは、第2章第1項（表17、図15）に示したように、2003年から2004年にかけてH都市部とD鎮においてモンゴル族と漢族の族際婚姻率が減少したことと関係すると考えられる。また、第2章第1節第1項の図4と図5を比較すると、モンゴル族の族際婚姻率が漢族の族際婚姻率よりも高いという民族の差異が生じた背景としては、民族所属の変更、モンゴル族が漢文化の影響をより多く受けたことが考えられる。さらに、表53に示されているように、モンゴル族は50代以上から20代へと年齢層が下がるにつれて、族際婚姻に対し肯定的な選択率が増加しているが、このことも、族際婚姻の実態において民族間の差異を大きくした一つの意識的背景となると推察される。

　さらに、この質問に対する「肯定」・「否定」という回答と回答者の「民族所属」（漢族・モンゴル族）の間に相関があるかどうかを確認するために、相関係数を求めると、 $r=-0.039$ であり二つの変数の間には相関はないといえる。つまり、族際婚姻そのものについて「肯定的」であるか「否定的」であるかという点については、回答者の民族所属は関係しないことがわかる。

　以上を総括すれば、族際婚姻に対する「肯定」または「否定」の選択状況を通じて、族際婚姻に関する人々の意識が分析・把握されたといえる。全回答者は72％を上回る割合で族際婚姻を肯定するにもかかわらず、実際には、性別、民族、地域、年齢層によって、族際婚姻に対する意識には差があり、族際婚姻に関する意識と族際婚姻率の状況との間には乖離があることも判明した。また、相関係数分析により、族際婚姻に関する意識と回答者の所属民族は相関がなく、民族の違いは族際婚姻に対する意識の強弱とは関係のないことも明らかになった。このような分析結果には、以下の

ような要因があると考えられる。

　まず、婚姻条件として民族所属は特別に重視されておらず、このことは、人々が必ずしも婚姻と民族所属が直接にかかわるとはみなしていないことと関係していると思われる。つまり、婚姻関係が民族所属以外のより現実的かつ社会的な要因と深く関わっているためである。また、族際婚姻に対する肯定的選択が高いのにもかかわらず、調査地の族際婚姻率がそれほど高くないことは、族際婚姻それ自体も単なる族際婚姻についての意識だけではなく、その他の現実的で複合的な要素に左右されるためであると考えられる。

　次に、中国では族際婚姻が民族団結のシンボルとされる場合が多いことがもう一つの要因として考えられる。その典型的な事例として、周恩来の姪（周秉建）とモンゴル族の歌手（拉蘇栄）との婚姻が挙げられる[129]。このように、良好な民族団結の象徴として、族際婚姻は当然順調であるべきだとの社会的思潮が中国には存在する。そしてこのような社会的思潮はまぎれもなく大衆にも浸透している。したがって、族際婚姻を「否定」する見方そのものが社会に少ないと推論される。例えば、筆者がインタビューしたＳ郷のＷ氏[130]、ＢソムのＨ氏[131]は、初めての面会時に同様に「族際婚

---

[129] 周恩来の姪（周秉建）とモンゴル族の歌手（拉蘇栄）の婚姻（1979年）は、漢族とモンゴル族の民族団結の象徴とされている。当時、周恩来は姪に「あなたは内モンゴルに根ざして、モンゴル族の青年と婚姻するはずだ。そして、彼と共に辺境地域の遅れた状況を改変し、民族団結の強化と促進のために働くべきだ」と話したという。このことは、今日でも中国のマスメディアで宣伝されている。例えば、中国中央テレビCCTV（西部チャンネル）では2004年6月22日、15：01から周秉建のテレビ・インタビューを生中継した。それ以外にも、周秉建に関する記事がインターネット上に数多く掲載されている。例えば、『新華網』では2004年11月8日、11：27：19に「独特人格魅力」を掲載したが、それが現在も『寧夏新聞網』に転載されている。詳細はhttp://www.nxnews.net/630/2004-11-8/25@56899-2.htm（2005.4.16アクセス）参照。

[130] Ｓ郷のＷ氏（45歳、モンゴル族、農民）、ウランゾー村に居住している。2003年7月28日のインタビュー。

[131] ＢソムのＨ氏（38歳、漢族、牧民）、ハイラソタイ゠ガチャーに居住している。2003年10月3日のインタビュー。

姻は光栄なことだ。ここの民族はよく団結しているため、族際婚姻がいっぱいある」と話し、族際婚姻を否定する発言は全くなかった。これは牧民も農民も、族際婚姻と「民族団結」を結びつけて連想していることを示している。

　第三に、D鎮とH都市部では若者の族際婚姻に対する肯定的選択率が比較的に低いことが、第2章第2節（表17、図15）の族際婚姻の実態に見えた2004年の減少の意識的背景として影響したと考えられる。つまり、本項の表53の示した若者世代の族際婚姻に対する肯定率の低下は、族際婚姻率の実情から影響を受けるだけではではなく、逆に、族際婚姻率の減少にも影響を及ぼしているといえる。このような意識的背景と族際婚姻の実態に関して筆者が調査した結果、H地市部とD鎮では、離婚者の中に相当数の族際婚姻者が含まれていることが判明した。例えば、婚姻登録処の統計によると、現在D鎮の協議離婚の47.8％（23件中11件）が族際婚姻カップルであり、H都市部では20.0％（650件中130件）が族際婚姻カップルである。離婚の原因は経済的トラブルや性格の不一致が多く、民族の違いが離婚理由として明示的に述べられているケースは少ない。しかし、人々は身の回りの離婚の実例をもって、族際婚姻カップルの離婚者が少なからず発生しているため、やはり族内婚姻の方が実際には適切であるという認識を強める傾向もあると考えられる。

第4節　小　結

　婚姻条件に関する意識をみると、婚姻相手を考える際に、民族所属はとくに重視されず、人々はより現実的な諸条件を重視している。しかし、婚姻相手の民族所属に関して項目を絞り込んで分析した結果、回答者は少なからず同じ民族同士との婚姻が望ましいと考えている一方、婚姻相手の民族所属を気にしない傾向も高まっている状態にある。族際婚姻に対する肯定的・否定的見方を分析した結果、7割以上の回答者が族際婚姻に対して

肯定的な選択をした。また、人々の族際婚姻に対する見方が族際婚姻の実情の影響を受け、かつ族際婚姻の実態にも影響を及ぼしていることが分かった。

このように、婚姻関係については人々が民族所属を強調する度合い、及び族際婚姻に対する賛否意識の度合いが、族際婚姻の変化に影響する一つの背景として捉えられる。つまり、人々の族際婚姻に対する肯定的意識が強くなった場合、族際婚姻実数（割合）を増加させ、人々の族際婚姻に対する否定的意識が強くなった場合、族際婚姻の実数（割合）を減少させると考えられる。

これまでの分析と考察からすれば、モンゴル族と漢族の混住形態による多文化の共存と浸透、国家政策及び地域政策に左右される人口割合、都市化などの社会変容の要素、更に、地域社会の変化と関連する人々の婚姻における民族意識、族際婚姻観などが、総合的に交錯しつつ影響を及ぼしてきたといえる。そうした経過を通じて、調査地の族際婚姻の実数と割合における地域差、民族差、時代的推移の実態が形成されてきた。

このように族際婚姻は単なる民族関係の表出、ないし個々人の私的な行為に限定されるものではなく、地域社会の文化、社会、意識の動態と変容を表象している。次章では、このように複雑な差異や推移の実態を表してきた族際婚姻は、地域社会にどのような影響や結果をもたらしたかを考察する。

第6章　族際婚姻の結果と影響（1）
　　　　家族文化と親族関係の変化

　前章までは、調査地における族際婚姻の実態を分析して、族際婚姻の社会的背景と要因について考察し、調査地の族際婚姻の実数と割合の地域差・民族差・時代的推移には、モンゴル族と漢族の民族文化、政策（国家・地方）、人々の意識が、総体的に影響を及ぼしてきたことを明らかにした。続いて本章では、成立した族際婚姻が地域社会にどのような影響を及ぼしたか、地域社会での族際婚姻の実態や変遷がどのようなものであるか、さらに、族際婚姻を通じて社会にどのような変化がもたらされたかを家族文化と親族関係を通じて考察する。

　まず、族内・族際婚姻の家族における祭祀と室内装飾の違いや変化を分析して、族際婚姻が家庭文化に及ぼした影響、それと民族意識とのかかわりを明らかにする。次に、族際婚姻が親族関係を中心とする社会的ネットワークにもたらした変化を考察する。

第1節　家族祭祀

　旧暦の正月は、現在の中国でもっとも盛大な祝日である。家族・地域から国家に至るまで、この期間は旧年を終えて、新年を祝う行事や催し、娯楽に興じる。ここでは、正月行事の代表例としての「祭火」に焦点を当てて祭祀文化について考察する。旧暦の12月23日[132]は、モンゴル族にとって

132　モンゴル族のなかでは、「ハルチ」（庶民）の火祭りは23日、「タイジ」（貴族）の火祭りは24日といわれるが、現在はその身分区別がなくなり、皆23日に行なっている。

は「火を祭る日」「火のボルハン（burhan＝神）を祭る日」、漢族にとっては「灶王爺[133]を祭る日」とされ、両民族にとってこの日は「小さい正月」（baga shineleh、過小年）と称される。

本節では、筆者がおこなった祭火に関するインタビュー[134]内容に基づき、調査地の祭祀文化の変化を分析する。まず、族内・族際婚姻者の旧暦23日の祭火についてのインタビュー結果を表54に示す。

表54　族内・族際婚姻家族の祭火の執行状況

（祭る：○、祭らない：－）

	結婚年	族際婚姻家族		族内婚姻家族	
		夫モンゴル族 妻漢族	妻モンゴル族 夫漢族	モンゴル族 夫妻	漢族 夫妻
H都市部	1995	－	－	○	－
	2000	－	－	－	○
	2004	－	－	－	－
D鎮	1995	○	－	－	○
	2000	－	○	○	○
	2004	－	－	○	－
S郷	1995	－	－	○	－
	2000	○	－	－	○
	2004	－	－	－	－
Bソム	1995	○	－	○	○
	2000	○	○	○	○
	2004	－	－	○	－

（出所：筆者のインタビュー調査により作成）

---

133 「灶王爺」について本節第2項で詳細述べる。
134 祭祀に関するインタビュー調査は主に2005年1月17日から2月20日の間に行なった。

第6章　族際婚姻の結果と影響（1）

　表54から明らかなように、1995年から2004年の間に結婚した回答者のうち、現在も火を祭っている割合は族内婚姻家族50.0％（12/24）、族際婚姻家族25.0％（6/24）である。また、族際婚姻家族のうち「夫モンゴル族妻漢族」の33.3％（4/12）、「妻モンゴル族夫漢族」の16.7％（2/12）、モンゴル族内婚姻家族の58.3％（7/12）、漢族内婚姻家族の41.7％（5/12）が火を祭っている。筆者のインタビュー調査に基づき、表54の結果をもっていえば、族内婚姻者は族際婚姻者よりも、モンゴル族は漢族よりも、祭火文化を重視し維持しているといえる。
　以下、各家庭における祭火の文化的意味、祭祀の実行状況を把握するため、インタビュー回答者が現在どのような手順で火を祭っているかをみる。

第1項　モンゴル族の祭火

　火は神聖で清浄なものである。祭火は自然崇拝を中心にした民間信仰、及び牧畜文化の重要な部分であることがモンゴルの歴史、文学、民俗、信仰（宗教）に関する古い文献に多く見られる。例えば、ルブサンチョイダンは、20世紀初頭のモンゴル人の祭火を行なう手順、火に供える物、祭火における男女の役割を記録している（Lubsangčoyidan 1981：77-78）。モンゴル族にとって、火は単に日常生活で必要な調理や家屋暖房の手段ではなく、家族ないし民族が存在する象徴としての意味ももつ。つまり、祭火は「五徳を継ぐ」（＝家を継ぐ）ことであり、新郎新婦は必ず火のボルハンと天に誓ってから、婚姻生活を始める。そのため、モンゴル語では、火のことを「ガル・ゴロムタ」（gal golomta 家の中心、中核、基礎、清潔という意味）ともいう。次に、改革開放以降の調査地における祭火の変化について考察し、近年の祭火の文化的・社会的意味について論じる。
　内モンゴルの地方文献によると、1980年代以降、赤峰地域のモンゴル族の祭火の儀式はかなり簡略化されてきた。この儀式の供え物には、羊の胸

199

部の肉、アモソ[135]、五色の布がある。手順は、僧侶が祭火の詩（経）を詠み、世帯主を始め全員が dallaga（福を招く）を行ない、跪いて辞儀する。また、世帯主が「オンゴン・ホニ（onggun honi 神聖な羊）」の首につけるセテル（seter）[136]を新しく変える儀式もある（『赤峰市志』1996：3063）。調査地のうち、敖漢（S郷を含む）のモンゴル族は正月13日も家屋の前（庭の中）で祭火を行っていたという（『赤峰風情』1987：287-291）。また、調査地のうちアルホルチンの北部（Bソムを含む）に限って、祭火に女性の参加を制限していたようである。例えば、地方文献には「祭火に参加するのは、主に世帯主の男性と息子たちである」と書かれている（*Aruqorčin-u soyul teüke* 2：211-212）。この点について、赤峰地域のモンゴル族民俗習慣の研究者であるセチェンバトらは次のように指摘している。

　「全モンゴルの火の神様はガリーハン・エヘ（galihan ehe ―筆者）であることから祭火は母系社会の遺物だといえる。また、他の地域と比較すると、アルホルチンの祭火詩にはチベット語の祭文が多い。ここからもアルホルチンのモンゴル族の祭火は仏教（黄教―筆者）の影響を深く受けたことがわかる。女性を祭祀から排除するのも仏教の影響だろう」[137]

という。

　H都市部のインタビュー回答者は全てスチーム暖房、ガス、電気を使っており、薪や石炭を使って火をつけることはほとんどなく、日常生活の中では祭祀的な火とのかかわりは少なくなっている。D鎮でも、高層ビルが増えて、H都市部と同様な傾向が現れている。これとは対照的に、S郷と

---

[135] モンゴル族が祭火のときに作って、旧暦の12月23日から大晦日まで食べる食べものであり、バター、羊肉、砂糖などをいれた濃い粥のことである。肉を入れたのを「褐色アモソ」、肉抜きのものを「白色アモソ」という。
[136] 神に捧げるように選ばれた馬、牛、羊、犬などの首や鬣につける色彩のリボン。セテルをつけた動物は神のものであるため、神聖純潔で自由であり、人間は乗ったり、殴ったりすることも許されない。
[137] 2005年1月20日アルホルチンモンゴル族の民俗習慣の研究者スチェンバト（52歳）、ボヤンウリジェイ（56歳）、アルビンサン（69歳）らのインタビュー。

Bソムでは今でも祭火が散見される。以下では、筆者が観察したインタビュー回答者の祭火の手順をみる。

(1) H都市部

　筆者の調査中、H都市部では、祭火を行っている族内婚姻者のモンゴル族は、H氏・Y氏（1995年結婚）の1カップルしか見られなかった。H氏の話によると、毎年旧暦の23日から正月1日までほとんどH氏の両親と一緒におり、祭火はいつも父の司式に従って行っており、将来自分でも何らかの形で継承していきたいという。祭火の手順は、鉄鍋の中にホールソン＝アム[138]、バター、砂糖、棗、羊の肉などを入れて、上に酒を注いで火をつける。そして、父が「祖先から継いできた火に跪いています。恩恵を与えてください」と祈った後、家族全員が跪いて、三回辞儀する。父が「ホライーホライーホライー」と発声して福を招いて祭火は終わる。H氏の父は右旗出身のモンゴル人（69歳）で、「巴林にいる時には、きちんと火を祭っていたが、都市に来てビルに居住後、簡単に行なうようになってきた。自分の子供はまだいいが、孫は漢語しか分からず、このような習慣は全部なくなるだろう」[139]と不安気に話していた。

　族内婚姻者のG氏・L氏（2000年結婚）、W氏・D氏（2004年結婚）が祭火を行わない背景を調査した結果、G氏はH都市部出身の民族所属変更者のモンゴル族であり、L氏は農耕地域出身でモンゴル語を話すモンゴル族である。また、W氏はH都市部に育ち、D氏は農耕地域である寧城県に育ち、両者とも漢語で教育を受けたモンゴル族である。このことが、祭火を行わなくなるような「祭祀の希薄化」にかかわると考えられる。このように、一言でモンゴル族といっても、個々人の成長した文化的、社会的環境が異なるため、祭祀に対する態度にも相違が生じる。H都市部の1995年以降結婚したモンゴル族内婚姻者は自分たちの家庭で祭火を行なっておら

138　モンゴル・アムともいう。粟類の穀物、「糜子」を炒めたモンゴル人の常食。
139　2005年1月21日のインタビュー。

ず、したがって、祭火の儀式はモンゴル族内婚姻者の中からも消滅してしまうかもしれない。

(2) D鎮

　筆者の調査中、D鎮では、祭火を行っている族内婚姻者のモンゴル族夫婦は、2カップル見られた。D鎮のモンゴル族内婚姻者M氏とJ氏（2000年結婚）は、まだビルに引っ越していないため、ガスコンロと石炭ストーブを使って祭っている。このカップルは、夕食前にストーブの中にユノテガシワ（柏樹）[140]か松の枝を数本入れて、上にモンゴル=アム、バター、アモソ、砂糖、棗、羊の胸部の肉、酒などを入れて、M氏が「火のボルハンに礼拝します。今年も恩恵を与えてください」と祈った後、J氏と子供三人で火に向かって礼拝をする。モンゴル族内婚姻者のD氏とN氏（2004年結婚）はビルに住んでいるが、M氏・J氏と異なるところは、ガスコンロに火をつけて、上に小さい鍋を置き、中に上記の供え物を入れて、礼拝をした後、鍋に酒を入れて供え物を燃やす点である。

　この2カップルの共通点は、みな巴林右旗の牧畜を営むソムの出身であり、モンゴル語と習慣をよく知っている。夫が祭火を執行し、家族全員参加している。また、自分たちの祭火の方式について、「私たちの世代の中では、祭火する人はますます少なくなっている。私たちのやり方も正しくなく伝統的なものでもなく、親に比べると簡単で勝手にやっている」と何度も説明した。このようなモンゴル族祭火者の減少と祭火手順の簡略化は、D鎮においても「祭祀の希薄化」が進行していることを示している。

(3) S郷

　S郷では、筆者の3年間にわたる調査中、祭火を行っている族内婚姻者のモンゴル族夫婦は1カップルしか見られなかった。S郷に居住するモン

---

[140] 松も使える。常緑樹は永遠の存在を象徴するため、祭火に使われるときに家がいつまでも継がれるという意味を持つ。

第6章　族際婚姻の結果と影響（1）

ゴル族のＱ氏・Ｄ氏（1995年結婚）の祭火が、Ｄ鎮のモンゴル族内婚姻者Ｍ氏・Ｊ氏と異なるところは、部屋の中のレンガストーブに薪[141]を数本加えて供え物を入れるが、羊肉に対するこだわりが強く、鶏肉などを入れてはいけないという。そして、Ｑ氏は祭火の詩を詠んでから、妻Ｄ氏と子供三人で跪いて、礼拝をする。最後に、Ｑ氏は屋外に出て、酒を天地に撒き、かまどの口に黏糕[142]粉をつける。

　Ｑ氏自身は彼の行なう祭火について「この地域は農村であり、かまど（モンゴル語でjuuh、漢語で灶）は私たちの生活の一部である。また、五徳（tulga）と同じように火が発生している神聖なところであるため、かまど（juuh）のボルハンを祭っている」と述べる。注目すべきは、祭火の最後でかまどの口に黏糕[143]粉をつける行為は、次項で詳しく紹介する漢族の「灶王爺」の民話に由来している。このことから、Ｑ氏のいう「かまど（juuh）のボルハン」は「灶王爺」のことであると考えられる。また、彼の説明によれば、かまど（灶＝juuh）は農耕地域を代表する意味をもっている。以上から、Ｓ郷の祭火は、モンゴルの民族文化が、農耕に根ざす地域の文化によって再解釈されたものといえる。また、Ｑ氏は、Ｓ郷の同年代の人の中では祭火の詩を謡える唯一のモンゴル人だと自慢する。その詩の一部は次のようなものである。

　　「日が暮れる際に
　　　牛のオーチ[144]を煮て
　　　盛りだくさんの肉を火に供えて
　　　始祖チンギスの法則に従って幸せを享受しましょう、われわれ」[145]。

141　花が咲き、実が実る木であれば何でもいいという。
142　キビやモチゴメの粉を発酵させて蒸した食べ物。
143　キビやモチゴメの粉を発酵させて蒸した食べ物。
144　動物の尾骶骨（仙椎）の部分。モンゴル語でuuchaという。モンゴル人は、このオーチが動物そのものを代表するとみなす。羊か牛のオーチを出すことは最高のもてなしとなるため、祭火や尊敬する来客に用いる。
145　この歌は、敖漢旗Ｓ郷特有のモンゴル民間文芸である、ホトクチンの歌に記録されているが、Ｑ氏はそれをお祖父さんから習ったという。歌詞（詩）は５部あるが、『敖漢旗文史資料選輯』第三輯171頁参照。

S郷のモンゴル族の祭火は、その供え物と手順の点で農耕地域の生活とモンゴル農耕地域におけるモンゴル・漢文化の複合性を表し、また民話に関連するという特徴をもっている。しかし、S郷に居住するモンゴル族のうち40歳以下の人は、祭火を行なうどころか、祭火のことを知っている人も少なくなっており、「祭祀の希薄化」が深く進行している。

(4)　Bソム

　Bソムのモンゴル族も祭火する人は少なくなってきているが、四つの調査地のうちでは、もっとも多くの人が古式の手順通りに祭火を行なっている。

　インタビューしたBソムのモンゴル族内婚姻者は全員が祭火を行なっている。そのうち、2カップルの夫婦の家庭では、祭火の儀式はもっぱら男性が執り行ない、女性は排除されている。しかし、もう1カップルの夫婦は、男性を中心に家族全員で参加している。その手順は3カップルともほぼ一致するため、N氏・A氏（2000年結婚）を事例として挙げる。

　まず、祭火に使う材料は厳選され、必ず実が実る木の枝でなければならないとされる。例えば、urel、yashil[146]などの山の果物の木である。その理由は、モンゴル語では、植物の「実」と「子供」を同じく ure という言葉で表現するため、実が実る木の枝で祭火することは、「五徳を継ぐ」と同じく、後世にわたって子孫を永遠に継続していくという意味を表すのである。次に、ホールソン＝アム、バター、アモソ、砂糖、棗、羊の胸部の肉などを茶碗に入れて、真ん中に線香を三本立て、酒を徳利に入れて置く。また、羊の胸の骨（羊一匹を代表する意味をもつ）を洗い清めてから赤い糸で巻き、表面のくぼみにアモソ、砂糖、五色の布屑、草の葉先などを詰め、小さいテーブルの上に置く。N氏は「火のボルハンに捧げています」と唱えながら供え物を火に入れる。そして、跪いて家族の平安、健康、豊富な

---

[146] urel は薔薇類（Rosaceae）、yashil はクロツバラ類（Rhamnus）で、木本或いは草本の植物である。

どを小さい声で祈りながら辞儀する。叩頭の回数は決まっておらず、祈る内容が多ければ叩頭の数も多くなるという。その後、外に出て酒を天地に撒いて「ホライーホライー」と唱えて福を招く。N氏は結婚する前には、実家の父と兄弟でこの祭火儀式を行なっていたが、N氏自身には娘一人しかいないため、娘が小学校に入ってから祭火に連れていきたいという。しかし、N氏は、妻のA氏を祭火に参加させることには言及しなかった。それについてA氏は「女性は毎日料理を作り、火のボルハンと多く付き合っているのに、祭火から排除される。私の実家もそうだった。これこそ何百年も続いてきたモンゴルの封建思想だろう」という。とはいうものの、A氏は祭火における男女の処遇の違いに不満があるだけで、祭火そのものはいつまでも続けてほしいと希望している。妻を参加させないにもかかわらず、家族の継承を担う一人娘を参加させたいというN氏の考えは、4章1節2項で述べたように、Bソムのモンゴル族が子供を一人だけ持つようになっている傾向と関係すると考えられる。

上述の各地の事例が示唆することは、現在、調査地におけるモンゴル族の祭火の儀式は一般的に簡略化されており、都市ではこの傾向が農耕地域よりも顕著である。その上、祭祀そのものを行なっている家庭も少なくなっており、希薄化は広く進んでいる。しかし、火の崇拝はまだ多くのモンゴル族の中で根強く残っている。一方、一人っ子政策の影響で一人娘が祭火を継承する可能性があることから、祭火の儀礼における男女の処遇の差異を内包する旧来の祭火のあり方も今後希薄化することが考えられる。

第2項　漢族の「灶王爺」祭祀

現在、調査地の漢族のなかで「灶王爺」を送る民話をはっきり述べられる人は少なくなりなり、特に20代、30代の人は「今は新時代だ。もうそのような迷信を信じる人は少ないだろう」と言うことがよく聞かれる。インタビュー回答者のF氏が知っている灶王爺の話の概略は次の通りである。

205

「小さいときにおじいさんから灶王爺の話を聞いた。灶王爺の名字は張で、馬に乗り、銃を背負っている。23日の夜、天に登り良いことを話してくれたら人間の一年は平安になる、と言われていた。人々は、23日に黏糕粉をかまどの入口につけて、灶王爺の口を甘く（嘴甜）し、天上の玉皇大帝に対して人間の悪口を言わないように機嫌をとる。旧年を見送って新年を迎える際に、家族の無事を祈って灶王爺を祭る。祭るといっても、私たちは灶王爺、灶奶奶（おばあさま）の像をみたことがない。気持だけでやっている」[147]。

漢族の年長者の話によると、漢族の慣習にも性別による処遇の差異があったという[148]。例えば、文化大革命以前にＳ郷、Ｂソムの漢族の新婦はまず夫（姑）家の灶王爺に跪いて礼拝をしていた。しかし、灶王爺を祭る際には、毎日台所で働く妻には祭る資格はなく、やはり男性は世帯主であるため「老爺們児」（男たち）がこの儀式を執り行なっていた。そのため漢族の中には「男不拝月、女不辞灶（男は月を祭らない、女は火を祭らない）」という規範と諺がある。現在、調査地の漢族はモンゴル族よりも祭火する割合が低いが、その低い割合の中でも祭火の祭司は男性である。インタビューによると、「現在は男女平等となっているが、社会の中で活躍するのはやはり男性なので、祭火を女性が祭司したら夫の面子を失ったことになる」という[149]。モンゴル族と同様、漢族の祭火儀式にも男女の差があることがわかる。

現地調査でインタビューに答えてくれたＨ都市部の漢族内婚姻者の中で旧暦12月23日に祭火を行っているのは、Ｗ氏・Ｓ氏（2000年結婚）の1カップルのみである。その手順と儀式を行なう理由を問うと、「実は、われわれは神とかを何も信じないが、両親と一緒に正月を過ごすから祭火についても形式的に礼拝だけやっている」と恥ずかしそうに話した。さらに、「自

147　Ｆ氏（漢族、公務員、男性、34歳）、2005年1月20日のインタビューより。
148　Ｌ氏（漢族、牧民、女性、68歳）、2004年6月2日のインタビューより。
149　Ｌ氏（漢族、農民、男性、44歳）、2005年1月17日のインタビューより。

分の家で正月を過ごすなら祭火を行ないますか」と筆者が尋ねると、「多分しない」という。祭火を行なわない漢族のなかには「現在のような時代になっているのに、灶王爺を祭るのか。祭日というものは、自分たちで楽しく過ごしたらいい。神仏には縁がない」という者もいる[150]。

D鎮の漢族内婚姻者のF氏・B氏（1995年結婚）は、夕食の前に、居住しているビルから近い空き地に行き、乾いた枝を拾って、それに火をつけて、棗と米を入れ、上に酒を注ぎ、「火の神様どうぞ」とF氏がいって家族三人で一回叩頭をする。彼らの手順と儀式を執り行なう理由について聞くと、「いったい漢式かモンゴル式かわからない。この町のモンゴル人は皆火を祭るから私たちも何かやらなければ何か物足りないように感じるから」という。F氏・B氏が祭火を行なうようになったことには、周りのモンゴル族の影響があったことがわかる。

S郷の漢族の間には、今も「上天言好事、地上報平安」[151]といい、50歳以上の人が「灶王爺」を見送る祭祀が見られるが、1995年以降の結婚者で祭火を行なっているのはM氏・Z氏1カップルのみあった。M氏・Z氏（2000年結婚）の祭火は、庭にテーブルを置き、線香を三本立て、供え物は「糖葫芦」[152]、お菓子、餅、米、餃子などを入れる。乾いた木の枝を拾ってきて積み重ねて、火をつける。M氏の父は「灶王爺は無事に行って、わが家族にも良い一年を与えてください」と祈ると、家族全員が跪いて一回叩頭する。M氏は「将来、自分の家でもこの習慣を継続していきたい」と言ったが、筆者がインタビューで面接したS郷の漢族の若者のうち、そう話したのは彼一人だけであった。また、漢族の年長者の話によると、「灶王爺」を見送る祭祀はそもそも台所の竈の前で行われていたが、それが庭で行われるようになったのは、昔、S郷のモンゴル族が毎年旧正月13日か

150　L氏（漢族、牧民、男性、34歳）、2005年10月1日のインタビューより。
151　灶王爺が天国に登って良いことを話してくれたら人間の世界は平安になる、という意味。
152　山査という果物に砂糖をつけて硬化した食べ物。

ら16日の間、庭に火を灯し、「祭火歌」を歌い、ホトクチン[153]を演じていたことに影響を受けたのではないかという[154]。

年長者の話によると、「文化大革命」前、Bソムの漢族が「灶王爺」を祭る家庭は多くなかったという。改革開放以後、祭火が地域のモンゴル的伝統として復活されてきたものの、漢族の「灶王爺」のイメージはますます薄くなってきたという[155]。インタビューした漢族内婚姻者のうち、1995年に結婚したL氏・O氏の話によると、朝起きたら爆竹を鳴らし夜に餃子を食べるのが祭火の日の一番大事なことである。夕食の前に、餃子と料理を少しずつストーブの火に入れるだけで火を祭ったこととなり、叩頭も祈りもない、とのことである。2000年に結婚したG氏・W氏が、L氏・O氏と異なるところは、夕方、餃子ができあがった時に、L氏・O氏はストーブにニレかチャラソ（charsu）[156]の枝を入れて、上にご飯、チーズ、黏糕、糖葫芦、棗、餃子、お菓子を入れ、「新年も無事であるように」と祈る点である。

以上、調査地の漢族の若者たちの間では「灶王爺」を見送る祭火儀式はすたれつつあり、「灶王爺」の民話を記憶している人もごく一部に過ぎない。しかも、モンゴル族の影響を受けてきたと考えられる点も見られた。

---

[153] S郷の烏蘭召村で発祥したモンゴル演劇の原型といわれている歌、踊り、宗教を結合した演技である。ホトクチンの語源はホトクというモンゴル語であり、その意味は、縁起がいい、幸福、子孫を継ぐ、長生きなどの意味がある。チンは名詞につく接尾辞であり、名詞の示したことを「行なう人」という意味がある。ホトクチンの主人公がアルイン・チャガン・ウブゲン（北の白い老人）、ソモンダイ（北の白い老人の妻、矢を持つという意味の名前）、ポンスク（北の白い老人の息子、チベット語）、ワール＝オヒン（北の白い老人の娘、ワールは花という名詞の敖漢方言）、ショロイ（西遊記の中の沙和尚）、ガハイ（西遊記の中の猪八戒）、ビチン（西遊記の中の孫悟空）が登場する。

[154] S郷ウランゾー村のモンゴル族はつい最近まで、正月1日から15日までホトクチンを演じてきた。その一つの内容は火を祭る内容がある。B氏（モンゴル族、男性、78歳、農民）2003年8月1日のインタビューより。

[155] Bソムの漢族L氏（男性、71歳）、L氏（女性、66歳）、X氏（男性、58歳）のインタビューより。

[156] モンゴル語でのチャラソはモドクヌギ（橡）、トチノキ（樅）。油成分が高く、実（ガールス）が実る樹である。

また、一部の漢族は火の神を祭りはするが、多くの人は神に食べ物をささげるよりも、人間の食べ物の方がもっと重要だと考えている[157]。こうしたインタビュー結果から、漢族の祭火儀式はモンゴル族よりも簡略化されており、火に対する宗教的な信仰の気持ちも薄くなっており、祭祀の希薄化は漢族にも見られるといえる。

第3項　族際婚姻者の祭火

　H都市部でインタビューに回答した族際婚姻者6カップルのうち、火を祭っているのは皆無であった。また、夫モンゴル妻漢の3カップルのうち、2カップルの夫は民族所属変更者モンゴル族の子供であり、「自分たちはモンゴル語とモンゴルの民族習慣を何も知らない。祭火についても同じ」という。また、カップルの民族所属に関係なく、どのカップルにも共通に述べられたところは以下のようである。

　　「われわれは新時代の人間であるため、どの民族の古い慣習や迷信にも関心を寄せない。モンゴル族と漢族の祭火の理解はそれぞれ異なるが、われわれはどちらにもこだわらないために両方とも放棄した」[158]。
　H都市部のような都会的な生活・居住形態にある族際婚姻者は、それぞれの所属民族の慣習にこだわらない傾向にあることが端的に語られている。

　D鎮の族際婚姻家族、夫モンゴル妻漢のB氏・Z氏（1995年結婚）の場合、住宅ビルの一階に住みストーブもないため、祭火は玄関の外で行なわれている。手順は、乾いた枝に火をつけて供え物を入れてから、上述のS郷の漢族M氏と同様に行なう。B氏は牧畜区出身であるため、祭火を継承している。漢族の妻Z氏は夫の祭火に反対はしていないが、参加する年も

---

[157] 2005年10月27日の電話インタビューに、Bソムの漢族牧民呂氏（39歳）、鄭氏（27歳）ともに、「祭日の神々はわれわれから遠くなり、人間はいいものを食べたらいい祭日である」といわれた。
[158] 2005年1月23日、1月25日のインタビューより。

あれば参加しない年もあるという。B氏はいつも子どもを同伴するが、その子は不思議に思い「この火の神は何族ですか」と尋ねたことがあり、B氏は「神には民族の区別はない、良い人なら誰でも恵まれる」と答えたという。夫漢妻モンゴルのL氏・N氏（2000年結婚）の場合、夫L氏は祭火を重要視しないが、妻のN氏の方がより積極的であるため毎年行なっている。L氏は「神仏に祈るのは悪いことではない。うちの商売繁盛のためにも祈りましょう」と祭火するという。D鎮でインタビューした族際婚姻者たちは、祭火について民族の違いを気にしない意思を表明している。

　S郷の族際婚姻者については、祭火を行なっているのは1カップルしか見られなかった。このカップルは親（L氏の母、モンゴル族、72歳）と同居している夫モンゴル妻漢のL氏・Z氏（2000年結婚）であり、火鉢（モンゴル語でHoobung、漢語で火盆）とかまどを一緒に祭る。祭られるのは火のボルハンであるのでモンゴル的であるが、かまどの入口に黏糕粉をつけることから、灶王爺の機嫌をとるという漢族の民話にも関係すると考えられる。その手順は、山から木の枝を拾ってきて、庭に積み重ねる。家の前にテーブルを置き、供え物である肉（種類の区別なし）、おかず、お菓子、アモソ、餃子などを茶碗と皿にいれ、三本の線香を点ける。L氏が「五徳のボルハンに祈っている」と唱えると、家族全員は跪いて三回程度叩頭する。

　ここで特記事項として、L氏の母G氏（65歳）は、「文化大革命」中の族際婚姻者のモンゴル族であり（夫D氏は既に他界）、1980年代前後から毎年祭火を行なってきたことを挙げたい。L氏は末子であり、母の影響を深く受けており、Z氏との結婚も母に勧められたという。Z氏は毎年祭火に参加し、かまどの入口に黏糕粉をつけることを担当している。L氏・Z氏は、漢族とモンゴル族の族内婚姻者と異なり、それぞれの民族的特徴をもっているにもかかわらず、物事に関して民族の区別・境界線を重視しない傾向にある。この点についてL氏は次のように語っている。

　　「私の家の祭火はモンゴル式とも漢式ともいっていい。神仏の世界と家族の幸せを祈ることには民族の区別はないと思う。私の家庭では言語はバイリンガル、飲食もモンゴルと漢の区別をほとんど感じない。

私自身は生活上、多様な人間である」[159]。

一方、現在、S郷では、40歳以下の世代の住民で自宅に火鉢を設置することはほとんどなくなっており、火鉢を祭ることも近い将来には徐々に消滅していくと推察される。

Bソムの族際婚姻者のうち、夫モンゴル妻漢のカップルの方が夫漢妻モンゴルのカップルよりも祭火を行なう割合が高い。これは、モンゴル族の方が多く祭火するという民族の文化差と祭祀執行における性別の差を反映している。夫モンゴル妻漢の祭火は、モンゴル族内婚姻者とほぼ一致するが、夫漢妻モンゴルの場合、漢族内婚姻者とは異なるところがある。ここでは、夫漢妻モンゴルのC氏・U氏（2000年結婚）の祭火をみる。夕方、ニレ（楡）[160]の枝を拾ってきて庭（家の前）に積み重ねて置く。小さいテーブルの上に、ホールソン＝アム、バター、砂糖、棗、羊の肉、餃子、餅を皿に入れ、真ん中に線香を立て、二つの盃に酒を入れて置く。薪に火をつけてからC氏はモンゴル語で「火のボルハンに、天に、祖先にdeeji（最初の、清潔なもの）を捧げています」と詠みながら、供え物を全部火にくべた後、家族三人で三回叩頭する。その後、酒を天地に撒く。このような手順になった理由についてC氏は次のように説明する。

　「われわれの居住している牧畜地域では祭火は一般の習慣であり、大晦日に祖先にdeejiを捧げ、天に礼拝するやり方もある。私たち夫妻二人で相談した結果、祭火に合わせて全部一緒に行なうようになった。23日に火、祖先、天を祭ることを合わせて行ない、叩頭も三回する。そうしたら、大晦日にゆっくり酒を飲みテレビをみられる。これは、わが家の最大の祭祀である」[161]。

また、C氏は自分のことを「牧畜地域における伝統祭祀の改革者」と呼んでいる。妻U氏の父はモンゴル族、母は漢族であり、Bソムより80km

---

159　2004年8月23日のインタビューより。
160　この木は松と同じように丈夫な木であるため、人の節操の固いことを象徴し、祭火に使われたときには、その家がいつまでも安定して継承されるという意味となる。
161　2005年1月28日のインタビューより。

離れた農耕地域に生まれたが、Ｂソムの親戚の家に住み、モンゴル語で教育を受けて高校を卒業した。Ｃ氏・Ｕ氏はいずれも、「祭火と民族はあまり関係ない。私たちはこの地域の習慣を自分たちのスタイルで行なっているだけ」という[162]。Ｃ氏・Ｕ氏の祭火には、モンゴル族の特徴がありながら、火・祖先・天の三つの祭祀をミックスした複雑な形式となっているが、彼ら自身は祭火を民族文化と捉えるよりも地域の文化として捉えているところがある。

第４項　本節のまとめ

　以上をまとめると、調査地では、若者の祭火への関心は薄くなっている傾向が明らかである。それには、都市化の進行（住居の高層化）、市場経済の発展（経済的利益の追求）、人々の脱伝統・脱民族の志向などが影響したと考えられる。つまり、前章で述べた族際婚姻に関係する文化的要素（第３章）、政策的要素（第４章）、意識的要素（第５章）は、祭火にも影響しているといえる。
　モンゴル族は漢族よりも、族内婚姻者は族際婚姻者よりも、祭祀文化を重んずる。
　漢族は祭火儀式を現世利益追求の一手段と見るのみで、火のもつ神聖さへの信仰心は存在しない。これに対してモンゴル族は祭火儀式を現世利益追求の一手段と見るのみ点では同じだが、火のもつ神聖さへの信仰心が存在する。主に地方部に居住するモンゴル族にとっては、一つの重要な精神文化の核として今日まで残っているといえる。
　調査地では、全体としてこのような祭祀を行なっている人の割合は低下しており、特に年齢層が若くなるほどに祭祀を重視しない傾向にある。また、漢族の中で祭火を行う人が減少している傾向がモンゴル族よりも著しい。
　次に、族際婚姻者の祭火では、モンゴル族と漢族の様式を混合させる傾向がある。それは、農耕と牧畜による生業形態、民族の人口割合、文化の

---

[162] 2005年１月28日のインタビューより。

相互作用、及び各夫婦の個別的な判断に関係するものである。H都市部における族際婚姻者はそれぞれの民族的特徴をともに重視しない傾向があるのに対して、S郷とBソムの族際婚姻者はそれぞれの民族的特徴をともに配慮するか、区別なく用いる傾向がみられる。この傾向は、S郷とBソムにおける族際婚姻家族の次世代にみられ、祭火の対象も「灶王爺」、「火のボルハン」、「かまど」、「火の神」、「ホーボン」（火鉢）など多様である。

さらに、調査地の祭火にはモンゴル族と漢族の相互作用と地域差も見られる。都市と鎮では、生活様式に適応した祭火の儀式が僅かではあるがまだ行われている。S郷とBソムでは、モンゴル族と漢族の混住により、祭火を行なう場所、使う燃料、祭る対象、供え物などが混合しているが、それを当事者たちは民族文化の変化よりも地域文化であると意識している。つまり、モンゴル族も漢族もそれぞれの居住地域の特徴にそくした文化的意識をもっていることがわかる。それは、第1章第4節（第1項～第4項）で述べた生業形態の地域差、第3章の結論に述べたモンゴル族と漢族の両文化の双方向的な浸透が、時代の流行を追おうとする風潮とあいまって、今日において形成した祭祀文化である。

このような祭祀文化の形成において、族際婚姻は、モンゴル族と漢族それぞれの家族の祭祀文化を伝統から脱出させ、両文化を部分的に統合させ、民族文化の融合を促進していることが明らかになった。

筆者は、本節で述べた族際婚姻家族が族内婚姻者よりも低い割合で祭火儀式を執り行なう傾向、及び族際婚姻者の執り行なっている祭火儀式がモンゴル族と漢族の特徴を合わせた複合性、或いは民族の区別を気にしないという民族の特徴に関する流動性を、族際婚姻によるモンゴル族と漢族の文化変容と捉えたい。

第2節　室内装飾

前節では、モンゴル族と漢族の家庭における祭火文化の変容を検証した。

本節では、生活空間において人々がどのような室内装飾を好んでいるか、とりわけ回答者自身が民族的特徴をどの程度好んでいるかを、族際婚姻者のアンケート回答を中心にして分析する。

　アンケートの「あなたがもっとも気に入る部屋の飾り方は何風ですか」という質問への回答者は540人、うち族際婚姻者は78人、族内婚姻者は462人いる。各項目の選択は「外国風」45人（8.3％）、「漢風」122人（22.6％）、「モンゴル風」125人（23.1％）、「古代風」54人（10.0％）、「流行風」159人（29.4％）、「その他」35人（6.5％）である。ここで「流行風」の選択率がもっとも高いことから、調査地の人々は室内装飾において、現代的な流行を好んで追う傾向が強いことがうかがえる。上の質問に対するモンゴル族と漢族の族内・族際婚姻者の回答に注目してみると、次の表55の通りとなる。

　表55の示す族際婚姻者の回答状況をみると、11.5％（9人）は「外国風」を、30.8％（24人）は「漢風」を、10.3％（8人）は「モンゴル風」を、12.8％（10人）は「古典風」を、29.5％（23人）は「流行風」を、5.1％（4人）は「その他」を選択した。族内婚姻者の回答をみると、モンゴル族の36.4％（110人）は「モンゴル風」を、11.6％（35人）は「漢風」を、8.6％（26人）は「古典風」を、29.5％（89人）は「流行風」を、7.3％（22人）は「外国風」を、6.6％（20人）は「その他」を選択し、漢族の4.4％（7人）は「モンゴル風」を、39.4％（63人）は「漢風」を、11.9％（19人）は「古典風」を、29.4％（47人）は「流行風」を、8.1％（13人）は「外国風」を、6.9％（11人）は「その他」を選択した。モンゴル族と漢族を合わせてみると、7.6％（35人）は「外国風」を、21.2％（98人）は「漢風」を、25.3％（117人）は「モンゴル風」を、9.7％（45人）は「古典風」を、29.4％（136人）は「流行風」を、6.7％（31人）は「その他」を選択した。

　族際婚姻者78人のうち、モンゴル族が48.7％（38人）、漢族が51.3％（40人）である。この族際婚姻者のうち、「漢風」を選択したのは30.8％（24人）、「モンゴル風」を選択したのは10.3％（8人）おり、「漢風」の選

第6章 族際婚姻の結果と影響（1）

表55 族内・族際婚姻者の室内装飾の選好

(単位：人、（ ）内は%)

回答者属性		室内装飾 モンゴル風	漢風	流行風	外国風	古典風	その他	合計
族内婚姻者	モンゴル族	110 (36.4)	35 (11.6)	89 (29.5)	22 (7.3)	26 (8.6)	20 (6.6)	302 (65.4)
	漢族	7 (4.4)	63 (39.4)	47 (29.4)	13 (8.1)	19 (11.9)	11 (6.9)	160 (34.6)
	計	117 (25.3)	98 (21.2)	136 (29.4)	35 (7.6)	45 (9.7)	31 (6.7)	462 (100.0)
族際婚姻者	モンゴル族	6 (15.8)	5 (13.2)	14 (36.8)	5 (13.2)	6 (15.8)	2 (5.3)	38 (48.7)
	漢族	2 (5.0)	19 (47.5)	9 (22.5)	4 (10.0)	4 (10.0)	2 (5.0)	40 (51.3)
	計	8 (10.3)	24 (30.8)	23 (29.5)	9 (11.5)	10 (12.8)	4 (5.1)	78 (100.0)

(出所：筆者のアンケート調査データにより作成)

択率は「モンゴル風」よりも高いことがわかる。また、室内装飾において、族際婚姻者の自己民族的特徴にこだわる傾向は、漢族（47.5％）のほうがモンゴル族（15.8％）よりも強い。族内婚姻者の場合、モンゴル族が「モンゴル風」（36.4％）を、漢族が「漢風」（39.4％）を選択した割合が近似することから、族内婚姻家庭において、それぞれの所属民族の特徴を好む程度には、民族間では大きな差はないと考えられる。また、族際婚姻者モンゴル族と族内婚姻者モンゴル族が流行風を選択した率はそれぞれ36.8％と29.5％であり、族際婚姻者漢族と族内婚姻者漢族はそれぞれ22.5％と29.4％であるところから、族際婚姻はモンゴル族の室内装飾における流行に追いつく傾向をより強め、漢族のそれを弱めたと考えられる。

第1項　民族と年齢層にみる室内装飾

以下、上述の質問への回答状況を、回答者の民族と年齢層に関連づけて

分析する。

表56　民族・年齢層にみる族際婚姻者の室内装飾の選好

(単位：人、（　）内は％)

室内装飾 回答者属性		モンゴル風	漢風	流行風	合計
モンゴル族	20代	3　(37.5)	1　(12.5)	2　(25.0)	8　(75.0)
	30代	0　(0.0)	3　(15.8)	9　(47.4)	19　(63.2)
	40代	3　(30.0)	1　(10.0)	3　(30.0)	10　(70.0)
	50代以上	0　(0.0)	0　(0.0)	0　(0.0)	1　(0.0)
	計	6　(15.8)	5　(13.2)	14　(36.8)	38　(65.8)
漢族	20代	0　(0.0)	1　(16.7)	2　(33.3)	6　(50.0)
	30代	0　(0.0)	8　(42.1)	6　(31.6)	19　(73.7)
	40代	2　(16.7)	8　(66.7)	0　(0.0)	12　(83.3)
	50代以上	0　(0.0)	2　(66.7)	1　(33.3)	3　(100.0)
	計	2　(5.0)	19　(47.5)	9　(22.5)	40　(75.0)

(出所：筆者のアンケート調査データにより作成)

　まず、表56から、「モンゴル風」、「漢風」、「流行風」についての選好を民族別にみる。所属民族風を好む割合は、モンゴル族は15.8％、漢族は47.5％であった。「流行風」を好む割合は、モンゴル族が36.8％、漢族が22.5％であった。異民族風を好む割合は、モンゴル族の13.2％が「漢風」を、漢族の5.0％が「モンゴル風」を選択した。このことから、族際婚姻者モンゴル族が所属民族的特徴を好む割合は漢族よりはかなり低く、時代に追いつく志向が漢族よりもやや強いと言える。族際婚姻者漢族が所属民族的特徴を選好する割合が47.5％、「流行風」の選択が22.5％、「モンゴル風」の選択が5.0％であるので、室内装飾に民族的特徴を選好する割合からすれば、族際婚姻者のモンゴル族は漢族ほどに民族的特徴に束縛されていないといえる。その背景として考えられることは、第3章に述べたよう

に、調査地におけるモンゴル族の民族語の使用率の減少、(1) Bソムを除く三ヵ所の調査地のモンゴル族の中には民族所属を変更した漢族が数多く含まれていること、(2) 本章で検討したモンゴル族の祭祀文化の希薄化、(3) 表56に見えている、モンゴル族の時代の流行を追う強い志向、といった諸点が挙げられる。

次に、「モンゴル風」、「漢風」、「流行風」の選好を年齢層別にみる。モンゴル族が「モンゴル風」を選好するという点で、20代は40代より7.5ポイント高くなっている。他方、漢族の「漢風」の選択割合は、年齢層が若くなるほどに徐々に低下する傾向にある。ここから、もっとも若い世代では、室内装飾において民族的特徴を重視する傾向が、モンゴル族は強くなり、漢族は弱くなっているという民族の違いを読みとることができる。

表57 地域・民族にみる族際婚姻者の室内装飾の選好

(単位：人、( )内は%)

回答者属性	室内装飾	モンゴル風	漢風	流行風	合計
H都市部	モンゴル族	4 (15.4)	3 (11.5)	8 (30.8)	26 (57.7)
	漢族	0 (0.0)	6 (28.6)	8 (38.1)	21 (66.7)
	計	4 (8.5)	9 (19.1)	16 (34.0)	47 (61.7)
D鎮	モンゴル族	2 (33.3)	0 (0.0)	3 (50.0)	6 (83.3)
	漢族	0 (0.0)	1 (50.0)	0 (0.0)	2 (50.0)
	計	2 (25.0)	1 (12.5)	3 (37.5)	8 (75.0)
S郷	モンゴル族	0 (0.0)	1 (50.0)	1 (50.0)	2 (100.0)
	漢族	2 (22.2)	6 (66.7)	0 (0.0)	9 (88.9)
	計	2 (18.2)	7 (63.6)	1 (9.1)	11 (90.9)
Bソム	モンゴル族	0 (0.0)	1 (25.0)	2 (50.0)	4 (75.0)
	漢族	0 (0.0)	6 (75.0)	1 (12.5)	8 (87.5)
	計	0 (0.0)	7 (58.3)	3 (25.0)	12 (83.3)

(出所：筆者のアンケート調査データにより作成)

表57に、族際婚姻者の室内装飾についての選好を地域と民族に注目して整理した。H都市部におけるモンゴル族の回答者は26人だが、他の三ヵ所では6人以下となっている。「モンゴル風」、「漢風」、「流行風」のそれぞれの選択割合をみると、モンゴル族が「モンゴル風」を選択した割合が高いところはD鎮（33.3%）であり、低いところはS郷（0.0%）とBソム（0.0%）である。H都市部ではモンゴル族の「モンゴル風」選択率は15.4%であり、「漢風」（11.5%）の選択率と近くなっているが、いずれも「流行風」（30.8%）よりはるかに低い。モンゴル族が人口の多数を占め、牧業を営んでいるBソムにおいても「モンゴル風」の選択率が低く、各調査地の族際婚姻者モンゴル族に共通して、室内装飾においては、自分の民族的特徴よりも流行風に関心を向けていることを示している。

　また、モンゴル族が「漢風」を、漢族が「モンゴル風」を選択した割合をみると、H都市部ではモンゴル族の11.5%が「漢風」を選択し、漢族で「モンゴル風」を選択した者は皆無であった。D鎮では両方とも選択者がいない。S郷では、モンゴル族の50.0%が「漢風」を選択し、漢族の22.2%が「モンゴル風」を選択した。Bソムでは、モンゴル族の25.0%が「漢風」を選択し、漢族で「モンゴル風」を選択した人はいない。このことから、調査地のモンゴル族は漢族よりも混住相手の民族の生活文化を受け入れやすい傾向にあるといえる。

　表56、表57に示した民族・地域・年齢層別に族際婚姻者の室内装飾の選択状況を総括して表58に示す。表58から読み取れる年齢層による規則的差異とは、H都市部とS郷における漢族の「漢風」の選択率が若年ほど減少していることである。

　次に、族際婚姻が家庭の室内装飾文化にいかに影響したかを検討するため、モンゴル族内婚姻者の選択状況を表59に示す。

　表59が示す選択傾向を地域別に見ると、「モンゴル風」の選択率がもっとも高いのは、モンゴル族の人口割合が多く、牧畜経済の形態が維持されているBソム（54.1%）であり、「漢風」の選択がもっとも高いのは、漢族の人口が多く、農業形態が維持されているS郷（30.0%）である。「流

第6章　族際婚姻の結果と影響（1）

表58　族際婚姻者の民族・地域・年齢層にみる室内装飾の選好

(単位：人、( ) 内は%)

回答者属性			モンゴル風	漢風	流行風	合計
モンゴル族	H都市部	20代	2 (50.0)	0 (0.0)	0 (0.0)	4 (50.0)
		30代	0 (0.0)	3 (20.0)	6 (40.0)	15 (60.0)
		40代	2 (28.6)	0 (0.0)	2 (28.6)	7 (57.1)
		計	4 (15.4)	3 (11.5)	8 (30.8)	26 (57.7)
	D鎮	20代	1 (50.0)	0 (0.0)	1 (50.0)	2 (100.0)
		30代	0 (0.0)	0 (0.0)	1 (50.0)	2 (50.0)
		40代	1 (50.0)	0 (0.0)	1 (50.0)	2 (100.0)
		計	2 (33.3)	0 (0.0)	3 (50.0)	6 (83.3)
	S郷	30代	0 (0.0)	0 (0.0)	1 (100.0)	1 (100.0)
		40代	0 (0.0)	1 (100.0)	0 (0.0)	1 (100.0)
		計	0 (0.0)	1 (50.0)	1 (50.0)	2 (100.0)
	Bソム	20代	0 (0.0)	1 (50.0)	1 (50.0)	2 (100.0)
		30代	0 (0.0)	0 (0.0)	1 (100.0)	1 (100.0)
		50代以上	0 (0.0)	0 (0.0)	0 (0.0)	1 (0.0)
		計	0 (0.0)	1 (25.0)	2 (50.0)	4 (75.0)
	合計		6 (15.8)	5 (13.2)	14 (36.8)	38 (65.8)
漢族	H都市部	20代	0 (0.0)	0 (0.0)	2 (40.0)	5 (40.0)
		30代	0 (0.0)	4 (36.4)	5 (45.5)	11 (81.8)
		40代	0 (0.0)	1 (33.3)	0 (0.0)	3 (33.3)
		50代以上	0 (0.0)	1 (50.0)	1 (50.0)	2 (100.0)
		計	0 (0.0)	6 (28.6)	8 (38.1)	21 (66.7)
	D鎮	20代	0 (0.0)	1 (100.0)	0 (0.0)	1 (100.0)
		30代	0 (0.0)	0 (0.0)	0 (0.0)	1 (0.0)
		計	0 (0.0)	1 (50.0)	0 (0.0)	2 (50.0)
	S郷	30代	0 (0.0)	1 (50.0)	0 (0.0)	2 (50.0)
		40代	2 (33.3)	4 (66.7)	0 (0.0)	6 (100.0)
		50代以上	0 (0.0)	1 (100.0)	0 (0.0)	1 (100.0)
		計	2 (22.2)	6 (66.7)	0 (0.0)	9 (88.9)
	Bソム	30代	0 (0.0)	3 (60.0)	1 (20.0)	5 (80.0)
		40代	0 (0.0)	3 (60.0)	0 (0.0)	3 (100.0)
		計	0 (0.0)	6 (75.0)	1 (12.5)	8 (87.5)
	合計		2 (5.0)	19 (47.5)	9 (22.5)	40 (75.0)

(出所：筆者のアンケート調査データにより作成)

表59　年齢層にみるモンゴル族内婚姻者の室内装飾の選好

（単位：人、（ ）内は％）

回答者属性	室内装飾	モンゴル風	漢風	流行風	合計
H都市部	20代	0（ 0.0）	0（ 0.0）	0（ 0.0）	1（ 0.0）
	30代	4（ 20.0）	2（ 10.0）	4（ 20.0）	20（ 50.0）
	40代	4（ 36.4）	0（ 0.0）	1（ 9.1）	11（ 45.5）
	50代以上	0（ 0.0）	1（ 50.0）	0（ 0.0）	2（ 50.0）
	計	8（ 23.5）	3（ 8.8）	5（ 14.7）	34（ 47.1）
D鎮	20代	4（ 30.8）	0（ 0.0）	0（ 0.0）	13（ 30.8）
	30代	20（ 23.8）	12（ 14.3）	8（ 9.5）	84（ 47.6）
	40代	15（ 32.6）	7（ 15.2）	3（ 6.5）	46（ 54.3）
	50代以上	3（ 60.0）	1（ 20.0）	0（ 0.0）	5（ 80.0）
	計	42（ 28.4）	20（ 13.5）	11（ 7.4）	148（ 49.3）
S郷	20代	0（ 0.0）	1（ 20.0）	1（ 20.0）	5（ 40.0）
	30代	3（ 42.9）	2（ 28.6）	1（ 14.3）	7（ 85.7）
	40代	0（ 0.0）	1（100.0）	0（ 0.0）	1（100.0）
	50代以上	4（ 57.1）	2（ 28.6）	0（ 0.0）	7（ 85.7）
	計	7（ 35.0）	6（ 30.0）	2（ 10.0）	20（ 75.0）
Bソム	20代	13（ 50.0）	0（ 0.0）	3（ 11.5）	26（ 61.5）
	30代	23（ 57.5）	3（ 7.5）	2（ 5.0）	40（ 70.0）
	40代	14（ 53.8）	1（ 3.8）	2（ 7.7）	26（ 65.4）
	50代以上	3（ 50.0）	2（ 33.3）	1（ 16.7）	6（100.0）
	計	53（ 54.1）	6（ 6.1）	8（ 8.2）	98（ 68.4）
モンゴル族合計		110（ 36.7）	35（ 11.7）	26（ 8.7）	300（ 57.0）

（出所：筆者のアンケート調査データにより作成）

行風」の選択がより高いのはモンゴル族の人口が多いBソム（16.7％）とモンゴル族と漢族の生活と文化の差異が縮小したH都市部（14.7％）であ

第6章 族際婚姻の結果と影響（1）

る。次に、「モンゴル風」、「漢風」、「流行風」の選択率の年齢層をみると、同じ変化の傾向が部分的に続いているのがみられる。すなわち、「モンゴル風」の選択は、D鎮では30代以上から50代までは減少したが、20代では30代よりも高くなった。それが、Bソムでは50代以上から30代までは増加したが、20代では30代よりも低くなっている。「漢風」の選択は、D鎮とBソムはともに、年齢層が若くなるほどに選択率が減少しているが、S郷では40代から20代にかけてその選択率は減少している。「流行風」の選択は、H都市部とD鎮では変化の一定傾向がはっきりとは見られないが、S郷では年齢層が若くなるほどにその選択率が増加し、Bソムでは50代から30代にかけて減少し、20代では増加している。四つの地域のうち、Bソムでは、「モンゴル風」の選択率における各年齢層間の差が比較的小さい。また、Bソムのモンゴル族内婚姻者がモンゴル風を好む割合はすべての年代で50％以上という高率を保っている。このことから、Bソムでは、どの世代でも室内装飾には民族的特徴を尊重していると考えられる。

　また、モンゴル族内婚姻者の「モンゴル風」の選択率は、高い順にBソム（54.1％）、S郷（35.0％）、D鎮（28.4％）、H都市部（23.5％）となっている。これは、第2章で述べた現在における族際婚姻率の低い順、及び婚姻条件意識の地域差（回答者の所属「民族」と婚姻条件の「民族」の相関）と一致するものである。したがって、モンゴル族の「モンゴル風」室内装飾への選好は、モンゴル族の文化的意識と民族意識を反映していると考えられる。

　表59と表58に示した回答者の年齢層と地域分布が一致していないため、表59の示すこれらの傾向を、表58の示すデータと対称的に比較できないが、モンゴル族内婚姻者と族際婚姻者の「モンゴル風」、「漢風」、「流行風」の選択を比較すると、「モンゴル風」の選択率が族内婚姻者は36.7％、族際婚姻者は15.8％である。「漢風」の選択率が族内婚姻者は11.7％、族際婚姻者は13.2％である。「流行風」の選択が、族内婚姻者は8.7％、族際婚姻者は36.8％である。同じモンゴル族でありながら、族際婚姻者の「モンゴル風」の選択率が、族内婚姻者のそれより約20ポイント低くなっている。

次に、表60が示す漢族内婚姻者の「モンゴル風」、「漢風」、「流行風」の選択を分析する。

表60　年齢層にみる漢族内婚姻者の室内装飾の選好

(単位：人、( ) 内は%)

回答者属性	室内装飾	モンゴル風	漢風	流行風	合計
H都市部	20代	0 (0.0)	1 (7.1)	5 (35.7)	14 (42.9)
	30代	1 (2.6)	11 (28.9)	14 (36.8)	38 (68.4)
	40代	0 (0.0)	12 (41.4)	9 (31.0)	29 (72.4)
	50代以上	0 (0.0)	2 (28.6)	2 (28.6)	7 (57.1)
	計	1 (1.1)	26 (29.5)	30 (34.1)	88 (64.8)
D鎮	20代	0 (0.0)	4 (80.0)	0 (0.0)	5 (80.0)
	30代	1 (11.1)	1 (11.1)	4 (44.4)	9 (66.7)
	40代	0 (0.0)	1 (33.3)	0 (0.0)	3 (33.3)
	50代以上	0 (0.0)	0 (0.0)	1 (100.0)	1 (100.0)
	計	1 (5.6)	6 (33.3)	5 (27.8)	18 (66.7)
S郷	20代	0 (0.0)	2 (66.7)	0 (0.0)	3 (66.7)
	30代	0 (0.0)	8 (72.7)	3 (27.3)	11 (100.0)
	40代	1 (6.7)	9 (60.0)	2 (13.3)	15 (80.0)
	50代以上	0 (0.0)	3 (75.0)	1 (25.0)	4 (100.0)
	計	1 (3.0)	22 (66.7)	6 (18.2)	33 (87.9)
Bソム	20代	0 (0.0)	1 (50.0)	1 (50.0)	2 (100.0)
	30代	0 (0.0)	2 (33.3)	2 (33.3)	6 (66.7)
	40代	3 (33.3)	3 (33.3)	3 (33.3)	9 (100.0)
	50代以上	1 (25.0)	3 (75.0)	0 (0.0)	4 (100.0)
	計	4 (19.0)	9 (42.9)	5 (23.8)	21 (85.7)
漢族合計		7 (4.4)	63 (39.4)	46 (28.8)	160 (72.5)

(出所：筆者のアンケート調査データにより作成)

第6章　族際婚姻の結果と影響（1）

　表60から明らかなように、漢族内婚姻者の「漢風」の選択率が最も高いのは、漢族の人口割合が多く、主たる生業として農業を営むＳ郷（66.7％）である。「モンゴル風」の選択率がもっとも高いのは、モンゴル族の人口が多く、主たる生業として牧業を営むＢソム（19.0％）である。「流行風」の選択率がもっとも高いのは漢族人口が多く、都市化が進んだＨ都市部（34.1％）である。族内婚姻者漢族が「漢風」を選択した率（39.4％）は、表58に示されているモンゴル族内婚姻者の「モンゴル風」の選択率（36.7％）と近似しているが、表59に示されたモンゴル族内婚姻者の「漢風」の選択率（11.7％）は、族内婚姻者漢族の「モンゴル風」を選択した率（4.4％）の３倍弱となっている。

　次に、年齢層に注目すると、各地における漢族内婚姻者の年齢による選択率の差は明瞭ではない。「流行風」の選好についていえば、Ｈ都市部では30代と20代の選択率が近似し、Ｂソムでは30代と40代の選択率が一致しているが、50代以上から20代にかけて見た場合には増加傾向にあることがわかる。「漢風」の選択割合は、Ｈ都市部では、30代と50代以上の選択率が近似するが、40代から20代にかけて減少してきた。Ｂソムでは30代と40代の選択率が一致するが、40代から20代にかけて増加してきた。ここから、Ｈ都市部とＢソムにおいて、漢族内婚姻者は室内装飾について流行を追う傾向を増してきたが、所属民族の特徴を尊重する割合は、Ｈ都市部では減少し、Ｂソムでは増加してきたといえる。これは、Ｂソムの漢族がソムの地域社会においてマイノリティとなり、漢族の言語と生活様式を部分的に喪失したことが彼らの民族的特徴への配慮を引き起こしたと考えられる。

　ここで表58と表60に示される傾向を比較してみる。Ｈ都市部について見ると、表58に示した漢族際婚姻者の「漢風」の選択率は、表60の漢族内婚姻者のそれと同様に年齢層が若くなるほどに減少している傾向にある。これと同じ傾向はＳ郷の漢族際婚姻者にも見られる。漢族内婚姻者と漢族際婚姻者の間で比較すると、「流行風」の選択率は、漢族内婚姻者は28.8％（表60参照）、族際婚姻者は22.5％（表58参照）である。「モンゴル風」の選択率は、漢族内婚姻者は4.4％（表60参照）、族際婚姻者は5.0％（表58参

照）である。自己民族である「漢風」の選択率は、漢族内婚姻者は39.4％（表60参照）、族際婚姻者は47.5％（表58参照）であり、族際婚姻者の選択率は8.1ポイントも高くなっている。

　このような傾向は、上述したモンゴル族内・族際婚姻者の「モンゴル風」への選好に見える差と正反対である。つまり、族際婚姻は、モンゴル族と漢族それぞれの室内装飾文化に対し正反対の方向に影響したのである。このような傾向の理由として、本節冒頭でも述べたように、族際婚姻者モンゴル族が時代の流れに追いつく志向をより強くしており、それが「モンゴル風」の選択の低下をもたらしたと考えられる。それを反映していると思われるのは、表58と表60の比較から読み取れるように、モンゴル族際婚姻者の「流行風」の選択率（36.8％）がモンゴル族内婚姻者の「モンゴル風」の選択率（36.7％）とほぼ等しくなっている点である。

　また、筆者のインタビューによると、漢族内婚姻者は、家庭内でも社会生活でも漢族と漢文化に接触が多く、漢族の特徴を他民族と区別する意識そのものがなかったようである[163]。一方の族際婚姻者の社会生活は族内婚姻者と変わらないものの、家庭内では異文化性と異民族性を感じ、その刺激で漢族の特徴を気にする傾向が高まったという[164]。換言すれば、族際婚姻により、室内装飾におけるモンゴル族の特徴は薄くなり、漢族の特徴が濃くなる傾向にある。

　次の表61が示すように、モンゴル族内婚姻者と漢族内婚姻者の回答者がそれぞれの所属民族風を選択した割合は、いずれも年齢層が若くなればなるほど減少している傾向にあり、同じ年齢層間の民族差が6ポイント以下である。また、モンゴル族内婚姻者と漢族内婚姻者それぞれが所属民族風を選択した率を同年齢層で比較するとほぼ同じである。つまり、モンゴル族内婚姻者も漢族内婚姻者もほぼ同じように所属民族風の室内装飾を選好していることがわかる。

---

[163] 2005年1月11日、H都市部の居民委員会のW氏、D鎮の婚姻登録処のH氏のインタビューにより。
[164] 2005年8月17日、D鎮の婚姻登録処のB氏、H氏、Y氏のインタビューより。

第 6 章　族際婚姻の結果と影響 (1)

表61　年齢層にみる族内婚姻者の室内装飾の選好

(単位：人、( ) 内は%)

回答者属性	室内装飾	モンゴル風	漢風	流行風	合計
モンゴル族	20代	17 (37.8)	1 (2.2)	4 (8.9)	45 (48.9)
	30代	50 (33.1)	19 (12.6)	15 (9.9)	151 (55.6)
	40代	33 (39.3)	9 (10.7)	6 (7.1)	84 (57.1)
	50代以上	10 (50.0)	6 (30.0)	1 (5.0)	20 (85.0)
漢族	20代	0 (0.0)	8 (33.3)	6 (25.0)	24 (58.3)
	30代	2 (3.1)	22 (34.4)	23 (35.9)	64 (73.4)
	40代	4 (7.1)	25 (44.6)	14 (25.0)	56 (76.8)
	50代以上	1 (6.3)	8 (50.0)	4 (25.0)	16 (81.3)

(出所：筆者のアンケート調査データにより作成)

　表61、表56、表59を比較すると、回答者自身がその所属民族風を選択した割合は、年齢層による変化についてはモンゴル族の族内・族際婚姻者の間では共通性が見られないが、漢族の族内・族際婚姻者は同様な傾向を示している。すなわち、漢族の族内・族際婚姻者が回答者自身の所属民族の室内装飾様式を選択した割合は、年齢層が若くなるほどに減少する傾向にある。

第 2 項　民族と性別にみる室内装飾

　本章第 1 節で論じたように、祭火の参加には顕著な男女の差が見られた。以下では、本節の上述の質問に対する回答に性差の有無を分析する。この質問の回答者のうち、女性は33人（42.3%）、男性は45人（57.7%）である。女性のうち、モンゴル族は19人（57.6%）、漢族は14人（42.4%）、男性のうち、モンゴル族は19人（42.2%）、漢族は26人（57.8%）であった。
　表62が示すように、族際婚姻者女性の18.2%（6人）は「モンゴル風」

を、24.2％（8人）は「漢風」を、36.4％（12人）は「流行風」を選択した。族際婚姻者である男性の4.4％（2人）は「モンゴル風」を、35.6％（16人）は「漢風」を、24.4％（11人）は「流行風」を選択した。男女それぞれの民族の割合と比較してみると、女性回答者の57.6％がモンゴル族であるが、女性回答者の「モンゴル風」の選択率は18.2％となっており、男性回答者の42.2％がモンゴル族であるが、男性回答者の「モンゴル風」の選択率は4.4％となっている。

　このような結果から、室内装飾においてモンゴル族の男性は女性ほど民族的特徴を重視しないといえる。他方、女性回答者の42.4％が漢族であるが、その「漢風」の選択率は24.2％となっており、男性回答者の57.8％が漢族であるが、その「漢風」の選択率は35.6％となっており、室内装飾において漢族の女性は男性よりも民族的特徴を重視しないといえる。つまり、男女ともに族際婚姻者がその所属民族風の室内装飾を選好する割合は、漢族の方がモンゴル族よりも高い。また、男女の差に注目するならば、モンゴル族の女性と漢族の男性は所属民族の特徴をより尊重する傾向があるといえる。性別と居住地域を関連づけてみると、D鎮に居住するモンゴル族が男女（75.0％、100.0％）とも民族的特徴を重視し、S郷に居住する漢族が男女（100.0％、100.0％）とも民族的特徴を重視するといえる。筆者が観察したところでは、D鎮はモンゴル族と漢族の生活と文化の違いが明瞭であるので、地域のマイノリティとして、モンゴル族の族内・族際婚姻者が民族的特徴を尊重する傾向を強めたと考えられる。一方、S郷のマジョリティである漢族が民族的特徴を重視するのは、ここが歴史的にモンゴル族と漢族の摩擦があったところであり、モンゴル族も漢族も民族の違いを常に意識してきている地域であることが背景にあるものと考えられる。

　一方、モンゴル族が「漢風」を選択したのは、Bソムの女性1人とS郷の男性1人である。漢族が「モンゴル風」を選択した回答者はS郷に2人（33.3％）の女性しかいなかった。この4人に対してインタビューした結果、Bソムの女性Y氏（24歳）は、「夫を含む私の周りの漢人はモンゴル

第6章 族際婚姻の結果と影響 (1)

表62 性別にみる族際婚姻者の室内装飾の選好

(単位：人、( )内は％)

回答者属性			モンゴル風	漢風	流行風	合計
モンゴル族	女性	H都市部	3 (21.4)	1 (7.1)	4 (28.6)	14 (57.1)
		D鎮	1 (50.0)	0 (0.0)	1 (50.0)	2 (100.0)
		S郷	0 (0.0)	0 (0.0)	0 (0.0)	0 (0.0)
		Bソム	0 (0.0)	1 (33.3)	2 (66.7)	3 (100.0)
		計	4 (21.1)	2 (10.5)	7 (36.8)	19 (68.4)
	男性	H都市部	1 (8.3)	2 (16.7)	4 (33.3)	12 (58.3)
		D鎮	1 (25.0)	0 (0.0)	2 (50.0)	4 (75.0)
		S郷	0 (0.0)	1 (50.0)	1 (50.0)	2 (100.0)
		Bソム	0 (0.0)	0 (0.0)	0 (0.0)	1 (0.0)
		計	2 (10.5)	3 (15.8)	7 (36.8)	19 (63.2)
	合計		6 (15.8)	5 (13.2)	14 (36.8)	38 (65.8)
漢族	女性	H都市部	0 (0.0)	2 (33.3)	4 (66.7)	6 (100.0)
		D鎮	0 (0.0)	0 (0.0)	0 (0.0)	0 (0.0)
		S郷	2 (33.3)	3 (50.0)	0 (0.0)	6 (83.3)
		Bソム	0 (0.0)	1 (50.0)	1 (50.0)	2 (100.0)
		計	2 (7.1)	6 (42.9)	5 (35.7)	14 (92.9)
	男性	H都市部	0 (0.0)	4 (26.7)	4 (26.7)	15 (53.3)
		D鎮	0 (0.0)	1 (50.0)	0 (0.0)	2 (50.0)
		S郷	0 (0.0)	3 (100.0)	0 (0.0)	3 (100.0)
		Bソム	0 (0.0)	5 (83.3)	0 (0.0)	6 (83.3)
		計	0 (0.0)	13 (50.0)	4 (15.4)	26 (65.4)
	合計		2 (5.0)	19 (47.5)	9 (22.5)	40 (75.0)
女性合計			6 (18.2)	8 (24.2)	12 (36.4)	33 (78.8)
男性合計			2 (4.4)	16 (35.6)	11 (24.4)	45 (64.4)
族際婚姻者合計			8 (10.3)	24 (30.8)	23 (29.5)	78 (70.5)

(出所：筆者のアンケート調査データにより作成)

227

人と何も変わらない。私は家で刺繍品、二胡などを飾っている。私は自分の知らない漢文化に好奇心をもっている」という[165]。S郷のモンゴル族男性M氏（43歳）は「この村ではモンゴル人はいるがモンゴルの特徴は何もみえない。私は古いものに無関心で、漢式の新しい物に興味がある」という。S郷のL氏（女性、43歳）は、筆者がS郷であった唯一の族際婚姻家族の次世代漢族であり、「私はモンゴル音楽が大好きで、家の中では羊の置物、煙草入れなどを飾っている。夫もそれが好きだから」という。族際婚姻者の漢族女性のB氏（46歳）は「私はこの村のモンゴル人の若者よりもモンゴル語ができる。家の中でモンゴル絵画、詩、人形などを飾っているが、子供には『父よりもモンゴル人』だと言われた」という[166]。このように、室内装飾においてモンゴル族が「漢風」を、漢族が「モンゴル風」を選択した回答者は異文化に興味を持ち、それを受け入れた者であり、族際婚姻者が担う文化融合の促進の一端を示していると考えられる。

次に、上述の質問に対する族内婚姻者のアンケート回答を分析する。

表63から明らかなように、族内婚姻者の女性は、22.3％（46人）が「モンゴル風」を、16.0％（33人）は「漢風」を、33.0％（68人）は「流行風」を選択した。男性の28.0％（71人）は「モンゴル風」を、25.6％（65人）は「漢風」を、26.4％（67人）は「流行風」を選択した。

男女それぞれの民族風を選択した割合を比較してみると、女性回答者の69.4％（143人）がモンゴル族であり、女性回答者が「モンゴル風」を選択した率は22.3％（46人）であった。男性回答者の61.8％（157人）がモンゴル族であり、男性回答者が「モンゴル風」を選択した率は28.0％（71人）であった。ここから、室内装飾において族内婚姻者モンゴル族では男性が女性よりも民族的特徴を選好しているといえる。

他方、女性回答者の30.6％（63人）が漢族であり、女性回答者が「漢風」を選択した率は16.0％（33人）であった。男性回答者の38.2％（97人）が

165　Bソムにおける2005年7月15日のインタビューより。
166　M氏、L氏、B氏らは、S郷における2005年2月13日のインタビューより。

第6章　族際婚姻の結果と影響（1）

表63　性別にみる族内婚姻者の室内装飾の選好

(単位：人、（　）内は%)

回答者属性			モンゴル風	漢風	流行風	合計
モンゴル族	女性	H都市部	1（5.9）	2（11.8）	4（23.5）	17（41.2）
		D鎮	22（25.6）	8（9.3）	32（37.2）	86（60.5）
		S郷	1（33.3）	1（33.3）	1（33.3）	3（100.0）
		Bソム	21（56.8）	0（0.0）	10（27.0）	37（83.8）
		計	45（31.5）	11（7.7）	47（32.9）	143（72.0）
	男性	H都市部	7（41.2）	1（5.9）	4（23.5）	17（70.6）
		D鎮	20（32.3）	12（19.4）	14（22.6）	62（74.2）
		S郷	6（35.3）	5（29.4）	4（23.5）	17（88.2）
		Bソム	32（52.5）	6（9.8）	19（31.1）	61（93.4）
		計	65（41.4）	24（15.3）	41（26.1）	157（82.8）
	合　　計		110（36.7）	35（11.7）	88（29.3）	300（76.7）
漢族	女性	H都市部	1（2.4）	14（33.3）	13（31.0）	42（66.7）
		D鎮	0（0.0）	1（20.0）	1（20.0）	5（40.0）
		S郷	0（0.0）	5（50.0）	4（40.0）	10（90.0）
		Bソム	0（0.0）	2（33.3）	3（50.0）	6（83.3）
		計	1（1.6）	22（34.9）	21（33.3）	63（69.8）
	男性	H都市部	0（0.0）	12（26.1）	17（37.0）	46（63.0）
		D鎮	1（7.7）	5（38.5）	4（30.8）	13（76.9）
		S郷	1（4.3）	17（73.9）	2（8.7）	23（87.0）
		Bソム	4（26.7）	7（46.7）	3（20.0）	15（93.3）
		計	6（6.2）	41（42.3）	26（26.8）	97（75.3）
	合　　計		7（4.4）	63（39.4）	47（29.4）	160（79.4）
女性合計			46（22.3）	33（16.0）	68（33.0）	206（86.4）
男性合計			71（28.0）	65（25.6）	67（26.4）	254（79.9）
モンゴル・漢族合計			117（25.4）	98（21.3）	135（29.3）	460（76.1）

(出所：筆者のアンケート調査データにより作成)

229

漢族であり、その「漢風」の選択率は25.6%（65人）であった。ここから、室内装飾においては、族内婚姻者漢族では男性が女性よりも民族的特徴を選好しているといえる。

また、族内婚姻者のモンゴル族と漢族を比較してみると、男女ともに所属民族風の室内装飾を選好する傾向は、漢族の方がモンゴル族よりも強い。

次に、表62と表63に示した性別と族内・族際婚姻による室内装飾の選好状況を比較して次の表64に示す。

表64　性別にみる族内・族際婚姻者の室内装飾の選好

(単位：人、（　）内は%)

回答者属性	室内装飾	モンゴル風	漢風	流行風	合計
女性	族際・モンゴル	4 (21.1)	2 (10.5)	7 (36.8)	19 (68.4)
	族内・モンゴル	45 (31.5)	11 (7.7)	47 (32.9)	143 (72.2)
	族際・漢	2 (7.1)	6 (42.9)	5 (35.7)	14 (92.9)
	族内・漢	1 (1.6)	22 (34.9)	21 (33.3)	63 (54.0)
男性	族際・モンゴル	2 (10.5)	3 (15.8)	7 (36.8)	19 (63.2)
	族内・モンゴル	65 (41.4)	24 (15.3)	41 (26.1)	157 (82.8)
	族際・漢	0 (0.0)	13 (50.0)	4 (15.4)	26 (65.4)
	族内・漢	6 (6.2)	41 (42.3)	26 (26.8)	97 (75.3)

(出所：筆者のアンケート調査データにより作成)

表64から明らかなように、モンゴル族の男女ともに「モンゴル風」を選択した率は、族際婚姻者が族内婚姻者よりも低い。しかし、漢族の男女ともに「漢風」を選択した率は、族際婚姻者が族内婚姻者よりも高い。民族間でみると、漢族の「漢風」の選択率は、モンゴル族の「モンゴル風」の選択率よりも高い。婚姻・性別・民族を合わせてみると、モンゴル族内婚姻者の男性（41.4%）と漢族際婚姻者の男性（50.0%）が所属民族風室内装飾を選好する傾向がより強い。

「流行風」の選択をみると、女性は民族と族内・族際婚姻者を問わず、その選択率には顕著な差が見られないが、男性には民族と族内・族際婚姻者の差異が見える。すなわち、モンゴル族男性の選択率をみると、族際婚姻者が族内婚姻者よりも高く、漢族男性の選択率をみると、族際婚姻者が族内婚姻者よりも低い。しかし、族内婚姻者モンゴル族男性（26.1％）と族内婚姻者漢族男性（26.8％）の選択率は近似し、族内婚姻者モンゴル族女性（32.9％）と族内婚姻者漢族女性（33.3％）の選択率は近似している。このことは、室内装飾に関しては、民族を問わず族内婚姻者の男女は、時代の流れに追いつこうという志向において、族際婚姻者よりも共通性をもっていることを示している。

以上、室内装飾においてアンケート回答者は、自身の所属民族風を選択したかどうかを割合で比較して分析した。次に、同質問の回答者が所属民族風を選択するか或いは他を選択するかを、相関係数を算出して考察してみる。

室内装飾に「所属民族風を選好するかどうか」と「族内・族際婚姻者」との相関係数を求めると、漢族の場合はｒ＝0.062、モンゴル族の場合はｒ＝−0.142となり、モンゴル族と漢族の回答者については、二つの変数の間には相関はないといえる。つまり、漢族もモンゴル族もともに、室内装飾に所属民族風を選ぶ程度は、族内婚姻者か族際婚姻者かということとは関係がないと考えられる。

また、室内装飾に「所属民族風を選好するかどうか」と回答者の居住「地域」との相関係数を求めると、漢族の場合はｒ＝0.019、モンゴル族の場合はｒ＝−0.170であり、同じくモンゴル族と漢族の回答者については、これら二つの変数の間には相関がほとんどないといえる。

室内装飾に民族的特徴を選好することが家庭の民族文化、及び民族意識の一つの表徴と考えた場合、族内婚姻者であるか族際婚姻者であるか、及び居住地域がどの地域であるかによらず、その民族意識の強弱には顕著な差があるとはいえない。

第3項　本節のまとめ

　本節では室内装飾に関する項目を分析して、調査地の族際婚姻者と族内婚姻者の家庭文化の差と変化を明らかにすることを試みた。
　まず、アンケート質問の回答に基づき、生活空間における室内装飾の傾向、とりわけ回答者自身の所属民族風の室内装飾を好むと選択した割合と傾向をみた。
　所属民族風を選択した割合を民族別にみると、族内婚姻者のモンゴル族（36.7％）と漢族（39.4％）はほとんど変わらないが、族際婚姻者のモンゴル族（15.8％）は漢族（47.5％）よりも低い。
　所属民族風を選択した割合を地域別にみると、モンゴル族の場合、H都市部、S郷、Bソムの族内婚姻者が族際婚姻者よりも高いが、D鎮に限っては族際婚姻者が族内婚姻者よりも高い。漢族の場合、H都市部とS郷では族際婚姻者と族内婚姻者が近似し、D鎮とBソムでは族際婚姻者が族内婚姻者よりも高い。
　所属民族風を選択した割合を年齢層別にみると、族内婚姻者は民族を問わず、年齢層が若くなるほどに回答者自身の所属民族風の選択率が低下している。族際婚姻者漢族も族内婚姻者と同様の傾向を示しているが、モンゴル族の族内婚姻者の選択には年齢層による規則的な変化の傾向はみられなかった。
　所属民族風を選択した割合を性別でみると、回答者の族内・族際婚姻者それぞれの男女の割合（族内57.8：42.3、族際55.2：44.8）は近似している。モンゴル族は男女ともに、族際婚姻者が族内婚姻者よりも低いが、漢族は男女ともに、族際婚姻者が族内婚姻者よりも高い。
　以上のような民族、地域、年齢層、性別に見える族内・族際婚姻者の所属民族風の選択率の相違から、族際婚姻がモンゴル族と漢族それぞれの室内装飾文化に及ぼした作用が異なることが明らかになった。族際婚姻により、モンゴル族の所属民族風を選好する割合が低くなる一方、漢族のそれ

は高くなる傾向がみられた。

　また、このような選択状況の分析に、相関係数を用いて質的分析を加えた結果、族内・族際婚姻者と所属民族の特徴への選好との間には相関がほとんどないことが検証された。

　また、ここに取り上げた諸事例には、族際婚姻者は室内装飾文化において民族融合を促しているところが見られた。このことから、彼らをモンゴル族と漢族の複合文化の担い手と見なしてよいだろう。

　以上から、族際婚姻によりモンゴル族と漢族の室内装飾文化の境界は曖昧化し、融合している傾向が見られた。これは、族際婚姻が室内装飾文化にもたらした一つの結果である。さらに、それにより、民族意識の曖昧さも生じると考えられる。

第3節　親族関係の伸縮

　本節では、族際婚姻がもたらしたもう一つの影響ならびに結果として、親族関係の伸縮を取り上げ、親族関係を中心とした社会的ネットワークの変化、ならびに人々の民族意識とどのように関係しているかを明らかにする。

　ここで用いる社会的人間関係のネットワークとは、社会の原点である個々人の行動と接触により結ばれる人と人とのつながりであり、客観性と主観性を備えた目に見えない社会現象である（陳立行 1994：46）。また、社会的ネットワークには、個々人の属性、趣味、目的、所在する環境などが媒介となるため、その大きさ、密度、寿命が常に変化するものである（陳立行 1994：49）。リンクと範囲でみると、社会的ネットワークとは、婚姻と血縁により形成される家族関係及び親族関係、共通の目的と行動により形成される同僚・同窓関係、同様な居住空間や経験により形成される同郷・近隣・地縁関係、民族文化や民族意識に則して形成される民族的関係などさまざまである。

本節では、モンゴル族と漢族という二つの民族集団を跨ぐ族際婚姻が、婚姻者の親族往来と親族圏のありようにどのように作用しているかに着目し、族際婚姻と親族を中心とする人間関係のネットワークとの関連性を明らかにする。

　　第１項　直系血族の往来

　モンゴル族でも漢族でも子供が成長して結婚したことをもって、真の大人、一人前となったとみなし、既婚者が独立した社会生活と社会活動を行なうのが一般的である。インタビューによると、四つの調査地ではいずれも90年代以降は、核家族が主流となっており、戸籍統計を確認しても３世代が同居する大家族は非常に少なくなっている。直系血族は、親族関係および社会的諸関係の基盤であり、よく安定している人間関係でもある。族際婚姻者の直系血族との往来頻度は、親族関係の密度や深度を端的に反映するのみならず、人間関係の地域圏と民族圏の変化を理解する上でも有意である。
　以下、アンケート調査の「結婚後、実家の両親・兄弟とどの程度往来していますか」という質問の回答を分析し、親族関係の実情を検証する。

(1)　**性別にみる直系血族の往来**
　以下、直系血族の往来の頻度を性別にみる。
　次の表65から明らかなように、回答者全員（437人）をみると、直系血族との付き合いは、89.5%（391人）が「頻繁」を、10.3%（45人）が「時々」を、0.2%（１人）が「なし」を選択した。性別にみると、「頻繁」に付き合うと選択した割合が、女性は89.0%（178人）、男性は89.9%（213人）であり、「時々」付き合うと選択した割合が、女性は11.0%（22人）、男性は9.7%（23人）である。付き合いは「なし」の選択者は男性が一人で、女性は一人もいなかった。全体的にみると、男女の差は大きいとはいえない。民族別にみると、「頻繁」に付き合うと選択した割合は、モンゴル族は漢

第6章　族際婚姻の結果と影響（1）

表65　性別にみる直系血族の往来頻度

（単位：人、（　）内は％）

回答者属性		親族往来	頻繁に付き合う	時々付き合う	付き合いなし	合計
族際婚姻者	女性	モンゴル族	14 (77.8)	4 (22.2)	0 (0.0)	18 (100.0)
		漢族	4 (57.1)	3 (42.9)	0 (0.0)	7 (100.0)
		計	18 (72.0)	7 (28.0)	0 (0.0)	25 (100.0)
	男性	モンゴル族	10 (83.3)	2 (16.7)	0 (0.0)	12 (100.0)
		漢族	16 (88.9)	2 (11.1)	0 (0.0)	18 (100.0)
		計	30 (88.2)	4 (11.8)	0 (0.0)	34 (100.0)
	合　計		44 (81.4)	11 (18.6)	0 (0.0)	55 (100.0)
族内婚姻者	女性	モンゴル族	118 (91.5)	11 (8.5)	0 (0.0)	129 (100.0)
		漢族	42 (91.3)	4 (8.7)	0 (0.0)	46 (100.0)
		計	160 (91.4)	15 (8.6)	0 (0.0)	175 (100.0)
	男性	モンゴル族	126 (92.6)	10 (7.4)	0 (0.0)	136 (100.0)
		漢族	61 (85.9)	9 (12.7)	1 (1.4)	71 (100.0)
		計	187 (90.3)	19 (9.2)	1 (0.4)	207 (100.0)
	合　計		347 (90.8)	34 (8.9)	1 (0.3)	382 (100.0)
女性合計			178 (89.0)	22 (11.0)	0 (0.0)	200 (100.0)
男性合計			213 (89.9)	23 (9.7)	1 (0.4)	237 (100.0)
モンゴル族合計			268 (90.8)	27 (9.2)	0 (0.0)	295 (100.0)
漢族合計			123 (86.6)	18 (12.7)	1 (0.7)	142 (100.0)
族内・族際婚姻者合計			391 (89.5)	45 (10.3)	1 (0.2)	437 (100.0)

（出所：筆者のアンケート調査データにより作成）

族より4.2ポイント高く、「時々」付き合うと選択した割合は、漢族がモンゴル族よりも3.5ポイント高い。

　族内・族際婚別にみると、「頻繁」に付き合うと選択した割合が、族際

婚姻者は81.4％（44人）、族内婚姻者は90.8％（347人）であり、「時々」付き合うと選択した割合が、族際婚姻者は18.6％（11人）、族内婚姻者は8.9％（34人）であり、族内・族際婚姻者の選択率の違いは顕著である。このことから、直系血族と付き合う頻度については、族際婚姻者は族内婚姻者よりも低いといえる。族際婚姻者の選択を性別でみると、「頻繁」に付き合うと選択した割合は、女性が72.0％（18人）、男性が88.2％（30人）であり、「時々」付き合うと選択した割合は、女性が28.0％（7人）、男性が11.8％（4人）である。このことから、族際婚姻者の男性は女性よりも直系血族と頻繁に付き合っているといえる。族内婚姻者の選択を性別でみると、「頻繁」に付き合うと選択した割合が、女性は91.4％（160人）、男性は90.3％（187人）であり、「時々」付き合うと選択した割合が、女性は8.6％（15人）、男性は9.2％（19人）である。族内婚姻者の直系血族との付き合いにおける男女の差は、族際婚姻者ほどに顕著ではない。

　族内・族際婚姻、性別、民族をともに見た場合、直系血族と「頻繁」に付き合うと選択した割合がより高いのは、族内婚姻者のモンゴル族男女（92.6％：91.5％）であり、より低いのは族際婚姻者の漢族の女性（57.1％）とモンゴル族の男性（83.3％）である。「時々」付き合うと選択した割合がより高いのも族際婚姻者の漢族の女性（42.9％）とモンゴル族の男性（16.7％）である。つまり、族際婚姻者は族内婚姻者よりも直系血族との付き合いの頻度が低くなっているが、特に漢族の女性とモンゴル族の男性は低い。これを、第2章で提示した族際婚姻の実態と関連づけてみると、調査地ではH都市部、D鎮、Bソムを除いたS郷に限って、モンゴル族の男性と漢族の女性から成るカップルが全族際婚姻者のうち57.1％を占めている。この状況から推測するに、S郷では、族際婚姻者は結婚後に直系血族と付き合う頻度は他の地域より低くなっていくと考えられる。一方、H都市部、D鎮、Bソムでは、族際婚姻者が直系血族と付き合う頻度が族内婚姻者よりも低くなるだろうが、S郷よりは高くなることも推測できる。

　直系血族との付き合いは「なし」と選択したD鎮のH氏（漢族、男性、30代）のインタビューによると、彼はタクシー運転手であり、仕事が忙し

いという理由を強調している。H氏の実家はD鎮から200km離れた開魯県の農耕地域にある。両親はすでに他界し兄弟が2人いるが、妻N氏（29歳）と実家の兄弟は互いに付き合いたくないこともあって、結婚後、H氏自身は実家に帰ったことがなく、兄弟もH氏のところに来たことがないという。しかし、H氏は「いつか一度いきたい」という。

(2) 年齢層にみる直系血族の往来

次に、族内・族際婚姻者の直系血族との付き合いには年齢層による相違と変化があるかどうかを分析する。

自分の年齢を記入した全回答者は428人おり、上の表65より人数は9人少ない。年齢層別にみると、「頻繁」に付き合うと選択した割合は、高い順に20代、40代、30代、50代となっており、「時々」付き合うと選択した割合は50代、30代、40代、20代となっている。年齢層にみる規則的な違いは見られない。

次の表66の示した選択傾向を族内・族際婚姻別にみると、「頻繁」に付き合うと選択した割合が、族際婚姻者は80.6％（44人）、族内婚姻者は90.6％（338人）であり、「時々」付き合うと選択した割合が、族際婚姻者は19.4％（11人）、族内婚姻者は9.1％（34人）であり、族内・族際婚姻者の差は顕著である。表65の示した傾向と同じく、回答者の直系血族と付き合う頻度が、族際婚姻者は族内婚姻者よりも低い。

族際婚姻者の選択を年齢層にみると、「頻繁」に付き合うと選択した割合が、モンゴル族と漢族はともに、50代以上から30代にかけて減少し、20代では増加している。これとは対照的に、「時々」付き合うと選択した割合は、両民族の間で正反対な傾向を示している。ここから、族際婚姻者のもっとも若い世代で直系血族との付き合いが頻繁であると推測できる。

表66の示す族内婚姻者の選択状況をみると、モンゴル族内婚姻者が「頻繁」を選択した割合は漢族内婚姻者よりもやや高く、両民族ともに50代から20代にかけて直系血族との付き合いが頻繁であるという傾向にある。また、両民族ともに「時々」付き合っていると選択した割合には年齢層によ

表66 年齢層にみる直系血族の往来頻度

(単位：人、( )内は％)

回答者属性		親族往来	頻繁に付き合う	時々付き合う	付き合いなし	合計
族際婚姻者	モンゴル族	20代	7 (100.0)	0 (0.0)	0 (0.0)	7 (100.0)
		30代	11 (68.8)	5 (31.3)	0 (0.0)	16 (100.0)
		40代	5 (83.3)	1 (16.7)	0 (0.0)	6 (100.0)
		50代以上	1 (100.0)	0 (0.0)	0 (0.0)	1 (100.0)
		計	24 (80.0)	6 (20.0)	0 (0.0)	30 (100.0)
	漢族	20代	3 (100.0)	0 (0.0)	0 (0.0)	3 (100.0)
		30代	9 (69.2)	4 (30.8)	0 (0.0)	13 (100.0)
		40代	7 (87.5)	1 (12.5)	0 (0.0)	8 (100.0)
		50代以上	1 (100.0)	0 (0.0)	0 (0.0)	1 (100.0)
		計	20 (80.0)	5 (20.0)	0 (0.0)	25 (100.0)
	合　　計		44 (80.6)	11 (19.4)	0 (0.0)	55 (100.0)
族内婚姻者	モンゴル族	20代	36 (97.3)	1 (2.7)	0 (0.0)	37 (100.0)
		30代	120 (91.6)	11 (8.4)	0 (0.0)	131 (100.0)
		40代	71 (91.0)	7 (9.0)	0 (0.0)	78 (100.0)
		50代以上	14 (87.5)	2 (12.5)	0 (0.0)	16 (100.0)
		計	241 (92.0)	21 (8.0)	0 (0.0)	262 (100.0)
	漢族	20代	16 (88.9)	2 (11.1)	0 (0.0)	18 (100.0)
		30代	37 (88.1)	4 (9.5)	1 (2.4)	42 (100.0)
		40代	34 (87.2)	5 (12.8)	0 (0.0)	39 (100.0)
		50代以上	10 (83.3)	2 (16.7)	0 (0.0)	12 (100.0)
		計	97 (87.4)	13 (11.7)	1 (0.9)	111 (100.0)
	合　　計		338 (90.6)	34 (9.1)	1 (0.3)	373 (100.0)
20代合計			62 (95.4)	3 (4.6)	0 (0.0)	65 (100.0)
30代合計			177 (87.6)	24 (11.9)	1 (0.5)	202 (100.0)
40代合計			117 (89.3)	14 (10.7)	0 (0.0)	131 (100.0)
50代以上合計			26 (86.7)	4 (13.3)	0 (0.0)	30 (100.0)
族内・族内婚姻者合計			382 (89.3)	45 (10.5)	1 (0.2)	428 (100.0)

(出所：筆者のアンケート調査データにより作成)

る規則的な変化が見られない。もっとも若い世代の選択率からは、漢族の族際婚姻者は族内婚姻者よりも直系血族と頻繁に付き合うと考えられる。

　族内・族際婚姻、民族、年齢層ともに見た場合、直系血族と「頻繁」に付き合うと選択した割合がより高いのは、族際婚姻者の20代（100.0％）と50代以上（100.0％）、族内婚姻者の20代（100.0％）であることがわかる。また、族際婚姻者の「頻繁」に付き合うと選択した割合を見てみると、モンゴル族と漢族の各年齢層は近似するが、民族間の差（モンゴル80.0％、漢80.0％）は小さい。ここから、モンゴル族と漢族の若者世代は族際婚姻後もそれぞれの直系血族と「頻繁」に付き合うと考えられる。この傾向は第4章第1節第1項に述べた族際婚姻の社会的背景となった計画生育政策と関係すると推測できる。すなわち、30代以上の回答者にとって「直系血族」＝「両親と兄弟」である場合がほとんどであるが、20代の既婚者の中に一人っ子を含むため、彼（彼女）らにとっての「直系血族」＝「両親」である場合が多い。このように、「直系血族」そのものの構成要素が少なくなっており、「頻繁」に付き合う割合を高める可能性があると考えられる。

(3)　地域にみる直系血族の往来

　ここでは、族内・族際婚姻者の直系血族との付き合いに地域による違いがあるかどうかを分析する。

　表67から明らかなように、回答状況を地域別にみると、直系血族と「頻繁」に付き合うと選択した率は高い順にBソム（94.7％）、D鎮（92.4％）、S郷（88.9％）、H都市部（78.5％）となっている。地域の特徴に則していえば、モンゴル族の人口が多い、或いはモンゴル民族的生業である牧畜を営んでいるところでは、直系血族と「頻繁」に付き合うと選択した率が高い（94.7％）。漢族の人口が多い、あるいは都市化が進んだ地域では直系血族と「頻繁」に付き合うと選択した率が比較的低い（78.5％）。族内・族際婚姻者を比較すると、四つの地域に共通して直系血族と「頻繁」に付

き合うと選択した率は族内婚姻者（90.8%）が族際婚姻者（80.0%）よりも高い。「時々」付き合うと選択した率は、「頻繁」に付き合うと選択した率とは反対に、高い順から、H都市部（21.5%）、S郷（11.1%）、D鎮（7.1%）、Bソム（5.3%）となっている。

　族内・族際婚姻者の選択を地域別にみると、「頻繁」に付き合うと選択した族際婚姻者の割合は、高い順にD鎮、Bソム、S郷、H都市部となっているが、族内婚姻者の割合は、Bソム、D鎮、S郷、H都市部となっている。「時々」付き合うと選択した率は、族際婚姻者が高い順にH都市部、S郷、Bソム、D鎮となり、族内婚姻者がH都市部、S郷、D鎮、Bソムの順になっている。「頻繁」に付き合うという選択率について見ると、H都市部のモンゴル族際婚姻者及びD鎮の漢族際婚姻者の方が族内婚姻者よりも高くなっていることが見て取れる。

　族内・族際婚姻、地域、民族ともに見た場合、直系血族と「頻繁」に付き合うと選択した率がより高いのは民族別には、D鎮のモンゴル族と漢族であるが、地域と族内・族際婚姻者別には、BソムとS郷の族内婚姻者となる。モンゴル族と漢族の人口割合が近似する地方小都市D鎮の族際婚姻者が直系血族と「頻繁」に付き合うと選択した率が、都市化は進んでないBソムとS郷の族内婚姻者よりも高い。つまり、直系血族と「頻繁」に付き合う割合の高いところは、族内婚姻者のモンゴル族の人口割合が高いBソムと族内婚姻者の漢族の人口割合が高いS郷となるが、族際婚姻率が高く、都市が進行しつつあり、かつモンゴル族と漢族の人口割合が近似するD鎮がそれに次いでいることがわかる。

　以上、族内・族際婚姻者の直系血族と付き合う頻度を分析した。直系血族と付き合う頻度は族際婚姻者が族内婚姻者よりも低いことを明らかにした。年齢層による違いとしては、族内婚姻者は年齢が若いほどに直系血族との付き合いが頻繁になっている。族際婚姻者の場合、年齢層が若くなるほどに直系血族との付き合いが少なくなる一方、最も若い世代では増加の傾向も見られた。直系血族との付き合うと選択した率が高いのは、Bソム、S郷の族内婚姻者とD鎮の族際婚姻者である。性別にみると、その選択率

第6章 族際婚姻の結果と影響（1）

表67 地域にみる直系血族の往来頻度

(単位：人、( )内は%)

回答者属性		親族往来	頻繁に付き合う	時々付き合う	付き合いなし	合計
族際婚姻者	H都市部	モンゴル族	16 (80.0)	4 (20.0)	0 (0.0)	20 (100.0)
		漢族	7 (70.0)	3 (30.0)	0 (0.0)	10 (100.0)
		計	23 (76.7)	7 (23.3)	0 (0.0)	30 (100.0)
	D鎮	モンゴル族	5 (83.3)	1 (16.7)	0 (0.0)	6 (100.0)
		漢族	2 (100.0)	0 (0.0)	0 (0.0)	2 (100.0)
		計	7 (87.5)	1 (12.5)	0 (0.0)	8 (100.0)
	S郷	モンゴル族	0 (0.0)	0 (0.0)	0 (0.0)	0 (0.0)
		漢族	4 (80.0)	1 (20.0)	0 (0.0)	5 (100.0)
		計	4 (80.0)	1 (20.0)	0 (0.0)	5 (100.0)
	Bソム	モンゴル族	3 (75.0)	1 (25.0)	0 (0.0)	4 (100.0)
		漢族	7 (87.5)	1 (12.5)	0 (0.0)	8 (100.0)
		計	10 (83.3)	2 (16.7)	0 (0.0)	12 (100.0)
	合　計		44 (80.0)	11 (20.0)	0 (0.0)	55 (100.0)
族内婚姻者	H都市部	モンゴル族	11 (57.9)	8 (42.1)	0 (0.0)	19 (100.0)
		漢族	50 (86.2)	8 (13.8)	0 (0.0)	58 (100.0)
		計	61 (79.2)	16 (20.8)	0 (0.0)	77 (100.0)
	D鎮	モンゴル族	135 (93.8)	9 (6.3)	0 (0.0)	144 (100.0)
		漢族	15 (83.3)	2 (11.1)	1 (5.6)	18 (100.0)
		計	150 (92.6)	11 (6.8)	1 (0.6)	162 (100.0)
	S郷	モンゴル族	5 (100.0)	0 (0.0)	0 (0.0)	5 (100.0)
		漢族	15 (88.2)	2 (11.8)	0 (0.0)	17 (100.0)
		計	20 (90.9)	2 (9.1)	0 (0.0)	22 (100.0)
	Bソム	モンゴル族	93 (95.9)	4 (4.1)	0 (0.0)	97 (100.0)
		漢族	23 (95.8)	1 (4.2)	0 (0.0)	24 (100.0)
		計	116 (95.9)	5 (4.1)	0 (0.0)	121 (100.0)
	合　計		347 (90.8)	34 (8.9)	1 (0.3)	382 (100.0)
H都市部合計			84 (78.5)	23 (21.5)	0 (0.0)	107 (100.0)
D鎮合計			157 (92.4)	12 (7.1)	1 (0.6)	170 (100.0)
S郷合計			24 (88.9)	3 (11.1)	0 (0.0)	27 (100.0)
Bソム合計			126 (94.7)	7 (5.3)	0 (0.0)	133 (100.0)

(出所：筆者のアンケート調査データにより作成)

の高低には、男女の差が顕著ではない。族内・族際婚姻者を比較すると、モンゴル族と漢族の女性、及びモンゴル族男性の直系血族と「頻繁」に付き合うと選択した割合が族際婚姻により減少しているものの、漢族の男性に限って族際婚姻者が族内婚姻者よりも高くなっている。

第2項　直系姻族の往来

上では既婚の回答者が直系血族と付き合う頻度を分析した。本項では、アンケート調査の「結婚後、配偶者の両親・兄弟とどの程度往来していますか」という質問の回答を分析して、姻族の往来状況を検証する。

(1)　性別にみる直系姻族の往来頻度

まず、族内・族際婚姻者の直系姻族の往来を性別にみる。

表68が示す通り、回答者全員（442人）のうち、86.0％（380人）が直系姻族と「頻繁」に付き合いを、13.3％（59人）が「時々」付き合いを、0.7％（3人）が付き合いは「なし」を選択した。性別にみると、「頻繁」に付き合うと選択した割合が、女性は83.1％（167人）、男性は88.4％（213人）であり、「時々」付き合うと選択した割合が、女性は15.4％（31人）、男性は11.6％（28人）である。付き合いは「なし」と選択した割合が、女性は1.5％（3人）、男性は0.0％である。全体的にみると、男性は女性よりも直系姻族と付き合っているといえる。民族別にみると、「頻繁」に付き合うと選択した割合は、モンゴル族は漢族より2.0ポイント高く、「時々」付き合うと選択した割合は漢族がモンゴル族よりも1.0ポイント高い。ここから、直系姻族の往来における民族の差は、上の第1項（1）で明らかにした直系血族との往来における民族の差よりも小さいことがわかる。

族内・族際婚別にみると、「頻繁」に付き合うと選択した割合が、族際婚姻者は80.4％（45人）、族内婚姻者は86.8％（335人）であり、「時々」付き合うと選択した割合が、族際婚姻者は16.1％（9人）、族内婚姻者は13.0％（50人）である。ここには、族内・族際婚姻者の差が見られ、直系

第6章 族際婚姻の結果と影響 (1)

表68 性別にみる直系姻族の往来頻度

(単位：人、( )内は％)

回答者属性		親族往来	頻繁に付き合う	時々付き合う	付き合いなし	合計
族際婚姻者	女性	モンゴル族	13 (72.2)	4 (22.2)	1 (5.6)	18 (100.0)
		漢族	6 (85.7)	0 (0.0)	1 (14.3)	7 (100.0)
		計	19 (76.0)	4 (16.0)	2 (8.0)	25 (100.0)
	男性	モンゴル族	9 (75.0)	3 (25.0)	0 (0.0)	12 (100.0)
		漢族	17 (89.5)	2 (10.5)	0 (0.0)	19 (100.0)
		計	26 (83.9)	5 (16.1)	0 (0.0)	31 (100.0)
	合計		45 (80.4)	9 (16.1)	2 (3.6)	56 (100.0)
族内婚姻者	女性	モンゴル族	111 (86.0)	18 (14.0)	0 (0.0)	129 (100.0)
		漢族	37 (78.7)	9 (19.1)	1 (2.1)	47 (100.0)
		計	148 (84.1)	27 (15.3)	1 (0.6)	176 (100.0)
	男性	モンゴル族	126 (90.0)	14 (10.0)	0 (0.0)	140 (100.0)
		漢族	61 (87.1)	9 (12.9)	0 (0.0)	70 (100.0)
		計	187 (89.0)	23 (11.0)	0 (0.0)	210 (100.0)
	合計		335 (86.8)	50 (13.0)	1 (0.3)	386 (100.0)
女性合計			167 (83.1)	31 (15.4)	3 (1.5)	201 (100.0)
男性合計			213 (88.4)	28 (11.6)	0 (0.0)	241 (100.0)
モンゴル族合計			259 (86.6)	39 (13.0)	1 (0.3)	299 (100.0)
漢族合計			121 (84.6)	20 (14.0)	2 (1.4)	143 (100.0)
族内・族際婚姻者合計			380 (86.0)	59 (13.3)	3 (0.7)	442 (100.0)

(出所：筆者のアンケート調査データにより作成)

姻族と「頻繁」に付き合う頻度が、族際婚姻者は族内婚姻者よりも低いことがわかる。族際婚姻者の選択状況を性別にみると、「頻繁」に付き合うと選択した割合が、女性は76.0％（19人）、男性は83.9％（26人）であり、

「時々」付き合うと選択した割合が、女性は16.0％（4人）、男性は16.1％（5人）である。族内婚姻者の選択を性別にみると、「頻繁」に付き合うと選択した割合が、女性は84.1％（148人）、男性は89.0％（187人）であり、「時々」付き合うと選択した割合が、女性は15.3％（27人）、男性は11.0％（23人）である。

　族内・族際婚姻、性別、民族ともに見た場合、直系姻族と「頻繁」に付き合うと選択した割合がより高いのは、族内婚姻者のモンゴル族男女（90.0％：86.0％）であり、より低いのは、族際婚姻者モンゴル族の男女（75.0：72.2％）である。「時々」付き合うと選択した割合がより高いのも族際婚姻者モンゴル族の男女（25.0：22.2％）である。つまり、族際婚姻者は族内婚姻者よりも直系姻族との付き合いの頻度が低くなっており、そのうちモンゴル族の男女と直系姻族との付き合う頻度が低い反面、漢族の男女の直系姻族との付き合う頻度が族内婚姻者よりも高い。直系姻族との往来の頻度から、族際婚姻により、モンゴル族と漢族それぞれの親族関係の疎密は反対方向へ変化しつつあるといえる。

（2）　年齢層にみる直系姻族の往来頻度

　次に、族際婚姻者の直系姻族の往来頻度を年齢層別に分析する。

　表69の全回答者数433人は、アンケートの年齢記入欄に年齢を記入した人の人数であり、表68より9人少ない。回答を年齢層別にみると、「頻繁」に付き合うと選択した割合は、高い順に20代、40代、30代、50代となっており、「時々」付き合うと選択した割合は、高い順に50代、30代、40代、20代となっている。

　ここで族際婚姻者の選択率を年齢層ごとにみる。モンゴル族が直系姻族と「頻繁」に付き合うと選択した割合が、50代から30代までは減少し、20代では増加した。漢族は、50代から20代まで年齢層が若くなるほどその選択率が減少している。ここから、もっとも若い20代のモンゴル族の族際婚姻者は30代よりも直系姻族との付き合いを頻繁に行ない、20代の漢族は逆に30代よりも頻繁に付き合わない傾向にあるといえるが、全体をみると、

第6章　族際婚姻の結果と影響（1）

表69　年齢層にみる直系姻族の往来頻度

（単位：人、（　）内は％）

回答者属性			頻繁に付き合う	時々付き合う	付き合いなし	合計
族際婚姻者	モンゴル族	20代	6 (85.7)	1 (14.3)	0 (0.0)	7 (100.0)
		30代	10 (62.5)	5 (31.3)	1 (6.3)	16 (100.0)
		40代	5 (83.3)	1 (16.7)	0 (0.0)	6 (100.0)
		50代以上	1 (100.0)	0 (0.0)	0 (0.0)	1 (100.0)
		計	22 (73.3)	7 (23.3)	1 (3.3)	30 (100.0)
	漢族	20代	2 (66.7)	1 (33.3)	0 (0.0)	3 (100.0)
		30代	12 (85.7)	1 (7.1)	1 (7.1)	14 (100.0)
		40代	8 (100.0)	0 (0.0)	0 (0.0)	8 (100.0)
		50代以上	1 (100.0)	0 (0.0)	0 (0.0)	1 (100.0)
		計	23 (88.5)	2 (7.7)	1 (3.8)	26 (100.0)
	合計		45 (80.4)	9 (16.1)	2 (3.6)	56 (100.0)
族内婚姻者	モンゴル族	20代	37 (94.9)	2 (5.1)	0 (0.0)	39 (100.0)
		30代	113 (85.6)	19 (14.4)	0 (0.0)	132 (100.0)
		40代	70 (88.6)	9 (11.4)	0 (0.0)	79 (100.0)
		50代以上	14 (87.5)	2 (12.5)	0 (0.0)	16 (100.0)
		計	234 (88.0)	32 (12.0)	0 (0.0)	266 (100.0)
	漢族	20代	17 (94.4)	1 (5.6)	0 (0.0)	18 (100.0)
		30代	33 (80.5)	8 (19.5)	0 (0.0)	41 (100.0)
		40代	34 (87.2)	4 (10.3)	1 (2.6)	39 (100.0)
		50代以上	9 (69.2)	4 (30.8)	0 (0.0)	13 (100.0)
		計	93 (83.8)	17 (15.3)	1 (0.9)	111 (100.0)
	合計		327 (86.7)	49 (13.0)	1 (0.3)	377 (100.0)
20代合計			62 (92.5)	5 (7.5)	0 (0.0)	67 (100.0)
30代合計			168 (82.8)	33 (16.3)	2 (1.0)	203 (100.0)
40代合計			117 (88.6)	14 (10.6)	1 (0.8)	132 (100.0)
50代以上合計			25 (80.6)	6 (19.4)	0 (0.0)	31 (100.0)

（出所：筆者のアンケート調査データにより作成）

年齢層による直系姻族の付き合う頻度の差には規則的な変化傾向はみられないことがわかる。

　族内婚姻者の場合、モンゴル族が「頻繁」に付き合うと選択した割合は漢族よりも高いが、両民族ともに50代から20代までに規則的な変化が見られない。「頻繁」に付き合うと同様に、「時々」付き合うと選択した割合にも年齢層による規則的な変化も見られない。しかし、モンゴル族も漢族も20代の「頻繁」に付き合うと選択した率がかなり高く、若者世代の族内婚姻者は族際婚姻者よりも直系姻族と頻繁に付き合うようになってきていると考えられる。

　族内・族際婚姻、民族、年齢層をともに見た場合、直系姻族と「頻繁」に付き合うと選択した割合がより高いのは族内婚姻者のモンゴル族20代、より低いのは族際婚姻者の漢族20代である。20代の族際婚姻者と直系姻族と付き合う頻度と族内婚姻者のそれを比較すると、族内婚姻者モンゴル族20代が94.9%であり、族際婚姻者モンゴル族20代が85.7%であるのに対し、族内婚姻者漢族20代が94.4%であり、族際婚姻者漢族20代が66.7%である。このことから、族際婚姻は、モンゴル族に対しても漢族に対しても、姻族関係を疎遠するという影響力を持っていると考えることができる。

(3) **地域にみる直系姻族の往来頻度**

　次に、直系姻族の往来頻度を地域別に比較してみる。

　表70によって回答状況を地域別にみると、直系姻族と「頻繁」に付き合うと選択した率の高い順に、S郷、Bソム、D鎮、H都市部となっている。地域の特徴に則していえば、農耕地域では直系姻族と「頻繁」に付き合うと選択した率が高い。都市化が進んだ地域では直系姻族と「頻繁」に付き合うと選択した率が比較的低い。

　族内・族際婚姻者を比較すると、族際婚姻者の直系姻族と「頻繁」に付き合うと選択した率が族内婚姻者よりも低く、「時々」付き合う・付き合いは「なし」と選択した率が族際婚姻者は族内婚姻者より高い傾向にある。

第6章 族際婚姻の結果と影響（1）

表70 地域にみる直系姻族の往来頻度

（単位：人、（ ）内は％）

回答者属性		親族往来	頻繁に付き合う	時々付き合う	付き合いなし	合計
族際婚姻者	H都市部	モンゴル族	13（65.0）	6（30.0）	1（5.0）	20（100.0）
		漢族	9（81.8）	1（9.1）	1（9.1）	11（100.0）
		計	22（71.0）	7（22.6）	2（6.5）	31（100.0）
	D鎮	モンゴル族	6（100.0）	0（0.0）	0（0.0）	6（100.0）
		漢族	1（50.0）	1（50.0）	0（0.0）	2（100.0）
		計	7（87.5）	1（12.5）	0（0.0）	8（100.0）
	S郷	モンゴル族	0（0.0）	0（0.0）	0（0.0）	0（100.0）
		漢族	5（100.0）	0（0.0）	0（0.0）	5（100.0）
		計	5（100.0）	0（0.0）	0（0.0）	5（100.0）
	Bソム	モンゴル族	3（75.0）	1（25.0）	0（0.0）	4（100.0）
		漢族	8（100.0）	0（0.0）	0（0.0）	8（100.0）
		計	11（91.7）	1（8.3）	0（0.0）	12（100.0）
	合計		45（80.4）	9（16.1）	2（3.6）	56（100.0）
族内婚姻者	H都市部	モンゴル族	10（52.6）	9（47.4）	0（0.0）	19（100.0）
		漢族	41（70.7）	16（27.6）	1（1.7）	58（100.0）
		計	51（66.2）	25（32.5）	1（1.3）	77（100.0）
	D鎮	モンゴル族	126（86.3）	20（13.7）	0（0.0）	146（100.0）
		漢族	16（88.9）	2（11.1）	0（0.0）	18（100.0）
		計	142（86.6）	22（13.4）	0（0.0）	164（100.0）
	S郷	モンゴル族	5（100.0）	0（0.0）	0（0.0）	5（100.0）
		漢族	17（100.0）	0（0.0）	0（0.0）	17（100.0）
		計	22（100.0）	0（0.0）	0（0.0）	22（100.0）
	Bソム	モンゴル族	96（97.0）	3（3.0）	0（0.0）	99（100.0）
		漢族	24（100.0）	0（0.0）	0（0.0）	24（100.0）
		計	120（97.6）	3（2.4）	0（0.0）	123（100.0）
	合計		335（86.8）	50（13.0）	1（0.3）	386（100.0）
H都市部合計			73（67.6）	32（29.6）	3（2.8）	108（100.0）
D鎮合計			149（86.6）	23（13.4）	0（0.0）	172（100.0）
S郷合計			27（100.0）	0（0.0）	0（0.0）	27（100.0）
Bソム合計			131（97.0）	4（3.0）	0（0.0）	135（100.0）

（出所：筆者のアンケート調査データにより作成）

それに加え、地域差を見ると、直系姻族と「頻繁」に付き合う頻度が、H都市部では民族を問わず族際婚姻者が族内婚姻者よりも高い。Bソムではモンゴル族の族際婚姻者が族内婚姻者よりも低い。D鎮ではモンゴル族の族際婚姻者が族内婚姻者よりも高く、漢族がこれとは正反対となっている。S郷では、漢族の回答者の選択率に顕著な差が見られないうえ、モンゴル族の族際婚姻者がいないため、族内・族際婚姻者の選択率の差も示せない。他方、「時々」付き合うと選択した率は高い順に、H都市部、D鎮、Bソム、S郷となるが、D鎮の漢族とH都市部のモンゴル族の割合がより高い。

　族内・族際婚姻、地域、民族ともに見た場合、直系姻族と「頻繁」に付き合うと選択した割合が、S郷とBソムでは高く、H都市部とD鎮では低い。このような、都市と鎮で直系姻族と付き合う割合が低い傾向は、第4章第2節第1項で述べた都市化に伴う経済発展や競争激化などの社会的背景によって人と人とのつながりが薄くなったため、姻族との往来も少なくなっていると推測される。

　以上、族内・族際婚姻者の直系姻族と付き合う頻度を分析した。付き合う頻度の傾向として、族際婚姻者（80.4％）が族内婚姻者（86.8％）よりも低い。年齢層による差は、最も若い世代（20代）が直系姻族と付き合う頻度は、族内婚姻者（モンゴル族94.9％、漢族94.4％）が族際婚姻者（モンゴル族85.5％、漢族66.7％）よりも高い。地域による差は、Bソムのみが族内婚姻者が族際婚姻者よりも頻繁に直系姻族と付き合っている。性別にみると、民族を問わず男性は女性よりも直系姻族と頻繁に付き合う。族際婚姻者は男女ともに漢族がモンゴル族よりも頻繁に付き合う。これらから、Bソムの族内婚姻者漢族20代男性が直系姻族ともっとも親密に付き合うと推論できる。

第3項　親族関係の伸縮

　以上、族内・族際婚姻者の直系血族と直系姻族それぞれの往来頻度を提示して比較した。次に、族際婚姻者の直系血族と直系姻族の往来頻度の関連する傾向を論述した上で、族際婚姻により既婚者の親族圏にどのような変化が生じるかを考察する。

(1)　**直系血族と直系姻族の往来**
　まず、族際婚姻者の直系親族（以下、直系血族と直系姻族の両方を合わせる場合、直系親族と表記する）の往来の頻度を改めてまとめてみる。
　はじめに、性別にみる（表65と表68を比較）。族際婚姻者の男性も女性も直系血族とより頻繁に付き合う。女性の方が男性よりも頻繁に直系血族と付き合う。
　次に、年齢別にみる（表66と表69を比較）。族際婚姻者のモンゴル族20代と30代は、直系血族との往来が直系姻族との往来よりも頻繁になり、族際婚姻者の漢族の30代と40代の直系姻族との往来は直系血族との往来よりも頻繁になっている。
　次に、地域別にみる（表67と表70を比較）。H都市部とD鎮では直系血族と、S郷とBソムでは直系姻族とより頻繁に付き合う。つまり都市化が進んだところでは直系血族と、都市化の進んでいないところでは直系姻族と盛んに付き合う。
　最後に民族別にみると、族際婚姻のモンゴル族も漢族も直系血族とより頻繁に付き合う。

(2)　**親族往来圏の伸縮**
　以下、直系親族の往来頻度は、族際婚姻とどのような関係をもつかを分析し、族際婚姻による親族圏の変化を考察する。
　アンケート調査によると、調査地の族際婚姻者は直系血族・姻族と8割

以上が「頻繁」に往来し、2割以下が「時々」往来し、3％以下が往来「なし」と選択した。これは、直系親族圏は多く人の人間関係の中核であることを反映している。直系親族と「時々」往来するとした人や直系親族と往来は「なし」とした人であっても、傍系親族や契約親族[167]と往来することや、親族関係以外の職場関係、同友関係、近隣関係、同郷関係などとより親密に往来することが考えられる。特に、H都市部とD鎮で「時々」往来の割合が高いことは、都市化による生活リズムの速さ、社会構造のゲマインシャフトの弱化を反映していると考えられる。

ここで述べた族際婚姻者の直系血族と直系姻族との往来頻度の関係を直系親族圏の伸縮として取り上げたい。アンケートとインタビューの内容を分析した結果に基づいてみると、この直系親族圏の伸縮には以下のようなパターンがある。

① 直系血族・直系姻族と「頻繁」に往来

もし、族際婚姻者が直系血族と直系姻族の両方と「頻繁」に往来するなら、族際婚姻者が婚姻関係を成立させると同時に、配偶者の属する（異なる）民族の親族圏に受容されたこととを意味する。このパターンは、族際婚姻による直系親族圏の拡張を示している。親族間に往来があることは、相互の理解、交流の基礎であるが、頻繁に往来することは、信頼、依存、助け合うことを意味している。

このパターンの担い手となる族際婚姻者は、理想的な民族文化の浸透を促す者となるが、親族往来が民族をまたぐため、族際婚姻者それぞれが属する民族内の人間関係のネットワークとの繋がりが族内婚姻者より緩くなる。さらに、親族圏のなかに、民族純粋化の主張者や強い民族意識の持ち主がいる場合、族際婚姻者は民族文化、民族の血統、民族意識に則した民族的人間関係のネットワークから排除されることも考えられる。

---

[167] そもそも親族ではない人が、何らかの儀礼を通じて親族関係を結んだ人々。モンゴル語ではムルグレゲセン＝サドン（murgulsen sadun）、漢語では干親（ganqin）という。

第 6 章　族際婚姻の結果と影響 (1)

　地域との連係からみると、このような族際婚姻者の直系親族と「頻繁」に往来することにより形成される拡大した社会的ネットワークの成長が、特定の地域社会における族際婚姻者やその次世代が民族混住社会で出世する土台となり、この傾向が、調査地のＳ郷とＢソムではより顕著である。Ｓ郷とＢソムは、Ｈ都市部とＤ鎮と比較すると、都市化が進まず、交通も発達していない。つまり、農業と牧業が生業であり、レジャーや文化的活動が少なく、生活リズムが遅く、社会競争も激しくない。しかし、生業と生活の中では人と人との往来が多く、とくに親族間の協力と助け合いは普遍であり、田舎における人間関係は共同体としての性格を強くもつ。また、Ｓ郷とＢソムでは、族際婚姻の実数が少なく、割合が低いにもかかわらず、族際婚姻による親族圏の拡張が権力競争の手段ともなりうる。

　例えば、Ｓ郷のＢ氏（43歳）はモンゴル族であり、妻Ｚ氏（44歳）は漢族である。Ｓ郷ではモンゴル族の人口が漢族より少ない状況下で、Ｂ氏が村委員会の会計に選出されたのは「族際婚姻のおかげでもある」という。毎年 6 月末頃、村・ガチャや居民組・ドゴイラン[168]の委員を選挙するが、選出されたい人は事前に「活動」（自己アピール、投票依頼といった選挙運動といえるもの）をしなければならない。選出されれば農業生産に関する決定権を得て、給料をもらい、上級の行政単位である郷・ソムの幹部と人間関係を作りやすい。同様な経緯で、ＢソムのＧ氏（漢族、夫Ｏ氏はモンゴル族）は計画生育村長となったという。しかし、Ｓ郷のＢ氏には、不利なこともあったという。同村に住むモンゴル族のＥ氏らには「ものごとを行なう際にモンゴル族としての立場が明確ではない」などと言われ、友人としての往来はほとんどなくなっているという。

　このように、族際婚姻が当事者の親族圏の拡大に作用し、個人を取り巻く社会的ネットワークと個人がかかわる社会活動の範囲を広げるのみならず、地域における民族を越えた人間関係のネットワークを形成し、それが

168　ドゴイランはモンゴル語。ガチャの下位行政単位で、居民小組と同レベルの一番小さい居民の行政組織。

確定すればある地域における人々の地域的連帯意識を強めることができる。しかし、その地域における民族（単一）的ネットワークを縮小させ、弱めることもある。

　②　直系血族や直系姻族の片方と「頻繁」に往来し、片方と「時々」往来する
　③　直系血族や直系姻族の両方とも「時々」往来する

　②と③が、上の①と異なるところは、親族圏が拡張するが、往来の頻度が①よりも少なく、コミュニケーションの広さと相互の依存関係の深さが①よりも狭くて浅くなると考えられる点にある。筆者の観察により、このパターンは現実の中では①と並列して存在することがわかった。その条件として、族際婚姻者とその直系親族は同じ地域（或いは近隣地帯）に居住することが重要である。それ以外に、個人の趣味・個性、従事する事業の性格、利害関係などに左右されて、結婚後、族際婚姻者は両方の直系親族と同じ頻度で「頻繁」に往来するよりは、片方と「時々」往来するほうが一般的であるという[169]。

　②と③はともに、族際婚姻者が結婚後に、互いの親族圏に受け入れられたが、人間関係の往来頻度は「時々」になり、親族関係に一定の距離があることを示している。他方、親族関係の持続性からみると、①のような関係を長期間継続することは難しく、親族関係には偏りが生じるか、②と③のように「頻繁」な往来から「時々」の往来へ移る傾向がより強いという[170]。①は親族往来が親密で頻繁であるだけに、親族関係にトラブルが起

---

[169] H都市部の婚姻登録処のW氏（女性、漢）、W氏（女性、モンゴル）、D鎮の婚姻登録処のH氏（男性、モンゴル）、Z氏（男性、漢族）、S郷の婚姻登録所のW氏（男性、モンゴル族）、BソムのＢ婚姻登録所のE氏（男性、モンゴル族）らのインタビューにより。

[170] H都市部の婚姻登録処のW氏（女性、漢）、W氏（女性、モンゴル）、D鎮の婚姻登録処のH氏（男性、モンゴル）、Z氏（男性、漢族）、S郷の婚姻登録所のW氏（男性、モンゴル族）、Bソムの婚姻登録所のE氏（男性、モンゴル族）らのインタビューにより。

第6章　族際婚姻の結果と影響（1）

こりやすくなるが、それに比べて②と③のほうが、親族往来をある程度維持しながらも、距離を置くことで、多くの問題を回避できると考えられる。そのため、①に比べて②と③がより現実性が高く、社会関係を調整していく上でも理想的だと考えられる。また、親族往来の頻度はそのまま親族関係の深度ではないため、頻度が小さくなっても親族間の絆には影響を与えないと考えられる。

　上述のように①②③のパターンが、族内婚姻者と異なるところは、親族圏の拡張に民族をまたぐという特徴がある点である。①の中では、族際婚姻者はそれぞれの直系姻族と直接付き合っているが、②③の場合、族際婚姻者はそれぞれの直系血族と「頻繁」に往来し、直系姻族と「時々」に往来する、或いは両方とも「時々」往来する。また、①よりは間接的に姻戚圏の社会行動に参加しているようである。つまり、②と③では、族際婚姻者が配偶者を通じて姻戚圏に加入する傾向が①よりも強い。しかし、①②③の間では族際婚姻と民族的ネットワーク・地域的ネットワークとの関係そのものは、顕著な相違がみられない。

④　直系血族と直系姻族の片方とは「頻繁」に往来し、片方とは往来「なし」

　このパターンは上の①②③の示す親族往来の範囲を縮小したパターンとなるが、④では、族際婚姻により、両者の親族の間で姻戚関係が成立するが、それぞれの直系親族の往来圏にはほとんど変化がない。これは、族際婚姻者が配偶者の親族圏に参加していないか或いは配偶者の親族圏が族際婚姻者を受け入れていないことを示している。ただし、族際婚姻そのものは民族をまたぐ親族圏の成長の土台となることには変わりはない。

　このパターンは、民族間の言語・習慣・性格などの境界がはっきりと存在し、族際婚姻がなじみのない社会現象であるときに多く見られると考えられる。第3章で論じた族際婚姻の背景に関連づけていえば、民族文化の違いが顕著であり、族際婚姻が社会的・政策的要因に左右される可能性が低く、親族圏の構成員が族際婚姻を否定しがちな環境のなかで、④のパター

253

ンが現れることが考えられる。また、このパターンは、族際婚姻者にとっては、直系血族と配偶者との依存関係が同様なレベルである場合に長期間継続していくことが可能であると考えられる。

このパターンは、族際婚姻者の属する民族的ネットワークに及ぼす影響は少ないが、族際婚姻者が配偶者を取り巻く民族的ネットワークに関与するには、婚姻関係に頼る程度が上の①②③よりも高くなる可能性があると考えられる。他方、このパターンが地域的ネットワークに与える影響は上の①②③ほどに顕著ではないが、族際婚姻者は自身の属する民族的ネットワークへの依存関係を保ちながら、婚姻生活を営み、地域における民族共存を促していくと考えられる。

なお、この④のパターンのうち、直系姻族とは「頻繁」に往来し、直系血族とは往来「なし」の可能性は理論上ありえるが、筆者の調査中、この事例は発見できなかった。

⑤　直系血族や直系姻族の両方とも往来「なし」

このパターンは上の四つと異なり、族際婚姻者は、直系血族と直系姻族の範囲に参加しないか或いはそこから排除されたか、受容されなかったため、族際婚姻者の血縁的・婚姻的人間関係の親族圏自体が極度に縮小したことを示している。

このパターンのケースはアンケート回答者の中では見られなかったが、インタビュー中に1ケース見られた。

H都市部に居住するZ氏（男性、モンゴル族、35歳）とW氏（女性、漢族、32歳）は1994年結婚した。結婚後両者の直系親族と往来はなかったという。Z氏は通遼市の牧畜地域の出身で、W氏は呼倫貝爾盟牙克石市出身であり、二人とも大学を卒業後、国営企業に勤めている。結婚する前に、互いの実家に訪れたことがあるが、Z氏の親族はW氏との婚姻に反対し、W氏は兄弟と経済上の問題も起こったという。結婚後、交通、仕事、経済条件などで直系親族との往来は断った状態である。Z氏とW氏は「生活は安定して、少し出世したら孫をみせるために、親族のところに行ってきたい」とイン

第6章　族際婚姻の結果と影響（1）

タビューの最後に言う[171]。

　Z氏とW氏はそれぞれの直系親族と同じ地域に居住せず、地域における親戚の連帯とかかわりがないといえるが、H都市部における高い族際婚姻率のうちの一例として、親族によるネットワーク以外の社会関係の中で、複合した民族的ネットワークの構築に働きかけている。他方、この族際婚姻家族の内部では、民族の区別や差別に関する話題が避けられ、社会生活のなかでも意識的に民族集団の区別をなくしていく傾向にある。

　このように、⑤のパターンの族際婚姻は、数はわずかではあるが、このパターンに該当する族際婚姻者は、それぞれの民族的親族圏を縮めながらも、地域における民族を越えた社会的ネットワークの形成に寄与するところもある。

　ここで取り上げた五つのパターンを比較してみると、族際婚姻者が直系親族圏に受容されるかどうか、或いは族際婚姻者が直系親族圏に参加するかどうかにより、族際婚姻者の親族圏の伸縮が左右される。族際婚姻は、単一的な民族的人間関係をゆさぶり、複合した民族的ネットワーク構築に道を開くことができる。しかし一方では、民族の伝統からみると、族際婚姻者それぞれの所属民族の文化喪失をもたらすことも可能である。

　上の五つのパターンを総括し、親族往来による族際婚姻者の直系親族圏の伸縮を図26に示す。図26は四組の図からなる。上にある図は族際婚姻の成立を示している。並列する三つの図は族際婚姻による直系親族圏の変化を示している。右の図は直系親族圏の縮小を示し、本節で述べた⑤のパターンに対応する。真ん中の図は、直系親族圏に族際婚姻者の一人が増えたことを示し、族際婚姻により婚姻者をめぐる直系親族圏はほとんど変わらない状況を反映している。これは、本節で述べた④のパターンに対応する。左の図は、族際婚姻により婚姻者をめぐる直系親族圏が拡張したことを示している。これは、本節で述べた①②③のパターンのいずれかに対応する。

171　2004年8月11日のインタビュー。

第4節　小　　結

　家族の祭火儀式と室内装飾の実際を通してみると、族内婚姻者は族際婚姻者より家族の祭火文化や室内装飾文化を継承している。また、族際婚姻者は所属民族の特徴を相対化する、あるいは両民族の特徴を部分的に継承しようとする傾向が、族内婚姻者よりも顕著であることが明らかとなった。族際婚姻により、モンゴル族と漢族の家族文化の融合が進んでいるといえる。

　直系親族の往来という側面からみると、族際婚姻者は族内婚姻者ほどに直系親族との往来が頻繁ではなくなる傾向が強くなる一方で、族際婚姻により、直系親族関係を中心とした社会的ネットワークが伸縮していることを明らかにした。したがって、直系親族往来の伸縮は単一的社会的ネットワークを収縮させ、複数の民族的な社会関係を拡張させることも見られる。

　以上の族際婚姻による家族内文化におけるモンゴル族と漢族の民族的特徴の希薄化や統合、親族往来における単一民族的な親族圏の収縮と複数の民族的社会関係の拡張は、族際婚姻家族における次世代の民族意識の揺らぎをもたらすと考えられる。

第6章　族際婚姻の結果と影響 (1)

図26　親族往来による族際婚姻者の直系親族圏の伸縮

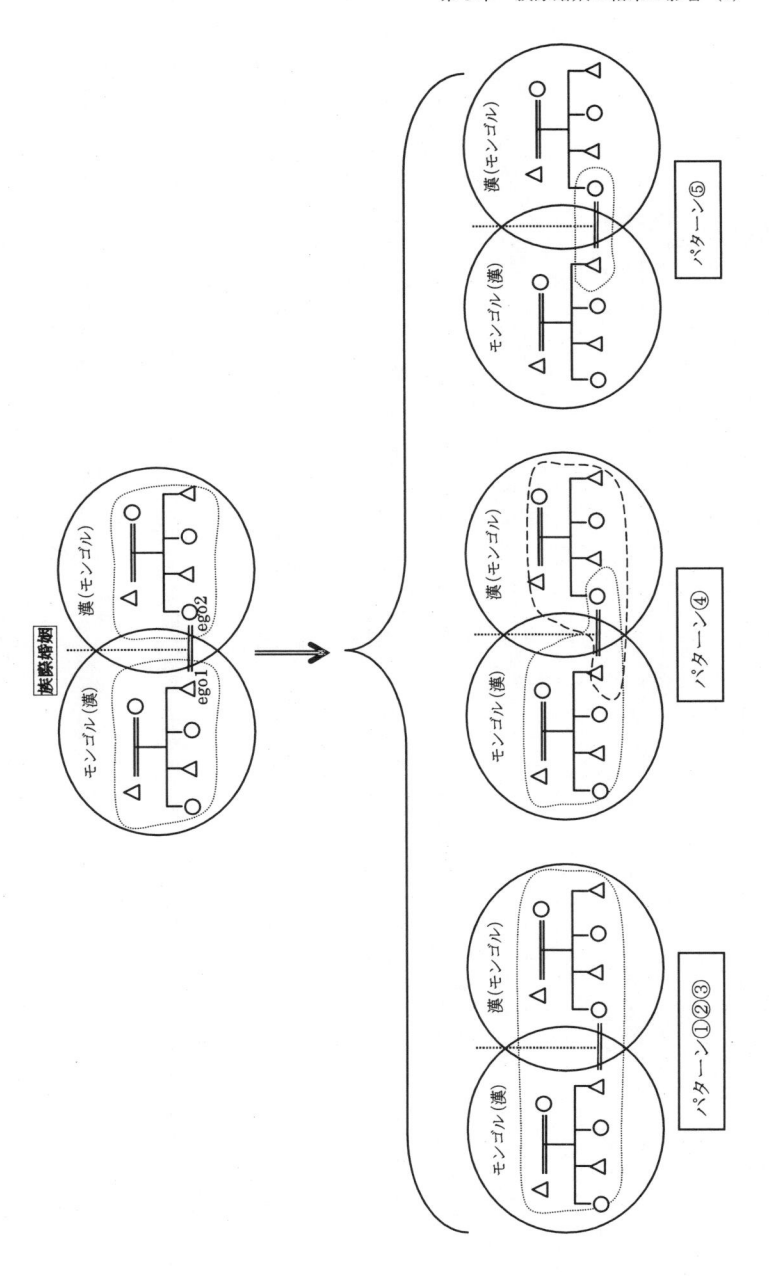

第7章　族際婚姻の結果と影響（2）
　　　民族構成の多様化と民族意識の変化

　序章で触れたように、民族に関する概念は「部族」、「民族」、「族群」、「エスニック・グループ」等さまざまある。中国の場合、建国後、スターリンによる民族の定義を援用してきた。現在もそれに従い、民族とは「共通の言語、共通の地域、共通の経済様式、共通の心理的本性」であると定義付けることが多い[172]。中国では一般に「民族」といえば56の民族のことを指すが、多くの場合は少数民族のことを指している。本研究では、このように、国家が公定し同時に変更をも許すという、原則として固定的でありながら時に可変的であり政治的な意味をもつ「民族」所属に基づく民族集団の概念を、動態的な社会現象としてエスニシティのアプローチから研究を行なっている。

　本研究で着目している族際婚姻により、民族間の混血が進行しつつある。特に、族際婚姻家族の次世代は血統関係上混合性をもっているが、民族所属はモンゴル族と漢族のどちらかを選択して決定しなければならないという中国国内の動かしがたい実情を踏まえて、本研究では、分析の基準として、一貫して、その選択した戸籍登録上の「民族」（所属）を用いた。

　他方、中国における民族所属とは、国家が公定する一方、本書の第4章第1節第3項で述べたように、条件によっては、一旦定めた民族所属の変更が認められている。つまり、民族所属は可変的なのである。内モンゴルでも、血統関係に基づく「何々人」と民族所属に基づく「何々（民）族」

---

[172] スターリンは1913年に「民族とは歴史過程に形成した、共通の言語、共通の領地、共通の経済様式、及び共通の文化上に表出する共通の心理素質をもつ安定した共同体」と定義した。これは、中国で長期にわたって疑うべくもない定義として使われてきた（馬戎 2004：45参照）。

が併用されており、モンゴル人・漢人、モンゴル（民）族・漢（民）族などの民族的カテゴリーは相対的であるのが実情である。これらに加え、第3章で述べた族際婚姻の文化的背景や第6章で述べた家族文化の変化から明らかなように、モンゴル文化と漢文化が部分的ではあれ融合している。このように双方の文化的な差が縮まり、文化が、モンゴル人か漢人か、モンゴル族か漢族かを区別する尺度として機能しなくなりつつある。

　本章では、具体的事例に基づき、民族構成の多様化と民族意識の変化を通じて、族際婚姻の社会的結果や影響を考察する。なお、以下では、民族意識の変化を明らかにするため、同じ民族所属をもつ民族所属の変更者と民族所属を変更していない人々を区別する分析概念として、民族所属を変更した人々を「新モンゴル族」、「新漢族」と表記する。また、法律上認めた民族所属の固定性・選択性・可変性を備えた特徴を示す概念として「民族(ミンズウ)」を用いる。

第1節　民族構成の多様化

　かつて調査地では「大漢族主義などに脅迫され、民族所属を漢族に改変した少数民族及び民族所属を隠していた少数民族がいた」[173]という。その中には実は、「文化大革命」の迫害から避けるために漢族に改変した少数民族も含まれている。つまり、国家の民族政策のもとで民族（集団）の編入が進行したことであるといえよう。どの期間にどのぐらいの人が少数民族から漢族となったかに関する統計資料は発見できなかったが、筆者は、調査中にこのような漢族にわずかながら出会い、調査することができた[174]。

　他方、第4章第1節第3項で論じたように、1980年代初頭、中国で二度目の民族識別の仕事が行われ、国家の政策のもとで再び民族構成の編入が

173　『赤峰市志』1996：291、張天路（1993：4）、岡本（1999：44）参照。
174　例えば、この章の第1節第1項に挙げるS郷のY氏（41歳、男性）。

第 7 章　族際婚姻の結果と影響（2）

行なわれた。人口研究者である張天路の推計によれば、1978年から1990年の間に、中国では民族所属（名）を少数民族に変更した者が約2000万人（同時期の少数民族人口増加数の50～60%）にのぼった（張天路 1993：5）。当時の内モンゴルでは、1982年の上半期だけで、モンゴル族へ30万9300人（当時のモンゴル族人口の12.4%）が民族所属（名）を変更し、漢族が23万7600人減っていた（岡本 1999：342）。赤峰市の場合、1980年から1990年の間で、合計約34万人が漢族から少数民族に変更した（『赤峰市志』1996：291）。敖漢旗でも「1982年に民族政策が一層実施されることに伴い、漢族として登録していた一部の人が元の民族所属を回復した。計画生育方面でも、少数民族に対して相対的に緩やかな政策をとったため、少数民族の人口割合が徐々に上昇してきた」（『敖漢旗志』1991：161）という。

　上述のように、調査地における漢族とモンゴル族の構成要素が民族所属の回復／変更により相互に新編入されてきたことがわかる。これはまた、族際婚姻と密接に関係する。例えば、1981年に国家民族事務委員会、中国国務院人口普査領導小組（人口の普遍的調査を指導する小組）、公安部の連名で発表された「関与処理民族成分回復与改正原則的通知」（「民族所属の回復及び改正を処理する原則に関する通知」）の規則には、「時代と原因を問わず、民族所属を隠してきた少数民族なら自己の民族所属への回復を申請制により許すこと、族際婚姻家族の子供の民族所属を18歳までは親が決定して18歳になった時点で本人が決定すること、直系親族に族際婚姻者がおって隔世して回復／変更する場合、先に父母の民族所属を変更してその後子供の民族所属を変更すること」などが含まれており、族際婚姻が民族所属の回復／変更の重要な条件となっていることがわかる。本書第 4 章で族際婚姻の社会的背景について論じたところから明らかのように、民族所属の回復／変更が現在の族際婚姻の実数と割合、及び地域差などの実態形成に働きかけている。本節では、漢族とモンゴル族の民族集団が新たな構成員の編入により多様化が進んだ実情を、事例分析を通じて論証する。

第1項　「新モンゴル族」のＹ氏と「新漢族」のＳ氏[175]

　Ｓ郷のＹ氏（41歳、男性）は、父はモンゴル族、母は漢族であり、父の民族所属にしたがいモンゴル族となっていた。Ｙ氏の父が村の書記だったため「文化大革命」中、恨まれていた漢人に酷く迫害され、母が病気になり、5歳の時に隣の瑪尼罕郷の親戚のところに送られ、親戚の養子となり、迫害を受けないようにと戸籍上は漢族となった。1980年代初頭、民族所属の変更が盛んであったときＹ氏は成人を迎え、養父母に「民族所属を回復したらどうか」といわれたが、「困ったときに漢族となり、なぜ今優遇されようとモンゴル族に変更するのか。このままでいい」と変えなかったという。Ｙ氏は、当時、民族を回復しなかった珍しい人といわれている。Ｙ氏はもともとモンゴル族だったが、政治の嵐を避けるために漢族となった「新漢族」である。24歳の時に、Ｓ郷のモンゴル族のＳ氏と結婚してＳ郷に移住してきた。妻Ｓ氏（39歳）の両親は漢族だったが、親戚の中にモンゴル族がいたため、1983年に親戚同士で民族所属（名）を漢族からモンゴル族に変更した「新モンゴル族」である。

　Ｙ氏は「人は民族所属のせいで被害を受けることもあり、そのおかげで恩恵を受けることもある。全ての人は同じ民族となったらいい」という。それについて、Ｓ氏は「民族所属を変更したのは国家政策の保障があったからだ。私一人だけではないし、自分で勝手にモンゴル族となったわけではなく、両親が変更した。実は、私たち二人は民族所属を交換した感じだ。とにかく何民族でも構わない。よい生活をしたらいい」という。Ｙ氏とＳ氏は「民族」という話題に敏感であり、それが変わったのは政策の責任と考え、民族所属そのものに対して否定的かつ曖昧な考えをもっている。それは、二人とも民族所属（名）を変更した経験をもつからである。

　この家族には、モンゴル語の話者がいない。モンゴル的なものを飾って

175　Ｙ氏とＳ氏は、2003年7月16日インタビュー（Ｓ郷）。

いない。モンゴル的な食も食べていない。この「新モンゴル族」と「新漢族」のカップルは漢族カップルとは異なり、息子はモンゴル族である。「私は戸籍上モンゴル族で、夫ももともとモンゴル族だったので、子供はモンゴル族になるのは当たり前だ。それが、子供の将来、進学、就職などのためにもなるから」とS氏はいう。Y氏とS氏の小学生の子供と庭であって「あなたは何族ですか」と聞くと「モンゴル族です」と答えた。

筆者が赤峰市民政局で行ったインタビューによると、文化大革命などにより「新漢族」となった人々のほとんどは、民族所属の回復／変更運動中に「新モンゴル族」に変更したという。そのため、筆者は調査中に「新モンゴル族」に多く会ったが、Y氏のような「新漢族」はたった一人であった。また、この夫婦はモンゴル族と漢族の境界線に戸惑う存在であり、民族所属の変更の経験が、Y氏とS氏の個人の民族意識を曖昧化し、複雑化したのであり、民族意識の変化を考察するための貴重な素材である。

第2項　「新モンゴル族」と漢族のW氏とZ氏[176]

D鎮のW氏（33歳、男性）は、D鎮の友愛村出身で、叔母がモンゴル族だったため、1986年にモンゴル族に変更した。妻Z氏（33歳）は、巴林左旗出身の漢族である。二人とも大学卒業後、D鎮に就職し、1994年結婚した。W氏は片言のモンゴル語が話せる。

　「私はもともと漢人だ。民族政策のおかげでモンゴル族となり、大学に進学するときに優遇された。考えたら何億人の中の一人になるよりは、何百万人の中の一人になったほうが出世しやすい。去年、少数民族優秀青年幹部として自治区の賞ももらった。実は、私は家では漢人で、社会の中ではモンゴル族である」

という。妻のZ氏は

　「現在、Wのようなモンゴル族はいっぱいいる。私は漢族だ。子供は

---

[176] W氏とZ氏は、2004年8月10日インタビュー（D鎮）。

戸籍登録上モンゴル族となっている。漢語小学校の一年生で、父はモンゴル族、母は漢族と教えたように考えている。そうしたほうが子供のためになる」

という。インタビューの最後にW氏はモンゴル人という社会的認知に乗って、

「私は体がたくましく、酒もよく飲むからモンゴル族みたいだろう」

という。

「新モンゴル族」のW氏の民族に対する態度と理解は柔軟かつ現実的である。民族構成員の新編入がW氏の民族意識を曖昧化させた。上の「新漢族」と「新モンゴル族」のY氏とS氏と同じように、W氏とZ氏の言語、装飾、飲食にモンゴル的というものは見られないが、子供はモンゴル族となっている。

第3項　「新モンゴル族」と漢族のC氏とL氏[177]

H都市部出身のC氏（45歳、男性）は、鋼鉄場の課長。父が漢族、母がモンゴル族である。幼児には漢族だったが、1985年にモンゴル族に変更した。

「『文化大革命』中、両親はよく批判され、指導されたが、大きな迫害を受けなかった。80年代に民族を選択できるようになり、少数民族が優遇されるからモンゴル族となった。そのときの政策が民族変更を推進したためである。母はモンゴル語ができないモンゴル族で、父は漢族で、私もどの面からみても漢族だ。モンゴル族の友人も少ない」

という。妻のL氏（漢族）は赤峰市元宝山区出身である。L氏は

「都市でモンゴル族か漢族か区別できなくなっているのは普通のことだ。夫がモンゴル族だとは何一つ感じたことがない。民族（所属名）はモンゴルで、実は人は漢族だ。子供は漢族となっている。私たちは

---

[177] C氏とL氏は、2004年9月2日インタビュー（H都市部）。

子供をたくさん作る計画はないし、生活も余裕がある。将来、子供は優遇されなくても自分で出世できると思う」
という。

　C氏とL氏の家族生活の飲食、言語、装飾などはどれをみても漢族内婚姻者と全く変わらない。

　「新モンゴル族」のC氏は、上の「新モンゴル族」のS氏と比べると、民族意識がはっきりとして、モンゴル族という意識は殆どなく、漢族という意識が強い。紛れなく、彼も今日のモンゴル族の一員である。

　本節の内容をまとめてみると、民族所属の変更や族際婚姻により、モンゴル族と漢族の構成要素が多様化してきたことがわかる。

　上に挙げたY氏は「新漢族」で、W氏、S氏、C氏は「新モンゴル族」でありながら、日常生活のなかでは漢族として振る舞い、その民族意識にはそれぞれ異なるところがある。「新漢族」のY氏と「新モンゴル族」のC氏は漢族という意識が強いが、「新モンゴル族」のS氏、C氏は民族意識が二重化しており曖昧なところがあるにもかかわらず、子供にはモンゴル族を選択させている。

　「新」になったモンゴル族も漢族も族際婚姻と何らかの関係を持っている。族際婚姻に連係した民族構成員の新編入は、結果としてモンゴル人とモンゴル族の不一致を生じさせ、その差を拡大しつつある。血統上、1/2のモンゴル人、1/4のモンゴル人、さらに全く血統関係のないモンゴル族がいる。この意味で、「現代モンゴル族」とは、"モンゴル人＋「新モンゴル」族の総体"であり、血統上のつながりが崩壊しているところもある。このように、族際婚姻と密接に関連した民族要素の編入により、現代モンゴル族は増殖され、したがって、モンゴル民族の文化的特徴や民族的意識も多様化した。

　民族政策の影響と現実的要因に左右され、民族所属の変更が生じて、モンゴル族と漢族の新たな構成員が編入されることで、民族そのものが増殖されている。一般の理解としての「モンゴル人」＝「モンゴル族」という

一体化した構成も多様化している。現在、調査地におけるモンゴル族には、モンゴル人、「新モンゴル族」、族際婚姻家族の次世代モンゴル族などが含まれているが、漢族にも、漢人、「新漢族」、族際婚姻家族の次世代漢族など多様な構成要素が含まれている。

　このような民族構成の多様化が人々の民族意識にも反映され、人々は血統関係、民族所属、民族にかかわる社会的認知、或いは民族の文化的特徴などを選択的に用いてそれぞれの民族意識を語っている。

第2節　異文化にいきる人々

　異文化の影響を受けたモンゴル人に対し「漢化」[178]、「チベット化」（シンジルト 2003：82）という表現を用いている例がしばしば見られる。前節では、民族構成員の新編入による民族意識の多様性を観察したが、本節では、民族を変更してはいないが、異文化人として行動しているモンゴル人と漢人の事例を取り上げて分析する。

第1項　漢文化にいきるモンゴル人

　文化的に漢人らしいモンゴル人は、調査地の中では、H都市部とS郷に多く見られる。いわば、漢人社会にマイノリティとして存在し、文化的特徴では漢族に近くなった人々である。以下、A氏の事例をみる[179]。
　A氏（女性、24歳）の両親は牧畜区の出身のモンゴル人であり、父は国家公務員、母は医者として勤めている。A氏は漢語で教育を受けて、大学卒業後、H都市部の法院（裁判所）に就職した。A氏の父は
　　「我が家では親と子供の差が激しい。一人娘がこうなるとは思わな

---

[178]　例えば、麻国慶（2001：457）、ボルジギン・ブレンサイン（2003：244）。
[179]　A氏、2005年1月23-25日インタビュー（H都市部）。

第 7 章　族際婚姻の結果と影響 (2)

　　かった。娘はモンゴル語が殆ど聞き取れないため、家では親がモンゴ
　　ル語で話すことが気に入らない。私たちが毎日飲むミルク茶を好まず
　　緑茶を飲む。羊肉を好まず、スープも酸辣湯（四川風のスープ）ばか
　　り飲む。モンゴル的なものを全部古いものとして好まず、流行が大好
　　き」
という。A氏に「あなたは漢人みたいだね」というと、
　　「親はモンゴル人だから私もモンゴル人というのは決まっているこ
　　と。しかし、私は遅れたモンゴル人ではなく、時代の先端にたつ前進
　　的な人。漢人に似ているだろう」
という。A氏は自分の部屋に外国の絵、中国人の俳優や歌手の写真、アニメーションの絵などをたくさん張ったり掛けたりしている。「将来、何人と結婚したいか」と聞くと、「格好いい漢人と付き合っている。年末に結婚しようといっている」という。「結婚式を何風で行なうか」と尋ねたところ「白いウェディング・ドレスと赤い旗袍（チャイナドレス）を着る。10台以上の車を使って、高級ホテルで盛大な結婚披露宴を行なう」という。

　A氏はモンゴル人であることを意識しているが、モンゴル文化的特徴は殆どもっていない。それは、A氏は都市に生まれ、一貫して漢人世界に成長し、モンゴル文化とモンゴル的生活に接触を持たずにきたことが主な理由と考えられる。また、現在、H都市部のモンゴル族家庭の殆どは一人っ子となり、経済条件がよい家庭の子供ほど、中国の流行物を要求するようになり、民族の伝統や文化を重視しなくなる傾向が強い。いいかえれば、都市では、モンゴル族の伝統的家庭教育がおろそかになっていることと関係ある。そのため、A氏の家族には大きな世代差が現れ、モンゴル族の特徴がA氏には見いだせなくなっている。

　A氏のようにモンゴル語とモンゴルの習慣をまったく知らず、それと接触する気もないモンゴル族の子供は、S郷にもみられる。S郷のモンゴル族は、40代以下でモンゴル語を話す人が非常に少なくなっている。H都市部と異なるところは、S郷のモンゴル族の家庭教育はまだ濃く残っており、モンゴル語を分からない子供でもモンゴル的なものに抵抗しない。しかし、

モンゴル文化はますます薄まり、若者の記憶から自然に消えてゆく。彼らは自分たちの親がモンゴル族であることをもって自分がモンゴル族ということを証明する場合が多いが、民族文化の特徴からみると漢族により近い。A氏のようなモンゴル族若者の漢族との婚姻率は高く、H都市部とS郷の族際婚姻を促していることは紛れもない事実である。

第2項　モンゴル文化にいきる漢人——BソムのL氏[180]

　L氏は男性（45歳）、BソムBガチャ出身。両親（父L氏、母B氏）はもともと農耕地域の漢族農民だったが、「文化大革命」前に「改変牧畜地域、打農業翻身仗」（農業で牧畜地域を改変させる戦争をする）というスローガンの下でBソムに移住させられた。L氏はモンゴル語で教育を受け、高校を卒業後Bソム政府に秘書として勤めていたが、人柄と才能が評価され、モンゴル語と漢語を使いこなしたところも目立ち、どんどん出世して現在は（2005年）赤峰市政府駐北京弁事処に勤めている。

　L氏は小さいときからチベット仏教を信仰してきた。現在も実家に帰るたびに、BソムBガチャのサムブル・ラマ[181]の自宅に参拝し、サムブル・ラマもL氏が帰ってくると「わが息子が帰ってきた」と温かく迎えるという。L氏の日常生活はBソムのモンゴル族と変わらず、ミルク茶、乳製品、羊の肉が大好きで、部屋にも草原の壁絵などを飾っている。モンゴル音楽が大好きで、馬頭琴をよく聴き、モンゴル民謡をよく知っている。職場と友人関係では漢族とモンゴル族の両方に参加するが、つい「われわれモンゴル族」と話してしまうことがある。さらに、1993年9月に開かれた、赤峰全域の民族団結及びモンゴル語使用を表彰する第二次大会に、L氏は「モ

---

[180]　L氏、2003年8月3日（アルホルチン）、2004年8月9日（北京）、2005年1月23日（北京）のインタビュー。

[181]　Bソムでは名誉たかくラマ僧であり、バヤンボラグ=ガチャーに居住していた。筆者が2004年夏にインタビューしたことがあるが、2005年の5月なくなった。モンゴル語では sambul mama（ラマをマーマと称す）と呼ぶ。

ンゴル言語文字を使用した先進個人（模範個人）賞」のも受賞したことをL氏と父（L氏）は誇らしく語っている。また、L氏の結婚披露宴はBソムのBガチャでモンゴル風に行ない、L氏の二人の娘はモンゴル名をづけられ、モンゴル語で教育を受けた。

インタビューの際に「あなたはモンゴル人みたいですね」というと
「私は両親が農民出身の純粋な漢族だ。しかし、私はモンゴルが大好きな漢族、或いはBソムの牧畜文化に同化された漢族だ。妻は巴林左旗オラーンダバーのモンゴル族で、娘は二人いる。娘たちは私と比べたら真のモンゴル族」

という。L氏のようなケースはD鎮の友愛村、ドゥシ・ガチャ、デルソ・ガチャにも見られる。このような人物について、S郷のL氏は「私よりは彼のほうがモンゴル族みたい」という[182]。D鎮のモンゴル民俗研究者であるボヤンヘシグ氏は「現在、流行に追いつこうと民族語を放り出して漢語を話すモンゴル族の若者よりはL氏のほうがよりモンゴルらしい」という[183]。つまり、モンゴル文化が喪失されつつある農耕地域や都市におけるモンゴル文化を知らないモンゴル族と比べると、L氏は「モンゴル的」であるという。

L氏はモンゴル族の文化的特徴を備え、モンゴル族と変わらなくなっているが、民族意識上は漢族としての意識をはっきりもっている。これは牧畜地域にしか見られないケースであり、「新モンゴル族」と異なり、漢族でありながらモンゴル文化的特徴を備えているケースである。

本節では、民族構成の多様化を民族文化の浸透をもって論じた。調査地では、漢文化的モンゴル人とモンゴル文化的漢人が見られる。これは、民族混住の過程で形成されたものであり、個々人の成長環境に深くかかわる

---

[182] L氏（モンゴル族、39歳、男性）はモンゴル語を話せない。2005年2月13日（S郷）インタビュー。

[183] ボヤンヘシグ氏（48歳、モンゴル族）、巴林右旗志編纂弁公室に勤め、『巴林の風俗習慣』などの数多くの民俗、歴史に関する著作をもつ。2004年9月1日インタビュー。

ものである。そのうち、異文化を理解しているという意味で漢的なモンゴル人やモンゴル的漢人は族際婚姻を促す理想的な要素になりうる。また、上のＡ氏、Ｌ氏のような異文化的な存在は、モンゴル文化と漢文化が浸透した結果であり、同時に族際婚姻及び族際婚姻家族の次世代の民族意識の変化を促進する力となる存在である。

　民族構成員の新編入や異文化人の存在にみえる民族構成の多様化は、族際婚姻に連係して生まれてきた結果である。また、調査地の族際婚姻に地域による差や民族による差を生んだ文化的背景、社会的背景、意識的背景に関連するものでもある。本節で考察した民族構成の多様化とは、族際婚姻にかかわる多民族地域社会の変化であるといえる。

第3節　族際婚姻家族の各世代

　異なる民族所属をもつ族際婚姻家族の夫妻が、それぞれの民族意識をもつことは考えられるが、族際婚姻家族の次世代が両親のどちらかの民族所属を選んだとしても、その民族意識が両親のもつそれと一致するとは言いがたい。族際婚姻による民族意識の変化は次世代においてもっとも顕著に現れると考え、本節では、インタビュー資料を素材に、族際婚姻家族における次世代の民族意識の実態を検討する。

　分析にあたり世代（generation）の概念を用いる。世代は一般的に、同時代人すなわち、同じ時代に生まれ、経験、関心、見方などを共にする集団を意味して、同一の集合行動の主体を形成する可能性を有すると考えられている。しかし、世代概念が単に理念的ではなく、経験科学的にも使用に耐えうるためには、世代の標識として行動のみならず、行動の意味、態度のレベルをも包含しなければならない（マンハイム 1958：7）。

　世代の期間か寿命についての定義はさまざまある。例えば、Ａ．コントによれば、親の跡を継いで子に譲るまでのほぼ30年を一世代とする。Ｔ．ジェファーソンによれば一世代は18年8ヶ月であり、Ｆ．Ｆ．ショッ

トによれば一世代の生命は19年から33年の間という（Sollors 1986：210）。世代に言及する際に、多く見られるのは在日朝鮮人の第何世代とか、アジア系アメリカ人の何世代とかと移民研究に結びつく場合が多い。親の世代、孫の世代という意味の中国語である「輩」を世代として家族関係と宗族研究に用いる研究もいる（中生勝美 1999：283-304）。本書では、時代と世代の関連から年齢層と血統関係を結びつけて、同様な社会的経験や社会的記憶をもつ族際婚姻家族の各世代を取り上げて分析するが、同時代の人々の経歴と考えが類似することを重視した相対性をもつ分析手段である。

　50代以上の世代（2005年現在）は、経験上、新中国が成立した初期或いは内モンゴル自治区成立初期を経験した人々、或いは文化大革命以前の時代を経験した人々であり、年齢的に50代、60代、70代、80代の人々を含む。民衆の言い方を借りれば、この世代は「老革命」的（中国が成立する時期の古い革命的思想が濃い）世代である。この世代の族際婚姻者は比較的少なく、その次世代はさらに少ない。民族の文化意識及び民族意識も強いといえる。調査地では60代以上の族際婚姻家族の次世代は見られなかったが、50代のケースは確認することができた。

　40代は、文化大革命以前に生まれ、「文化大革命」をある程度経験した人々である。この世代の人々は、社会的地位、経済力、権力のどの面からみてもこの時代の柱となっている世代である。民衆の言い方を借りれば、この世代は「出世中」（中国語：走紅）である。この世代の中には、族際婚姻者、「新モンゴル族」、「新漢族」、漢文化的なモンゴル人、モンゴル文化的な漢人、族際婚姻次世代も含まれ、民族意識上の多様性もみられる。

　30代は、文化大革命の末期をまたいで改革開放までの時代を経験した人々である。この世代の人々が40代と異なるところは、ほぼ改革開放時代の教育を受け、経済発展と民族文化の復活の環境に成長してきた出世しつつある世代であり、民衆の言い方を借りれば、この世代は「未来がある」世代である。この世代の中には、族際婚姻者、「新モンゴル族」、漢文化的なモンゴル人、モンゴル文化的な漢人、族際婚姻の次世代が含まれている。

　20代は、改革開放が開始後生まれた人々である。この世代の中には、兄

弟姉妹がおらず、一人っ子が多い。また、この世代の中には、族際婚姻者、「新モンゴル族」、漢文化的なモンゴル人、モンゴル文化的な漢人、族際婚姻次世代が含まれ、流行に追いつく傾向がより強い。この20代の中では、H都市部とS郷に居住するモンゴル族の民族語の喪失が進行し、Bソムの漢族の二言語使用が進みつつある。

　このように各世代の経験が層化しており、同世代の人々は、同一の事件や生活内容に参加し、しかも類似した様式をもって層化した意識をたずさえて、それらに参加する可能性を持っていると筆者は理解している。また、同世代の人々の経験の類似性により、日常における趣味及び社会的行動に同一性がみられ、各世代がおのおののマイノリティ階層を形成することがあり得る。そのため、異なる世代から成り立つ婚姻家族は異なる時期の社会変化を論考するに相応しい対象であると考えている。

第１項　モンゴル族・漢族・族際婚姻次世代の家族[184]①

　本項で取り上げるＳ氏は、阿魯科爾沁旗出身（牧畜地域）であり、モンゴル族と牧畜文化の環境に育ち、Ｂソムに居住する族際婚姻家族の次世代であり、戸籍上はモンゴル族である。また、Ｂソムに居住するモンゴル族、漢族、族際婚姻の次世代からなる家族における50代の唯一のケースでもある。Ｓ氏は男性、54歳、牧民である。

　Ｓ氏の父は山西省出身でおり、ＢソムのＢガチャにもっとも早く移住してきた漢人の一人で、10年前に亡くなった。母は小さいときに阿魯科爾沁旗の南部から移住してきたモンゴル族で、今年75歳である。恐らく、Ｓ氏の両親はＢソムでもっとも年長の族際婚姻者でもある。Ｓ氏は兄弟二人で、戸籍上漢名を使い、モンゴル族として登録しているが、日常はモンゴル名を使っている。

　この家族は３世代同居家族であり、飲食はＢソムのモンゴル族とほぼ同

184　ここでは用いるのは、2003年８月11日、2003年10月１日のインタビュー。

じだが、炒め料理だけはモンゴル牧民より多く食べているという。毎年の旧暦の12月23日、S氏が祭司をつとめて祭火の儀式を行なう。その手順はBソムのモンゴル族と殆ど変わらない。正月に50歳以上の年長者に跪いて挨拶する。S氏はモンゴル語で教育を受け、中学校を途中でやめた。現在、S氏は、牛を40頭、山羊と羊を200匹ほど飼い、毎年の春、Bガチャの北側に位置するスゥジ川の流域に移動して放牧し、秋になるとガチャに帰ってきて冬を過ごす。

　民族に関しては、S氏の母は

「Sの父はこの地域の習慣を身につけた一方、本当は漢人だという考えが強かった。父に比べて息子たちはどっちかというと私に近くなったみたい」

と自分たちと子供の違いを語る。S氏は、

「私はモンゴル語で教育を受け、牧民の世界に育った。農業をやったことはなく、大好きな食べ物は乳製品であり、今も時々馬に乗っている。だから、モンゴル族の牧民だ」

と自分はモンゴル族であることを肯定する。しかも、

「周りのモンゴル族に『半分モンゴル』とか『混血モンゴル』といわれると、自分は純粋なモンゴル族ではないと感じる。父は漢族であるため、私は漢族ではないとはいえないが、同世代の漢族とは違って、モンゴル名があり、性格も朗らかで素直なモンゴル的性格であり、戸籍上もずっとモンゴル族だった。しかし、モンゴル族と漢族の友人がトラブルになったとき私は困る。いったいどちらを支援すればよいのか途方に暮れ、公平な立場に立つよう努力する。その時に、なぜ人は民族を区別しなければならないかと思う」

ともいい、中国における民族所属の固定性と可変性という両義性を承認しながら自分でモンゴル族であるということを強調するが、民族所属とは何なのかを自己に問いかけている。自分の婚姻に関して、

「私は、親戚の紹介で27歳のとき漢族のC氏と結婚した。妻は巴林左旗の出身で、モンゴル語はできないが、チベット仏教を熱心に信仰す

　　　　る。家族はやはり漢族とモンゴル族からなった家族である。子供たち
　　　　も私と同様にモンゴル族でありながら漢族でもある」
と、自分では族際婚姻者であり、子供たちの民族所属の両義性にも言及す
る。
　S氏の娘二人もモンゴル語と漢語の名前があり、モンゴル学校に通った
ため、漢語が苦手である。長女N氏は同ガチャの漢族L氏と結婚して近く
に住み、次女は学生で親と同居している。N氏は
　　　　「私たちは家ではモンゴル語で話すのが多い。母は漢族だが、父はモ
　　　　ンゴル族であるため私もモンゴル族だ。夫は漢族でもこの地域の出身
　　　　で、モンゴル学校も出て、モンゴル人に似ているため、私たちは民族
　　　　の違いをあまり感じない。私たちは牧畜地域の人だから、子供が戸籍
　　　　を取得するとき、皆にモンゴル族を選択させた。子供たちは自分たち
　　　　が18歳になれば改めて選択できる」
という。
　ここでは、S氏をめぐる4代の民族所属と民族意識を取り上げてみた。
戸籍上S氏、S氏の娘と孫はモンゴル族となっている。このモンゴル族の
血統関係をみると、S氏は半分、S氏の娘は1/4、孫は1/8のモンゴル族の
血統となり、民族における血統のつながりが薄くなっていることがわかる。
ここから、族際婚姻者の次世代モンゴル族がモンゴル人と一緒にモンゴル
族に編入され、モンゴル人が増殖してモンゴル族を形成したといえる。民
族の自他認識上、S氏は父と比較して漢族という意識が薄くなっていると
いえるが、S氏も娘のN氏も民族所属に重要性を認めていないところと、
婚姻相手としてどちらも漢族（漢人）を選んだことから漢族という意識も
あるところは一致する。S氏をめぐる族際婚姻者の各世代は、それぞれの
血統関係、モンゴル文化的特徴、民族所属を選択的に用いて自分たちの民
族意識を述べている。
　族際婚姻が、モンゴル族と漢族の二面性と、民族間の境界線が曖昧な民
族意識を作り出したことがわかる。また、この家族の各世代の婚姻関係が
族際婚姻の次世代が族際婚姻する傾向にあることを示しており、牧畜地域

第 7 章　族際婚姻の結果と影響（2）

における族際婚姻自体が族際婚姻を生み出している連鎖現象を如実に表している。

第 2 項　モンゴル族・漢族・族際婚姻次世代の家族[185]②

　本項で取り上げるＷ氏（女性）は、敖漢旗（農耕地域）の出身であり、漢族と漢文化のなかで育ち、現在Ｈ都市部で働いている族際婚姻家族の次世代であり、戸籍上はモンゴル族、調査の時には39歳で、高校教師である。彼女は、Ｈ都市部における、モンゴル族、漢族、族際婚姻の次世代からなる家族における族際婚姻家族の次世代の30代のケースである。

　現在、Ｗ氏は自分の両親、夫と子供の五人で同居している。父Ｗ氏は漢族72歳、母Ｂ氏はモンゴル族68歳、両者とも退職するまで中学校の先生だった。母が敖漢旗のモンゴル語で話す。Ｗ氏自身はモンゴル語を聞き取れるが、話せない。

　母Ｂ氏は次のように述べた。

「私の実家はモンゴル人が多いところだった。小さいときに親戚の家に住んで通学していたため、漢語教育を受けた。同僚の紹介で夫と付き合ったが、最初は、両親の反対にあった。しかし、何とかして結婚した。私は親戚と昔の友達に会うために年に一回敖漢旗に帰るが、実家のことは何でも懐かしい。三人の子供は私と違ってモンゴル的なものにそれほどこだわらない。しかし、娘が主張して孫にUgelun[186]と名づけたことに、私は嬉しく思った」。

　Ｗ氏は兄弟三人、戸籍上全員モンゴル族である。Ｗ氏も母と同じく漢語で教育を受けて、大学卒業後、Ｈ都市部に就職した。Ｗ氏は自分の民族について

「私は名義上のモンゴル族にすぎない。私はモンゴル語が話せなく、

185　Ｗ氏、2003年 8 月 7 日から10日のインタビュー。
186　チンギス・ハーンの母と同じ名前である。

モンゴルの歴史も文化も知らない。モンゴル的生活をしたことはなく、
　　　したとしても慣れないだろう。そのため、私は自分をモンゴル族だと
　　　思わない。モンゴル族の友人と一緒にいるとき、私は自分が漢族であ
　　　ると感じる。父は漢族であるし、私はずっと漢族のみの環境に暮らし
　　　てきたから私は漢族だ」
と言い、文化的な特徴と血統関係をもって、自分は漢族であることを強調
する。また、
　　　「確かに私の母は本当のモンゴル族で、私も小さいときはモンゴル語
　　　が上手だった。職場やレストランでの漢族のみの集まりで、モンゴル
　　　族について議論するとき、何となく自分がモンゴル族であると感じる」
ともいい、母の民族所属をもって、血統上モンゴル族と関係することを肯
定し、潜在的で曖昧なモンゴル意識ももっている。さらに、自身の婚姻関
係について
　　　「兄の友人の紹介で夫C氏と付き合い、1995年に結婚した。夫は牧畜
　　　地域出身のモンゴル族である。私の夫はいつも『我々はモンゴル族の
　　　家族』というが、私は族際婚姻家族だと思う」
といい、自身の民族所属と自他認識の矛盾に言及する。W氏のこのような
意識が生じた理由について聞くと、
　　　「モンゴル族なら誰でも優遇政策によって恵まれているようにいわれ
　　　るが、私は恵まれるどころか、『文化大革命』期に迫害を受けて大変
　　　苦労した。そのときのトラウマが今も残っているため、私はモンゴル
　　　族になりたくない。大学生のとき、父は漢族、母はモンゴル族だから
　　　私はどちらでもいいといっていたが、他人に『雑種』と差別されてか
　　　らはそういわなくなった」
という。民族の記憶がW氏の民族意識に反映していることがわかる。
　ここに挙げたW氏は、父は漢族、母はモンゴル族の族際婚姻家族の次世
代であるところは上のS氏と一致するが、民族意識は異なる。血統関係に
おいてW氏も半分（1/2）モンゴル人の血統となるが、W氏の子供の血統
は3/4のモンゴル人の血統となる。民族の自他認識上、W氏の母とは明ら

かに異なっており、モンゴル族の意識が薄いといえる。民族所属はモンゴル族でありながら、漢族という意識が強く、曖昧なモンゴル族意識をもっている。そのため、婚姻関係上もモンゴル族内婚姻者であるのに、自分を族際婚姻者と考えている。この意味で、族際婚姻が族内婚姻の中にも族際婚姻を増殖させているといえる。

第3項　「新モンゴル族」・漢族・族際婚姻次世代の家族[187]

　本項では、「新モンゴル族」・漢族からなった族際婚姻家族の次世代モンゴル族のケースであるX氏を取り上げる。

　X氏はS郷出身、26歳、男性、医者である。

　X氏の父（X氏）は48歳、S郷出身の農民で「新モンゴル族」、母T氏は47歳、S郷出身の農民で漢族である。父（X氏）は、伯母（父の兄の妻）がモンゴル族だったため、1982年に親族とともに漢族からモンゴル族に変更した。それについて、自分では「私は82（年）モンゴル族」という。民族変更の理由をたずねると、

> 「当時、計画生育政策が厳しく実施され、『子孫繁栄』が幸福と考えるわれわれ漢族にとって、少数民族というのがとても恵まれていると憧れていた。上の子供は娘だったため、民族変更により息子を生むことができ、いろんな面で優遇される機会もあったし、私たちは当然としても、私の両親はもっと喜んだ。モンゴル族となってよかったと思う」。

と答えた。筆者が「もし戸籍登録がなければ自分で何族と考えますか」と問うと、父X氏は次のように回答した。

> 「言うまでもなく漢人だ。私をみてモンゴル人と思う人はどこにもいないだろう。確かに、言語から飲食、生活習慣はS郷の漢族そのものである。しかし、今私みたいなモンゴル族はいっぱいおり、モンゴル

---

[187] X氏、2003年8月16日、2005年月12日のインタビュー。

族と漢族は区別できなくなっている。私はモンゴル族でも漢族でもどちらでもいい。私たちと比べて息子は自分のことをモンゴル族と考えることが強いようだ。それには私の責任もあるだろう」。
　X氏（息子）は2年前に哈爾濱医科大学を卒業後、S郷に戻ってきて個人の診察所を開いた。X氏（息子）は次のように語った。
　　　「私は両親から、どこへいってもモンゴル族だと言うようにと教えられたが、大学に行くまで私もやはり漢人だと思っていた。自治区外の大学予科班（予備クラス）に入学後、在学の学院の中では、私と遼寧省阜新県の一人の女子学生二人がモンゴル族だった。クラスでは毎月イベントがあり、いつも私にモンゴルの歌を歌え、踊りを踊れ、食べ物の作り方を教えてといわれたことがある。彼らは私を内モンゴルから来た本当のモンゴル族と考えているからだ。私はどうしても『父が82（年）モンゴル族だ』とはいえずに、インターネットで調べたり、冬休みと夏休みの帰省中にも勉強したり、モンゴルに関するものを積極的に身につけてきた。どうせモンゴル族ならしっかりしたモンゴル族になろうと考えた」。
　少数民族優遇政策の恩恵を受けようと変更してできた「新モンゴル族」の血統関係、文化的特徴は漢族と変わらないにも関わらず、その次世代のもつ民族所属にしたがい、社会環境の中でモンゴル族という意識を強く持ったことは注目に値する。X氏は2004年、漢族のR氏（23歳）と結婚した。「両親や妻と比べたら私はモンゴル族だが、モンゴル人と比べたら漢族だ」という。
　本項に取り上げた「新モンゴル族」と漢族からなった族際婚姻家族の次世代モンゴル族が第1項、第2項のケースと異なるところは、モンゴル人と血縁関係がないことである。しかし、H都市部のW氏と異なり、X氏はモンゴル族という意識が強く、それを強めたのは家族環境、居住環境ではなく、社会生活であり、社会の民族的認知に個人が応じていく過程で形成され、かつ個人の選択に基づいたものである。また、X氏という「新モンゴル族」と漢族からなる族際婚姻家族次世代のモンゴル族が漢族女性と結

婚したことから、族際婚姻は族際婚姻を増加させていることがわかる。このように民族構成員の編入と増殖が、民族意識の編入と増殖にも至ったといえる。

　赤峰市民族事務委員会でのインタビューによると「文化大革命」中の「新漢族」は1980年代にほぼ「新モンゴル族」に転換したという[188]。S郷に唯一見られた「新漢族」の族際婚姻家族の次世代はいまだ小学生であるため、ここでの民族意識の検証に相応しい対象とはいえない。その上、調査地では次世代に漢族を選択させた族際婚姻家族はごくわずかであり、ほぼモンゴル族を選択させている実情があるため、本節に取り上げた族際婚姻家族の次世代は、事実上、モンゴル族次世代になるしかない。これは、族際婚姻と関連した現代モンゴル族の新構成員の誕生と増殖がもたらした結果としてモンゴル族人口の拡大を促進したものである。

第4節　小　　結

　第1節では、民族構成員の新編入について論じた。民族政策の影響と現実的要因に左右され、民族所属の変更が生じて、モンゴル族と漢族の新たな構成員が再編入され、民族そのものが増殖されている。一般的理解としての血統関係と民族所属が一致する「モンゴル人」＝「モンゴル族」の一体化した構成に不一致が生じ、多様化しつつある。現在、調査地におけるモンゴル族には、モンゴル人、「新モンゴル族」、族際婚姻家族の次世代モンゴル族などが含まれているが、漢族には、漢人、「新漢族」、族際婚姻家族の次世代漢族などが含まれている。

　第2節では、民族文化の浸透について論じた。調査地では、漢文化的モンゴル人とモンゴル文化的漢人が見られる。このことは、民族混住の過程

---

[188] B氏（51歳、男性、モンゴル族）、H氏（47歳、男性、モンゴル族）らのインタビュー（2005年1月17日）。

で形成されたものであり、個々人の成長環境に深くかかわるものである。そのうち、異文化を理解しているという意味で漢的なモンゴル人やモンゴル的漢人は、族際婚姻を促す理想的な要素になりうる。したがって、族際婚姻家族における次世代の民族意識の変化を促す要素にもなりうる。

第3節では、族際婚姻家族の次世代を事例に取り上げて民族意識の変化を分析した。

まず、族際婚姻家族の次世代モンゴル族の共通点は、民族の自他認識上、モンゴル族と一緒にいるときには自分は漢族と感じ、漢族と一緒にいるときには自分はモンゴル族と感じるところである。民族所属と血統関係が混合し、民族意識の複合性が生じた。このような次世代モンゴル族の民族意識は、両親がもつ異なる民族の間で複合化し曖昧化した揺れ動く流動的な民族意識である。

第二に、同じく族際婚姻家族の次世代のモンゴル族であるにも関わらず、民族意識には異なる方向も見られる。それには、次世代が成育した家庭環境、居住環境、社会環境が作用していると考えられる。民族そのものに新構成員が再編入し、増殖して人為的に操作されてきたため、族際婚姻家族の次世代の民族意識を、戸籍上に登録された民族所属のみによって判断することは容易ではなくなっている。つまり、族際家族の次世代の民族意識は成育環境、文化的特徴にも左右されることがある。

第三に、このような族際婚姻家族の次世代モンゴル族の民族意識の変化に関係するのは、民族政策である。民族政策は状況により、個々人の利害関係と連係して民族意識を希薄化させたり、強固にしたりする過程で民族意識の曖昧化を促すことがある。これは民族のツール化、民族意識のリアリティーを表している。

第四に、人々の民族に対する社会的認知(要求)や個人の選択的対応の関係において、個人が従来持たなかった新しい民族意識が社会環境の中で創られることもありうる。これは、民族意識は血統関係、文化的特徴、民族所属以外に、社会的認知という意識的、人為的要素に左右されるためである。

第 7 章　族際婚姻の結果と影響 (2)

　以上、本章では民族所属の変更、族際婚姻により民族構成員の新編入が進み、生業形態や文化融合により異文化にいきる人々がみられていること、民族構成の多様化が進行しつつあること、また、族際婚姻家族の次世代の民族意識は血統関係、民族所属、民族政策、文化的特徴、社会的認知などの要素に左右され、曖昧化し、揺れ動いていることを検証した。

終　章　民族意識の再創造

　本書では、筆者が独自に調査を行なってきた中国内モンゴル自治区赤峰市（地域）における四つの調査地の特徴と、そこでの族際婚姻の実態を明らかにした上で、族際婚姻を成立せしめた背景及び要因、並びに族際婚姻が社会にもたらした影響と結果について考察してきた。ここでは結論として、これまでの論述と分析をまとめ、それを踏まえた上で、本書の研究上の意義を提示する。

　1　論述のまとめ

　第1章では、現地調査を行なった各地域の特徴を明らかにした。民族混住が進行する赤峰地域には、都市・鎮・農耕地域・牧畜地域などの生業形態が共存している。また、民族の人口割合が複雑に異なる混住形態を包括し、しかも赤峰市の民族の人口割合と内モンゴル自治区のそれがほぼ等しいという点で、筆者が設定した分析対象地点は内モンゴル自治区全体を代表しうる所であり、本研究に相応しい対象であることを指摘し、その地域の概観を行なった。また、本章で行なった地域別の特徴の抽出により、族際婚姻の実態が形成されていく上で重要な背景となる経済制度、及び人口構成の諸条件をそなえていることが示された。

　第2章では、筆者が独自に行なった現地調査の分析とその結果に基づいて、族際婚姻の数値を軸に据えつつ、モンゴル族と漢族の族際婚姻の動態を明らかにした。族際婚姻の数値は、先行研究で指摘されるほど単純で漸進的な増加が見られるのではなく、複雑な推移が見られる。また、それには顕著な地域差が看取され、族際婚姻の数値は都市、鎮、農耕地域、牧畜地域の順に少なく（低く）なっていくことを明らかにした。更に、その複

雑さを示すもう一つの側面として、民族差が見られること、すなわち牧畜地域では漢族の族際婚姻率がモンゴル族より高く、都市、鎮、農耕地域ではモンゴル族の族際婚姻率が漢族よりも高いこと、年代による族際婚姻率の推移でも、都市では大きな変化が見られ、鎮では緩やかに変化するが、農耕地域と牧畜地域では緩やかに増加したこと、これらを族際婚姻の動態として指摘した。加えて、族際婚姻には性別による差もみられ、都市、鎮、牧畜地域では、漢族の男性とモンゴル族の女性の婚姻が多く、農耕地域に限ってモンゴル族の男性と漢族の女性の婚姻が多いことを明らかにした。これらは本書で始めて指摘される事柄であり、後述する社会的背景の影響を強調する視座を与えるものとなった。

　第3章では、族際婚姻を成立せしめる要因分析の一環として、文化的背景を考察した。まず、民族混住の進行が、モンゴル族と漢族の文化を変化させることを明らかにするために、家庭内言語、飲食生活、婚姻慣習を通じて、調査地のモンゴル族と漢族はそれぞれの特徴を維持する一方で、相互の文化を受け入れることで差が縮まり、折衷的なものへと変化していることを明らかにした。

　このような民族文化の相互浸透と影響は、族際婚姻の成立や増加を促しているといえるが、その反面、民族の伝統文化（それはしばしば創られた伝統であるが）への執着が族際婚姻を減少させる要素にもなる。また、モンゴル族と漢族の族内婚姻と比べて族際婚姻は両民族の特徴を相対化し、柔軟な形で相互に吸収される素地を形成し、両民族の固定的な文化、慣習から脱出しようとする意識の変化を促す傾向も読みとることができた。以上から、族際婚姻は民族文化の融合の結果であるとともに、融合を促す契機であることが検証された。

　第4章では、族際婚姻にかかわる政策的・社会的背景を分析し、族際婚姻は単なる文化的産物ではなく、数多くの社会的要素に左右されることを明らかにした。第1章で述べた生業形態、民族の人口割合などは族際婚姻の数値に地域差を生じさせているが、更に、交通手段や産業の発展、人口移動に伴う都市化の進行なども同様の結果に働きかける要因であるとい

終　章　民族意識の再創造

え、それぞれが族際婚姻の地域差と数値の変化に影響を及ぼしてきたことを明らかにした。また、計画生育の人口政策、少数民族優遇政策、民族所属の変更、行政区分と婚姻登録方法（範囲）の変更などの国家や地方の政策が、文化的要素以上に族際婚姻の成立とその数値の増減に働きかける要因であることを指摘した。都市化が進んだ地域であればあるほど、族際婚姻が社会的要素の影響を受けることが多いことも検証した。

第5章では、族際婚姻にかかわる意識的な背景を分析した。個々人の意識も族際婚姻の数値の変化に影響を及ぼす。婚姻条件にかかわる意識の上で民族所属が重視されなくなればなるほど、族際婚姻に対する肯定的な見方が強くなればなるほど、族際婚姻の数値の増加を促す。このように、婚姻関係には人々の民族所属を強調する度合い、及び族際婚姻に対する賛否の意識の度合いが、族際婚姻の変化に影響を及ぼす一つの背景となる。このような意識は、族際婚姻という事象に対する個々人の体験から生じるものであり、また、直接間接に族際婚姻を見聞した結果から生じる自他認識の変化によって形成されるものでもある。このようにして一旦形成された意識が、再びある経験によって変化し、その変化した意識とそれが社会に与える影響が族際婚姻の実態にも影響することが検証された。

第6章では、族際婚姻の社会的影響を家族文化や親族関係の側面から考察した。家族祭祀において調査地の人々は所属民族の特徴を特に選好しない傾向がみられ、何よりも時代の流行に追いつく志向が今日の主流となっている。室内装飾において族際婚姻者は、族内婚姻者より所属民族の特徴を相対化し、あるいは両民族の特徴を部分的に継承しようとする傾向があることが明らかとなった。族際婚姻者は、モンゴル族と漢族それぞれの家族の祭祀文化や室内装飾文化的伝統から脱出するか、両文化を部分的に統合していく傾向がみられ、族際婚姻は民族文化の融合を促進していることが明らかになった。直系親族の往来という観点からみると、族際婚姻者は族内婚姻者ほどに直系親族の往来が頻繁でない傾向が強い一方、族際婚姻により直系親族関係を中心とした社会的ネットワークが伸縮していることが検証された。このような族際婚姻による家族文化や親族関係の変化は、

族際婚姻家族における次世代の民族意識の揺らぎや新創造を促進する条件である。

　第7章では、族際婚姻の社会的影響を民族構成の多様化や民族意識の変化の側面から考察した。族際婚姻を核に、その核に近いモンゴル族と漢族それぞれの民族構成の変化に族際婚姻家族の存在が深く関係している実情を検証し、従来のモンゴル人＝モンゴル族、漢人＝漢族などの定義と現実の民族の内実との不一致、血縁関係のつながりの揺らぎ、民族構成の多様化の実情を明らかにした。その重要な証左は、族際婚姻家族の次世代の混血と民族所属変更により生じた「新モンゴル族」や「新漢族」の存在である。また、調査地では、漢文化的モンゴル人とモンゴル文化的漢人が見られる。そのうち、異文化を理解しているという意味で漢的なモンゴル人やモンゴル的漢人は族際婚姻を促す理想的な要素になりうる。このような民族構成員の新編入や異文化人にみえる民族構成の多様化は、族際婚姻に連係して生じた結果である。さらに、族際婚姻家族の各世代を比較することによって、世代による民族意識の変化を明らかにした。族際婚姻により、族際婚姻者の民族意識が希薄化する場合とそうではない場合がみられるが、族際婚姻家族の次世代では、民族意識が複合化し、曖昧化し、固定的な「民族」概念では捉えきれない民族意識を新たに創り出していることが判明した。そして、上記の論述に即して、モンゴル族と漢族の族際婚姻は、血統関係、民族所属、文化的特徴、社会的認知などの要素などに左右されて第三の「複合かつ曖昧な」民族意識を持つ世代を創造し、更に、両親には殆どなかった新たな民族意識も創造していると結論した。

2　先行研究の再検討

　筆者は、上述のように民族混住地域における〈文化―民族意識―社会〉の関係から族際婚姻を取り上げた。以下、先行研究の論点に関して再検討を加え、本稿での議論を深めたい。

終　章　民族意識の再創造

(1) 族際婚姻に関する分析

①　先行研究では各種の生業形態を個別に扱ってきたことに鑑みて、筆者は、地域差に立脚した族際婚姻の分析と考察を行なった。先行研究では、都市、農耕地域、牧畜地域を個別に取り上げ、同様な視点で族際婚姻の地域間の比較を行なわず、中国の経済戦略で重要な地位を占める都市と農村（農耕地域、牧畜地域）を結ぶ小都市—鎮における族際婚姻の研究を看過してきた面があった。筆者は、都市、鎮、農耕地域、牧畜地域を対象にフィールドワークを実施し、従来の族際婚姻研究の単一的視点を改め、この10年間の族際婚姻の立体化した実相を提示できた。調査地の族際婚姻の数値は、都市・鎮から、農耕地域、牧畜地域へ行くほどに低くなる傾向が見られる。このような地域差が生じたのは、族際婚姻に影響を及ぼす要素には地域の特徴を反映した違いがあるためである。たとえば、都市化が進めば進むほどに族際婚姻は社会的要素に影響される場合が多くなり、牧畜地域における族際婚姻には文化的要素が他の地域よりも影響を及ぼしたことが指摘できる。

②　族際婚姻の実数とその割合のこの10年間のデータを調べて詳細に分析することにより、先行研究が提起してきた単純で漸進的な族際婚姻の増加という見解の不十分なところを補充し、族際婚姻は、異なる生業形態において、異なる状況下で異なる変化傾向を表すことを実証した。これにより、一つの社会現象である族際婚姻の変化傾向を初めて客観的に指摘し、年代による族際婚姻の変化を統計データによって十分に分析してこなかった先行研究の問題点を乗り越え、族際婚姻の推移を、直線的かつ曖昧に「増加」と語ってきたことを改めて、族際婚姻の推移の実情を提示した。特に、族際婚姻には減少する傾向が見られる場合があることを示したことで、ゴードンのエスニシティ理論を族際研究に無批判に借用した先行研究の限界性を指摘できる。

例えば、馬戎（1989）はゴードン理論を族際婚姻研究の前提とした初めての研究であり、また馬戎（2004：437）は「一般に、族群間の婚姻が10％以上となった場合、その族群間の関係が比較的よい」と論じ、族際婚姻を

287

もって民族関係の良し悪しを評価している。また、Bao zhi ming（1999）は、族際婚姻の実態を分析して「80年代に頂点に達した」とし、族際婚姻は民族間の偏見の減少や文化融合が進んだ結果であると論じた。実は、Bao zhi ming の提示した族際婚姻の統計データには、90年代になって減少する傾向が現れているにもかかわらず（Bou zhi ming 1999：98）、理論的前提に縛られたため族際婚姻の「減少」の分析までに至らなかった。同様に、ゴードンの理論を取り上げて借用している鄭国全が提示した族際婚姻のデータをみると（鄭国全 2004：22）、族際婚姻の実数と割合ともに2002年は2001年よりも減少しているにもかかわらず、それに対して分析を行なわなかった。この三者が一致するところは、ゴードンの理論を族際婚姻の分析に応用してはいるが、その理論に乗って「内モンゴルで族際婚姻が増加していること」が「モンゴル族と漢族間の関係が改善された結果」であるとは論じたものの、もしそれが減少していることを示すならば民族団結に不利な結論に達してしまう可能性があるために、この部分には言及しなかったと考えられる点である。これらは、族際婚姻の現状を客観的に把握する上で、克服すべき問題である。

③ 地域の特徴に即した族際婚姻の民族差の複雑性が見られた。族際婚姻率がもっとも低いのは、牧畜地域のモンゴル族と農耕地域の漢族である。このことから、ある民族はその地域における人口が少なくなればなるほどに、或いは民族的生業形態から離れれば離れるほど族際婚姻率が高くなるといえる。更に重要なのは、本稿の第4章第1節第3項のところで述べた「少数民族優遇政策に連係した民族所属の回復／変更」により、第1章第3節第2項で提示したモンゴル族の人口割合が増加し、漢族のそれが減少したことは、族際婚姻の民族差に影響を及ぼしているのである。すなわち、政策と族際婚姻の関連で、民族構成が混合され、これがいっそう族際婚姻を増加させたため、モンゴル族の族際婚姻率は漢族よりも高くなった。それらの結果として、モンゴル族の民族意識も新たに造られてきたといえる。

④ ブレンサイン（2003）は、地域共同体が成長するために族際婚姻が果たした役割に注目し、族際婚姻は現在も農耕村落社会の人間関係の骨格

となっていることを指摘し、族際婚姻による親族圏の拡大には言及したが、親族的ネットワーク、民族的ネットワーク、地域的ネットワークの関連性には考察が及ばなかった。筆者が族際婚姻の社会的影響を考察した結果、族際婚姻により親族圏は伸縮しており、それにより民族的ネットワーク、地域的ネットワークも拡大したり縮小したりすることが伺えた。特定の地域社会は行政区分に従った、かつ定められた空間における地域社会であるため、民族が混住している限り、族際婚姻による社会的ネットワークの拡張は相対的であるためである。

⑤　調査地における民族構成の多様化の実情を明らかにした。族際婚姻、民族所属の変更、民族文化の趨勢に関連して、内モンゴルにおけるモンゴル族（漢族）の中では、モンゴル人（漢人）以外に、民族所属の変更者の「新モンゴル族」（「新漢族」）、族際婚姻家族の次世代（モンゴル族、漢族）、異文化に生きる人々（漢文化的モンゴル族、モンゴル文化的漢族）を加え、民族の構成が複雑化し、多様化している。このような民族構成の多様化がかえって族際婚姻を促進している。また、族際婚姻家族の次世代は族際婚姻を成立させる傾向も高く、族際婚姻自体が族際婚姻を生み出しているといえる。このような族際婚姻と民族構成の関連は、モンゴル族と漢族の民族意識の変化、及び新たな民族意識の創造を促進した重要な要素である。

(2)　族際婚姻と民族意識の関連

①　馬戎・潘乃谷（1988）、馬戎（2004）、王俊敏（2001）らによって、族内婚姻者のモンゴル族の民族意識は族際婚姻者のそれよりも強いと指摘されたことがあるが、筆者が考察したところ、族内・族際婚姻者の民族意識には顕著な差はみられなかった。ただし、族際婚姻者は民族に対するこだわりが薄くなっている。つまり、族際婚姻によって民族意識に顕著な差異が生じる場合と生じない場合がある。これにより、族際婚姻が婚姻者の民族意識に与える影響も弱化を指摘するだけでは不十分であることが明らかである。

また、上の先行研究は、モンゴル族の族内・族際婚姻者間の民族意識に

は強弱の差異が存在すること言及されるものの、その要因は検証されていない。筆者の分析によれば、それは少数民族であるモンゴル族は漢族と混住する過程で、漢文化の影響を受けたことにより民族文化の喪失が生じたことがある一方、更に重要なことは第4章第1節第3項で述べた通り、社会的要因に左右されて、モンゴル族といわれる人々の中の約半数は漢族からの民族変更者——「新モンゴル族」が含まれていることである。そもそも漢族であるそれら「新モンゴル族」は戸籍登録上のみのモンゴル族であるのみならず、漢族との結婚率が高いことによって族際婚姻率の増加に寄与している。そのため、モンゴル族の族際婚姻者の民族意識には弱化が生じるのだろう。

　② 族際婚姻による民族意識の変化を把握する一つのキーワードとして、族際婚姻家族の次世代が挙げられる。族際婚姻家族における次世代の民族意識の変化は、家族、民族及び社会全体の変化に繋がるものである。筆者が族際婚姻家族の各世代の民族意識を分析した結果、族際婚姻の次世代の民族意識は前の世代と比較すると顕著に変化している傾向が見られた。つまり、族際婚姻家族の次世代の民族意識は、次世代の混血による家族関係の複雑化、民族文化の変化、養育環境、国家政策や地方政策・方針、民族構成の混合、生業形態などが、個々人の経験や現実関係に連係した結果であり、民族混住地域では、族際婚姻により民族意識が絶えず変化しているのである。この考察の結果を踏まえれば、本書の冒頭に触れたソラーズの「エスニシティの再創造」論は、内モンゴル赤峰地域における族際婚姻による民族意識の変化を明らかにするうえで極めて有効であることが明らかである。つまり、族際婚姻により族際婚姻者の民族意識が顕著に変化するとまでは言い切れないが、族際婚姻によりその次世代の民族意識が顕著に変化し、再創造される動態的状態にあるのである。少数民族優遇政策などにより族際婚姻家族の次世代の95％以上が、その民族所属をモンゴル族としているため、調査地における族際婚姻は、モンゴル族と漢族の間の「複合的で曖昧な」民族意識、或は新たな民族意識をもつモンゴル族の新世代を創造したといえばより正しい。

ソラーズの提示した新しいエスニシティと現代モンゴル族の新たな民族意識の共通点は、エスニック・グループ或いは民族が混住した社会のなかで形成され、複合性をもつことである。

　また、ソラーズの提示した新しいエスニシティと現代モンゴル族の新たな民族意識の相違点といえば、一つは、ソラーズの提示した新しいエスニシティとは、アメリカ移民の次世代が自身の出自を否定した上で新しいエスニック・アイデンティティを形成した点である。現代モンゴル族の新たな民族意識の場合、族際婚姻家族の次世代が、両親の民族所属を肯定した上で、複合的かつ曖昧で揺らぎのある意識、或いは新たな第三の民族意識を形成したところである。もう一つは、アメリカの新しいエスニシティというものは、主にエスニック・グループ間の文化融合をツールにして移民の各世代を経て形成したが、現代モンゴル族の新たな民族意識の場合、文化浸透のうえで、社会的・人為的・政策的な要因により、民族集団が混合しており、また、社会経験の中で、新しく形成された「新モンゴル族」の次世代がもつモンゴル族という民族意識は新たに創られたものである点である。

(3) 理論的再検討

　本研究は筆者の実施したフィールドワークに基づき、いまだに明らかにされていなかったモンゴル族と漢族の族際婚姻の実態を明らかにし、更に、その分析から民族意識が再創造されているプロセスを究明した。しかし筆者は、族際婚姻を通じて民族意識の変化を考察する際、ゴードンやソラーズの研究をそのまま借用したわけではない。

　ゴードンもソラーズもともにエスニシティ理論の研究者であり、その理論を民族研究に応用する際には必ず実情に即した検証が必要となる。考察に用いた資料と方法の点で言えば、ゴードンは一次的資料としてアメリカ国内の集団間関係の機関や、集団内のコミュニティ生活組織の幹部25人を対象にインタビュー調査を行ない、それに文献の検討を加えて社会構造を検討した。ソラーズが検証に用いた資料と方法をみると、ホブズボウムの

文化の「創られた伝統」論に由来する理論的枠組みにおいて、広範囲な文学作品、つまり、漫画、歴史書籍、映画、劇、ビデオなどの作品に文献を併用して文化の継承と契約の関係でエスニシティの変化を検討したが、彼が独自に行なったフィールドワークから得られた一次的資料・情報を用いなかった。筆者が上の両者と異なるところは、独自に行なったフィールドワークから得られた一次的資料であるアンケート、インタビュー、婚姻統計資料などを用いて実証研究に成功し、ソラーズが文学・文化の分析を通じて提示したエスニシティ理論を、内モンゴルにおける社会実情の分析をもって社会学的に位置づけたところにある。研究の視点の上でソラーズと異なるところは、筆者は生業形態と人口割合に着眼して、調査データに対して詳細な分析を行ない、理論研究に有力な論証を与えた点である。更に、ソラーズは人種、宗教的集団であるエスニック・グループは新しいエスニシティを再生産していることを提示したが、本研究では、血統、宗教、文化など以外の人為的・社会的作用によっても民族や民族意識が社会現実の中で再創造されることを検証した。

3　民族意識再創造のプロセス——現代モンゴル族の民族(ミンズウ)意識の形成

ここでは、もう一つの分析概念として民族(ミンズウ)を用いる。これは、中国における民族概念の固定性、可変性、人為的操作性の総合的特徴を反映している。

(1) 新たな「民族(ミンズウ)」意識の内実

本書では、調査地におけるモンゴル族と漢族の族際婚姻は、モンゴル族の新たな民族意識を創造したと結論した。モンゴル族の新たな民族意識とは、

- モンゴル人と漢人の民族意識を構成する諸要素が複合し、複合化した諸要素の間で曖昧化し、複合化した諸要素の間で揺れ動くモンゴル民族(ミンズウ)意識である。

終　章　民族意識の再創造

● 国家や社会によって創られた「新モンゴル民族(ミンズウ)」意識である。
　このような新たな「民族(ミンズウ)」意識の形成に重要な役割を果たしたのは、中国における「民族(ミンズウ)」の特殊性である。エスニシティ理論におけるエスニック集団は文化、血統、宗教、エスニック・アイデンティティなどの要素によって形成されるが、中国における「民族(ミンズウ)」はそのような要素以外に、国家の政策的、人為的な力を要素とし、その力によって形成されたものである。国家の政策が「民族(ミンズウ)」を認定すると同時に、「民族(ミンズウ)」の可変性や選択性を認め、そして一部「民族(ミンズウ)」に特殊利益を与えた。その特殊利益が個々人の利害関係と結びついて「民族(ミンズウ)」の社会的道具化が進み、ツールとして族際婚姻の需要も発生する。族際婚姻は新たな人間を創り出し、これが新たな「民族(ミンズウ)」構成員となることを「民族(ミンズウ)」の選択性と可変性が保証する。新たな「民族(ミンズウ)」構成員は再び相応の新たな「民族(ミンズウ)」意識を創り出すのである。

(2) 新たな「民族(ミンズウ)」意識の形成プロセス
　現代モンゴル族と漢族の新たな「民族(ミンズウ)」意識は数多くの要素に左右されて構成されているため、複合して曖昧化している。以下、新たな「民族(ミンズウ)」意識の形成に作用する基本的要素、及びその相互関係を提示する。

①　血統的民族
　血統関係に基づいて形成される「民族」は「人」と等しく、モンゴル族＝モンゴル人、漢族＝漢人である。調査地のインフォーマントは両親や自分の血縁関係に則し、自分で「何人」という場合が多い。彼ら（彼女ら）が民族という用語を使わず、人という用語を使う一つの理由は、「人」は安定性をもち、血縁の純粋さを表しているためである。しかし、血統関係により民族を判断できる条件は、両親がモンゴル人か漢人である族内婚姻家族の次世代までが持っている。つまり、血統関係に混合が起こっていない人々のいう民族所属＝人である。
　族際婚姻家族における次世代の場合、両親がモンゴル人と漢人であれば、

血統関係のみに基づいて次世代の民族を決定することはできない。次世代は混血しているため、モンゴル人でも漢人でもない一方、モンゴル人でも漢人でもある側面をもっている。例えば、第7章の第3節に取り上げたBソムのS氏、H都市部のW氏の場合、次世代において、両親の民族意識が複合し曖昧化し揺れ動くようになったのは、族際婚姻による血縁関係の混合性が根本的な要因である。それは、民族（血統的）を跨ぐ族際婚姻がもたらした結果である。

② 法的民族

国家が公定し、法律上承認した民族所属をもつ人々は法的な民族、本書で言うところの民族(ミンズウ)となり、具体的にはモンゴル民族(ミンズウ)と漢民族(ミンズウ)が含まれる、法律上個人は必ず一つ持つ可変的民族所属である。これに大きく作用したのは、民族所属の変更承認と少数民族優遇という民族政策であり、民族所属が個人に利益をもたらす手段となったためである。現在、族際婚姻家族の次世代はほぼ全員がモンゴル族を選択するのみならず、モンゴル族という民族所属をもつ人のうち約半分は、民族所属を漢族からモンゴル族に変えた人々が占めている。族際婚姻家族の次世代は混血的なモンゴル族であり、民族所属の変更者やその次世代は人工的なモンゴル民族(ミンズウ)となる。つまり、モンゴル民族(ミンズウ)所属をもつ人の中では、血統的モンゴル人、血統上半分モンゴル民族(ミンズウ)、まったく血縁関係のない新モンゴル民族(ミンズウ)も含まれている。それら全てを、戸籍登録に基づき、国が同様に扱い、保障するものである。このような民族の血統関係の薄まり、民族所属の人為的操作性と不安定性は人々の民族意識を曖昧化させ、揺れ動きを起こしている。族際婚姻家族の次世代の場合、この傾向がより顕著である。例えば、第7章第3節に取り上げたS郷のX氏の場合、族際婚姻家族の次世代といわれる「新モンゴル民族(ミンズウ)」であるが、実は、血統関係ではなく、政策に保障されながら変更した法的民族のモンゴル民族(ミンズウ)である。

終　章　民族意識の再創造

③　文化的民族

　これは言語、生活習慣、価値観を含む文化的特徴をもって民族を判断できる人々である。モンゴル族と漢族は、それぞれの文化的特徴を保ちながら、混住過程において相互の文化を受容してきた。生業形態や民族の人口割合との関連で異文化に生きる人々も現れていることも、この文化的融合の一表徴である。更に、族際婚姻者は族内婚姻者よりも自分の所属民族の文化を相対化する傾向がみられ、それが族際婚姻家族の次世代がもつ文化的特徴の複合性の形成を促すのみならず、文化的モンゴル族と文化的漢族の格差を縮め、民族集団の境界線を曖昧化する。したがって、民族意識の複合化に寄与し、揺れ動く民族意識の形成を促すのである。文化的特徴は、血統関係や法的認定の民族所属ほどの遺伝的・客観的な決定能力を有してはいない点で、現代モンゴル族と漢族の新たな「民族(ミンズゥ)」意識の形成要素としては副次的であるが、漢文化の影響を強く受け生活習慣上は漢族とまったく変わるところのない血統上のモンゴル人にとって、文化的民族としてはもはやモンゴルではないという喪失感を抱かせるという点で、民族意識のありかたを大きく作用する看過できない要素である。例えば、第7章第2節1項に取り上げたＨ都市部のＡ氏、ＢソムのＬ氏を、単なる生活習慣や言語文化の特徴に即せば、「文化的に漢族のＡ氏」「文化的にモンゴル族のＬ氏」とも称しうる。また、第7章の第3節に取り上げたＢソムのＳ氏とＨ都市部のＷ氏を比較するなら、戸籍上は同様に族際婚姻家族の次世代のモンゴル族であるにもかかわらず、生活習慣や言語文化の特徴に即せば、「文化的にモンゴル族のＳ氏」「文化的に漢族のＷ氏」とも称しうるのである。

④　社会的民族

　社会的民族とは、特定の社会において、モンゴルや漢といった呼称に、ステレオタイプ化した民族の伝統的特徴を結びつけて創り出された、社会の期待に応じたイメージとしての民族である。完全に空想・理想の上のイメージでしかないため、血統関係や法的認定の民族所属ほどの遺伝的・客

観的な決定能力を有してはいない点で、現代モンゴル族と漢族の新たな「民族ミンズウ」意識の形成要素としては副次的である。しかし、これがステレオタイプである以上、ある種の固定観念を形成する点で、言語や生活習慣が漢人と寸分変わらないモンゴル人、そもそもモンゴル的なものを一切持たないモンゴル族や新モンゴル族にとって、社会の圧力となって個人に作用する。その社会的圧力にいかに反応するか、その反応の仕方によっては、民族の伝統的特徴から逃避する者、民族の伝統的特徴の学習による獲得を目指す者などが現れる。個人の民族意識の形成やありかたに作用する要素として社会的民族は重要であるといえる。このような民族に関する社会的認知や個人的対応の関係のなかで、民族意識は更に曖昧化し、揺れ動いて絶えず新たに創られていく。例えば、第７章第３節３項に取り上げたＳ郷のＸ氏の場合、「新モンゴル民族ミンズウ」からなる族際婚姻家族の次世代であるにもかかわらず、戸籍上モンゴル民族ミンズウとなっていることが、彼の生活していたコミュニティである大学の社会環境に期待され、彼の生活習慣や文化的特徴にモンゴル的要素が加えられ、民族意識も複合化し、新たに創られたのである。

　上で論じた、新たな民族意識の構成に作用する四要素に、本研究で焦点を当てたモンゴルと漢という下位カテゴリーを設定した上で、これらを「主要（独立）」と「従属（依存）」という関係性でとらえると、図27のように整理することができる。つまり、上の四つの要素の中では、血統的民族（モンゴル人と漢人）と法的民族ミンズウ（モンゴル民族ミンズウと漢民族ミンズウ）は主要（独立）要素であり、文化的民族（モンゴル族と漢族）と社会的民族（モンゴル人・モンゴル族・モンゴル民族ミンズウ、漢人・漢族・漢民族ミンズウ）は従属（依存）要素となる。従属（依存）要素は、主要（独立）要素なしに民族意識の変化に作用することが理屈上はありえないが、主要（独立）要素は、従属（依存）要素なしに民族意識の変化に作用することが可能である。

　次は、新たな民族意識の構成に作用する諸要素を「複合」と「可変」という関係をもって、図28のように整理することができる。ここには、四つ

の要素の間での複合とそれぞれ要素の中でモンゴル・漢という二つの下位カテゴリーの間での複合を含む。血統的民族、法的民族、文化的民族、社会的民族の四つの要素の間で、場合によっては全部複合してある主体の上に集中することがあるし、場合によってはこの四つの要素のうちのいくつかが複合することもありうる。すなわち、モンゴル・漢という下位カテゴリーは、血統的民族・文化的民族・社会的民族において複合と変更が可能であるが、法的民族においては、この二つのカテゴリーは場合により変更可能であるが、複合は不可能であるということである。そのため、モンゴル人と漢人からなる族際婚姻の次世代は血統上〈モンゴル半分＋漢半分〉となりうるが、漢族とモンゴル族からなる族際婚姻の次世代は法的に〈モンゴル族半分＋漢族半分〉とはなれない。この二つの主要要素の相違点は、血統的民族は曖昧さを許容する「混血」という現象を内包するのに対し、法的民族は曖昧さを許容しない民族所属のみを基準にしているところにある。よって、血統は曖昧であるにもかかわらず、法は否応なしに一つの民族所属の選択を迫るため、とくに族際婚姻の次世代の民族意識に曖昧化をもたらす要因となるのである。

　次に、新たな民族意識の構成に作用する諸要素を、相互に「一致」するか「不一致」であるかという関係で図29のように整理することができる。ここでは、血統的民族、法的民族、文化的民族、社会的民族の四要素の下位カテゴリーである「モンゴル」と「漢」の一致・不一致関係を基準に整理している。このカテゴリーがモンゴルか漢かのいずれかに集中すれば、個人の民族意識の曖昧化は理屈の上ではありえない。しかし、そうではない場合、とくに民族所属変更者や族際婚姻家庭の次世代の場合、この四つの要素のカテゴリーが不揃いであり、ときにモンゴルと漢というカテゴリーが併存する場合がある。したがって、この諸要素の間の一致・不一致関係は、民族意識の選択性・可変性を強化し、複合化しかつ曖昧化した新たな民族意識の形成を進行させる。これら民族及び民族意識にかかわる諸要素の主要・従属関係、複合・可変関係、一致・不一致関係を含む複雑な関係や作用によって、可変的かつ流動的な新たな民族意識が形成されてい

く。このような新しい民族意識は、本書で取り上げたモンゴル族と漢族の族際婚姻の実態にかかわる文化的、社会的、意識的背景のもとで形成された社会的産物であり、家族文化や親族関係、民族の構成要素などの変化に浸透している社会現象でもある。

　民族意識に密接かかわる民族という概念は重層性をもっている。民族問題全体において、「部族」、「民族」、「エスニック・グループ」等の次元があり、中国における民族は、「各民族」、「少数民族」という次元がある。本書の考察で用いた民族は、「人」、「民族」、「民族(ミンズウ)」の次元がある。このような民族概念の重層性、及びそれに基づいた人々の意識が社会事情と関連する過程で、新しい民族意識は再創造されているといえる。

　本書での考察は、族際婚姻に着眼し、筆者の調査や調査地域の特徴に即したため、異なる地域を研究対象とした場合、研究素材となる社会現象は異なるという側面が存在するものの、ここで提示した新しい民族意識の構成に作用する諸要素の絡み合う関係の中で、民族意識が絶えず新しく創りだされるという法則性は、少なくとも中国における多民族混住地域では普遍性をもつと考えられる。

終　章　民族意識の再創造

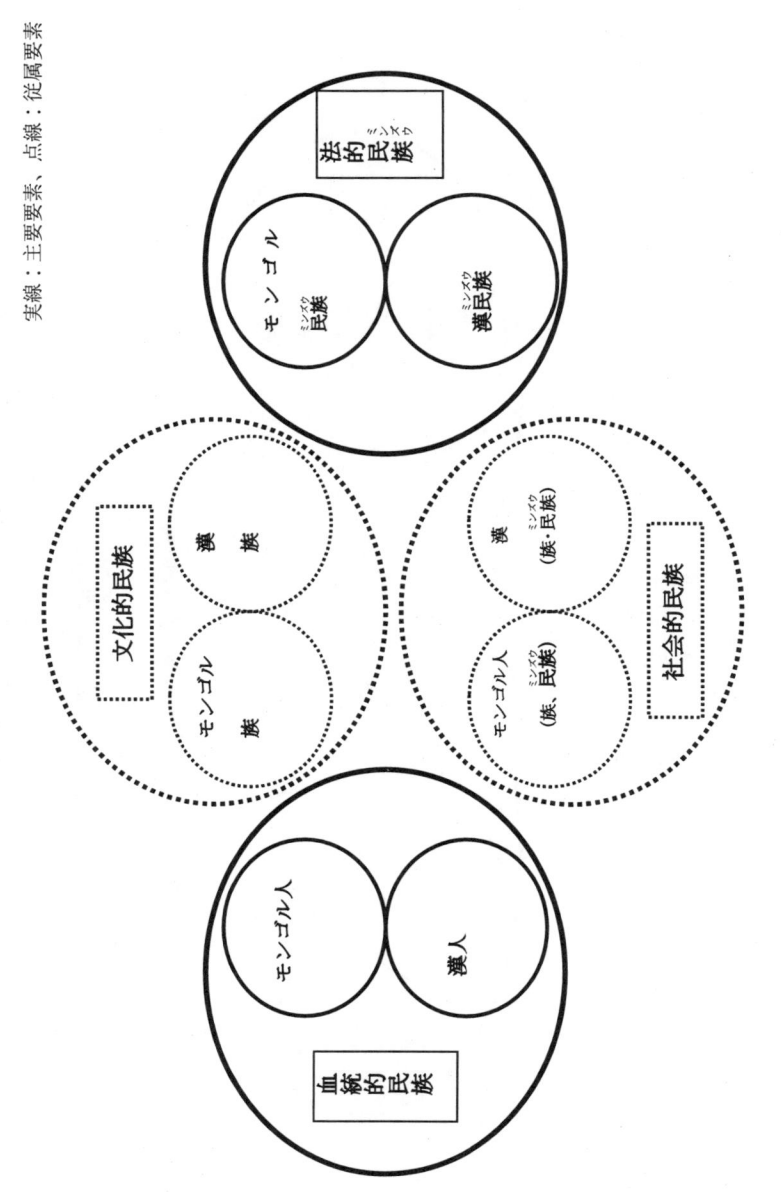

図27　新たな民族意識の構成に作用する諸要素の主要・従属関係

実線：主要要素、点線：従属要素

299

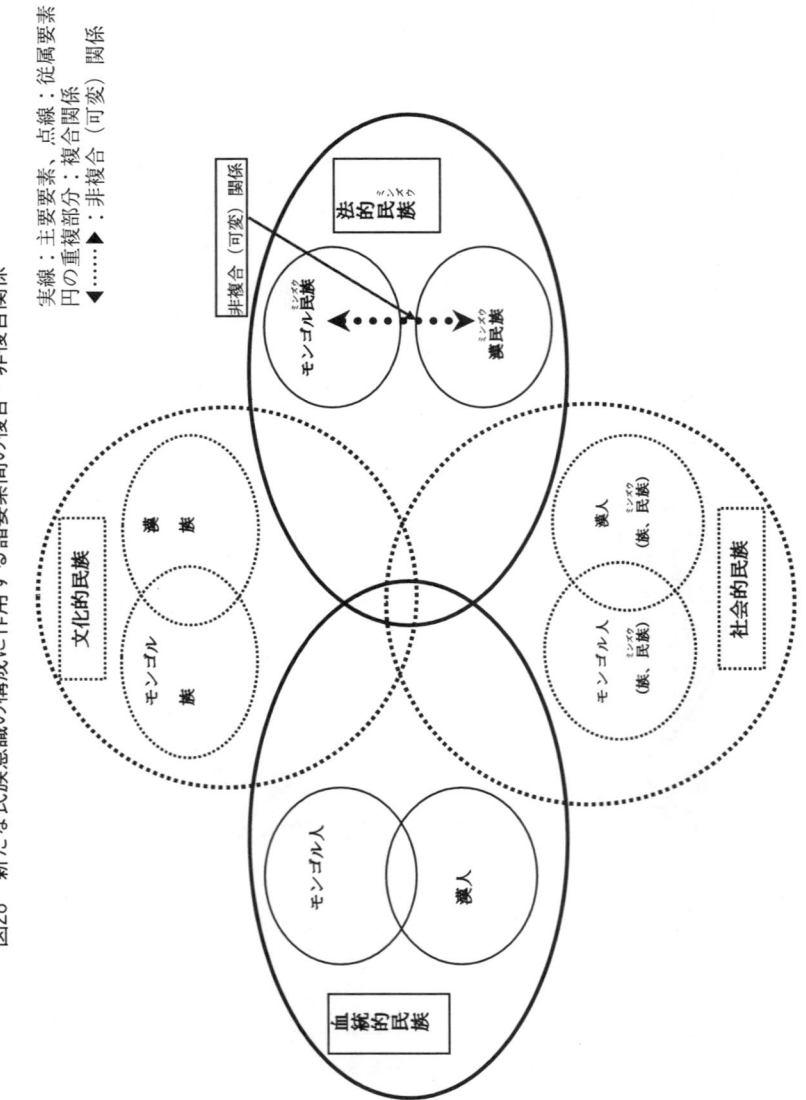

図28 新たな民族意識の構成に作用する諸要素間の複合・非複合関係

実線：主要要素、点線：従属要素
円の重複部分：複合関係
▼……▶：非複合（可変）関係

終　章　民族意識の再創造

図29　新たな民族意識の構成に作用する諸要素間の一致・不一致関係

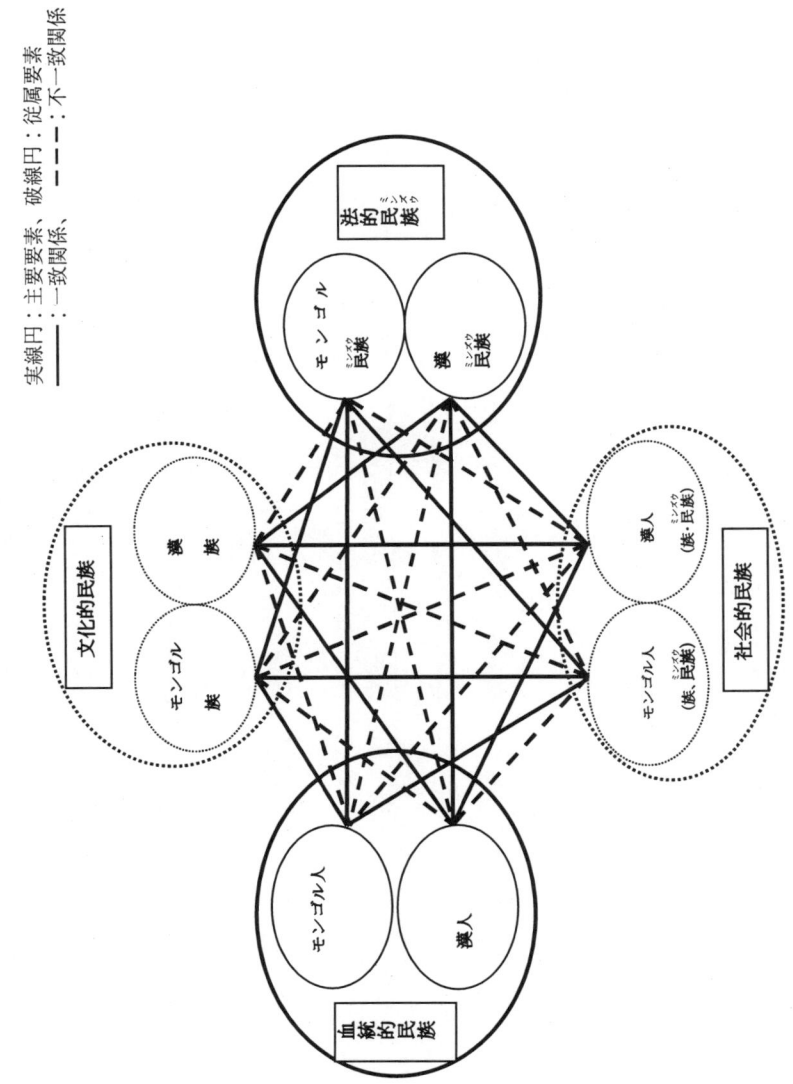

実線円：主要要素、破線円：従属要素
──：一致関係、----：不一致関係

301

附1　一部のアンケート調査項目と回答の単純集計

K1　性別
- 男性　　　　　　　　　　　459人（51.9%）
- 女性　　　　　　　　　　　425人（48.1%）

K2　年齢
- 1　10代　　　　　　　　　 25人（ 2.8%）
- 2　20代　　　　　　　　　175人（19.8%）
- 3　30代　　　　　　　　　373人（42.2%）
- 4　40代　　　　　　　　　245人（27.7%）
- 5　50代　　　　　　　　　 51人（ 5.8%）
- 6　60代　　　　　　　　　 9人（ 1.0%）
- 7　70代　　　　　　　　　 5人（ 0.6%）
- 8　80代　　　　　　　　　 1人（ 0.1%）

K3　所属民族
- 1　モンゴル　　　　　　　518人（58.6%）
- 2　漢　　　　　　　　　　338人（38.2%）
- 3　満洲　　　　　　　　　 17人（ 1.9%）
- 4　回　　　　　　　　　　 9人（ 1.0%）
- 5　朝鮮　　　　　　　　　 1人（ 0.1%）
- 　　無回答　　　　　　　　 1人（ 0.1%）

K4　最終学歴
- 1　未就学　　　　　　　　 18人（ 2.0%）
- 2　小学校　　　　　　　　 89人（10.1%）
- 3　中学校（職業中学校）　158人（17.9%）
- 4　高等学校（専門学校、短大）　210人（23.8%）
- 5　大学（大学院）　　　　407人（46.0%）
- 　　無回答　　　　　　　　 2人（ 0.2%）

K5　従事業（自由記入の結果）

	1	教師	127人（14.4%）
	2	牧民	118人（13.3%）
	3	幹部	108人（12.2%）
	4	農民	103人（11.7%）
	5	学生	59人（ 6.7%）
	6	工人	45人（ 5.1%）
	7	個体戸	41人（ 4.6%）
	8	公務員	30人（ 3.4%）
	9	無職	30人（ 3.4%）
	10	警察	18人（ 2.0%）
	11	医者	13人（ 1.5%）
	12	職員	12人（ 1.4%）
	13	会計	12人（ 1.4%）
	14	記者	11人（ 1.2%）
	15	その他	16人（ 1.8%）
		無回答	141人（16.0%）

K6　出生地
　　1　本地域　　　　　　　　　　706人（79.9%）
　　2　他地域　　　　　　　　　　176人（19.9%）
　　　　無回答　　　　　　　　　　　2人（ 0.2%）

ア　個人向けの調査票

S1　あなたは現在の区（鎮、郷、ソム）にどのぐらい住んでいますか。
　　1　1年未満　　　　　　　　　　21人（ 2.4%）
　　2　1～3年未満　　　　　　　　51人（ 5.8%）
　　3　3～5年未満　　　　　　　　68人（ 7.7%）
　　4　5年以上　　　　　　　　　741人（83.8%）
　　　　無回答　　　　　　　　　　　3人（ 0.3%）

S2　現在居住している区（鎮、村）のどの点が一番良いと思われますか。
　　1　景色がきれい　　　　　　　133人（15.0%）
　　2　空気が澄んでいる　　　　　167人（18.9%）
　　3　人間が良い　　　　　　　　124人（14.0%）
　　4　交通が便利　　　　　　　　122人（13.8%）

附1　一部のアンケート調査項目と回答の単純集計

```
         5  物価が低い                  129人（14.6%）
         6  文化が盛んである             64人（ 7.2%）
         7  その他（＿＿＿）           130人（14.7%）
            無回答                      15人（ 1.7%）

S3  現在の居住地域に対する総合的な評価はいかがですか。
         1  非常に良い                 205人（23.2%）
         2  やや良い                   601人（68.0%）
         3  やや悪い                    67人（ 7.6%）
         4  悪い                         3人（ 0.3%）
         5  どちらともいえない            3人（ 0.3%）
            無回答                       5人（ 0.6%）

S4  あなたは居民委員会の活動に参加しますか。
         1  頻繁に参加する             130人（14.7%）
         2  時々参加する               353人（39.9%）
         3  あまり参加しない           384人（43.4%）
         4  参加しない                   7人（ 0.8%）
            無回答                      10人（ 1.1%）

S5  あなたはどのような余暇活動に参加していますか。
         1  健康スポーツ               101人（11.4%）
         2  朝のトレーニング           287人（32.5%）
         3  音楽                        44人（ 5.0%）
         4  将棋                        60人（ 6.8%）
         5  その他（＿＿＿）           203人（23.0%）
         6  参加しない                 144人（16.3%）
            無回答                      47人（ 5.1%）

S6  最近、あなたの近所の人々の生活はどう変わっていますか。
         1  豊かになっている           547人（61.9%）
         2  貧しくなっている           114人（12.9%）
         3  ほとんど変わっていない     207人（23.4%）
            無回答                      16人（ 1.8%）

S7  あなたの現在の近隣関係に対する満足度はいかがですか。
```

	1	非常に満足	202人 (22.9%)
	2	やや満足	471人 (53.3%)
	3	普通	186人 (21.0%)
	4	やや不満	13人 (1.5%)
	5	不満	5人 (0.6%)
		無回答	7人 (0.8%)

S8　あなたは困ったときにまず誰に相談しますか。

	1	家族	554人 (62.7%)
	2	親戚	105人 (11.9%)
	3	友達	176人 (19.9%)
	4	近隣	10人 (1.1%)
	5	同僚	20人 (2.3%)
	6	その他（　　　）	8人 (0.9%)
		無回答	11人 (1.2%)

S9　あなたにはどの民族の親友がより多いですか。

	1	漢族	372人 (42.1%)
	2	モンゴル族	435人 (49.2%)
	3	満族	11人 (1.2%)
	4	回族	11人 (1.2%)
	5	その他（　　　）	8人 (0.9%)
		無回答	47人 (5.3%)

S10　自分の状況を紹介するときに、もっとも強調したいところは何ですか。

	1	民族	65人 (7.4%)
	2	出身地	117人 (13.2%)
	3	年齢	53人 (6.0%)
	4	職業	247人 (27.9%)
	5	職位	7人 (0.8%)
	6	その他（　　　）	62人 (7.0%)
		無回答	333人 (37.7%)

S11　あなたは以下の結婚相手を選ぶ条件のなか、どちらをもっとも重視しますか、重視する順に番号をつけてください（評価　1：もっとも重視、2-5：かなり重視、6-9：若干重視、10-12：ほとんど重視しない、選択なし：重

附1　一部のアンケート調査項目と回答の単純集計

　　視しない)。
　　　　1　人柄　　　　　　　　　　　329人（37.2%）
　　　　1　健康　　　　　　　　　　　161人（18.2%）
　　　　1　性格　　　　　　　　　　　107人（12.1%）
　　　　1　容姿　　　　　　　　　　　 52人（ 5.9%）
　　　　1　経済力　　　　　　　　　　 39人（ 4.4%）
　　　　1　才能　　　　　　　　　　　 39人（ 4.4%）
　　　　1　民族　　　　　　　　　　　 38人（ 4.3%）
　　　　1　学歴　　　　　　　　　　　 23人（ 2.6%）
　　　　1　家族条件　　　　　　　　　 18人（ 2.0%）
　　　　1　言語　　　　　　　　　　　 13人（ 1.5%）
　　　　1　社会的地位　　　　　　　　 10人（ 1.1%）
　　　　1　愛情　　　　　　　　　　　 7人（ 0.8%）
　　　　　　無回答　　　　　　　　　　 48人（ 5.4%）

S12　あなたは結婚適齢期をいつ頃と考えていますか。
　　　　1　20歳前　　　　　　　　　　 25人（ 2.8%）
　　　　2　21−30歳　　　　　　　　　769人（87.0%）
　　　　3　31−40歳　　　　　　　　　 64人（ 7.2%）
　　　　4　その他（　　　）　　　　　 14人（ 1.6%）
　　　　　　無回答　　　　　　　　　　 12人（ 1.4%）

S13　あなたはどの地方の方を結婚相手にしたらもっとも良いと考えますか。
　　　　1　都市　　　　　　　　　　　237人（26.8%）
　　　　2　鎮　　　　　　　　　　　　 88人（10.0%）
　　　　3　農耕地域　　　　　　　　　 68人（ 7.7%）
　　　　4　牧畜地域　　　　　　　　　118人（13.3%）
　　　　5　構わない　　　　　　　　　339人（38.3%）
　　　　6　その他　　　　　　　　　　 17人（ 1.9%）
　　　　　　無回答　　　　　　　　　　 17人（ 1.9%）

S14　どの民族の方を結婚相手にすればもっとも良いと思われますか。
　　　　1　漢族　　　　　　　　　　　214人（24.2%）
　　　　2　モンゴル族　　　　　　　　318人（36.0%）
　　　　3　満族　　　　　　　　　　　 15人（ 1.7%）
　　　　4　回族　　　　　　　　　　　 9人（ 1.0%）

	5 その他（＿＿＿）	17人（ 1.9%）
	6 かまわない	293人（33.1%）
	無回答	18人（ 2.0%）

S15 あなたは家族以外の社会生活の中では主に、どの言語で話していますか。
　　　1 漢語　　　　　　　　　　　　　　　538人（60.9%）
　　　2 モンゴル語　　　　　　　　　　　　290人（32.8%）
　　　3 漢語・モンゴル語を同様に使う　　　 39人（ 4.4%）
　　　　無回答　　　　　　　　　　　　　　 17人（ 1.9%）

S16 あなたがより好む飲食は何ですか（複数可）。
　　　1 牛肉　　　　　　　　　　　　　　　510人（14.2%）
　　　2 豚肉　　　　　　　　　　　　　　　346人（ 9.6%）
　　　3 羊肉　　　　　　　　　　　　　　　546人（15.2%）
　　　4 鳥肉　　　　　　　　　　　　　　　304人（ 8.5%）
　　　5 馬肉　　　　　　　　　　　　　　　 28人（ 0.8%）
　　　6 犬肉　　　　　　　　　　　　　　　 56人（ 1.6%）
　　　7 魚　　　　　　　　　　　　　　　　344人（ 9.6%）
　　　8 パン　　　　　　　　　　　　　　　131人（ 3.7%）
　　　9 スータイ・チャアイ　　　　　　　　412人（11.5%）
　　　10 卵スープ　　　　　　　　　　　　　270人（ 7.5%）
　　　11 野菜　　　　　　　　　　　　　　　439人（12.2%）
　　　12 お酒　　　　　　　　　　　　　　　126人（ 3.5%）
　　　13 馬乳酒　　　　　　　　　　　　　　 52人（ 1.4%）
　　　14 その他（＿＿＿）　　　　　　　　　 23人（ 0.6%）

S17 あなたの趣味は何ですか。
　　　1 トランプ　　　　　　　　　　　　　103人（11.7%）
　　　2 マージャン　　　　　　　　　　　　 31人（ 3.5%）
　　　3 お酒　　　　　　　　　　　　　　　 49人（ 5.5%）
　　　4 棋類　　　　　　　　　　　　　　　 38人（ 4.3%）
　　　5 テレビ　　　　　　　　　　　　　　215人（24.3%）
　　　6 読書　　　　　　　　　　　　　　　150人（17.0%）
　　　7 スポーツ　　　　　　　　　　　　　 92人（10.4%）
　　　8 旅行　　　　　　　　　　　　　　　186人（21.0%）
　　　9 その他（＿＿＿）　　　　　　　　　 11人（ 1.2%）

附1　一部のアンケート調査項目と回答の単純集計

　　　　無回答　　　　　　　　　　　　　　　9人（ 1.0%）

S18　あなたが、もっとも関心を持っているテレビ番組の内容は何ですか。
　　　1　政治　　　　　　　　　　　　　　76人（ 8.6%）
　　　2　経済　　　　　　　　　　　　　　67人（ 7.6%）
　　　3　歴史　　　　　　　　　　　　　　49人（ 5.5%）
　　　4　家族　　　　　　　　　　　　　　45人（ 5.1%）
　　　5　音楽　　　　　　　　　　　　　　61人（ 6.9%）
　　　6　スポーツ　　　　　　　　　　　　62人（ 7.0%）
　　　7　娯楽　　　　　　　　　　　　　　60人（ 6.8%）
　　　8　連続ドラマ　　　　　　　　　　173人（19.6%）
　　　9　その他　　　　　　　　　　　　280人（31.7%）
　　　　無回答　　　　　　　　　　　　　11人（ 1.2%）

S19　あなたがもっとも気に入る部屋の飾り方は何風ですか。
　　　1　外国風　　　　　　　　　　　　　71人（ 8.0%）
　　　2　漢風　　　　　　　　　　　　　206人（23.3%）
　　　3　モンゴル風　　　　　　　　　　187人（21.2%）
　　　4　古典風　　　　　　　　　　　　　95人（10.7%）
　　　5　流行風　　　　　　　　　　　　245人（27.7%）
　　　6　その他（　　　　）　　　　　　　60人（ 6.8%）
　　　　無回答　　　　　　　　　　　　　20人（ 2.3%）

S20　性別による家事分業についてどのような考えを持っていますか。
　　　1　肯定　　　　　　　　　　　　　168人（19.0%）
　　　2　否定　　　　　　　　　　　　　681人（77.0%）
　　　　無回答　　　　　　　　　　　　　35人（ 4.0%）

S21　あなたは社会生活の中で、自分の性別についてどの程度満足していますか。
　　　1　非常に満足　　　　　　　　　　222人（25.1%）
　　　2　満足　　　　　　　　　　　　　495人（56.0%）
　　　3　まあまあ満足　　　　　　　　　111人（12.6%）
　　　4　あまり満足しない　　　　　　　　20人（ 2.3%）
　　　5　不満足　　　　　　　　　　　　　23人（ 2.6%）
　　　　無回答　　　　　　　　　　　　　13人（ 1.5%）

S22 あなたには同性の友達が多いですか、異性の友達が多いですか。
  1 同性   481人（54.4%）
  2 異性   65人（ 7.4%）
  3 ほぼ同じ   323人（36.5%）
   無回答   15人（ 1.7%）

S23 女の子と男の子ではどちらがもっとも親孝行だと思われますか。
  1 男の子   102人（11.5%）
  2 女の子   334人（37.8%）
  3 両方一緒   429人（48.5%）
   無回答   19人（ 2.1%）

S24 あなたは族際婚姻を肯定しますか、否定しますか。
  1 肯定   646人（73.1%）
  2 否定   173人（19.6%）
   無回答   65人（ 7.4%）

S25 家族関係に影響を与える主な原因を何と思われますか。
  1 経済利益   179人（20.2%）
  2 価値観   214人（24.2%）
  3 興味   48人（ 5.4%）
  4 個人の性格   259人（29.3%）
  5 生活習慣   115人（13.0%）
  6 その他（＿＿＿） 32人（ 3.6%）
   無回答   37人（ 4.2%）

S26 どのような方は結婚しなく、独身生活を続けると思いますか。
  1 経済力が強い方   83人（ 9.4%）
  2 経済力が弱い方   88人（10.0%）
  3 高学歴者   68人（ 7.7%）
  4 低学歴者   1人（ 0.1%）
  5 性格がいい   5人（ 0.6%）
  6 性格が悪い   191人（21.6%）
  7 自由主義   313人（35.4%）
  8 容姿がよい   5人（ 0.6%）
  9 その他   80人（ 9.0%）

　　　　　　　　無回答　　　　　　　　　　50人（ 5.7%）

S27　あなたは、離婚についてどのような考え方をもっていますか。
　　　1　否定　　　　　　　　　　　455人（51.5%）
　　　2　肯定　　　　　　　　　　　377人（42.6%）
　　　　無回答　　　　　　　　　　　52人（ 5.9%）

S28　あなたは自分の性生活に満足していますか。
　　　1　非常に満足　　　　　　　　135人（15.3%）
　　　2　満足　　　　　　　　　　　418人（47.3%）
　　　3　まあまあ　　　　　　　　　143人（16.2%）
　　　4　あまり満足しない　　　　　 10人（ 1.1%）
　　　5　不満足　　　　　　　　　　 25人（ 2.8%）
　　　　無回答　　　　　　　　　　 153人（17.3%）

S29　あなたは、何のためにもっともお金を使っていますか。
　　　1　衣服　　　　　　　　　　　 61人（ 6.9%）
　　　2　飲食　　　　　　　　　　　202人（22.9%）
　　　3　家賃・住宅　　　　　　　　124人（14.0%）
　　　4　旅行・レジャー　　　　　　 20人（ 2.3%）
　　　5　教育費　　　　　　　　　　256人（29.0%）
　　　6　贈り物　　　　　　　　　　 40人（ 4.5%）
　　　7　文化・技術　　　　　　　　 16人（ 1.8%）
　　　8　健康・医療　　　　　　　　 39人（ 4.4%）
　　　9　電話・通信　　　　　　　　 20人（ 2.3%）
　　　10　その他　　　　　　　　　　63人（ 7.1%）
　　　　無回答　　　　　　　　　　　43人（ 4.9%）

S30　あなたは、新聞・雑誌・本を購入していますか。
　　　1　よく購入する　　　　　　　347人（39.3%）
　　　2　あまり購入しない　　　　　389人（44.0%）
　　　3　購入しない　　　　　　　　108人（12.2%）
　　　　無回答　　　　　　　　　　　40人（ 4.5%）

S31　あなたはよく旅行をなさっていますか。
　　　1　頻繁にしている　　　　　　 45人（ 5.1%）

	2	たまにしている	532人（60.2%）
	3	していない	253人（28.6%）
		無回答	54人（ 6.1%）

S32 あなたの夢は何ですか。ご自由に書いてください。
　　　　　記入者　　　　　　　　　　　639人（72.3%）
　　　　　無回答　　　　　　　　　　　245人（27.7%）

イ　家族向けの調査票

F1　あなたの家族では、何世代が何人で同居していますか。
　　　（　　）世代（　　）人
　　世代数
　　　1　同世代　　　　　　　　　　　24人（ 2.7%）
　　　2　2世代　　　　　　　　　　471人（53.3%）
　　　3　3世代　　　　　　　　　　144人（16.3%）
　　　4　4世代　　　　　　　　　　　 6人（ 0.7%）
　　　　無回答　　　　　　　　　　　239人（27.0%）
　　人数
　　　1　2人家族　　　　　　　　　　23人（ 2.6%）
　　　2　3人家族　　　　　　　　　296人（33.5%）
　　　3　4人家族　　　　　　　　　166人（18.8%）
　　　4　5人家族　　　　　　　　　111人（12.6%）
　　　5　6人家族　　　　　　　　　　32人（ 3.6%）
　　　6　7人家族　　　　　　　　　　 9人（ 1.0%）
　　　7　8人家族　　　　　　　　　　 3人（ 0.3%）
　　　8　9人家族　　　　　　　　　　 1人（ 0.1%）
　　　　無回答　　　　　　　　　　　243人（27.5%）

F2　家族の居住形態はどちらですか。
　　　1　持ち家　　　　　　　　　　　11人（ 1.2%）
　　　2　借間　　　　　　　　　　　327人（37.0%）
　　　3　公営住宅　　　　　　　　　　64人（ 7.2%）
　　　4　職場の宿舎　　　　　　　　206人（23.3%）
　　　5　そのほか（　　　　）　　　　 0人（ 0.0%）
　　　　無回答　　　　　　　　　　　276人（31.2%）

附1　一部のアンケート調査項目と回答の単純集計

F3　現在、家族の住居の所有権を誰が持っていますか。
　　　1　祖父・祖母　　　　　　　　　　　　　16人（ 1.8%）
　　　2　父母　　　　　　　　　　　　　　　456人（51.6%）
　　　3　子供（長男・次男・長女・次女・末子）　54人（ 6.1%）
　　　4　その他（　　　）　　　　　　　　　110人（12.4%）
　　　　　無回答　　　　　　　　　　　　　　248人（28.1%）

F4　家族内で決定権を持っているのは誰ですか。
　　　1　祖父・祖母　　　　　　　　　　　　　16人（ 1.8%）
　　　2　父・母　　　　　　　　　　　　　　456人（51.6%）
　　　3　子供（長男・次男・長女・次女・末子）　54人（ 6.1%）
　　　4　その他（　　　）　　　　　　　　　110人（12.4%）
　　　　　無回答　　　　　　　　　　　　　　248人（28.1%）

F5　家族の習慣では、誰が家の後継者になりますか。
　　　1　長男　　　　　　　　　　　　　　　260人（29.4%）
　　　2　次男　　　　　　　　　　　　　　　 39人（ 4.4%）
　　　3　長女　　　　　　　　　　　　　　　 75人（ 8.5%）
　　　4　次女　　　　　　　　　　　　　　　 11人（ 1.2%）
　　　5　末子　　　　　　　　　　　　　　　128人（14.5%）
　　　6　その他（　　　）　　　　　　　　　 88人（10.0%）
　　　　　無回答　　　　　　　　　　　　　　283人（32.0%）

F6　家族の構成員と近所の方と付き合いがありますか。
　　　1　挨拶だけ或いは付き合いがない　　　163人（18.4%）
　　　2　よく付き合う（次を答えてください）476人（53.8%）
　　　　　付き合う方式はどちらですか。
　　　　　　a　食事会をする　　　　　　　　 13人（ 2.8%）
　　　　　　b　一緒に遊ぶ　　　　　　　　　 19人（ 4.0%）
　　　　　　c　子供を通して付き合う　　　　 92人（19.3%）
　　　　　　d　お互いに援助しあう　　　　　 23人（ 4.9%）
　　　　　　e　その他（　　　）　　　　　　117人（24.5%）
　　　　　　　無回答　　　　　　　　　　　212人（44.5%）
　　　　　無回答　　　　　　　　　　　　　245人（27.7%）

F7　近所にはどの民族の住民が多いですか。

313

	1	漢族	358人（40.5%）
	2	モンゴル族	275人（31.1%）
	3	満族	2人（ 0.2%）
	4	回族	3人（ 0.3%）
	5	その他（＿＿＿）	12人（ 1.4%）
		無回答	234人（26.5%）

F8　家族にはどの民族の友人がより多く訪れますか。
	1	漢族	224人（25.3%）
	2	モンゴル族	394人（44.6%）
	3	満族	1人（ 0.1%）
	4	回族	3人（ 0.3%）
	5	その他（＿＿＿）	31人（ 3.5%）
		無回答	231人（26.1%）

F9　結婚後、実家の両親や兄弟とどの程度往来していますか。
	1	頻繁に付き合う	568人（64.3%）
	2	時々付き合う	69人（ 7.8%）
	3	付き合いなし	2人（ 0.2%）
		無回答	245人（27.7%）

F10　結婚後、配偶者の両親や兄弟とどの程度往来していますか。
	1	頻繁に付き合う	568人（64.3%）
	2	時々付き合う	69人（ 7.8%）
	3	付き合いなし	2人（ 0.2%）
		無回答	245人（27.7%）

F11　家族内では、どの言語でコミュニケーションを行なっていますか。（複数可）
	1	漢語	339人（38.3%）
	2	モンゴル語	361人（40.8%）
	3	二言語	9人（ 1.0%）
	4	その他（＿＿＿）	0人（ 0.0%）
		無回答	175人（19.8%）

F12　これからの子供たちには、どの言語で教育を受けさせたいですか。
	1	英語	255人（28.8%）

　　　　2　漢語　　　　　　　　　　　　　111人（12.6%）
　　　　3　モンゴル語　　　　　　　　　　150人（17.0%）
　　　　4　その他（　　　）　　　　　　　124人（14.0%）
　　　　　　無回答　　　　　　　　　　　244人（27.6%）

F13　現在、あなたの家族では性別による家事分業はどうなっていますか。
　　　　1　女性は内・男性は外　　　　　　207人（23.4%）
　　　　2　女性は外・男性は内　　　　　　 10人（ 1.1%）
　　　　3　女男の区別なし　　　　　　　　424人（48.0%）
　　　　4　その他（　　　）　　　　　　　 2人（ 0.2%）
　　　　　　無回答　　　　　　　　　　　241人（27.3%）

F14　あなたの家族において一番大事なものは何ですか。
　　　　1　一家団欒（仲むつまじく暮らす）　454人（51.4%）
　　　　2　経済利益　　　　　　　　　　　 36人（ 4.1%）
　　　　3　感情　　　　　　　　　　　　　 41人（ 4.6%）
　　　　4　権利義務　　　　　　　　　　　 47人（ 5.3%）
　　　　5　年長を尊敬し、幼稚を愛する美徳　 44人（ 5.0%）
　　　　6　その他（　　　）　　　　　　　 14人（ 1.6%）
　　　　　　無回答　　　　　　　　　　　248人（28.1%）

F15　家族構成員の結婚記念日にお祝いをしていますか。
　　　　1　はい　　　　　　　　　　　　　311人（35.2%）
　　　　2　いいえ　　　　　　　　　　　　306人（34.6%）
　　　　3　その他（　　　）　　　　　　　 7人（ 0.8%）
　　　　　　無回答　　　　　　　　　　　260人（29.4%）

F16　家族において、誰の収入が一番多いですか。
　　　　1　祖父・祖母　　　　　　　　　　 13人（ 1.5%）
　　　　2　父・母　　　　　　　　　　　　431人（48.8%）
　　　　3　子供（長男・次男・長女・次女・末子）　39人（ 4.4%）
　　　　4　その他（　　　）　　　　　　　116人（13.1%）
　　　　　　無回答　　　　　　　　　　　285人（32.2%）

F17　家族の構成員は何についての消費を一番節約していますか。
　　　　1　衣服　　　　　　　　　　　　　 74人（ 8.4%）

```
        2   飲食料品              11人 ( 1.2%)
        3   居住                  74人 ( 8.4%)
        4   遊び・旅行           221人 (25.0%)
        5   子供教育              12人 ( 1.4%)
        6   人間関係              48人 ( 5.4%)
        7   文化活動              61人 ( 6.9%)
        8   健康・医療            39人 ( 4.4%)
        9   電話・手紙            69人 ( 7.8%)
       10   その他（     ）      14人 ( 1.6%)
            無回答               261人 (29.5%)
```

F18　家族の収入の多くを、何のために使っていますか。
```
        1   衣服                  98人 (11.1%)
        2   飲食料品             195人 (22.1%)
        3   居住                 113人 (12.8%)
        4   遊び・旅行            22人 ( 2.5%)
        5   子供教育             210人 (23.7%)
        6   冠婚葬祭              54人 ( 6.1%)
        7   文化活動              31人 ( 3.5%)
        8   健康・医療            72人 ( 8.2%)
        9   電話・通信            42人 ( 4.7%)
       10   貯金                  41人 ( 4.6%)
       11   その他（     ）       6人 ( 0.7%)
```

F19　一般的に、友人の結婚祝いはどのようなものを贈りますか。
```
        1   現金                 528人 (59.7%)
        2   物（品物・家畜）      97人 (11.0%)
        3   祝いのメッセージ       4人 ( 0.5%)
        4   その他（     ）       8人 ( 0.9%)
            無回答               247人 (27.9%)
```

F20　親戚の結婚祝いに何をあげますか。
```
        1   現金                 508人 (57.5%)
        2   物（品物・家畜）     108人 (12.2%)
        3   祝いのメッセージ       0人 ( 0.0%)
        4   その他（     ）      22人 ( 2.5%)
```

　　　　　　　　　　　　　附1　一部のアンケート調査項目と回答の単純集計

　　　　　無回答　　　　　　　　　　　246人（27.8%）

F21　自分の家族について、他人に紹介するときもっとも強調したいところは何
　　ですか。
　　　　1　構成員の職業　　　　　　325人（36.8%）
　　　　2　構成員の職役　　　　　　 77人（ 8.7%）
　　　　3　構成員の人数　　　　　　 77人（ 8.7%）
　　　　4　構成員の学歴　　　　　　 61人（ 6.9%）
　　　　5　構成員の民族　　　　　　 79人（ 8.9%）
　　　　6　構成員の言語　　　　　　 54人（ 6.1%）
　　　　7　構成員の出生地　　　　　 76人（ 8.6%）
　　　　8　構成員の年齢　　　　　　 34人（ 3.8%）
　　　　9　住居形態　　　　　　　　 76人（ 8.6%）
　　　10　家族の財産　　　　　　　 22人（ 2.4%）
　　　11　その他（_____）　　　　　 3人（ 0.1%）
　　　　　無回答　　　　　　　　　　 1人（ 0.1%）

F22　家族には、未成年のお子さんはいますか。
　　　　1　いない　　　　　　　　　130人（14.7%）
　　　　2　いる　　　　　　　　　　398人（45.0%）
　　　2－1　子供の人数
　　　　　　1　一人　　　　　　　　172人（43.1%）
　　　　　　2　二人　　　　　　　　 72人（18.2%）
　　　　　　3　三人　　　　　　　　 14人（ 3.5%）
　　　　　　4　四人　　　　　　　　 10人（ 2.6%）
　　　　　　5　五人以上（__）人　　　2人（ 0.6%）
　　　　　　　無回答　　　　　　　　127人（32.0%）
　　　2－2　子供はどの言語で話しますか。
　　　　　　1　漢語　　　　　　　　130人（32.7%）
　　　　　　2　モンゴル語　　　　　134人（33.7%）
　　　　　　3　その他（_____）　　　8人（ 2.0%）
　　　　　　　無回答　　　　　　　　126人（31.6%）
　　　2－3　子供と両親の間で最も違うところは何ですか。
　　　　　　1　趣味　　　　　　　　 89人（22.3%）
　　　　　　2　言語　　　　　　　　　6人（ 1.6%）
　　　　　　3　生活・習慣　　　　　 41人（10.2%）

```
            4   性格                    40人（10.1%）
            5   考え方                  76人（19.1%）
            6   その他（＿＿＿）         6人（ 1.5%）
                無回答                  140人（35.3%）
        無回答                          356人（40.3%）
```

F23　家族の構成員は外国に留学した人がいますか。
```
        1   いない                      562人（63.6%）
        2   いる                         24人（ 2.7%）
          2-1   今どこにいますか。
                a   外国にいる。         11人（45.8%）
                b   帰国した。           12人（50.0%）
                    無回答                1人（ 4.2%）
        無回答                          298人（33.7%）
```

F24　同居している家族の構成員について、年齢順に記入してください。そして、あなたのところに○をつけてください。
```
        1   記入者                      559人（63.2%）
        2   無回答                      325人（36.8%）
```

附2　参考文献・資料一覧

〔参考文献：日本語〕
明石紀雄・飯野正子，2002，『エスニック・アメリカ』有斐閣．
綾部恒雄，1994，『現代世界とエスニシティ』弘文堂．
伊藤正子，2003，『エスニシティ〈創生〉と国民国家ベトナム』三元社．
岡田伊太郎，1933，「建設途上の赤峯」『満蒙』6：37-51．
岡本雅享，1999，『中国の少数民族教育と言語政策』社会評論社．
梶田孝道編，2002，『国際社会学——国家を超える現象をどうとらえるか』名古屋大学出版社．
オンドロナ，2006，「多民族混住地域における婚姻と民族意識の関連——内モンゴル赤峰地域のモンゴル族と漢族の族際婚姻を中心に——」『北東アジア研究』10：105-128．
菊池美代志・江上渉編，2002，『21世紀の都市社会学』学文社．
貴志俊彦・井上治，2004，「北東アジア学におけるモンゴル史学の再構築試論」『北東アジア研究』7：1-13．
木下謙治他編，2002，『地域社会学の現在』ミネルヴァ書房．
栗原悟，1989，「社会変動の中の少数民族——少数民族に見る伝統と近代」宇野重昭主編『静かな社会変動』岩波書店，285-309．
黒田弘子・長野ひろ子編，2002，『エスニシティ・ジェンダーからみる日本の歴史』吉川弘文館．
興安局，1941，『興安西省阿魯科爾沁旗実態調査報告書』（実態調査報告資料第1輯）興安局．
高明潔，1996，「内蒙古遊牧地域における妻方居住婚——双系相続制社会の一面」『民族学研究』1996(3)：295-326．
――――，2004，「『ソム』と『鎮』の間」『中国21』19：57-80，愛知大学現代中国学会．
小坂井敏晶，2003，『民族という虚構』東京大学出版社．
酒井俊二・酒井出，2002，『日本の社会学入門』久美株式会社
島崎美代子・長沢孝司，1999，『モンゴルの家族とコミュニティ開発』日本経済評論社．
蕭紅燕，2000，『中国四川農村の家族と婚姻——長江上流域の文化人類学的研究』慶友社．
シンジルト，2003，『民族の語りの文法』風響社．

関根政美，2002，『エスニシティの政治社会学』名古屋大学出版社．
田中克彦，1993，『言語からみた民族と国家』岩波書店．
竹下修子，2004，『国際結婚の諸相』学文社．
竹中吉良，1936，『蒙古大巴林旗（巴林右翼旗）事情調査報告書』錦縣鐵路局．
中国研究所編，2004，『中国年鑑2004』創土社
張萍，1999，『中国の結婚問題』新評論．
陳立行，1994，『中国の都市空間と社会的ネットワーク』国際書院．
鄭国全，2004，「内モンゴル自治区の農耕地域におけるモンゴル族と漢族の共存形態——赤峰市寧城県の場合」『新地理』51：13-23．
中生勝美，1996，「村落共同体と世代擬制—華北平原の世代ランク」『家族と地域社会』，283-304，早稲田大学出版部．
中西裕子，2004，「『愛情』家族の教育戦略」『年報社会学論集』17：60-71．
初瀬龍平編著，1996，『エスニシティと多文化主義』同文館．
呼斯勒，2004，「図們・祝東力著『康生与「内人党」冤案』」『中国21』19：229-237，愛知大学現代中国学会．
ボルジギン・ブレンサイン，2003，『近現代におけるモンゴル人農耕村落社会の形成』風間書房．
前野昌弘，2003，『図解でわかる統計学分析』日本実業出版社．
松原治郎，1978，『コミュニティの社会学』東京大学出版社．
松本和良・江川直子編，2001，『アイヌ民族とエスニシティの社会学』学文社．
マルコ・マルティニエッロ著，宮島喬訳，2002，『エスニシティの社会学』白水社．
K．マンハイム著，鈴木広・田野崎昭夫訳，1958，『世代・競争』誠信書房．
武藤秀太郎，2003，「平野儀太郎の大アジア主義論——中国華北農村慣行調査と家族観の変容」『アジア研究』49：44-59．
森岡清美・望月嵩，2004，『新しい家族社会学』培風館．
八木透，2001，『婚姻と家族の民俗的構造』吉川弘文館．
横山廣子，1989，「多民族国家への道程」宇野重昭主編『静かな社会変動』岩波書店，264-284．
吉田順一，2004，「興安嶺南山地の経済構造——ハラトクチンの経済の分析を手がかりに」『北東アジア研究』7：25-41．
和光大学モンゴル学術調査団編，1999，『変容するモンゴル社会』新幹社．
若尾祐司編著，1998，『家族——現代ヨーロッパの探検2』ミネルヴァ書房．
渡辺秀樹・稲葉昭英・嶋崎尚子，2004，『現代家族の構造と変容』東京大学出版会．

〔参考文献：モンゴル語〕

Altančimeg（アルタンチメグ）, 2003, "Juγačal-un mongγul ger-tü jang üile-yin bolbasun-u ulamjilal bokirtuju bayiγ_a tuqai（観光地のモンゴル・ゲルで民俗習慣の洗練された伝統が汚されていることについて）", *Uruγ, ger büli, neyigem*（『婚姻・家族・社会』）4: 12-16.

Qa. Batujirγal（ハ・バトジャルガル）, 2003, "Γudamji-yin aman-u mongγulčud（街頭のモンゴル人）", *Uruγ, ger büli, neyigem*（『婚姻・家族・社会』）4: 39.

Bou zhi ming（包智明）, 1999, *Qorčin-u mongγul tariyacin-u amidural*（『ホルチンのモンゴル農民の生活』）, Šenyang（瀋陽）: Liaoning-un ündüsüten-ü keblel-ün qoriy_a（遼寧民族出版社）.

Buyankesig（ボヤンヘシグ）, 1999, *Baγarin-u jang aγali*（『巴林の民俗』）, Kökeqota（フフホト）: Öbür mongγul-un arad-un keblel-ün qoriy_a（内モンゴル人民出版社）.

O. Buyan-öljei（オ・ボヤンウルジー）, 1988, "《Arban sumu》-yin qurim-un yosun（《アルバン・ソム》の婚礼）", Ulus törü-yin jöblelgen-ü aru qorčin qosiγun jöblel-ün soyul teüke nayiraγulun bičikü duγuyilang（政治協商会議アルホルチン旗委員会文史編写組）, *Aru qorčin qosiγun-u soyul teüke*（『アルホルチン旗文史』）2, Čibaγ_a（チャバガ）: Aru qorčin qosiγun-u keblekü üiledbüri（アルホルチン旗印刷場）, 216-279.

Čečeg（『牧民新聞』）, 1994, "daban orun-u qota balaγasun-u bütügen bayiγulalta-yin akiča türgeče asar taγtu edür-eče edür nemegdeju bayin_a（大板地区の城鎮建設の進展が早くなり高層建築が日々増えている）", *Malčin-u sonin*（4月5日1版）.

Čečeg（チェチェグ）, 2003, "Irügel-iyen bayituγai qariyal-iyan kürtel_e martaqu siqajai（祝詞どころか罵言までも忘れそうだ）", *Uruγ, ger büli, neyigem*（『婚姻・家族・社会』）4: 16.

O. Erdemtü（オ・エルデムト）, 2004, "Soyul jang üile-yin juγačal-i yariqui（文化民俗観光を語る）", *Uruγ, ger büli, neyigem*（『婚姻・家族・社会』）7: 34-36.

Erdenigerel（エルデネゲレル）, 1990, "Aru qorčin mongγulčud-u[!] čeger-ün jüil（アルホルチン・モンゴル人のタブー）", Ulus törü-yin jöblelgen-ü aru qorčin qosiγun jöblel-ün soyul teüke nayiraγulun bičikü duγuyilang（政治協商会議アルホルチン旗委員会文史編写組）, *Aru qorčin qosiγun-u soyul teüke*（『アルホルチン旗文史』）3, Čibaγ_a（チャバガ）: Aru qorčin qosiγun-u keblekü üiledbüri（アルホルチン旗印刷場）, 276-282.

Lubsangčoyidan（ロブサンチョイダン）, 1983, *Mongγul-un jang aγali-yin oyilaburi*（『モンゴル風俗鑑』）, Kökeqota（フフホト）: Öbür mongγul-un arad-un

kebel-ün qoriy_a（内モンゴル人民出版社）.
Liu jin suo（留金鎖）, 1985, *Mongγul-un quriyangγui teüke*（『モンゴル簡史』）, Kökeqota（フフホト）: Öbür mongγul-un arad-un keblel-ün qoriy_a（内モンゴル人民出版社）.
Д. Мөнх-Очир（デ・ムンフオチル）, 2000, *Монголын зурхайн түүх*,（『モンゴル占術史』）Улаанбаатар（ウランバートル）: Интерпресс（インテルプレス）.
A. Muuqai（ア・モーハイ）, 2004, "Mongγul surtal qamiγ_a bayin_a?（モンゴルの教養はどこにあるのか？）", *Uruγ, ger büli, neyigem*（『婚姻・家族・社会』）7: 30-31.
Naranbilig（ナランビリグ）, 1996, "Biden-ü qurim nayir yamar bayiqu yosutai bui（われわれの披露宴はどうあるべきか）", *Uruγ, ger büli, neyigem*（『婚姻・家族・社会』）5: 20-21.
Norbubazar（ノルブバサル）, 1994, *Baγarin domuγ*（『巴林伝説』）, 赤峰市蒙文印刷場.
L. Qasbayar（ラ・ハスバヤル）, 2003, "Qota-yin mongγul qurim（都市のモンゴルの披露宴）", *Uruγ, ger büli, neyigem*（『婚姻・家族・社会』）3: 52-53.
Sampilnorbu（サムピルノロブ）, 1990, *Mongγul-un jang aγali-yin toyimu*（『モンゴル民俗概論』）, Šenyang（瀋陽）: Liyuuning-un ündüsüten-ü keblel-ün qoriy_a（遼寧民族出版社）.
Sečenbatu（セチェンバト）, "Aru qorčin mongγulčud-un ulamjilaltu bayar durasqal-un edür（アルホルチン・モンゴル人の伝統的祝祭日）", Ulus törü-yin jöblelgen-ü aru qorčin qosiγun jöblel-ün soyul teüke nayiraγulun bičikü duγuyilang（政治協商会議アルホルチン旗委員会文史編写組）, *Aru qorčin qosiγun-u soyul teüke*（『アルホルチン旗文史』）2, Čibaγ_a（チャバガ）: Aru qorčin qosiγun-u keblekü üiledbüri（アルホルチン旗印刷場）, 206-215.
Ögeled Qoyid Songdui（オールド・ホイド・ソンドゥイ）, 2003, *Jiruqai*（『占い』）, Kökeqota（フフホト）: Öbür mongγul-un surγan kümü jil-ün keblel-ün qoriy_a（内モンゴル教育出版社）.
Sülfüngγ_a（スルフンガ）, 1987, *Baγarin-u jang üile-yin durasumji*（『巴林の民俗習慣の思い出』）, Kökeqota（フフホト）: Öbür mongγul-un arad-un keblel-ün qoriy_a（内モンゴル人民出版社）.
Tie zhu and Hei long（鉄柱・黒龍）, 1999, *Mongγul-un teüke*（『モンゴルの歴史』）, Kökeqota（フフホト）: Öbür mongγul-un arad-un keblel-ün qoriy_a（内モンゴル人民出版社）.
Uriyanqan Juu Altangerel（オリャンハン・ジョー・アルタンゲレル）, 1996, *Mongγul obuγ ayimaγ-un temdeglel*, Ulaγanqada（赤峰）: Öbür mongγul-un

sinjileкü uqaγan tegnig mergejil-ün keblel-ün keblel-ün qoriy_a（内モンゴル科学技術出版社).

〔参考文献：漢語〕
阿魯科爾沁旗志編纂委員会，1994，『阿魯科爾沁旗志』内蒙古人民出版社．
阿魯科爾沁旗委員会政治協商会議文史資料編輯委員会編，1985，『阿魯科爾沁旗文史』第一輯，赤峰第一印刷場．
―――――，1987，『阿魯科爾沁旗文史』第二輯，赤峰第一印刷場．
―――――，1989，『阿魯科爾沁旗文史』第三輯，阿魯科爾沁旗印刷場．
敖漢旗志編纂委員会，1991，『敖漢旗志（上・下）』内蒙古人民出版社．
敖漢報編輯部編，1997，『三河紀行』敖漢旗印刷場．
敖漢旗委員会政治協商会議文史資料編輯委員会編，1984，『敖漢旗文史資料選輯』第一輯，敖漢旗印刷場．
―――――，1993，『敖漢旗文史資料選輯』第三輯，敖漢旗印刷場．
―――――，1996，『敖漢旗文史資料選輯』第四輯，敖漢旗印刷場．
―――――，1999，『敖漢旗文史資料選輯』第五輯，敖漢旗印刷場．
―――――，2002，『敖漢旗文史資料選輯：重大歴史事件専集』第六輯，敖漢旗経済信息中心．
巴林右旗委員会政治協商会議文史資料工作委員会編，1985，『巴林右旗文史資料』第一輯，巴林右旗委員会政治協商会議文史資料工作委員会．
―――――，1991，『巴林右旗文史資料』第二輯，巴林右旗委員会政治協商会議文史資料編輯委員会．
―――――，2004，『巴林右旗文史資料』第五輯，巴林右旗委員会政治協商会議文史資料編輯委員会．
巴林右旗志編纂委員会編，1994，『巴林右旗志』内蒙古人民出版社．
巴林右旗地名志編纂委員会編，1987，『巴林右旗地名志』巴林右旗人民政府．
巴林右旗四十年編輯委員会編，1987，『巴林右旗四十年1947-1987』赤峰市蒙文印刷場．
『百柳〈赤峰文史〉増刊』編委会編，2003，『赤峰文史』創刊号，百柳雑誌社．
―――――，2003，『赤峰文史』総第2期，百柳雑誌社．
―――――，2004，『赤峰文史』総第5期，百柳雑誌社．
―――――，2004，『赤峰文史』総第6期，百柳雑誌社．
鮑玉義主編，1996，『阿魯科爾沁旗文史』第五輯，阿魯科爾沁旗印刷場．
宝玉柱，2003，『清代蒙古族社会転型及語言教育』民族出版社．
赤峰四十年編纂委員会編，1987，『赤峰四十年1947-1987』赤峰第二印刷場．
赤峰市地方志編纂委員会編，1996，『赤峰市志（上・中・下）』内蒙古人民出版

社．
赤峰市紅山区地方志編纂委員会編，1996，『赤峰市紅山区志』，内蒙古人民出版社
赤峰市紅山区政治協商会議赤峰市紅山区委員会文史資料研究委員会編，1985，『紅山文史』第一輯，赤峰市紅山区政治協商会議赤峰市紅山区委員会文史資料研究委員会．
―――，1987，『紅山文史』第二輯，赤峰市紅山区政治協商会議赤峰市紅山区委員会文史資料研究委員会編．
―――，1989，『紅山文史』第三輯，赤峰市紅山区政治協商会議赤峰市紅山区委員会文史資料研究委員会．
―――，1991，『紅山文史』第四輯，赤峰市紅山区政治協商会議赤峰市紅山区委員会文史資料研究委員会．
赤峰市教育志編纂委員会編，1995，『赤峰市教育志』内蒙古科学技術出版社．
赤峰市統計局，2003，『輝煌二十年1983-2003』赤峰市統計局．
赤峰市委員会編，1986，『赤峰文史資料選編』赤峰文化出版社．
赤峰蒙古史編委会編，1999，『赤峰蒙古史』内蒙古人民出版社．
赤峰市政治協商会議赤峰市委員会編，1987，『赤峰風情』赤峰市政治協商会議赤峰市委員会．
赤峰市政治協商会議赤峰市委員会文史資料研究委員会編，1984，『赤峰市文史資料選輯』第二輯，赤峰市政治協商会議赤峰市委員会文史資料研究委員会．
―――，1985，『赤峰市文史資料選輯』第三輯，中国人民政治協商会議赤峰市委員会文史資料研究委員会．
―――，1986，『赤峰市文史資料選輯』第四輯，赤峰市政治協商会議赤峰市委員会文史資料研究委員会．
赤峰市政治協商会議赤峰市委員会文史資料委員会編，1989，『赤峰市文史資料選輯』第五輯，赤峰市政治協商会議赤峰市委員会文史資料委員会．
―――，1993，『赤峰市文史資料選輯』第六輯，中国人民政治協商会議赤峰市委員会文史資料委員会．
赤峰日報編輯部編，1987，『西拉沐淪千里行』赤峰日報青年印刷場．
―――，1989，『老哈河紀行』赤峰日報青年印刷場．
杜家驥，2003，『清朝満蒙聯姻研究』人民出版社．
費孝通，1999，『費孝通文集』11巻，群言出版社．
―――，1999，『費孝通文集』13巻，群言出版社．
傅崇蘭等編，2003，『小城鎮論』山西経済出版社．
高発元主編，2001，『雲南民族村寨調査――蒙古族：通海興蒙郷』雲南大学出版社．

高雲華主編, 1993, 『紅山文史』第四輯, 中国文史出版社.
葛殿斌・周生, 1994, 「八対蒙古族夫婦自願終生只生一孩」『巴林晨報』1994年11月12日1版, 巴林右旗巴林晨報社.
胡格吉勒図, 2002, 『秋風瑟瑟的巴林』内蒙古人民出版社.
胡月星・薪克俊, 2004, 『民族地区基層幹部隊伍整体素質発展調査報告』民族出版社.
黄栄清・趙顕人等, 2004, 『20世紀90年代中国各少数民族人口的変動』民族出版社.
麻国慶, 2001, 「漢族的家観念与少数民族――以蒙古族和瑶族為中心」『民族発展与社会変遷』民族出版社, 439-458.
馬京・金海主編, 2004, 『蒙古族：内蒙古正蘭旗巴音胡舒嘎査調査』雲南大学出版社.
馬戎・潘乃谷, 1988, 「赤峰農村牧区蒙漢通婚研究」『北京大学学報』1988(3)：76-87.
馬戎, 1989, 「人口遷移主要原因和実現条件――内蒙古赤峰市遷移調査」『中国人口科学』1989(2)：46-55.
―――, 2001a, 『民族与社会発展』民族出版社.
―――, 2001b, 「三訪府村―― 一個北方半農半牧社区的跟踪調査」馬戎主編『中国民族社区発展研究』39-70. 北京大学出版社.
―――, 2004, 『民族社会学――社会学的族群関係研究』北京大学出版社.
馬憶南, 2002, 『婚姻家庭法新論』北京大学出版社.
穆松・王興貴, 1997, 『巴林史話――巴林右旗文史資料』第三輯, 内蒙古文化出版社.
娜拉, 2002, 『新疆遊牧民族社会分析』民族出版社.
納日碧力戈, 1991, 「呼和浩特蒙漢通婚現状析要」阮西湖主編『都市人類学』225-228, 華夏出版社.
―――, 2000, 『現代背景下的族群建構』雲南教育出版社.
納日碧力戈・王俊敏, 2000, 「族際家庭与族際通婚――呼和浩特蒙漢通婚」李中清等主編『婚姻家庭与人口行為』108-124, 北京大学出版社.
牛敬忠, 2001, 『近代綏遠地区的社会変遷』内蒙古大学出版社.
内蒙古統計局, 2005, 『内蒙古統計年鑑』中国統計出版社.
内蒙古自治区地名委員会編, 1987, 『内蒙古自治区地名志――赤峰市分冊』内蒙古自治区地名委員会.
内蒙古自治区旗県情大全編纂委員会編, 1993, 『内蒙古自治区旗県情大全』内蒙古自治区旗県情大全編纂委員会.
秦均平, 2001, 『変遷与衝突――中国人口的性別角色』, 寧夏人民出版社.

全国体育学院教材委員会，1998，『体育統計』人民体育出版社.
色音，2001，「内蒙古牧区蒙古族生産与生活方式変遷」馬戎編『中国民族社区発展研究』北京大学出版社，12-38.
孫暁雷主編，1999，『赤峰八千年大事記』方志出版社（北京）.
仝志輝，2002，『郷村関係視野中的村庄選挙――以内蒙古橋郷村委員会換期選挙為個案』西北大学出版社.
佟建華，2003，「全区計画生育総合改革経験交流現場会与会人員来我旗参観」『巴林農報』2003年9月16日1版，巴林右旗巴林農報社.
佟新，2003，『人口社会学』北京大学出版社.
王国鈞[1918]，1994，『校注蒙古紀聞』赤峰市政協文史資料委員会.
王俊敏，2001，『青城民族――一個辺疆城市民族関係的歴史演変』天津人民出版社.
王歓，2004，「斯琴高娃担網旅行形象大使」『紅山晩報』2004年9月17日一版.
文化，2002，『衛拉特――西蒙古文化変遷』民族出版社.
呉鋒，2001，『社会学文集』華東師範大学出版社.
武永善，1999，『氈廬随筆』内蒙古科学技術出版社.
烏雲畢力格等著，2002，『蒙古民族通史』第四巻，内蒙古大学出版社.
閆天霊，2004，『漢族移民与近代内蒙古社会変遷』民族出版社.
張天路，1993，『中国少数民族社区人口研究』中国人口出版社.
鄭世成編，2001，『内蒙古農村牧区経済調研文集』内蒙古人民出版社.
昭烏達盟政治協商会議昭烏達盟委員会文史資料研究委員会編，1983，『昭盟文史資料選輯』第一輯，昭烏達盟政治協商会議昭烏達盟委員会文史資料研究委員会.
中国都市人類学会秘書処編，2001，『城市中的少数民族』民族出版社.

〔参考文献：欧文（訳書を含む）〕

Briffault, Robert, Bronislaw Malinowski and M.F. Ashley Montagu, 1956, *Marriage : Past and Present : a Debate between Robert Briffault and Bronislaw Malinowski*, Boston : P. Sargent.（＝1972，江守五夫訳・解説『婚姻：過去と現在』社会思想社.）

Cockburn, Cynthia, 1998, *The Space between Us : Negotiating Gender and National Identities in Conflict*, London ; New York : Zed Books, New York : Distributed in the USA by St Martin's Press.（＝2004，藤田真利子訳『紛争下のジェンダーと民族：ナショナルアイデンティティをこえて』明石書店.）

Fox, Robin, 1967, *Kinship and marriage: an Anthropological Perspective*, Harmondsworth : Penguin.（＝1977，川中健二訳『親族と婚姻：社会人類学

入門』思索社.）

Giddens, Anthony, 2001, *Sociology,* Polity Press, Cambridge, UK.（＝2004，松尾精文他訳『社会学』而立書房）

Glazer, Nathan and Daniel Patrick Moynihan, 1975, *Ethnicity : Theory and Experience*, Cambridge, Mass. : Harvard University Press.（＝1984，内山秀夫訳『民族とアイデンティティ』三嶺書房.）

Gordon, Milton Myron, 1964, *Assimilation in American Life : the Role of Race, Religion, and National Origins*, New York : Oxford University Press.（＝2000，倉田和四生・山本剛郎訳編『アメリカンライフにおける同化理論の諸相：人種・宗教及び出身国の役割』晃洋書房.）

Hobsbawm, Eric J. and Terence O. Range, 1983, *The Invention of Tradition*, Cambridge [Cambridgeshire] ; London ; New York : Cambridge University Press.（＝1992，前川啓治・梶原景昭他訳『創られた伝統』紀伊國屋書店.）

Huang, Shu-min, 1989, *The Spiral Road : Change in a Chinese Village through the Eyes of a Communist Party Leader*, Boulder, Colo. : Westview Press.（＝2002，素蘭・納日碧力戈訳『林村的故事――1949年後的中國農村變革』三聯書店）．

Schwartz, Pepper, 1994, *Peer Marriage : How Love between Equals Really Works*, New York : Free Press, Toronto : Maxwell Macmillan Canada.（＝2003，豊川輝・けい悦子・豊川典子訳『結婚の新しいかたち：アメリカの夫婦57組の生活』明石書店.）

Smith, Anthony D., 1986, *The Ethnic Origins of Nations*, Oxford, UK ; New York, N.Y. : B. Blackwell.（＝2001，巣山靖司他訳『ネイションとエスニシティ：歴史社会学的考察』名古屋大学出版社.）

Sollors, Werner, 1986, *Beyond Ethnicity : Consent and Descent in American Culture*. New York: Oxford University Press.

Stephens, William N., 1963, *The Family in Cross-cultural Perspective*, New York : Holt, Rinehart and Winston.（＝1971，山根常男・野々山久也訳『家族と婚姻：その比較文化的解明』誠信書房.）

Watson, Michael, 1990, *Contemporary minority nationalism*, London : Routledge.（＝1995，浦野起央・荒井功訳『マイノリティ・ナショナリズムの現在』刀水書房.）

〔参考文献：電子メディア（漢語）〕

巴彦泰，2005，「挖粛災難実録」（http://www.mongol.org.uk/China/News.htm 2005.12.16アクセス）

郭正林・余振，2002，「族群意識与国家認同―新疆維漢関係問巻分析」（http : //

www.usc.cuhk.edu.hk/wkgb.asp 2005.11.27アクセス).
「独特人格魅力」,2005,(http://www.nxnews.net/630/2004-11-8/25@56899-2.htm
　　2005.4.16アクセス)
劉志琴編,1997,『家庭変遷』(http://sshtm.ssreader.com/html/02/022400a0a.htm
　　2005.2.25アクセス).
『蒙古族通史』(http://www.e56.com.cn/publish/dianzi/html/m187.htm 2005.12.17ア
　　クセス)
「内蒙古新聞網―烏闌夫」(http://www.nmgnews.com.cn/news/article/20030908/
　　20030908001778_1.html 2005.12.16アクセス)
「農民暦黄道吉日：三百年的『中国農民暦』」(http://www.chinesefortunecalendar.com/
　　weddinggb.htm 2005.9.10アクセス)
欧潮泉,1993,「論蔵族的民族意識与文化兼容」,『西蔵研究』1993(4),
　　(http://info.tibet.cn/periodical/xzyj/1993/04/t20050405_22005.htm 2005.11.25ア
　　クセス).
「中国赤峰：清朝時期」(http://www.chifeng.gov.cn/dsnb/index3.htm 2005.12.17ア
　　クセス).

〔統計資料類〕
阿魯科爾沁旗統計局,2000,『阿魯科爾沁旗統計年鑑1993-1997』阿魯科爾沁旗
報社印刷場.
―――,1999,『阿魯科爾沁旗統計年鑑1999』阿魯科爾沁旗報社印刷場.
―――,2000,『阿魯科爾沁旗統計年鑑2000』阿魯科爾沁旗報社印刷場.
―――,2001,『阿魯科爾沁旗統計年鑑2001』瀋陽市統計局機関胶印室.
―――,2002,『阿魯科爾沁旗統計年鑑2002』河南省済源市河合資料印刷場.
―――,2003,『阿魯科爾沁旗統計年鑑2003』金山印刷有限責任公司.
―――,2004,『阿魯科爾沁旗統計年鑑2004』方達印刷有限責任公司.
敖漢旗統計局,1996,『敖漢旗統計年鑑1996』湖北印刷場.
―――,1997,『敖漢旗統計年鑑1997』秦皇島市資料印刷場.
―――,1998,『敖漢旗統計年鑑1998』山東省統計局済寧資料印刷場.
―――,1999,『敖漢旗統計年鑑1999』敖漢旗計画委員会信息中心.
―――,2000,『敖漢旗統計年鑑2000』河南華通人咨詢有限会社.
―――,2001,『敖漢旗統計年鑑2001』河北印刷場.
―――,2002,『敖漢旗統計年鑑2002』奔騰印刷社.
―――,2003,『敖漢旗統計年鑑2003』亜太新聞出版社.
―――,2004,『敖漢旗統計年鑑2004』亜太新聞出版社.
巴林右旗統計局,1997,『巴林右旗輝煌五十年』秦皇島市資料印刷場.

―――,1998,『巴林右旗統計年鑑1998』秦黄島市資料印刷場.
―――,1999,『巴林右旗統計年鑑1999』赤峰市金源蒙文印刷場.
―――,2000,『巴林右旗統計年鑑2000』赤峰市金源民族印刷場.
―――,2001,『巴林右旗統計年鑑2001』大板金源民族印刷場.
―――,2002,『巴林右旗統計年鑑2002』大板金源民族印刷場.
―――,2003,『巴林右旗統計年鑑2003』亜太新聞出版社.
―――,2004,『巴林右旗統計年鑑2004』亜太新聞出版社.
―――,1985,『巴林右旗国民経済統計資料』巴林右旗統計局.
赤峰市統計局,1996,『赤峰市統計年鑑1996』秦黄島市資料印刷場.
―――,1997,『赤峰市統計年鑑1997』秦黄島市資料印刷場.
―――,1998,『赤峰市統計年鑑1998』山東省統計局済寧資料印刷場.
―――,1999,『赤峰市統計年鑑1999』山東省統計局済寧資料印刷場.
―――,2000,『赤峰市統計年鑑2000』亜太新聞出版社.
―――,2003,『赤峰市統計年鑑2003』中国統計出版社.
―――,2004,『赤峰市統計年鑑2004』中国統計出版社.
赤峰市地方志弁公室編,2001,『赤峰市年鑑』内蒙古科学技術出版社.
―――,2002,『赤峰市年鑑2002』内蒙古文化出版社.
国家民族事務委員会経済発展司・国家統計局国民経済総合統計司編,2004,『中国民族統計年鑑』民族出版社.
内蒙古統計局,2000,『内蒙古統計年鑑2000』中国統計出版社.
―――,2005,『内蒙古統計年鑑2005』中国統計出版社.
中国統計局,2005,『中国統計摘要2005』中国統計出版社.

あ と が き

　著者が社会学研究に取り組み、多民族混住、多文化共存の視点から内モンゴル地域の現実問題を分析するようになった契機は、日本の大学院博士課程への進学である。2003年7月から初めて現地調査を実施し、自分が生まれ育って慣れ親しんだ内モンゴル及び中国を第三者の目で冷静に見はじめた。こうした視点からの考察に立脚し、本書の冒頭で取り上げた内モンゴル地域の言語や習慣にみられる"変わりつつあるモンゴル文化"について言いまとめるなら、それは族際婚姻に関わってモンゴル族人口が増加する一方、モンゴル語話者は減少しているということと密接に関係する。

　本書は2005年12月に島根県立大学に提出した博士学位論文を修正したものであり[*]、全体にわたって、拙稿「多民族混住地域における婚姻と民族意識の関連——内モンゴル赤峰市地域のモンゴル族と漢族の族際婚姻を中心に——」（オンドロナ 2006）での考察を基礎としている[**]。

　3年間で現地調査、資料分析、博士学位論文執筆の全てを完成させ、修了後内モンゴル大学に勤めながら原稿修正を続け、出版に至るまで極めて多くの方々のお世話になった。

　まず、著者が博士後期課程を修了しかつ現在も客員研究員を担当させて頂いている島根県立大学に感謝しなければならない。社会学的研究をほとんどゼロから出発した私は、同校の知的でぬくもりある環境に恵まれたことで、知性と知識の大海へと漕ぎ出すことが可能となった。なかでも、丁寧な指導と激励を与えてくださった宇野重昭先生、高橋睦子先生、張忠任先生に厚く感謝したい。また、絶えず厳しい助言や温かい支援を続けてくださった福原裕二氏、有益なアドバイスを多くくださった末廣泰雄氏、井上ゆり氏に感謝したい。

　本研究は主に北東アジア研究科の井上治先生の研究指導の下で行われた

ものであり、先生の熱心な指導、厳しい指摘、無私の支援がなかったなら、私はこのように希望通りに学位を取得することは難しかったであろう。副指導教官である貴志俊彦先生からも批判と助言を多くいただいた。先生方には感謝すると同時に、著者の能力不足のため、大変な苦労をおかけしてしまったことに対してはいまだに忸怩たる思いである。

　著者の博士課程在学中、大学からは様々な形で支援していただいたのみならず、本著出版の際にも「平成19年度島根県立大学学術教育特別助成金」の交付を受けることができた。

　修了後も、博士学位論文の修正の際に多くの先生方のお世話になった。2006年8月、中見立夫先生は著者を東京外国語大学アジア・アフリカ言語文化研究所（ＡＡ研）の短期共同研究員として受け入れてくださり、博士論文を充実させるよいチャンスと様々な形で便宜を図ってくれた。その期間中、吉田順一先生（早稲田大学）、飯野正子先生（津田塾大学）、小長谷有紀先生（国立民族学博物館）、高明潔先生（愛知大学）、大塚和夫先生（ＡＡ研）、三尾裕子先生（ＡＡ研）らから批判やコメントを多くくださったことにも、この場を借りて感謝したい。本書が、以前に先生方から批判されたことへの自分からの回答になっていれば幸いである。

　次に、一私費留学生であった著者に対して資金面で支えていただいた財団法人トヨタ財団に厚く感謝したい。トヨタ財団から2004年度研究助成（助成番号：D04-A-105）の交付を受けたことが、著者の現地調査や研究に経済的保障を与えたのである。今回また、トヨタ財団から2007年度成果公開助成（助成番号：D07-S-001）をいただき、本研究の出版を可能としてくださった。

　続けて、調査協力者の方々にお礼を申し上げたい。3年間にわたる現地調査では数多くの方々の尽力により目的を果たすことができた。残念ながら、ここで全員のお名前を挙げることはできないが、直接的かつ長期的に協力してくださった赤峰市のムンフバートル氏（赤峰市政府）、フグジルト氏（赤峰日報社）、ウーリントヤー氏（児童図書館）、張尉光氏（婚姻登録処）、大板鎮のボヤンヘシグ氏（地方誌弁公室）、ボヤント氏（婚姻登録処）、ハス

あとがき

　トグトフ氏（大板鎮政府）、呉亜平氏（派出所）、陳・スチン氏（法院）、サリボル郷のデルゲルサン氏（婚姻登録所）、ハルフー氏（農民）、鮑海潔氏（農民）、鮑洪武氏（農民）、徐子龍氏（農民）、バインウンドゥル＝ソムの王青海氏（婚姻登録所）、エルデンバヤル氏（計画生育弁公室）、呂洪儒氏（牧民）、セーベルジャブ氏（牧民）、ブヘ氏（牧民）らが挙げられる。また、調査中、自らのつらい経験まで語ってくれ、私に社会知識を教えてくれた現地の人々に心より感謝したい。

　本書の出版にあたってお世話になった渓水社の木村逸司氏と寺山静香氏に御礼を申し上げたい。なお、原稿修正や出版過程でご協力くださった内モンゴル大学のモンゴル学学院、民族学社会学学院の先生方にもお礼を申し上げたい。また、留学生活に対して惜しみなく支援してくださった栗栖薫先生、私にとって日本の親と言える佐々木梢氏、松井公子氏に厚く感謝したい。

　末筆ながら、名前を挙げることはできなかったが、私の研究生活を側面から支えてくださったその他の先生方、日本人の友人や留学生の方々、そして何よりも長い留学生活に対して深い理解と惜しみない協力をくれた夫のトグトフ、家族、親戚に、この場を借りて感謝したい。

　著者は上のような方々の善意に恵まれてきたことを心から誇りに思う。皆様への一報告として本書を公開するとともに、今後とも成果をあげていきたいと思う。

*　　修正は用語や表記の統一、データ処理の充実、分析や論考の再確認を中心に行った。
**　それ以外に、本著の第2章第2節の一部について中国四国歴史学地理学協会大会（2005年6月）で、第5章第1節の一部について日本モンゴル学会大会（2004年11月）で研究成果を報告し、その内容を中心にまとめた「赤峰地域で行った婚姻時に重視する条件の調査とその分析」（『内モンゴル社会科学』2007年第2号）を公表している。第6章第1節の一部について早稲田大学文学学院吉田ゼミで（2006年7月）、本著全体の理論的分析についてアジア・アフリカ研究所中見ゼミ（2006年7月）と津田塾大学の飯野正子先生が主催する移民研究会（2007年2月）でそれぞれ報告する機会を得た。

索　引

ア　行

アイデンティティ　10-13, 15, 16, 20
曖昧化　17, 263, 264, 280, 281, 286, 292-297
アムダホ　113
アルホルチン（阿魯科爾沁）　26, 27, 40, 46, 47, 116, 121, 148, 200, 272
アンケート　17, 41-46, 49, 73, 97-102, 103, 171-173, 178, 179, 181-184, 186-188, 190-192, 214-216, 219, 220, 222, 225, 227-232, 234, 235, 238, 241-245, 247, 249, 250, 254, 292
異民族間婚姻　4
飲食生活　18, 102, 104, 128, 284
インタビュー　14, 17, 18, 39, 41, 45, 46, 52, 97, 104, 105, 107, 109, 112-114, 116, 118, 119, 121, 123-126, 132, 137, 138, 142, 143, 149, 154, 155, 164, 168, 174-178, 194, 198-201, 205-209, 226, 236, 250, 255, 264, 270, 279, 291, 292
占い　120-124, 127, 128
閏年　124, 125, 127, 128
H都市部　26, 36, 37, 39, 41-48, 53-58, 63, 64, 69-78, 89-93, 96-112, 119, 125-127, 135, 136, 142-146, 150-157, 159, 160, 162-169, 175, 176, 178, 180-183, 190, 191, 193, 195, 200, 201, 206, 209, 213, 218, 220-224, 240, 241, 246-250, 254, 255, 264, 266-268, 272, 275, 294, 295
S郷　26, 36, 39-46, 49, 53-56, 59-61, 66, 67, 70-73, 82, 84, 85, 89-93, 96-100, 102, 103, 109-112, 116, 117, 119, 123, 126, 127, 135-137, 141, 142, 150, 154-156, 158, 161-164, 166, 169, 170, 174-176, 178, 181, 186, 187, 189-191, 194, 198, 200, 202-204, 207, 209-211, 218, 219, 221-223, 226-229, 236, 239, 240, 246-249, 251, 262, 267-269, 272, 277, 278, 294, 296
エスニシティ　5, 12-16, 20, 21, 259, 287, 290-293
エスニック・アイデンティティ　5, 11, 15, 20, 21, 291, 293
エスニック間婚姻　12-14
オーハン（敖漢）　26, 28, 29, 36, 39, 46, 47, 137, 142, 200, 261, 275
オボー　3

カ　行

家族祭祀　19, 45, 49, 197, 285
ガチャ　9, 10, 38-40, 51, 96, 109, 194, 251, 268, 269, 272-274
家庭言語　18, 97-101, 127, 128, 180, 183, 185
寡婦年　122, 125-128, 159
可変性　16, 260, 273, 292, 293
漢化　266
慣習　96, 107-109, 111, 112, 114, 115, 118, 120-122, 124-129, 159, 176, 180, 183, 206, 209, 284
漢人　4, 9, 10, 19, 29, 30, 143, 226, 260, 263, 266, 267, 269-274, 277-279, 286, 289, 292-294, 296, 297, 299-301
漢族　4-12, 14, 16, 18, 19, 21, 23, 25-27, 31, 32, 34, 35, 96-101, 103, 104, 106-129, 134, 137, 138, 140-142, 156, 158, 159, 162-170, 172, 176, 177, 180-190, 192, 193, 196-199, 205, 207-215, 217-220, 223, 224, 226-228,

230-233, 235-237, 239, 242, 243, 246, 248, 249, 251, 254, 259-269, 271, 273-280, 284-286, 288, 290-297, 299-301
禁忌　　106-108, 110, 113, 116, 117
計画生育政策　　33, 41, 134, 137, 140, 141, 239
結婚披露宴　　3, 18, 49, 102, 104-119, 185, 267, 269
血統的民族　　293, 296, 297, 299-301
言語使用状況　　97, 99-101, 127
紅山区　　26-28, 36, 42, 47, 48, 125, 145, 146, 159
ゴードン　　5, 7 , 9, 12-15, 17, 20, 287, 288, 291
国家政策　　9, 11, 131, 132, 138, 143, 144, 149, 150, 156, 160, 169, 196, 262, 290
婚姻登録書　　48, 49, 51, 61, 73, 137
婚姻登録方法　　18, 159, 160, 166, 169, 170, 285
婚礼　　106, 115, 118, 120, 128
　――衣装　　115, 118, 120

サ　行

祭火　　197-213, 225, 256, 273
再創造　　14-17, 283, 290-292, 298
次元　　13, 298
次世代　　141, 143, 178, 214, 229, 252, 256, 257, 260, 267, 270-277, 280, 286, 289, 290
実数　　17, 48, 52, 56, 58, 66, 68, 70, 79, 81-83, 85-87, 89, 91-93, 125, 132, 155, 159, 160, 163, 165-168, 170, 178, 181, 183, 187, 189, 196, 197, 261, 288
室内装飾　　19, 197, 213-233, 256, 285
社会的民族　　295-297, 299-301
従属要素　　296, 299-301
主要要素　　296, 297, 299-301
少数民族優遇政策　　9, 132, 133, 137, 139-141, 156, 163, 169, 177, 178, 278,

285, 286, 288, 290
ジョーオド　　25, 27-33, 37, 42, 134, 143, 152
新漢族　　260, 262, 263, 265, 266, 271, 279, 286
人次　　148
親族関係　　5, 6, 19, 42, 43, 171, 197, 198, 233, 234, 244, 245, 249, 250, 252-254, 256, 257, 285, 286, 298, 299
新モンゴル族　　260, 262-266, 269, 271, 272, 277-279, 286, 289-291, 296
推移　　5, 10, 17, 33, 48, 51-53, 56, 60, 61, 63, 67, 70, 72-77, 79, 81, 82, 85-87, 89, 93, 132, 135, 151, 160, 161, 166, 167, 170, 178, 196, 197, 283, 284, 287
生業形態　　5, 8-10, 16-18, 23, 25, 26, 35, 36, 51, 56, 90, 92, 104, 114, 132, 156, 177, 212, 213, 280, 283, 284, 287, 288, 290, 292, 295
性差　　52, 92, 225
赤峰　　5, 8, 9, 18, 24, 25-37, 39, 46, 47, 51, 52, 96, 101, 102, 114, 115, 129, 132, 135, 137, 138, 141, 143-150, 152, 153, 155, 156, 166-168, 199, 200, 261, 264, 268, 279, 283, 290
相関係数　　18, 173-178, 180, 193, 231, 233
族際婚姻　　4-10, 12, 14, 16-20, 23, 33, 41, 42, 44-49, 51-74, 76-93, 95, 104, 106, 108, 111, 113, 114, 120, 124-129, 131-133, 139-143, 150, 159, 160, 162-171, 176, 178, 181, 185, 187, 189-199, 209, 213, 215, 218, 221, 230, 232, 233, 236, 242, 244, 246, 249, 250, 253, 255-257, 259-261, 270-272, 274, 276, 278-281, 283-290, 292-298
　――数　　5, 10, 71, 73, 75, 77, 79, 82, 87, 124, 126, 150
　――率　　8, 9, 51-69, 72, 74, 76-82, 85-87, 89, 91, 93, 125, 126, 128, 150,

索　引

159, 162, 163, 165-170, 176, 178, 183, 185, 187, 189, 191-195, 221, 240, 255, 284, 288, 290
族内・族際婚姻　　20, 44, 45, 56-69, 74, 76-81, 83-93, 125-127, 197, 198, 236, 240, 246
ソラーズ　　12, 14-16, 291, 292

タ　行

多民族混住　　29, 30, 41, 298
多様化　　11, 17, 19, 115, 259-261, 265, 266, 269, 270, 279, 281, 286
地域差　　17, 41, 51, 52, 55, 70, 73, 89, 91-93, 114, 128, 132, 150, 156, 159, 162, 166, 169, 170, 173, 176, 178, 183, 185, 191, 192, 196, 197, 213, 221, 246, 283-285, 287
地方政策　　143, 144, 150, 160, 169, 290
直系血族　　234-242, 250, 252-255
直系姻族　　242-247, 249-251, 253-255
鎮　　3-5, 10, 17, 23, 25, 27, 37, 38, 71, 73, 117, 123, 147, 159, 160, 167, 175, 176, 283, 284, 287
D鎮　　26, 36, 38, 39, 42, 46, 49, 53-56, 58, 59, 64-66, 70-73, 78-82, 90, 92, 93, 95-103, 107, 109, 111-113, 116, 117, 119, 123, 125, 135-138, 141, 143, 146-154, 156, 157, 159-163, 166, 168-170, 174-176, 178, 181, 183-185, 190, 191, 193, 195, 198, 200, 202, 203, 207, 209, 210, 219-222, 226, 227, 229, 232, 236, 237, 239-241, 246-251, 263, 269
伝統　　14, 96, 97, 120, 166, 208, 213, 255, 267, 284, 292
都市　　3-8, 23, 25, 26, 36, 37, 39, 73, 95, 114, 117, 126, 127, 143, 146, 147, 149, 164, 165, 168, 175, 176, 185, 201, 205, 213, 240, 248, 264, 267, 269, 283, 284, 287
――化　　18, 25, 26, 37, 38, 91-93,
116, 125, 143, 144, 147, 150, 153, 156, 159, 160, 165-167, 169, 170, 175, 177, 196, 212, 223, 239, 240, 246, 249-251, 285, 287

ナ　行

ナーダム　　150
年齢層　　42, 44, 45, 99, 101, 145, 181, 182, 185, 187-189, 192, 193, 212, 215-218, 221-225, 232, 236, 237, 239, 240, 244, 245, 248, 271
農耕地域　　5, 8-10, 17, 23, 25, 36, 39, 51, 55, 71, 73, 90, 91, 93, 104, 111, 126, 127, 154-156, 164, 167, 175, 176, 201, 203, 204, 237, 246, 269, 275, 283, 284, 287, 288

ハ　行

バーリン（巴林）　　26-28, 36-38, 46-48, 51, 95, 96, 118, 138, 141, 146-150, 153, 160, 201, 202, 263, 269
馬戎　　5, 8, 9, 19, 51, 52, 132, 287, 289
ハダック　　3
八卦　　121, 122
――先生　　121-123, 125
Bソム　　26, 27, 36, 40-44, 53-55, 61, 62, 68-73, 86-93, 96-104, 112, 113, 116, 117, 119, 123-125, 135-138, 141, 150, 153-156, 158, 159, 162, 163, 165, 166, 169, 170, 174, 176, 178, 180, 181, 187-191, 194, 200, 201, 204-206, 226, 227, 229, 232, 236, 239-241, 246-248, 268, 269, 272, 273, 294, 295
一人っ子政策　　18, 133-135, 137-139, 156, 169, 205
火を祭る　　198, 207, 208
フィールドワーク　　5, 17, 41, 287, 291, 292
複合化　　280, 286, 292, 295-297
文化的民族　　295-297, 299-301
法的民族　　294, 297, 299-301

337

牧畜地域　5, 8, 17, 23, 25, 36, 39, 40, 51, 54, 71, 73, 89-91, 93, 103, 104, 117, 118, 127, 128, 137, 154, 156, 167, 175, 176, 211, 254, 268, 269, 272, 274, 276, 283, 284, 287, 288

マ 行

民族（ミンズウ）　20, 292-296, 298-301
民族
　——意識　5, 6, 8-13, 15-17, 19, 21, 41, 45, 46, 171, 177, 180, 190, 196, 197, 221, 231, 233, 250, 256, 259, 260, 263-265, 269-271, 274, 276, 280, 281, 283, 286, 288-291, 294-301
　——語　11, 97-101, 127, 217, 269, 272
　——構成　5, 6, 11, 12, 17, 19, 150, 259, 260, 264-266, 269, 270, 279-281, 286, 288-290
　——差　17, 51, 56, 69, 89, 93, 104, 128, 132, 139, 156, 159, 162, 163, 165
　——所属　6, 8, 11, 33, 43, 44, 139, 141, 162-165, 181, 259, 286
　——人口　23, 25, 30, 32, 33, 138, 139, 141, 143, 144, 150, 156-158, 261
モンゴル人　4, 9, 10, 19, 29, 30, 131, 143, 199, 201, 203, 207, 228, 260, 265, 266, 269-271, 274-279, 286, 292-294, 296, 297, 299-301
モンゴル族　3-12, 14, 16, 18, 19, 21, 23, 25-27, 31-34, 37-41, 43-46, 51-62, 69, 74-93, 95-120, 127-129, 131, 132, 137-139, 141, 142, 145, 150, 152, 156, 158-160, 162-170, 172, 176-178, 180-188, 190, 192, 193, 196, 198-202, 205-208, 210-218, 223-228, 230-248, 254, 256, 259-266, 268, 272-280, 283-286, 288-294, 296, 297, 299-301

ヤ 行

遊牧　30
揺らぎ　256, 286, 291

ワ 行

割合　8, 16, 17, 23, 25, 27, 32-35, 38, 39, 43, 51, 52, 54, 56, 58, 63, 68, 70, 73, 74, 76-78, 81, 85, 87, 89-93, 97-99, 102-104, 125, 132, 137, 147, 148, 151, 152, 157-160, 162, 163, 165-168, 170, 172, 176-178, 180-197, 199, 206, 212, 213, 215, 216, 218, 219, 221, 222, 224, 226, 228, 230, 231, 234-237, 239-245, 248, 250, 261, 283, 287, 288

著者　温　都　日　娜　（オンドロナ）

- 1970年　内モンゴル自治区ジョーオド盟に生まれる。
- 1992年　内モンゴル民族師範学院モンゴル言語文学系卒業。
- 1995年　内モンゴル師範大学大学院モンゴル古典文学修士課程修了、文学修士。
- 1997年　内モンゴル師範大学就職。
- 1999年　日本留学。
- 2003年　広島大学国際協力研究科教育文化専攻（文化人類学）修士課程修了、学術修士。
- 2006年　島根県立大学北東アジア研究科北東アジア研究専攻博士課程修了、社会学博士。
- 2006年　内モンゴル大学モンゴル学学院講師。
- 2006年～現在　島根県立大学北東アジア地域研究センター客員研究員。
- 2007年～現在　内モンゴル大学民族学社会学学院講師。

論文
「牧畜地域における婚姻関係の変化――バヤンボラグガチャー（ハラトクチン＝アイル）を事例に」（『内モンゴル師範大学学報』第2号、2005年、内モンゴル師範大学）。
「多民族混住地域における婚姻と民族意識の関連――内モンゴル赤峰市地域のモンゴル族と漢族の族際婚姻を中心に――」（『北東アジア研究』第10号、2006年、島根県立大学北東アジア地域研究センター）。
「赤峰市における婚姻条件の調査分析」（『内モンゴル社会科学』第2期、2007年、内モンゴル社会科学院）。

多民族混住地域における民族意識の再創造
――モンゴル族と漢族の族際婚姻に関する社会学的研究――

2007年10月1日　発行

著者　温　都　日　娜
発行所　株式会社　溪水社
　　　　広島市中区小町1－4（〒730-0041）
　　　　TEL（082）246－7909
　　　　FAX（082）246－7876
　　　　E-mail：info@keisui.co.jp
製版　広島入力情報処理センター／印刷・製本　平河工業社

ISBN978－4－87440－989－3　C3039